Erwin Kobel

Hugo von Hofmannsthal

Erwin Kobel

Hugo von Hofmannsthal

Walter de Gruyter & Co.

Berlin 1970

Archiv-Nr. 49 51 701

©

1970 by Walter de Gruyter & Co., vormals G. J. Göschen'sche Verlagshandlung · J. Guttentag, Verlags-
buchhandlung · Georg Reimer · Karl J. Trübner · Veit & Comp., Berlin 30, Genthiner Straße 13.
Printed in Germany
Satz und Druck: H. Heenemann KG, 1 Berlin 42
Umschlaggestaltung: Barbara Proksch, Frankfurt am Main

Meiner Frau

Inhalt

Ausgaben und Abkürzungen

Wir zitieren Hofmannsthal nach der Ausgabe von Herbert Steiner, S. Fischer Verlag, Frankfurt am Main. Da die Seitenzahlen in den verschiedenen Auflagen nicht durchwegs übereinstimmen, ist beim Aufsuchen der Stellen das Erscheinungsjahr zu beachten.

Gedichte und Lyrische Dramen (G) 1963
Dramen (D) I 1953, II 1954, III 1957, IV 1958
Lustspiele (L) I 1959, II 1954, III 1956, IV 1956
Prosa (P) I 1956, II 1951, III 1952, IV 1955
Die Erzählungen (E) 1946
Aufzeichnungen (A) 1959

Briefstellen sind, wo nichts anderes vermerkt, den folgenden Ausgaben entnommen:
Briefe 1890–1901 (Br. I), Berlin 1935
Briefe 1900–1909 (Br. II), Wien 1937
Briefwechsel mit
Leopold von Andrian, Frankfurt a. M. 1968
Eberhard von Bodenhausen, Düsseldorf 1953
Rudolf Borchardt, Frankfurt a. M. 1954
Carl J. Burckhardt, Frankfurt a. M. 1956
Stefan George, 2. ergänzte Auflage, München u. Düsseldorf 1953
Willy Haas, Berlin 1968
Edgar Karg von Bebenburg, Frankfurt a. M. 1966
Harry Graf Kessler, Frankfurt a. M. 1968
Helene von Nostitz, Frankfurt a. M. 1965
Arthur Schnitzler, Frankfurt a. M. 1964
Richard Strauss, 3. erweiterte Auflage, Zürich 1964

Einleitung

Wenn das Werk eines Dichters in eine gewisse zeitliche Ferne gerückt ist, erfaßt der Blick eher das Ganze und erkennt im Verschiedenartigen das Einheitliche. Den Zeitgenossen dagegen drängt sich leicht das auf, was von Publikation zu Publikation anders ist und daher überrascht, oft genug auch befremdet. Im Werk Hofmannsthals den innern Zusammenhang zu sehen fällt offenbar auch heute noch schwer. Als läge es ohne weiteres in der Natur der Sache, wird dem jungen Hofmannsthal der spätere entgegengestellt, wenn auch längst nicht mehr in der undifferenzierten Art, wie dies früher häufig geschah. Literarhistorische Darstellungen lassen sich gerne ihre Abgrenzung von dieser Trennlinie vorgeben und beschäftigen sich entweder mit dem Frühwerk oder mit den nach der Jahrhundertwende entstandenen Dichtungen, die sich wiederum in ganz unterschiedliche Gruppen aufteilen lassen. Die Verschiedenheit der Gattung – Komödie, Tragödie, Opernlibretto, Prosadichtung, Essay – trägt das Ihre dazu bei, daß der Eindruck eines zerklüfteten, vielleicht gar völlig disparaten Werks aufkommt. In dieser Auffassung mag man sich dann etwa dadurch bestätigt finden, daß Hofmannsthal sogar ein und dieselbe Dichtung, den »Turm«, in drei Fassungen veröffentlicht hat, wobei der Schluß der letzten von den beiden andern gänzlich abweicht.

Ob in Hofmannsthals Dichtung ein durchgängiges Prinzip walte oder ob sie als heterogen zu betrachten sei, ist eine entscheidende Frage. Wenn es das in der Verschiedenheit Einheitliche nicht gäbe oder wenn es verborgen bliebe, könnte sich kein Horizont lichten, innerhalb dessen ein wirkliches Verstehen möglich wäre. Man könnte sich immer nur an dieses oder jenes halten, an das jeweilen Nächstliegende, von dem aus man alles andere zu erfassen suchen müßte. Daß die Einschätzung von Hofmannsthals Werk so schwankend ist, gehe es nun um Einordnungen in ein Sinngefüge oder um Urteile über den künstlerischen Wert oder den sittlichen Gehalt, weist unmißverständlich darauf hin, wie verhüllt der Verständnishorizont dieses Oeuvres offenbar immer noch ist.

Hofmannsthal selber sah in seinem Werk, wie eine späte Notiz bezeugt, eine derart auffallende Einheit, daß er sie, mit dem Ausdruck des

1

Erstaunens, »formidabel« nannte[1]. Dieser Einheit haben verschiedene Untersuchungen der letzten zwei Jahrzehnte nachgespürt, indem sie vor allem »das durchgängige Wirken von sinntragenden Figurenkonstellationen und Bildern«[2] ins Auge faßten. Die vorliegende Arbeit widmet sich derselben Aufgabe, sucht jedoch, Emil Staigers Grundlagen der Literaturbetrachtung verpflichtet, die Einheit des Werks in der Zeit als der reinen Form der Anschauung, als der Einbildungskraft des Dichters[3]. Der Zeitigungsart wie einem roten Faden zu folgen wird einem durch Hofmannsthals Dichtungen selbst nahegelegt: die Zeit ist darin durchwegs Leitthema, wenn dieses auch nicht überall mit der gleichen Deutlichkeit vernehmbar ist wie im »Rosenkavalier«. »Immer wieder«, sagte Hofmannsthal einmal, »komme ich auf diesen für mein innerstes Leben so bedeutungsvollen Rätselbegriff der Zeit – und dieser Begriff ist es eben, der in unserer Zeit eine Wandlung durchmacht, und von dieser Wandlung aus müssen wir erfassen, daß wir ein neues Zeitalter zu betreten im Begriff sind.«[4] An Carl J. Burckhardt schrieb er: »Ich habe mich lebenslang mit dem was man ›Zeit‹ nennt (in den mehrfachen Bedeutungen des Wortes) herumgeschlagen, und ich möchte nicht sterben, ohne diesem Gegner, der etwas schlangenartig umschlingendes hat, noch mehr ins Gesicht gesehen zu haben.«[5] Die beiden Briefstellen zeigen nicht nur, wie tief und wie unablässig die Zeit Hofmannsthal beschäftigt hat, sie machen auch auf die grundsätzliche Schwierigkeit aufmerksam, in die sich verstrickt, wer sich mit dem Zeitproblem einläßt, eine Schwierigkeit, in der letztlich wohl auch das meiste von dem gründet, was dem Dichter das Schaffen zeitweilig so schwer gemacht hat. Im bekannten Wort Augustins, das Hofmannsthal im »Buch der Freunde« anführt, ist diese Schwierigkeit am prägnantesten formuliert; nach dem Wesen der Zeit befragt, antwortete er: »Wenn man mich nicht fragt, so weiß ich es; fragt man mich aber, so weiß ich es nicht.«[6]

---

1 A 237.
2 Martin Stern, Nachwort zur »Florindo«-Ausgabe, Frankfurt a. M. 1963, S. 182.
3 Mit diesen Formulierungen soll auch die Meinung abgewehrt werden, es gehe darum, die Philosophie des Dichters herauszuarbeiten oder gar den Dichter als Philosophen darzustellen. – Zu den grundsätzlichen Fragen vgl. Emil Staiger, Die Zeit als Einbildungskraft des Dichters, Zürich 1939, vor allem S. 69.
4 Aus einem unveröffentlichten Brief vom 18. November 1928: siehe Edgar Hederer, Hofmannsthals »Andreas«, in: Die neue Rundschau, Jg. 68, 1957, S. 133, vgl. auch Edgar Hederer, Hugo von Hofmannsthal, Frankfurt a. M. 1960, S. 276.
5 29. November 1927, S. 263.
6 A 56, vgl. dazu die Anmerkung in der Ausgabe von Ernst Zinn, Frankfurt a. M. 1965, S. 135.

Das Rätselhafte des Zeitbegriffs äußert sich in der Widersprüchlichkeit, welche die Aussagen über die Zeit in Hofmannsthals Werk kennzeichnet. Da kann es heißen:

Dies ist ein Ding, das keiner voll aussinnt,
Und viel zu grauenvoll, als daß man klage:
Daß alles gleitet und vorüberrinnt.

Und gleich daneben:

Die Stunden! wo wir auf das helle Blauen
Des Meeres starren und den Tod verstehn,
So leicht und feierlich und ohne Grauen.[7]

Im »Salzburger Großen Welttheater« wird die Zeit eine »Mörderin«[8] genannt, im «Turm« dagegen eine »Freundin»[9]. Einerseits kann gesagt werden: «Der Augenblick ist scheelsüchtig und hinterläßt seinem Nachfolger nur eine leere Truhe mit der Aufschrift: Hier war es!»[10] Andrerseits heißt es: «Im Augenblick ist alles, der Rat und die Tat.»[11] Über die Figuren in den Stücken von O'Neill schreibt Hofmannsthal, daß sie »zu fest in ihrer augenblicklichen Situation» stecken, »zu wenig umwittert von der eigenen Vergangenheit«, um dann dem Satz die Wendung zu geben, gerade darum seien sie «auch wieder nicht fest genug in der Gegenwart»[12]. Solche Ambivalenzen und Paradoxien prägen immer wieder Hofmannsthals Äußerungen, ob sie nun diesem oder jenem Lebensalter angehören. Der Siebzehnjährige notiert in sein Tagebuch: «Mein Ich von *gestern* geht mich so wenig an wie das Ich Napoleons oder Goethes« und hält daneben das Gegenteil fest: »Dichter ein umgekehrter Midas: was er Erstarrtes berührt, erweckt er zum Leben.«[13] Dreißig Jahre später schreibt er über «das Paradoxe unseres Verflochtenseins mit dem hinter uns Liegenden, das wir mit dem Namen ›Geschichte‹ verdecken. Einerseits ist es abgetan wie Sesostris oder Dschingiskhan, andererseits gegenwärtig, sogar leiblich in gewissem Sinne.«[14] Die Zeit, wie sie Hofmannsthal lebt, hat eine antinomische Struktur. In den Aufzeichnungen zu seiner Selbst-

---

7 G 17.
8 D III 318.
9 D IV 199.
10 D IV 191.
11 E 437.
12 P IV 198.
13 A 93.
14 P IV 56.

1*

auslegung, in »Ad me ipsum«, findet sich ein Wort, das die Dinge auf die knappste Formel bringt: »Die Unbegreiflichkeit der Zeit: eigentliche Antinomie von Sein und Werden.«[15] Dieser Antinomie will die vorliegende Arbeit nachdenken und damit einen Zugang finden zu Hofmannsthals Wort: «Wir sind nichts als Widerspruch, aber in ihm vielleicht offenbart sich unser Wesen und ein Hohes, das mit uns schaltet.»[16]

Das Thema der Zeit ist in der Literatur über Hofmannsthal mehrfach aufgegriffen worden[17], allerdings ohne daß das Antinomische in die Mitte gestellt worden wäre und, was schwerer wiegt, ohne daß man sich um philosophische Grundlagen bemüht hätte. Bei keinem andern Thema aber ist man so sehr auf die Hilfe der Philosophie angewiesen wie bei der Zeitproblematik. Unsere Darstellung sucht ihre Fundamente bei Heidegger zu gewinnen, stützt sich aber auch auf Kierkegaard und Hedwig Conrad-Martius.

Um das Thema in seinen verschiedenen Aspekten darzustellen, geht die Arbeit von den einzelnen Dichtungen aus. Sie verzichtet damit auf einen systematischen Aufbau, wie er sich von der Problemstellung her denken ließe, und nimmt so gewisse unvermeidliche Wiederholungen in Kauf, von denen sie nur hoffen kann, sie seien wenigstens didaktisch zu verantworten, indem sie die Zusammengehörigkeit der verschiedenen Dichtungen besonders klar hervortreten lassen. Es ist vor allem die Widersprüchlichkeit in Hofmannsthals Werk, die dieses Vorgehen empfiehlt: indem man sich jeweils in einem dichterischen Ganzen aufhält, bleibt man im Nachprüfbaren. Zudem wäre zu fragen, ob dieses Thema überhaupt in einem System statischer Begrifflichkeit darstellbar sei oder ob es nicht vielmehr darum gehe, in eine Bewegung hineinzukommen.

---

15 A 217, vgl. auch A 228: Hier stellt Hofmannsthal neben die Antinomie der Zeit eine zweite Antinomie, die »der Einsamkeit und der Gemeinschaft«. Dieses Problem liegt außerhalb des Themas unserer Arbeit und wird darin deshalb höchstens gestreift. Am besten ließe es sich wohl mit Hilfe der folgenden Stelle angehen: Raimund »ist im Grund weder sozial noch antisozial — Nestroy war beides in hohem Grad« (P III 473).

16 P IV 146.

17 Die weitaus wertvollste Arbeit ist die von William H. Rey, Die Drohung der Zeit in Hofmannsthals Frühwerk, in: Euphorion, 48, 1954, S. 280—310.
Vgl. ferner Günther Freudenberg, Die Zeit als dichterische Erfahrung im Werk Hugo von Hofmannsthals, Diss. Freiburg i. Br. 1951.
Rudolf Goldschmit, Die Erfahrung der Vergänglichkeit bei Hofmannsthal, Studien zum Zeitproblem in der Dichtung, Diss. München 1952.
Karl Tober, Der Begriff der Zeit im Werk Hugo von Hofmannsthals, in: Innsbrucker Beiträge zur Kulturwissenschaft, Bd. 6, Germanistische Abhandlungen, Innsbruck 1959, S. 247—263.

Schließlich ist die Art des Aufbaus auch von der Überzeugung mitbestimmt, es sei dem Leser wie der Dichtung eher gedient, wenn sich die Arbeit dicht ans einzelne Werk halte. Interpretationen, im strengen Sinne des Wortes, sind die Kapitel freilich nicht; dazu wäre eine umfassendere Betrachtung notwendig, und ob eine solche, bei so viel Ungeklärtem, heute überhaupt schon möglich wäre, muß wohl als fraglich gelten. Die Arbeit möchte jedoch einer eigentlichen Interpretation Grundlagen verschaffen helfen.

Das Thema soll sich von Kapitel zu Kapitel entfalten, es werden daher in den zur Sprache gebrachten Dichtungen jeweils bestimmte Schwerpunkte aufgesucht. Dies hat über die Auswahl entschieden. Die Weglassung eines Werks impliziert somit weder ein Werturteil noch die Meinung, hier sei die Thematik der Zeit bedeutungslos. Im Bestreben, möglichst sichern Boden unter die Füße zu bekommen, sind keine Fragmente, aber auch keine Gedichte zum Ansatzpunkt eines Kapitels gemacht worden. Die Arbeit geht nicht von ihnen aus, aber sie blickt auf sie hin, wie natürlich auch auf die Essays, Vorträge und Briefe; dies gilt auch in bezug auf die so bedeutsamen Ad-me-ipsum-Notizen, diese stichwortartigen Abkürzungen für komplexe Sachverhalte[18].

Die Kapitel folgen grundsätzlich der Chronologie der Werke; diese Aufreihung wird aber durchbrochen, wenn die thematische Anordnung einen engern Zusammenhang ergibt, wie das in der zweiten Hälfte hie und da der Fall ist. Ihrer Entstehungsgeschichte nach sind die späteren Werke ohnehin vielfältig verschränkt, vor allem aber kann es sich in dieser Arbeit nicht darum handeln, den Akzent auf Entwicklungslinien zu legen, sucht sie doch das eine, innerhalb dessen es erst sinnvoll wird, von Unterschieden zu sprechen. Vielleicht ist ja überhaupt mit dem Begriff der Entwicklung, der vornehmlich in der Beschäftigung mit Goethes Leben und Schaffen gewonnen worden ist, vorsichtig umzugehen. Könnte nicht ein Dichter durch alle seine Werke ein und dasselbe sagen wollen und ständig bestrebt sein, dies eine gemäßer zu sagen und in all seinem Reichtum darzustellen?

---

[18] Der Auffassung Grete Schaeders, diese Aufzeichnungen seien »nur dem Kenner seines Werkes ohne Kommentar verständlich« (Hofmannsthals Weg zur Tragödie, Deutsche Vierteljahrsschrift für Literaturwissenschaft und Geistesgeschichte 23, 1949, S. 309), kann nicht zugestimmt werden. Sie sind durchaus ungeklärt und könnten nur von der Dichtung her erschlossen werden, eine Arbeit, die noch nicht geleistet ist.

Gestern

Über die dramatische Studie »Gestern«, die Hofmannsthal 1891 verfaßt hatte, schrieb er an Marie Herzfeld: »Meine Lieblingsform von Zeit
zu Zeit, zwischen größeren Arbeiten, wäre eigentlich das Proverb in
Versen mit einer Moral; so ungefähr wie ›Gestern‹, nur pedantesker,
menuetthafter: im Anfang stellt der Held eine These auf (so wie: das
Gestern geht mich nichts an), dann geschieht eine Kleinigkeit und zwingt
ihn, die These umzukehren (›mit dem Gestern wird man nie fertig‹); das
ist eigentlich das ideale Lustspiel, aber mit einem Stil für Tanagrafiguren
oder poupées de Saxe.«[1] Diese Äußerung des achtzehnjährigen Hofmannsthal scheint altklug, erklärt sie doch die erste und bislang auch
einzige dramatische Veröffentlichung gleich zur Lieblingsform, als ob der
Autor eine Reihe vollendeter Arbeiten urteilend überblickte; sie ist aber
hellsichtig. Hofmannsthal kehrt in der Tat wiederholt zu dieser Form
des Thesenstückes zurück: im »Tor und Tod« (1893) zeigt er die
Wendung, die in die Formel gefaßt ist »Da tot mein Leben war, sei du
mein Leben, Tod«, im »Weißen Fächer« (1897) stellt er die Bewegung
dar, die vom Gestern, das einen nicht freigibt, in ein neues Heute führt;
er läßt in seinem Dramolett »Die Lästigen« (1915) zu verschiedenen
Malen die Stellung der Figuren wechseln und spitzt bei der Umarbeitung
der Komödie »Der Bürger als Edelmann« (1917) die Dinge bis zu ihrem
dialektischen Umschlag zu. Was Hofmannsthal als seine Lieblingsform
bezeichnet, gibt sich so als Grundmuster zu erkennen. Die Studie »Gestern«
übt sich in einen Bewegungsablauf ein, in welchem die Schritte bald einmal strenger und zugleich graziöser gesetzt werden können. Man darf
vermuten, daß dieses Muster auch den andern Bühnenwerken zugrundeliegt und auch dort das Gegenüber der Figuren und ihr kontrapunktisches
Spiel hervorbringt.

Es berührt eigenartig, daß Hofmannsthal bei einem Stück, welches er
den lyrischen Dramen einreiht, das Abstrakt-Intellektuelle thesenartiger

---

[1] 5. August 1892, Br. I, S. 62. Vgl. auch: Briefe an Marie Herzfeld, Heidelberg 1967,
S. 29.

Begrifflichkeit so sehr betont. Doch ist das ein wichtiger Hinweis darauf, wie falsch es wäre, in diesen Stücken nur das rein Lyrische, das Stimmungshafte sehen zu wollen. Die Stimmung und das Thesenhafte ergänzen sich darin als gleichgewichtige Elemente. Hofmannsthal gebraucht hier die Bezeichnung »lyrisches Drama« im Sinne des französischen »drame lyrique«, Bühnenstück für Musik. Daß schon seine frühen Stücke nach Musik verlangt hätten, bestätigt er in einer späten Äußerung ausdrücklich[2]. Verschiedenen Briefen an Richard Strauss ist zu entnehmen, daß Hofmannsthal dabei an eine schlanke Musik, an die zeremoniösen Tänze des 18. Jahrhunderts denkt, nicht etwa an Richard Wagners breite Farbskala, welche die Stimmung übermächtig werden läßt[3]. Dem entspricht, daß die Personen seines Spiels etwas Puppenhaftes, Marionettenartiges, etwas von Pantomimen an sich haben: es sind keine Gestalten, sondern Figuren, die sich, scharf und reinlich gegeneinander abgegrenzt, auf abgezirkelten Linien bewegen. Von ihnen gilt, was Hofmannsthal im fiktiven Gespräch über »Charaktere im Roman und im Drama« Balzac sagen läßt, daß nämlich die Charaktere im Drama nichts anderes seien als kontrapunktische Notwendigkeiten, daß der dramatische Charakter eine Verengung des wirklichen sei[4]. Diese Eingrenzung der Charaktere ist bei den Figuren des Proverbs, das sich in seiner strengeren Stilisierung dem Puppenspiel nähert, sogar noch ausgeprägter.

Man wird sich diesen Stilisierungswillen, kraft dessen sich der junge Hofmannsthal von der Kunst des Realismus und Naturalismus absetzt, merken müssen, um von den frühen Werken nicht Dinge zu erwarten, die sie gar nicht geben wollen[5]. Und wenn Hofmannsthal das Thesenstück seine Lieblingsform nennt, wenn sich also in der Thesenhaftigkeit etwas für ihn Grundlegendes spiegelt, ist es angezeigt, die lyrischen Dramen von ihrem antithetischen Aufbau her anzugehen.

Die Hauptfigur in »Gestern«, Andrea, hat sich der Maxime »Das Gestern geht mich nichts an« unterstellt. Warum will er mit dem Gestern nichts zu tun haben? Es ist nicht etwa so, daß er bedrückenden Erinnerun-

---

2 P IV 441/2 (1928).
3 Vgl. die Briefe vom 6. Juni 1910, S. 91; 20. März 1911, S. 113; 25. Mai 1911, S. 122; 3. Juni 1913, S. 233. – Es ist denkbar, daß Musik in der Art von Strawinskys »Pulcinella« dem, was Hofmannsthal vorschwebte, entsprochen hätte.
4 P II 44.
5 Von solch ungerechtfertigter Erwartung scheint Richard Alewyn auszugehen, wenn er in Arlette die einzige Gestalt des Stückes sieht, »die nicht synthetisch aus Eigenschaften und Gesinnungen hergestellt, sondern lebendiges Geschöpf ist«. Vgl. »Hofmanntshals Anfang: Gestern«, in: »Trivium«, Jg. VI (1948), S. 244, jetzt auch in: »Über Hugo von Hofmannsthal«, Göttingen 1958, S. 48.

gen entfliehen möchte. Aber was den Menschen ans Gestern bindet, was
hold vertraut ihn lieblich lang umgibt (175)[6], Gewohnheit also, ist ihm
gleichbedeutend mit Trägheit des Herzens, jener Trägheit, der seine Ver-
wandten, Glieder eines mächtigen Hauses, verfallen sind: sie widerstehen
stumpf jedem Neuen, verschließen sich ihm und ächten, was zu verstehen
sie sich nicht einmal die Mühe nehmen (152/3); als die ewig Gestrigen
sind sie ihre eigenen Knechte und hausen im Gefängnis selbstgesetzten
Zwanges (153); dem Gestern verhaftet, sind sie, ohne darum zu wissen,
in die Lüge verstrickt, die längst alles, was neu sein könnte wie am ersten
Tag, ins Selbstverständliche eines ständig Vorhandenen umgeschminkt
hat; am Gestrigen hangend, leben sie im Ausgelebten, sind sie Lebendig-
Tote. In Andrea zeigt sich somit Sehnsucht nach Unmittelbarkeit, Freiheit,
Wahrheit und einem Leben, das den Namen Leben zu Recht trägt. Er ist
in seiner wachsamen und behenden Spontaneität offen für alles ihm Be-
gegnende, für das Unvorhergesehene[7], für das, was nicht »ekel, schal und
flach und unerträglich« ist[8]. Er hat die Fessel, mit der das Gestern beengend am Fuß hängt, gesprengt und wird sie immer wieder sprengen
(148). Er will ins ungedämpfte Licht eines hüllenlosen Seins blicken (175).
Er weiß sich mit dem Dichter Fantasio darin einig, daß die meisten in
taubem Hören und in blindem Schauen durchs Leben hingehen, verloren in
einem Leben ohne Sinn (172), wogegen er sein Leben »fühlen, dichten,
machen« will, weil erst dann das Leben Leben ist (148).

Andrea meint all das, wonach er sich sehnt, im Heute, in der Gegenwart, im Momentanen zu finden. Er ist den blutleeren Gegenwarts-
verächtern, die gespenstisch zwischen den Geschlechtern wandeln (172),
gegenübergestellt; ihn ekelt vor den Allzuvielen, die des Augenblicks
Verlangen, den Geist des Augenblicks nicht wahrnehmen (166). Daß
Andrea in sprungbereiter Polemik oder gar in der provozierenden Frivolität der Jugend diesen Geist des Augenblicks gerne als »Laune« (146) und
als »Trieb« (155) bezeichnet, mag der Grund sein, daß man in ihm vor-
schnell einen launischen, hemmungslosen Triebmenschen, einen Genüßling
und Lebemann, kurz den klassischen Vertreter des ästhetischen Immoralis-
mus sieht. Dadurch aber, daß man diese Figur mit moralischen Maß-
stäben mißt, verbaut man sich den Weg zu ihrem Verständnis. Andrea
wird so von vornherein verächtlich gemacht, und das, worum es ihm

---

6 »Gestern« im Band »Gedichte und Lyrische Dramen« S. 139–180.
7 Vgl. im Aufsatz »Die Menschen in Ibsens Dramen« (1893) die Stelle, wo von der
   »suchenden Sehnsucht des Stendhal nach dem ›imprévu‹« die Rede ist: P I 89.
8 Ebd.

im Innersten geht, nämlich die Lebendigkeit, ist dann nicht mehr zu erfassen.

Lebendig ist für Andrea, was sich im Jetzt-Jetzt regt, was auftaucht aus dem Nirgendwoher und dazusein verlangt, was ihn und die Dinge zu einer Welt zusammenfaßt: jetzt ihn und das Pferd zu einem ungestümen Ritt, jetzt ihn und die Geige zum dunklen Fluten der Schwermut (146, auch 102), jetzt ihn und den Degen zu hell flammendem Zorn (146, 167).

> Das Roß, das Geigenspiel, die Degenklinge,
> Lebendig nur durch unsrer Laune Leben,
> Des Lebens wert, solang sie uns es geben,
> Sie sind im Grunde tote, leere Dinge!
> Die Freunde so, ihr Leben ist ein Schein,
> Ich lebe, der sie brauche, ich allein!   (146/7)

Das hört sich wie krassester Egoismus an; es ist aber zu bedenken, daß man den andern nur dann selbstherrlich eigenen Zwecken unterwerfen kann, wenn man ihn vorher zum Objekt degradiert hat, und hier ist ja gerade nicht von solcher Objektivierung die Rede, vielmehr von der Einheit, die aller Trennung in Subjekt und Objekt zugrunde liegt. Was hier den andern »braucht«, ist nicht die Selbstsucht, sondern jener Geist des Augenblicks, der einen Zusammenklang schafft, und zwar nicht in der Weise, daß zwei Getrennte vereinigt würden, sondern so, daß eine ursprüngliche Einheit zum Schwingen gebracht wird, die ein egoistisches oder ein altruistisches oder auch ein indifferentes Verhalten überhaupt erst ermöglicht. Wenn Andrea Menschen und Dinge als durch ihn und für ihn daseiend betrachtet, darf man an das 1890 geschriebene Ghasel »Für mich« denken:

> Das längst Gewohnte, das alltäglich Gleiche,
> Mein Auge adelt mir's zum Zauberreiche:
> Es singt der Sturm sein grollend Lied für mich,
> Für mich erglüht die Rose, rauscht die Eiche.
> Die Sonne spielt auf goldnem Frauenhaar
> Für mich – und Mondlicht auf dem stillen Teiche.[9]

Im Gefühl, daß alles für mich da ist, zerbricht das zur Gewohnheit Gewordene, die Meinung nämlich, die Dinge seien, wenn sie in ihrer

---

[9] G 471.

Vorhandenheit und Gegenständlichkeit gesehen würden, in ihrer Wirklichkeit erfaßt, in ihrem Sein zugänglich gemacht. Tiefe Welten tun sich nun auf[10], die Dinge sind aus ihrer Entwürdigung in den Adelsstand erhoben, dem sie ursprünglich angehören. Das im Augenblick erschlossene Zauberreich, von dem ebenso gilt »Draußen sind wir zu finden, draußen«[11] wie »Ist denn das Weltall nicht in uns?«[12], ist lyrische Gestimmtheit. Von ihr sagt Emil Staiger, sie erschließe das Dasein unmittelbarer als jede Anschauung oder jedes Begreifen; das Seiende sei in ihr nicht Gegenstand, sondern Zustand, in ihr sei Zuständlichkeit die Seinsart von Mensch und Natur[13]. In seiner Besprechung der »Fragments d'un journal intime« von Henri-Frédéric Amiel zitiert Hofmannsthal den Satz, der das Wesen der Stimmung bündig faßt: »Tout paysage est un état de l'âme«.[14] Andrea erweitert gleichsam dieses Wort, indem er die Menschen Teil seiner eigenen Seelenlandschaft sein läßt. Der Condottiere Vespasiano ist sein Hang zum Streit, Mosca, dieser geckische Narr, ist seine Eitelkeit, und zum Kardinal von Ostia sagt er:

> Du, Oheim Kardinal, bist mein Behagen!
> Du machst, daß mir's an meiner Tafel mundet.   (168)

Im Zauberreich des Augenblicks vermag der Mensch mit allem und jedem zusammenzukommen, ist alles und jedes empfunden und gefühlt (145). Diesem »Beieinandersein von tausend Leben« (155) gibt Andrea

---

10 Ebd.

11 »Das Gespräch über Gedichte« (1903) P II 97.

12 Novalis, Schriften, hg. von Paul Kluckhohn und Richard Samuel, Stuttgart 1960, Bd. II, S. 419.

13 Grundbegriffe der Poetik, Zürich 1946, S. 66.

14 P I 30 (1891) – Ähnliche Formulierungen waren Hofmannsthal bei der Lektüre von Schopenhauers »Welt als Wille und Vorstellung« begegnet, vor allem in den Zitaten aus Byrons »Childe Harold's Pilgrimage«, z. B.:

    Are not the mountains, waves and skies a part
    Of me and of my soul, as I of them?

oder:

    I live not in myself, but I become
    Portion of that around me; and to me
    High mountains are a feeling.

(Ausgabe der Wissenschaftlichen Buchgesellschaft, Darmstadt 1961, Bd. I, S. 260 und 351).
Vgl. dazu auch das Zitat aus der Upanischad des Veda: »Hae omnes creaturae in totum ego sum, et praeter me aliud ens non est.« (A. a. O. S. 260).

den Namen »Seele«[15]. Im Augenblick lebt die Seele in der Seele der Dinge, im »Hauch und Wesen der Wesen«[16]. Der Dichter Fantasio faßt diesen Einklang in das für Andrea und seinen Freundeskreis so wichtige Wort »Lebenseinheit« (172). Es ist ein Wort, das für den jungen Hofmannsthal eine ins Religiöse reichende Bedeutung hat. In einer Aufzeichnung aus dem Jahre 1922 steht zu lesen: »Als junger Mensch sah ich die Einheit der Welt, das Religiöse, in ihrer Schönheit; die vielfältige Schönheit aller Wesen ergriff mich, die Kontraste, und daß alle doch aufeinander Bezug hatten.«[17]

Die Zuständlichkeit dieses Augenblicks der Lebenseinheit ist ein Hervorquellen, Entspringen, Fließen, Fluten, Strömen – genauer: er ist das aus sich selber Strömende (145), nicht das, was von anderm bewegt wird, sondern das, was sich selbst bewegt und also sich selbst nicht verläßt und nicht aufhört, bewegt zu sein, wie Platon im »Phaidros« sagt[18], er ist Ursprung und Anfang, das Prinzip der Bewegung, unentstanden – denn wenn der Anfang aus etwas entstünde, dann entstünde er nicht als Anfang – und notwendig auch unvergänglich. Das sich selbst Bewegende, das Platon Seele nennt, strömt unerschöpflich aus sich selbst. Wenn sich also Andrea uneingeschränkt dem Augenblicklichen als dem aus sich selber Strömenden hingibt, glaubt er der Ewigkeit in ihrer unversieglichen Fülle gewiß zu sein.

Im Augenblicklichen ist Andrea bei sich selbst: in den Freunden wie in den Dingen erkennt er jeweils sein Selbst (146), in der Zuständlichkeit des Seelischen ist er seiner selbst gewiß, weiß er sich als unentstanden und unvergänglich, als jenes aus sich selber Strömende, in dessen Fließen alle Dinge einbezogen sind. Was sich Hofmannsthal am 29. Dezember 1890 ins Tagebuch notiert hat, könnte von Andrea gesagt werden: »Wir verstehen nur uns selbst, und an uns selbst nur das Gegenwärtige, und auch den gegenwärtigen Gedanken nur solang als wir ihn denken, als er flüssig ist.«[19] Das Gestern dagegen entfremdet den Menschen ihm selbst, im Gestrigen findet er sich selber nicht mehr. Der Widerspruch, daß der Augenblick *ist*, immer und unausgesetzt ist, und daß es dennoch

---

15 Auf seine Frage: Wer lehrte uns den Namen »Seele« geben / Dem Beieinandersein von tausend Leben? (155) könnte die Antwort lauten: Thomas von Aquin, bezeichnet er doch die Seele (anima) als »ens, quod natum est convenire cum omni ente«.
16 P I 211.
17 A 234.
18 Platon, Phaidros, 245
19 A 89.

Vergänglichkeit gibt, spiegelt sich im Gegensatz von Seele und Leib; eine Tagebuchnotiz zeigt diesen Gegensatz in der für Andrea kennzeichnenden Wertung: »Das Gedächtnis gehört nur dem Körper: er reproduziert scheinbar das Vergangene.«[20] In dieser Unterscheidung einer höheren, wahren Welt von einer bloß scheinbaren wird der Grundriß des Platonismus sichtbar, freilich in der Umwertung, welche die Wahrheit ins Augenblickliche setzt. Aus solchen Voraussetzungen heraus kann dann folgerichtig gesagt werden: »Mein Ich von *gestern* geht mich so wenig an wie das Ich Napoleons oder Goethes.«[21] Was mich dagegen angeht, ist das augenblickhafte Ich-bin, das nicht als ein Abgetrenntes, Gegenüberstehendes und zu Behauptendes das Seine sucht, sondern immer ein »Ich bin draußen«, »Ich bin mit anderm zusammen«, »Ich bin im andern eingestimmt« ist. Die ganze Natur, alles Seiende ist Symbol für unsere Seelen, alles wird zum Gleichnis, uns auszudrücken (167): uns, als jene Wesen, denen das All nicht zu weit ist – sie vermögen es mit ihrem Ich auszufüllen, denen das Ich nicht zu eng ist – sie können das All in sich hineinnehmen, denen ein Wissen um sich selbst gegeben ist, indem das Seiende in ihnen für einen Augenblick zum Bewußtsein kommt[22]: »Sein selbst bewußt ist nur der Augenblick.« (174) So hat es eine genaue Bedeutung, wenn Andrea vom Geist des Augenblicks redet (166): der Augenblick ist Seele, insofern er das aus sich selber Strömende ist und mit allem und jedem zusammenbringt; er ist Geist, insofern er seiner selbst bewußt ist.

Die bisherigen Ausführungen über den Augenblick geben die Richtung an, in der sich Andrea bewegt, wenn er das Gestern von sich weist, um in jedem Heute aufzugehen. Andrea erstreckt sich weder ins Gewesene noch ins Kommende, er versucht gleichsam quer zu diesen Erstreckungen der Zeit zu leben. Es ist ein Versuch, sich über die Zeit hinauszuschwingen und in die Beseligung des reinen Augenblicklichen, das keine Vergangenheit und keine Zukunft hat, hineinzukommen. Hofmannsthal bezeichnet denn auch die Hingabe an die Stimmung als ein »ekstatisches Auf-

---

20 A 93.
21 A 93.
22 In Augustins »De civitate Dei« heißt es: »Die Pflanzen bieten ihre mannigfachen Formen, durch die der sichtbare Bau dieser Welt sich formschön gestaltet, den Sinnen zur Wahrnehmung dar, so daß sie, da sie nicht erkennen können, wie es scheint, gleichsam erkannt werden wollen.« Hofmannsthal führt diese Stelle, die er bei Schopenhauer gelesen hat (op. cit. I 286), in seinem Aufsatz über Maurice Barrès an (P I 51), und zwar, etwas gekürzt, im lateinischen Wortlaut.

fliegen«[23]. Aber ein entscheidendes Charakteristikum des Augenblicks, wie Andrea ihn versteht, ist damit noch nicht ins Blickfeld gerückt: der Augenblick ist von Angst durchsetzt. Andrea ängstigt sich, das Beste zu verfehlen (147). Er wüßte es nicht zu benennen, denn es ist nichts Bestimmtes; es ist das Ungelebte, das im Augenblick Möglichkeit geblieben ist und sich nicht verwirklicht hat, das Nichts in jedem Moment. Wenn ihm behaglich zumute ist im Beisammen mit dem Kardinal, ist sein Hang zum Streit mitsamt Ser Vespasiano ins Nichts getaucht, wenn er als Uferplatz für den Bau eines Landungssteges eine sanftgeneigte Bucht wählt, kann die Lände nicht von Felsklippen mit ihrem reizvoll rätselhaften Bangen umgeben sein. (162) So sehr es dem Menschen möglich ist, im lebendigen Augenblick ein jedes zu umfassen, so unmöglich ist es ihm, das Gesamte zu umfassen. Er ist ein Allesumfasser und doch kein Allumfasser. Dergestalt rückt Andrea und sein Augenblick ins Zweideutige. Der Moment ist die Fülle und das Nichts, in Andreas Seele ist Überreichtum und Entbehrung, Berauschtheit und Ekel, Beseligung und Höllenqual in einem. Das, wonach sich Andrea sehnt, erreicht er nicht: er hat die Freiheit, die Wahrheit und das Leben und hat sie doch nicht. Das unmittelbare Zusammen mit allem und jedem ist von der Willkür durchwaltet, die Lebenseinheit ist vom Zufall schnöd zusammengeklebt (147), so daß in der Selbstgewißheit der Zweifel schreit und in der Freiheit die Fessel zu spüren ist: »Und jeder ist des Augenblickes Knecht« (174). Solche Verstörung ist Arlette bis zu dem Zeitpunkt, da das Stück einsetzt, erspart geblieben; von ihr konnte gesagt werden, sie genieße dankbar, was Zufall biete, und entbehre klaglos, was Zufall entziehe[24], ja sie erlebe die Zufälligkeit gar nicht als solche, weil für sie Zufall und Notwendigkeit noch nicht geschieden seien. So gilt von ihr:

Es ahnt das Herz ja nicht, was es entbehrt,
Und was ihm zugefallen, hält es wert. (147)

Für Andrea dagegen, der »im Besitz den Verlust, im Erleben das stete Versäumen«[25] empfindet, weist das Zugefallene zugleich auf das, was sich versagt und fernhält, so daß sich ihm alles Einfache und Eindeutige zerklüftet und die Fraglosigkeit sich ins furchtbar Fragwürdige verändert. Es könnten seine Worte sein, was Hofmannsthal den Jedermann in der Prosafassung von 1906 sagen läßt: »Wenn ich in dieses

---

23 P I 155.
24 P I 44.
25 P I 148.

Weben der Welt hineinschaue, in dies unaufhaltsame Hingleiten, dieses
lautlose, süße Sichverzehren, so befällt mich eine rasende Ungeduld . . .
Es ist eine wütende Qual: Ich bin da, ich einzelnes Leben, und da ist die
Welt, funkelt herauf durch die Stämme, Tal an Tal. Nicht auszuschöpfen!
Und ich, ich schwinde hin, ich bin schon halb dahin!«[26] Wie sehr er von
der Ambivalenz aller Dinge getroffen ist, erweist sich an der Stelle, da
er die Lüge preist (158), die er doch als schal und gemein verabscheut
(157):

> Wir lügen alle und ich selbst – wie gern!
> O goldne Lügen, werdend ohne Grund,
> Ein Trieb der Kunst, im unbewußten Mund!
> O weise Lügen, mühevoll gewebt,
> Wo eins das andre färbt und hält und hebt! (158)

Andrea ist beim Pferdekauf von Vespasiano belogen und betrogen
worden; er straft ihn und sich selbst mit Verachtung, indem er dieser
plumpen und dummen Art, zu betrügen und betrogen zu werden, die
goldenen und weisen Lügen entgegenstellt. Dumm nennt er die Lüge,
wenn sie Mittel ist, einen Zweck zu erreichen; Vespasiano hat auf
solchem Schleichweg seinen Vorteil gesucht. Diese Lüge ist Andrea ebenso
verächtlich wie die Lüge der Gewohnheit, die mit dem Blick auf dem
Gestrigen das Heute ins hold Vertraute umfälscht. Anders aber verhält
es sich, wenn die Lüge »grundlos« und »sinnlos« (158) ist, keinem Vergangenen entspringt und kein Ziel erstrebt. Was für eine Art von Lüge
ist damit gemeint? Andrea sagt: Wir lügen alle. Er kann damit nicht
meinen, daß wir alle gelegentlich lügen, so wie es eben Vespasiano getan
hat. Es geht Andrea um die Lüge, in der sich der Mensch stets aufhält,
ob er nun will oder nicht, um die Lüge in einem schärferen, aufs letzte
zugespitzten Sinne, nämlich die Lüge, in der alles Lügen und Trügen
gründet, um das prinzipielle Ausgeschlossensein von der Wahrheit. Wir
lügen notwendig, weil wir Sprache haben, wir lügen, indem wir reden
und indem wir schweigen. Andrea zielt auf das Wesen der Sprache, wenn
er von den goldenen und weisen Lügen redet. Worte überhaupt sind
Lügen, seien es nun, im unbewußten Mund, Worte alltäglicher Rede oder
seien es, in dichterischer Rede, Worte eines mühsam gearbeiteten Gewebes.
Die Sprache schafft eine Welt, die dem von der Natur Hervorgebrachten
zugeordnet ist. In diese Welt, die unsere Welt ist, sind die »Dinge« für

---

[26] D III 443.

uns schon immer übersetzt, in bestimmter Weise zurechtgemacht und in Ordnungen gebracht, damit aber auch verfälscht. Diese Welt ist somit etwas Fiktives, etwas Künstliches, hervorgebracht nicht von der Natur, sondern von dem, was sich der Natur gegenüberzustellen vermag. Die goldenen und weisen Lügen sind, wie Andrea sagt, »ein Trieb der Kunst«. Kunst ist hier im weitesten Sinn verstanden, als das Vermögen, Fiktion zu schaffen; Kunst im engeren Sinn beruht auf diesem Vermögen. Das Fiktive, das uns mit der Sprache vorgegeben ist, läßt sich nicht herleiten: es ist grundlos; das Fiktive kann auch nicht aus dem Fiktiven hinausführen: es ist sinnlos. Daß dies nicht gleichbedeutend ist mit »unsinnig«, »wertlos«, geht schon aus den Wertungen »golden« und »weise« hervor. Dazu kommt, daß die Bezeichnungen »grundlos« und »sinnlos« nicht nur für die goldenen und weisen Lügen gelten, sondern auch für den Augenblick, wie ihn Andrea lebt. Grundlos und sinnlos ist aber auch die Ewigkeit: sie ist selbst der Grund und der Sinn, der Anfang und das Ende, Beginn und Ziel. So haben Ewigkeit und Augenblick und Sprache in rätselvoller Weise miteinander zu tun.

Nun kann aber das Fiktive der Sprache nicht ausschließlich fiktiv sein, losgelöst von aller Wahrheit; es muß in einem Bezug zur Wahrheit stehen, ansonst es ja gar nicht das Fiktive sein könnte. Man ist daher zu sagen genötigt, daß das Fiktive uns zwar von der Wahrheit fernhält, daß es aber auch gerade das Fiktive ist, welches uns mit der Wahrheit verbindet. Wir sind in der Unwahrheit, aber dadurch, daß wir die Unwahrheit als solche erkennen, sind wir auch wiederum in der Wahrheit. Deshalb kann Andrea sagen:

Wie süß, die Lüge wissend zu genießen,
Bis Lüg und Wahrheit sanft zusammenfließen!   (158)

Die Einsicht, daß Wahrheit – um es mit Nietzsche zu sagen – eine »Art von Irrtum« ist und daß der Irrtum Wahrheit ist, führt auch zur Ambivalenz in den Worten »süß« und »genießen«: das Genießen ist für Andrea immer voll Bangnis (147), und wenn er es süß nennt, müßte er es zugleich auch geängstigt nennen. Ebenso zweideutig ist es, daß die Lüge, von der Andrea spricht, die unbewußte Lüge ist, deren man dennoch bewußt werden kann, was nicht heißt, daß sie zur bewußten Lüge werde, die man anwenden oder unterlassen kann; sie wird als unausweichlich gewußt. In dieser Zweideutigkeit öffnet sich ein abgründiger Zwiespalt, der nicht nur Andrea als einem zwielichtigen Individuum eignet, sondern in der Figur des Andrea als zum Wesen des Menschen gehörig dargestellt ist.

Grundsätzlich zweideutiger Natur ist auch der Augenblick, wie er sich in »Gestern« darstellt. Er springt hervor und ist gleich schon lahm, er blitzt auf und ist allbereits erloschen, er wird geboren und ist tot. Mit dem Wesen dieses Augenblicks hängt es zusammen, daß Andrea den Bau eines Palais einstellen läßt. Nach dem Grund dieser Anordnung befragt, antwortet er:

> Weil meine Schöpferkraft am Schaffen stirbt
> Und die Erfüllung stets den Wunsch verdirbt. (160)

Es ist nicht so, daß das entstehende Werk enttäuscht, weil es nicht an seine Konzeption heranreicht, daß also die Schaffenskraft erlahmt, weil die Wirklichkeit hinter der Idee zurückbleibt. Wie denn aber? Erlahmt sie, weil sie heute schon nicht mehr will, was sie gestern wollte, sondern etwas anderes? Dann aber müßte Andrea sagen, sie habe sich an etwas Neuem entzündet; er betont jedoch, sie erlösche am Schaffen. Hier können die Amiel-Zitate in Hofmannsthals Aufsatz «Das Tagebuch eines Willenskranken» weiterhelfen. »Ich spiele Skalen, schmeidige mir die Hand und versichere mich der Möglichkeit des Vollbringens, aber das Werk bleibt aus. Mein Aufschwung erstirbt, des Könnens froh, ohne ans Wollen zu reichen.«[27] Wie Amiel findet auch Andrea nicht zum Wollen hin, sondern bewegt sich im Raum des Wünschens, in der «unendlichen Mannigfaltigkeit des Möglichen»[28], in einem flüssigen Medium, das nicht zur Gestalt werden kann. Das Wünschen möchte stets Grenzenloses vor sich haben. Es kann nichts Schlimmeres fürchten als die Erfüllung. Wenn sich der Wunsch erfüllt, kann er nicht mehr Wunsch sein. So trägt der Wunsch die Ambivalenz in sich, daß er etwas herbeiwünscht und doch nicht herbeiwünschen darf. Mit der Erfüllung ist das Grenzenlose ausgelöscht. Was in die Erfüllung eintritt, erscheint aber auch stets als das bloß Zufällige, welches die Angst mit sich bringt, das Beste sei verfehlt[29]. Dazu kommt die Furcht, daß sich das nicht mehr zu ändernde Geschehene als »Quelle ewiger Reue«[30] erweise. Das Wünschen zeigt die für Andrea bezeichnende Zeitgestalt: das Herankommende hat den Charakter des Unendlichen, das Herangekommene geht einen nichts mehr an, das Herankommen ist ein ersterbender Aufschwung. Dabei glaubt Amiel sich wenigstens damit trösten zu dürfen, daß er des Könnens froh sei. Hofmannsthal läßt dies nicht gelten. Er sieht Amiel als einen Raffael ohne Hände: er habe alles zum großen Künstler-Schöpfer, die tiefen

---

[27] P I 31.
[28] P I 31.

[29] Vgl. S. 13.
[30] P I 29.

16

Schmerzen, den Mut der schärfsten Zergliederung, die Proteusgabe, sich in die Seelen der Dinge hineinzuempfinden, die Gabe des Wortes, der funkelnden Sentenz, der glücklichen Knappheit, den Dichtersinn für Nuancen, für neue und heimliche Farben, nur eines fehle: Können[31]. So deutet Hofmannsthal das Wort Amiels »des Könnens froh« als den großen «Trugschluß aller Raphaels ohne Hände«. Weil der Aufschwung nicht ans Wollen heranreicht, reicht er auch nicht ans Können heran. Die Schöpferkraft stirbt am Schaffen, weil sie gar keine Schöpferkraft ist.

Indem Hofmannsthal in Andrea einen Menschen zeigt, der sich im Wünschen aufhält, deutet er auf den ausgesparten Raum des Wollens hin. Sein Stück führt an die Frage heran, worin das Wollen gründe. Dazu läßt sich vorderhand erst sagen, daß dem Wollen eine andere Auffassung von der Zeit zugrunde liegen müßte als dem Wünschen. Andrea würde somit noch kein Wollender, wenn er an dem, was der Wunsch vorsetzt, festhielte und beharrlich das Vorgesetzte erstrebte. Das Wollen ist nicht nur etwas anderes als das Wünschen, sondern auch etwas anderes als das Streben[32].

Der zu Ende geführte Bau des Palastes würde bloß über das hinwegtäuschen, was die totgeborenen Ruinen (161) des aufgegebenen und verfallenden Bauwerks zum Ausdruck bringen. Sie mögen ein quälender Anblick menschlichen Versagens sein, aber so betrachtet, zeigt sich noch nicht ihr eigentliches Gesicht, das als ein blasses, königliches, wahres Trauern (161) zum Vorschein kommen wird. In dieser Trauer liegt der unendliche Schmerz, daß alles, was entsteht, vergeht, daß es schon vergeht, indem es entsteht, daß somit die Welt in einer rätselvollen Verkümmerung immer nur notdürftig in die Gegenwärtigkeit hineingehoben ist und ein in kleinsten Portionen dargereichtes Dasein von einem Zeitmoment zum andern fristet[33]. Aber diese Trauer bringt auch »schmerzlich reiche, leise Träume« (161): wenn die Welt ein vergehendes Entstehen und stetes Vergehen, ein Trugwerk, der täuschende Schleier der Erscheinungen ist[34], dann ist ihr Versinken ins Nichts dem Schmerz auch lind, und die Seele, die trotz ihrem Zusammensein mit allem und jedem »unbegreiflich einsam die unsäglich schauerlichen Gefilde des Daseins durchwandelt«[35],

---

31 P I 29/30.
32 Vgl. dazu das Kapitel über den »Schwierigen«.
33 Nach Formulierungen von Hedwig Conrad-Martius in: Die Zeit, München 1954, S. 266.
34 P I 28.
35 P I 195 — In »Gestern« ist von der furchtbaren Einsamkeit der Seelen die Rede (S. 177). Vgl. auch S. 146.

17

sucht im Jenseits des Scheins, hinter der Maja das, wovon sie erfüllt sein kann.

Wenn man jetzt den Augenblick, so wie er sich in »Gestern« zeigt, als ein Ganzes umreißen will, wird man das Punktförmige, das ausdehnungslos Momentane hervorheben müssen. Dieser Augenblick ist gegenüber dem, was Goethe als Augenblick faßt, reduziert: Vergangenheit ist in ihm nicht beständig, Künftiges nicht voraus lebendig[36]. Als lebendig erscheint einzig das, was im scharf gebündelten Lichtstrahl als Jetzt und Da heraustritt, wogegen alles andere im Dunkel des Nichts liegt. Erinnerungen sind für Andrea abgelebt, schemenhaft, »schattenhaft und fremd« (151), das Gestern ertönt ihm als hohler Ruf eines Toten (149), es sucht ihn dann und wann heim als Gespenst, als Revenant, daher sein Bemühen, es zu bannen[37]. Der Bezug zum Künftigen ist auf ein leeres Warten abgeblendet, das nicht einmal das Gewärtigen bestimmter Ereignisse ist, sondern ein Warten auf das, was Schicksal sein könnte; aber weil das Schicksal als ein zu Erwartendes verstanden wird und nicht als das, was es zu ergreifen gilt, wird es gar nie eintreffen können[38]. Andrea ist das Planen in gleicher Weise zuwider, wie er nichts vom Ergründen wissen will: beides verfälscht jedes wahre Fühlen, das unsäglich ist (145), weil beides in den Bereich der Vorstellungen, der transzendentalen Anschauungsform der Zeit gehört. Die einzige Stelle, an der die Welt für Andrea Wirklichkeit besitzt, ist die Aktualität. Ein Abgrund trennt daher das Gestern wie das Morgen vom Heute (179). Da kann es keine Pflicht geben, die das Heute an das Damals bindet (161). Die Anweisung zur Treue muß lauten:

Laß dich von jedem Augenblicke treiben,
Das ist der Weg, dir selber treu zu bleiben.   (149)

Dieser ausdehnungslose Augenblick gewährt keinen Raum für Entwicklung und Entfaltung, für das In-Erscheinung-Treten, Dastehen und Dauern dessen, was Goethe Gestalt nennt und was im Hinblick auf den Typus, auf die Idee den Augenblick zur Ewigkeit gestaltet. Das Wesen des punktuellen Augenblicks ist jenes Ungreifbare und Unsägliche, das

---

[36] Vgl. Emil Staiger, Die Zeit als Einbildungskraft des Dichters, Zürich und Leipzig 1939, S. 141.
[37] Ähnlich sagt Hofmannsthal 1891 über Maurice Barrès: »Er erträgt es nicht, seine Vergangenheit um sich in tausend Symbolen ausgedrückt zu sehen; er lebt im Heute, fürs Heute.« (P I 46).
[38] Vgl. dazu das Amiel-Zitat: »Ich warte immer auf die Frau, auf das Werk, groß genug, meine Seele zu erfüllen.« (P I 31).

in vielerlei Namen aufblitzt, bald als Laune oder Trieb, bald als Seele oder Leben bezeichnet wird: ein Flüssiges, ein Fluidum. So scheint Andrea in die Nähe Brentanos zu rücken und die Struktur des Augenblicks dem vergleichbar, was Emil Staiger die reißende Zeit genannt hat. Die Ähnlichkeiten sind nicht zu übersehen, man könnte sie in der Musikalität, der klangvollen und schmiegsamen Sprache nachweisen, in der Magie des Atmosphärischen, in der unbegrenzten Empfänglichkeit für jeden Eindruck und in der »fast somnambulen Hingabe an jede Offenbarung des Schönen«[39]. Von solchen Gemeinsamkeiten her ist es zu verstehen, daß man in Hofmannsthal einen Neuromantiker gesehen hat. Dennoch — ganz abgesehen davon, daß Hofmannsthal nicht Andrea ist und daß an »Gestern« bisher nur die eine Seite, nicht aber der Umschlag in die Gegenseite dargestellt worden ist — unterscheidet sich die Zeitstruktur in Hofmannsthals Studie wesentlich von Brentanos reißender Zeit, nämlich durch die Ausdehnungslosigkeit des Augenblicks, die das Gestern nicht einmal als Nachhall, geschweige denn als Erinnerungsmacht zuläßt. Zwar reißt auch bei Brentano das Vergangene ab, so daß sich eine Folge von unverbundenen Da ergibt[40], bei Andrea jedoch ist das auf die Spitze getrieben, und während Brentanos Lebensschifflein über die wirbelnde Tiefe hintreibt, gerät Andrea ganz in den Sog des Wirbels hinein. Die Gestalt des Augenblicks hat eine äußerste Reduktion erfahren: das Jetzt ist, und indem man es ausspricht, ist es schon nicht mehr; indem es ist, ist es nicht, und indem es nicht ist, ist es[41]. Unablässig tritt die Welt neu ins Dasein, und unablässig verschwindet sie aus ihm, und zwar nicht einmal so, daß die Gegenwart das Resultat der Vergangenheit ist und trächtig ist von Zukunft, wie sich Hegel ausdrückt, auch nicht so, daß sie aus der Zukunft kommt und in die Vergangenheit geht: die Welt aktualisiert sich aus ihren potentiellen Seinsgründen und verschwindet wieder in sie, so daß sich dieses fortwährend gelichtete und genichtete Dasein in einem diskontinuierlichen Prozeß befindet[42].

---

[39] P I 149.
[40] Emil Staiger, a. a. O., S. 67.
[41] Gemäß einer Formulierung Hegels, zitiert nach Martin Heidegger, Sein und Zeit, 6. Aufl., 1949, S. 430. — Die extreme Formalisierung und Nivellierung der Zeit, wie sie bei Hegel zum Ausdruck kommt, wurde im 19. Jahrhundert die herrschende Auffassung; Hofmannsthal fand in seiner frühen Schopenhauer-Lektüre bestätigt, was gängige Anschauung geworden: »Vor allem müssen wir deutlich erkennen, daß die Form des Lebens oder der Realität eigentlich nur die Gegenwart ist, nicht Zukunft noch Vergangenheit: diese sind nur im Begriff.« (op. cit. I, S. 359) »Unsere eigene Vergangenheit, auch die nächste und der gestrige Tag, ist nur noch ein nichtiger Traum der Phantasie.« (Ebd. S. 386).
[42] Vgl. Hedwig Conrad-Martius, Die Zeit, München 1954, S. 35 f., 231 f.

Dieser fast unmerklich flimmernde Pointillismus ist das Wesen impressionistischen Stils[43]. Der siebzehnjährige Hofmannsthal greift auf, was die Kunst im letzten Drittel des Jahrhunderts zu gestalten begonnen hat, zugleich aber steht er bereits in der Gegenwendung zu diesem Stil, wie schon daran zu erkennen ist, daß er Andrea und seinem Freundeskreis Marsilio gegenüberstellt, der nicht in punktförmiger Augenblicklichkeit lebt, sondern in der Reue das Gewesene mit sich trägt und in der eschatologischen Erwartung des Gerichts die Zukunft als das Endgültige ankommen läßt.

Das Spiel ist nun so geführt, daß Andrea die Auffassung, der Moment allein sei Wirklichkeit, widerrufen muß. Der Umschlag erfolgt dort, wo die These aufs äußerste zugespitzt erscheint, in Andreas Beziehung zu Arlette:

Und wenn du mich betrögest und mein Lieben,
Du wärst für mich dieselbe doch geblieben. (145)

Für Andrea ist Arlette in jedem Augenblick, da seine Seele ihn mit ihr zusammenbringt, neu da als die, mit der er sich vereint weiß. Wenn sie ihn hinterginge — der Betrug wäre wie seine Liebe von gestern ins Nichts versunken und könnte seiner Liebe, die nie Gewohnheit, sondern von Mal zu Mal neu sein wird, nichts anhaben.

Wie nun aber Andrea dahinterkommt, daß Arlette ihn mit einem seiner Freunde betrogen hat, macht er die Erfahrung, daß das Geschehene nicht als abgetan dahintenbleibt, sondern sich an seine Fersen heftet und ihm wehtut. Es ist zunächst nur eine dumpfe Qual, was er empfindet, solang er nämlich meint, sie betröge ihn seit Jahr und Tag; wie er aber vernimmt, daß sie ihn ein einziges Mal, und zwar tags zuvor, hintergangen hat, prägt sich ihm dieses Gestern, das schon entschwunden schien, unvergeßbar ein. Das Gestern ist mitnichten abgelebt und tot, es atmet noch, Andrea fühlt die feuchte, weiche Schwüle des gestrigen Abends im-

---

[43] Vgl. Hugo Sommerhalder, Zum Begriff des literarischen Impressionismus, Zürich 1961, S. 12: »Der Impressionismus hat sich von der geschichtlichen Tiefe gelöst um der reinen Gegenwart willen: die Gegenwart soll Wirklichkeit und einzige zeitliche Wirklichkeit sein.« — Die Stil- und Epochenbezeichnung Impressionismus — ursprünglich ein Spottname — ist insofern nicht eben glücklich, als sie nur die eine, passive Seite des Phänomens erfaßt, nämlich die Beeindruckbarkeit des Menschen. Mit dem Eindruck zusammen wäre aber auch ein aktives Verhalten zu nennen, die Hingabe, die zur Hervorbringung von Impressionen ebenso wesentlich ist. Der Impressionist will, nach Andreas Worten, sein Leben »fühlen, dichten, machen«.

mer noch. Selbst die ephemere Stimmung kann also nicht vergehen: wie der Garten in blauem Duft lag und der Wind im Jasmin wühlte. Was gewesen ist, ist nicht in die Erinnerung eingegangen, in der die Dinge allmählich in die Ferne rücken, sich verändern, sich verschönen und verklären. Das Gewesene ist nicht vergangen, es ist immer noch und wird immer sein:

> Dies Gestern ist so eins mit deinem Sein,
> Du kannst es nicht verwischen, nicht vergessen:
> Es *ist*, so lang wir wissen, daß es *war*. (179)

»Gestern« und »heute« sind leere Worte: was einmal war, das lebt auch ewig fort. Das Gestern ist ein Jetzt, allerdings von anderer Art als der entstehend-vergehende fließende Moment, nämlich ein stehendes Jetzt, das auch nicht in den lichten Schein, in die Scheinhaftigkeit der Erinnerung entschwinden kann. Es ist in quälender Starrheit angehalten und steht als unerlösbar still.

Der Gang des Spiels hat Andreas Stellung so gedreht, daß sie nun spiegelverkehrt zur Ausgangsposition ist. Die beiden Thesen »Für immer ist dies Gestern hingeschwunden« (149) und »Es ist, so lang wir wissen, daß es war« (179) sind wie das Würfelmuster einer Umspringfigur: es erscheint vertieft, eine Kleinigkeit geschieht, und es erscheint erhöht.

Welches ist nun eigentlich die den Umschlag bewirkende Kleinigkeit, von der Hofmannsthal in seinem Brief an Marie Herzfeld spricht? Arlettes Betrug kann nicht gemeint sein, denn ein solcher Betrug ist keine Kleinigkeit. So wird man an die Enttäuschung denken, die Andrea mit seinem Freund Vespasiano erlebt hat und die ihn veranlaßt, auf das Vorgefallene zurückzukommen, sich also umzudrehen und sich dem Vergangenen zuzuwenden. Oder man mag vielleicht noch eher das Erscheinen des Jugendgefährten Marsilio in Betracht ziehen, tritt doch mit ihm, wenn auch schattenhaft und fremd, ein »Stück lebendiger Vergangenheit« (151) auf. Welcher Art die Kleinigkeit aber auch sein mag, sie ist nicht der Grund des Umschlagens, sondern löst es bloß aus. Der These, wie sie Andrea vertritt, eignet eine grundsätzliche Instabilität, die sich schon darin bemerkbar macht, daß Angst und Schwindelgefühl den Augenblick kennzeichnen. Der Umschlag ist jederzeit möglich, und dies, nicht das auslösende Moment, ist wesentlich.

Die Umdrehung der These geht in einem Wirbel vor sich, und es ist auffallend, daß Hofmannsthal diesen in der Mitte seines Versdramas darstellt, an jener Stelle, da Andrea die kaum ausdeutbaren Worte vom Zusammenfließen der Lüge und der Wahrheit spricht (158), da er in

21

einer Versunkenheit redet, aus der er dann mit fragend-erstauntem Blick auftaucht, als müßte er sich besinnen, wo er denn eigentlich sei. Die Bewegung des Spiels zieht die Hauptfigur — und mit ihr den Zuschauer — in den Wirbel hinein. Man wird von seinem Sog erfaßt, dann wieder am Rand abgesetzt, der Stelle gegenüber, wo man hineingeraten ist. Der Wirbel ist die geheimnisvollste Zone, nicht nur in »Gestern«, sondern im Werk Hofmannsthals überhaupt. Andrea sagt vom Wirbel:

Wie süß, die Lüge wissend zu genießen,
Bis Lüg und Wahrheit sanft zusammenfließen,
Und dann zu wissen, wie uns jeder Zug
Im Wirbel näher treibt dem Selbstbetrug! (158)

In der Mitte des Wirbels ist man ganz in den Selbstbetrug hineingekommen, aber wohlverstanden: in den Selbstbetrug, um den man weiß. Wenn Andrea anfangs die These aufstellt »Das Gestern geht mich nichts an«, so betrügt er sich zunächst, ohne es zu wissen. Kommt er dann aber, indem er sich vom Wirbel ergreifen läßt, um wissend völlig in den Selbstbetrug hineinzugelangen, nicht dahin, »daß die Lüge, wenn sie bis zum Äußersten getrieben wird, eine Falltür auftut ins Jenseits — der Lüge«[44]? Und wäre dann nicht auch das Wort »Und sinkt mein Kahn, sinkt er zu neuen Meeren«[45] auf ihn zu beziehen? Diese Notiz aus dem Jahre 1904 versucht den Tod des Antinous zu deuten, jenes Jünglings, der in den Fluten des Nils dem Kaiser Hadrian sein Leben geopfert haben soll; Hofmannsthal fragt sich, ob dieser Opfertod nicht einer »aufs höchste getriebenen Schauspielerei« Wahrheit abzuzwingen suche. Aufs höchste getriebene Schauspielerei: handelt es sich vielleicht bei Andreas Rhetorik, welche Thesen aufstellt und verficht, um etwas Ähnliches? Schon in einem Aufsatz aus dem Jahre 1893 findet sich die Bemerkung: »Im Innern, wenn auch verdumpft und verschüchtert durch angeflogene Weisheit, borniertе Schlagworte und falsche Begriffsangliederungen, lebt doch in jedem ein Trieb nach dem Lebendigen hin, nach dem, was mit neuem kräftigem Zauber versunkene, verwachsene Falltüren der Seele aufsprengt.«[46] Dieses Lebendige ist es, was in der Sicht Hofmannsthals auch die Menschen in Stendhals Romanen und in Ibsens Dramen mit ihrer suchenden Sehnsucht nach dem imprévu finden möchten: »endlich einmal

---

[44] A 136, vgl. auch P II 127.
[45] Ebd.
[46] P I 167.

22

wirklich leben.«[47] Der Lebendigkeit ist Andrea inmitten des Wirbels am nächsten gewesen; in der abgründigen Tiefe des Wirbels hat sich für einen Augenblick die Falltüre seiner Seele aufgetan und hat er etwas vom Weltgeheimnis, in das einst alle Menschen eingeweiht gewesen, ergriffen; hernach jedoch hat er es wieder verloren:

> Einst aber wußten alle drum,
> Nun zuckt im Kreis ein Traum herum.[48]

Wenn sich mitten im Wirbel eine Falltüre nach dem Lebendigen, nach dem Wahren auftut, ja durch dieses Offenstehen der Sog des Wirbels erst eigentlich erzeugt wird, so hat das für die Struktur des Hofmannsthalschen Thesenstücks entscheidende Bedeutung: Wahrheit kann nicht in einem Leitsatz eingefangen werden, auch nicht in der Aussage »Mit dem Gestern wird man nie fertig«, und der Sinn des Spiels ist nicht darin zu erblicken, daß Andrea aus der Unwahrheit der zuerst behaupteten These in die Wahrheit der Antithese geführt wird[49]. Kann denn überhaupt Wahrheit in der Umkehrung einer Unwahrheit bestehen? Ist die These des Schlusses nicht vielmehr das bloße Spiegelbild der These des Anfangs und somit nicht Wahrheit, sondern — gleich dieser — Wahrheit mit Unwahrheit vermischt? Die Ansicht, man komme vom Gestern nie los, wird ja schon dadurch ständig widerlegt, daß wir leben, daß wir *sind*, wie umgekehrt die Meinung, das Gestern gehe einen nichts an, dadurch widerlegt ist, daß wir als *Wissende* sind. Geht vielleicht Wahrheit erst aus dem Zusammen dieser beiden einander spiegelbildlich zugekehrten Sätze hervor? Ist der Ort der Wahrheit nicht dort zu finden, wo These und Antithese aufeinanderstoßen, und wird er nicht jeweils verfehlt, sobald die eine oder die andere den Platz behauptet?

Weil die Wahrheit nicht in einer These gefaßt werden kann, ist Hofmannsthals Studie »Gestern« nicht moralisierend, sondern ironisierend. Das Ironische kommt aber nicht bloß darin zum Ausdruck, daß Andrea in einer bestimmten Ansicht widerlegt wird, sondern auch und vor allem darin, daß er gar nicht zu einer wirklichen Einsicht hinfindet, daß der Boden, den er unter die Füße bekommen zu haben meint, kein fester Boden ist. Die Ironie entspringt dem Umstand, daß er an der Meinung festhält, die Wahrheit lasse sich in eine These bringen. Nicht in einer Aussage, in der Ironie steckt die Moral des Stückes, von der Hofmanns-

---

47 P I 89.
48 G 15 »Weltgeheimnis«.
49 Von dieser Auffassung ist Alewyns Interpretation geleitet.

thal in seinem Brief an Marie Herzfeld spricht. Deshalb kann er auch sagen, das Thesenstück sei die Grundform des idealen Lustspiels, ist doch die Ironie das »Element der Komödie«[50]. Die Ironie aber ist ein Hinweis darauf, daß der Dichter »mehr von der Welt weiß, als er zu sagen vorhat«[51]. Die Mitteilung des Dichters ist keine direkte, sondern eine indirekte; das macht die Interpretation schwierig. Die Dinge sind komplexer, als sie auf den ersten Blick scheinen mögen.

---

[50] P IV 40.
[51] P IV 100.

Der Tor und der Tod

In der Figur des Andrea hat Hofmannsthal die Magie der Nähe dargestellt, das Beieinandersein im Augenblick, der keine Ferne kennt; was
Andrea zu Arlette sagt: »Dein Zauber bindet mich und deine Nähe«[1],
gilt grundsätzlich für alles und jedes, was ins Licht des Jetzt tritt. Die
Figur des Claudio dagegen, zwei Jahre später entstanden, ist durch
Distanz bestimmt. Claudio steht am Fenster seines Studierzimmers und
blickt auf das Bild der abendlichen Landschaft; beschreibend hält er fest,
was da draußen, ihm gegenüber, zu sehen ist: die blauen Wolkenschatten
am Abhang, das graue Grün der Matten, die fernen Bäume im letzten
Licht – gleichsam ein Gemälde, in den Rahmen des Fensters gefügt.

> Es schwebt ein Alabasterwolkenkranz
> Zuhöchst, mit grauen Schatten, goldumrandet:
> So malen Meister von den frühen Tagen
> Die Wolken, welche die Madonna tragen.[2]   (200)

Als einer, der die Dinge betrachtet, hat sich Claudio das Leben vom
Leib gehalten; Zuschauer immer, überall, konnte er sich nie darein ver-
weben, verlor er sich niemals daran (201). Wie es nach Hofmannsthal
auch für d'Annunzio bezeichnend ist, fand er »den Begriff des Schwebens
über dem Leben als Regisseur und Zuschauer des großen Schauspiels verlockender als den des Darinstehens als mithandelnde Gestalt«[3]. Und
wenn die Sehnsucht, mit der er an diesem Abend ins Leben des Bauern
oder des Kaufmanns hinüberblickt, ihm auch einen Augenblick lang Nähe
vortäuscht, so bringt sie ihm erst recht ins Bewußtsein, wie sehr er eben
als ein Sich-Sehnender ausgeschlossen ist, gegenüber ist und nichts als das
und immer gegenüber. Während Rilke in der achten Duineser Elegie
dieses Gegenübersein, von dem die Kreatur in ihrer Seligkeit nichts wisse,
als das Schicksal des Menschen bezeichnet, ist es für Hofmannsthal ein

---

[1] G 145.
[2] »Der Tor und der Tod« im Band »Gedichte und Lyrische Dramen« S. 199–220.
[3] P I 152; vgl. auch P I 148: »Wir schauen unserem Leben zu.«

Zeichen der Schicksallosigkeit. Claudio ist schicksallos, wie es Andrea unter entgegengesetzten Vorzeichen ist[4].

Claudio ist nur scheinbar im Menschenleben drin gestanden (201)[5], so hat er auch bloß scheinbar gelebt, lebend war er schon tot. Er hat das Leben versäumt (201), indem er es, sich bei anderm aufhaltend, vorbeiziehen ließ. Allenfalls verstanden hat er es (201), so wie einer, der einen festlichen Zug sehen und beschreiben will, nach Gottfried Kellers Anweisung nicht mitziehen kann, sondern still und ruhig am Wege stehen, sich zusehend verhalten und die Dinge an sich vorüberziehen lassen muß[6]. Verstehen, im etymologischen Wortsinne, setzt die Unbewegtheit eines sich in Distanz haltenden Betrachters voraus. Im »spöttisch-klugen, nie bewegten Sinn« des Horaz (216) erkannte Claudio sich selbst; nie hat ihn ein großes Glücksgefühl überwältigt, nie ein tiefer Schmerz erschüttert (201), ihm fehlte die Unmittelbarkeit des Erlebens[7]. An diesem Abend ist er fähig zu erkennen, daß nur der lebendig ist, dessen Herz sich regt und bewegt; er sehnt sich nach jenen, die vom Feuer des Glaubens verbrannt wurden oder in Reue, Angst und Scham vergingen (202), und es geht ihm auf, daß nur die im Leben stehen, die einander herzlich nahe sind und sich um einen, der entfernt ist, härmen (201).

Worin gründet Claudios Distanziertheit? Womit hängt sie zusammen? Der Antwort auf diese Frage rückt man an der Stelle näher, wo Claudio davon spricht, welche Rolle die Sprache in seinem Leben gespielt hat. Denn das Wort ist es ja, das dem Menschen die Dinge gegenüberstellt, im Begriff sind sie voneinander getrennt und zugleich einander zugeordnet, sind sie überblickbar gemacht.

> Wenn ich von guten Gaben der Natur
> Je eine Regung, einen Hauch erfuhr,
> So nannte ihn mein überwacher Sinn,
> Unfähig des Vergessens, grell beim Namen.
> Und wie dann tausende Vergleiche kamen,
> War das Vertrauen, war das Glück dahin.
> Und auch das Leid! zerfasert und zerfressen
> Vom Denken, abgeblaßt und ausgelaugt. (201/02)

---

4 Vgl. A 216: »Andrea ist schicksallos.«
5 Vgl. P I 233: »Die sämtlichen merkwürdigen Bücher von d'Annunzio hatten ihr Befremdliches, ja wenn man will ihr Entsetzliches und Grauenhaftes darin, daß sie von einem geschrieben waren, *der nicht im Leben stand.*«
6 »Der Grüne Heinrich«, III. Band, 1. Kapitel, Sämtl. Werke, Bd. 18, S. 6 (Erlenbach 1926).
7 Vgl. »Die Menschen in Ibsens Dramen« (1893): P I 93.

Der überwache Sinn Claudios läßt einen an Andrea denken, der ein hüllenloses Sein, die grelle Wirklichkeit sucht. Aber so wie Andrea von der Macht des Nahen, Claudio hingegen vom Begriff des Fernen bestimmt ist, der eine von proteushaftem Wechsel, der andere von einer Starrnis, als hätte Midas ihn berührt, so sind Wachheit und Grellheit verschieden akzentuiert. Wach weiß sich Andrea, wenn er sich im Geist des Augenblicks regt, Claudio dagegen, wenn er sich der Reglosigkeit versichert, indem er jede Regung gleich fest-stellt, ins Reich der Worte bannt, wo sie alle in goldener Unverweslichkeit zur Schau gestellt und in den Reichtum ihrer Bezüge versammelt sind. Die Wolken sind so zum Alabasterwolkenkranz gemacht und Wolken vergleichbar, wie Raffael sie gemalt hat, oder sie haben, wenn sie »goldengeballt« sind, ihre Seele von Poussin, andere, »rosig-runde«, von Rubens und die blauschwarzen von Böcklin[8]; die Kuppel von Sankt Karl ist für den jüngsten der vier Freunde im Prolog zum »Tor und Tod« den goldiggrünen, blinkend blauen Flügeldecken eines Käfers zu vergleichen[9]. Die Worte, in die sich solcherart die Dinge verwandelt haben, sind nicht jene einfachen Worte, mit denen sich die im Leben stehenden Menschen sagen, was zum Weinen und Lachen nötig ist (201); es sind Worte, welche eine Welt der Kunst schaffen, »goldene Worte und Worte wie rote und grüne Edelsteine«[10]. Claudio hat das, wonach sich Ibsensche Menschen sehnen, erreicht: »Künstlichkeit, Kunstverklärtheit des Lebens«[11]. Von ihm gilt, was Hofmannsthal von d'Annunzio sagt: »Sein Lebens- und Weltgefühl hat sich nicht am Leben und an der Welt entzündet, sondern an künstlichen Dingen: an dem größten Kunstwerk ›Sprache‹.«[12] In all den erlesenen Gegenständen und Kunstwerken, mit denen sich Claudio umgeben hat, in der geschnitzten gotischen Truhe wie in dem elfenbeinernen Kruzifix, in der Gioconda-Kopie wie in den hinter Glas aufgestellten Altertümern, ist das Leben zur Kunst verklärt.

Woraus entspringt dieses Bedürfnis nach Kunstverklärung? Für Claudio sind die wirklichen Dinge schal, nicht weil er ihrer überdrüssig

---

8   P I 76, vgl. auch P I 99.
9   G 105.
10   Hofmannsthal über Swinburne (1893): P I 99.
11   Notiz aus dem Jahre 1893: A 100 – Der Widerspruch, daß Hofmannsthal 1893 im Hinblick auf die Menschen in Ibsens Dramen, und zwar mit Bezug auf dieselben Gestalten, sowohl von Sehnsucht nach dem Unvorhergesehenen (P I 89) als auch von Sehnsucht nach Kunstverklärtheit spricht, erklärt sich nicht aus einer Inkonsequenz, sondern weist auf eine verborgene Zusammengehörigkeit des Widersprüchlichen.
12   P I 207.

geworden wäre, sondern weil sie nicht an die hohe Ahnung von den Lebensdingen heranreichen, von welcher der Kindersinn erfüllt war, weil sie an etwas Früheres, Höheres nur erinnern (219) und bloß »künftgen Lebens vorgeliehner Schein« (204) sind. Die Dinge sind ihm ein »hohles Bild von einem vollern Sein« (204), bloßer Abglanz transzendenter Vollkommenheit[13]. Zu Claudio läßt sich das Wort Gregors von Nyssa in Beziehung setzen, das Hofmannsthal in »Ad me ipsum« anführt: »Er, der Liebhaber der höchsten Schönheit, hielt was er schon gesehen hatte nur für ein Abbild dessen, was er noch nicht gesehen hatte, und begehrte dieses selbst, das Urbild, zu genießen.«[14] Hofmannsthal hat in Claudio das durch platonische Metaphysik bestimmte Menschentum dargestellt, welches zugleich eine Epoche seines eigenen Lebens charakterisiert: »jenes Jugenderlebnis (16–22tes Jahr etwa) daß alles gegenwärtige Schöne in der Natur nur auf ein ganz unerreichbares Früheres hinzudeuten schien«.[15] Die Fülle des Seins ist hier als unerreichbar, als jenseitig, als übersinnlich gedacht. Was sich unsern Sinnen darbietet, ist ein Schattenhaftes, nicht als seiend anzusprechen, wiewohl auch nicht als nichtseiend, der abgeblaßte, matte Widerschein, herübergeworfen aus einem ursprünglichen Strahlen. »Jeder Gegenstand, den wir besitzen, ist nämlich eine Anweisung, ein Surrogat eines schöneren: jede Perle, jedes Stück Stoff, jedes antike Trümmer, jedes Haus ist nur ein Balkon, auf dem unsere Wünsche ins Unendliche schauen, ein Schlüsselloch, durch das wir das Feenreich des Perligen, des Seidigen, des Antiken schauen.«[16] Das Abbild wäre für den Menschen nicht erkennbar, wenn er nicht das Urbild schon immer in sich trüge, dieser und jener Baum würde ihm nicht als Baum erscheinen, wenn er nicht um das Wesen des Baumes wüßte, wenn er nicht die Erscheinung des Baumes im Hinblick auf die Baumheit, auf die Idee des Baumes sähe. Erkennen heißt die Dinge in einen innern Raum der Vorstellung heben, so daß in ihnen die Idee durchscheinen kann. Im Erkennen werden somit die Dinge erinnert. Was in diesem Erinnern als logisches prius und posterius enthalten ist, legt Hofmanns-

---

13 Vgl. P I 211.
14 A 214, vgl. das lateinische Original A 213.
15 A 227 – Walther Brecht in: Hofmannsthals Ad me ipsum und seine Bedeutung, Jahrbuch des Freien Deutschen Hochstifts, 1930, S. 352, erklärt, daß Hofmannsthals gesamte Kunst und seine Gedanken eine neuplatonische Basis hätten. Die zitierte Notiz aus Ad me ipsum, welche von einem zeitlich begrenzten Erlebnis spricht, stellt diese Behauptung in Frage.
16 E 114.

thal als zeitliches Vorher und Nachher aus. Rückblickend sagt er: ». . ., daß mir alles Schöne nur war, als erinnerte es mich an ein Früheres.«[17]

Es ist das Kunstwerk, welches die Dinge auf ihre Idee hin durchscheinend macht. Diese Transparenz, die im Bild das Urbild aufleuchten läßt, ist die Schönheit des Kunstwerks. So kann Hegel das Schöne »das sinnliche Scheinen der Idee« nennen[18]. Albrecht Dürer malt nicht einen bestimmten Hasen in einem momentanen Anblick, wie er sich gerade dem Auge bietet, er photographiert nicht einen Hasen, sondern er macht im einzelnen Hasen das Tiersein dieses Tiers, im Seienden das Sein sichtbar[19]. Wenn Claudio, der Liebhaber der höchsten Schönheit, im Kunstwerk das Urbild zu genießen glaubt, so folgt er hierin nicht Platon selbst – dieser verachtet ja die Kunst, weil ihre Hervorbringungen weiter hinter dem Idealen zurückbleiben als die des Handwerks[20] –, sondern der Auffassung des Platonismus, wie sie in der Renaissance aufkam. Der junge Hofmannsthal hat sie sich wohl vor allem in Schopenhauers Formulierung zu eigen gemacht. Die Kunst, heißt es bei Schopenhauer, wiederhole die durch reine Kontemplation aufgefaßten ewigen Ideen, das Wesentliche und Bleibende aller Erscheinungen der Welt; ihr einziger Ursprung sei die Erkenntnis der Ideen, ihr einziges Ziel die Mitteilung dieser Erkenntnis[21].

Die Schönheit liegt in der Natur nicht offen zutage, sie ist versteckt und muß nach einem Wort Dürers, auf das sich Hofmannsthal in »Ad me ipsum« bezieht, aus der Natur herausgerissen, d. h. in den Riß, in die Zeichnung gerissen werden[22]. Was die Natur gleichsam bloß stammelt – die Kunst, eingeweiht ins Wesenhafte, versteht es und spricht es rein aus.

Es geht Claudio darum, sich im Erinnern mit dem Ursprünglichen, mit den Urbildern, mit dem vor aller Zeit und Erfahrung Wesenden in Bezug zu setzen. Während Andrea das aus sich selber Strömende sucht, ist es Claudio um Rückkehr zu tun. Die schönen Dinge, die Kunstwerke, die Sprache vor allem: dies ist das zu sich selber Zurückkehrende. Indem die Kunst das Schöne aus der Natur herausreißt und als Idee aufscheinen läßt, hinter der kein Anderes mehr erscheinen kann, weil sie – eben als Idee – selbst das Scheinende ist, indem die Kunst das Schöne dem Strom der wechselnden Erscheinungen entreißt und in die Zeitlosigkeit der Idee hebt, es dadurch erst als das Schöne umreißend, kehrt sie dahin zurück,

---

17 P III 170.
18 Vgl. Nicolai Hartmann, Ästhetik, Berlin 1953, S. 76.
19 Vgl. Martin Heidegger, Nietzsche I, Pfullingen 1961, S. 217.
20 Politeia, Zehntes Buch.
21 Op. cit. Bd. I, Drittes Buch, § 36, S. 265.
22 A 228.

wo sie schon immer gewesen ist. Sie spricht von dem, »was sich nie und nirgends hat begeben«, was allein nie veraltet[23]. Die Bilder sind für Claudio »malerischer Niederschlag einer platonischen Idee«[24], sie zeigen in ihrem »Idealismus« die »von innen heraus notwendige Schönheit, gleichsam eine so vollendete Durchseelung des Leiblichen, daß sie wie Verleiblichung des Seelischen berührt«[25]. Und dieselbe Schönheit, die ihm die Bilder darbieten, zeigt ihm auch die Sprache, wenn sie durch die Metapher die toten Dinge beseelt, wenn sie »den großen Weltzusammenhang ahnen«, »die Gegenwart der Idee spüren« läßt[26]. Die Einheit der Welt ist hier nicht durch den Augenblick gestiftet, sondern durch die Wesenhaftigkeit. Das Ich versichert sich im Blick auf die zeitlose Idee, durch die Rückkehr in das, worin es schon immer gewesen ist, worin es sein Wesen hat, seiner eigenen Zeitenthobenheit: der Mensch ist in Reflexion gesetzt. Denn die Sprache setzt den Menschen nicht nur den Dingen gegenüber, sie setzt ihn zugleich auch ihm selber gegenüber. Hofmannsthal faßt die Reflexion als Gegensatz zur Phantasie und stellt dem »Trieb nach Vergessen« den »Trieb nach Verstehen« entgegen[27]; dieser Gegensatz liegt auch dem Unterschied zwischen Claudio und Andrea zugrunde.

Claudio ist in die Zeitlosigkeit des Idealen eingeschlossen. Hofmannsthal will die Bedeutung seines Namens als von claudere abgeleitet verstanden wissen[28], wogegen Andrea als der Wechselnde aufzufassen ist[29]. Auf Claudio kann bezogen werden, was Hofmannsthal 1893 von sich und seiner Generation sagt: »Alle unsere Schönheits- und Glücksgedanken liefen fort von uns, fort aus dem Alltag, und halten Haus mit den schöneren Geschöpfen eines künstlichen Daseins, mit den schlanken Engeln und Pagen des Fiesole, mit den Gassenbuben des Murillo und den mondänen Schäferinnen des Watteau.«[30] Hofmannsthal glaubt darin etwas typisch Österreichisches zu erkennen, »die innerliche, empfindungsfeine und lebensängstliche, österreichische Grundstimmung«: »Fast alle flüchten aus dem Leben; ›flüchten‹ ist nicht das rechte Wort: es ist ohne Heftigkeit

---

23 Schiller, An die Freunde, V. 49.
24 »Über moderne englische Malerei« (1894) P I 196.
25 Ebd. 199.
26 »Philosophie des Metaphorischen« (1894) P I 191.
27 P I 149/50.
28 A 215.
29 A 223.
30 P I 147/8 – Es ist zu beachten, daß der Standort, von dem her diese Sätze gesprochen werden, nicht der gleiche wie der Claudios ist; daher erscheint hier Claudios Zurückkehren als Fortlaufen.

30

und anklagendes Pathos, ein leises, schüchternes Hinausgehen, wie aus einer aufregenden und peinlichen Gesellschaft. Es ist etwas Hilfloses und Frauenhaftes an den meisten; sie verlernen den Verkehr mit Menschen gern und leicht; sie umgeben sich gern mit alten, abgeblaßten und abgegriffenen Dingen; das Weltfremde tut ihnen wohl, und sie stehen sehr stark unter dem rätselhaften Bann des Vergangenen.«[31] Eine bannende Gewalt kann aber das Vergangene nur deshalb ausüben, weil es nicht vergangen ist, weil das, was gewesen ist, nicht war, sondern ist. Das Drama »Gestern« zeigt, wie die Hauptfigur in dieses Ist des Gewesenen hineingerät, das Spiel »Der Tor und der Tod« geht davon aus, daß die Hauptfigur in diesem Ist des Gewesenen eingeschlossen ist.

Während in Andrea das »Ich als Werden« dargestellt ist, repräsentiert Claudio das »Ich als Sein«[32]. Als Sein steht Claudio dem Werden gegenüber, steht er außerhalb des Lebens. In seiner Sterbestunde enthüllt sich ihm die Fragwürdigkeit dieser Position. Die Werke der Kunst, die ihm den Weg ins wahre Leben bedeuteten, in ein Leben der Beständigkeit, der Unveränderlichkeit, des Seins, sie sind ihm nun ein krummer Weg, der nicht ins Leben führt, sie sind toter Tand,

Wodurch ich doch mich einzuschleichen wähnte,
Wenn ich den graden Weg auch nimmer fand
In jenes Leben, das ich so ersehnte.[33]   (202)

Die Kunst offenbart nicht das wahre Leben, sondern verschleiert Leben, Herz und Welt (203). An Künstliches verloren, hat Claudio aus toten Augen gesehen und mit toten Ohren gehört[34].

---

31 »Ferdinand von Saar« (1892) P I 85 — In diesem Urteil über das Österreichische spiegeln sich Hofmannsthals eigene Probleme. Später erblickt er das typisch Österreichische im Gegenwärtigsein (»Grillparzers politisches Vermächtnis«, 1915, P II 257). Was er aber nun Gegenwart nennt, ist wiederum etwas ganz anderes als das impressionistische Gegenwartsgefühl.

32 A 216 - Mit diesem Gegensatz läßt sich das Wesen des L'art pour l'art, der Poésie pure gegen dasjenige des Impressionismus absetzen. Die beiden Richtungen, im Grunde eng miteinander verknüpft, sind letzte Ausformungen platonisch bestimmter Kunstauffassung: die eine will das Sein als die wahre Welt vom Werden ablösen, die andere will, als umgekehrter Platonismus, in dem vom Sein abgelösten Werden die wahre Welt darstellen.

33 Vgl. P I 157: Unsere Gedanken, wenn sie »nicht stark genug sind, die Schönheit des Lebens zu finden«, streben »nach der künstlichen Schönheit der Träume«.

34 In solcher Art sah Hofmannsthal 1892 auf seiner Reise in die Provence die Dinge: das Frühstück in Savoyen hatte für ihn »die heitere Farbgebung der Huysum und Hondecoeter«, und über das Meer schrieb er: »Es hat wirklich nicht das goldatmende glänzende Blau des Claude Lorrain und auch nicht das düstere Schwarzblau des Poussin, sondern ein ganz helles Blau des Puvis de Chavannes« (P I 81/2). Damals schien ihm das Leben erst lebendig zu werden, wenn es durch Kunst einen bestimmten Stil gewonnen hatte. Vgl. P I 99.

Ins Sein verschlossen, hat Claudio das Werden versäumt, hat er nicht wirklich gelebt. Der Name Claudio hat für Hofmannsthal nicht nur einen Bezug auf das lateinische Wort für einschließen, sondern auch auf Hamlets bösen Stiefvater: Claudio ist »ein Stiefvater seines besseren Selbst«[35]. Das Leben war ihm nichts als Abbild, ein dumpfer Traum, etwas Unwirkliches, Scheinhaftes, hinter dem erst das Wirkliche, Wahre, Lebendige gefunden werden könnte. Das Stück »Der Tor und der Tod« unterzieht diese Haltung, zu welcher der Idealismus geführt hat, einer scharfen Kritik. Die Unbewegtheit, die dem Ich als Sein eignet, erscheint als Langeweile, in der Unheil nicht traurig macht und Glück nicht froh; die Distanziertheit, mit der dieses Ich auf das Leben blickt, erweist sich als müder, enttäuschter Hochmut (204). In den »Augenblicken in Griechenland« wird Hofmannsthal an Platon hervorheben, daß er mit verachtendem Blick die Zeit und den Ort streift[36], und in seinen Notizen zum Andreas-Roman wird er über den Platoniker Sacramozo sagen: »Die Überhebung und Verzweiflung des geistigen Individuums tritt in ihm zutage.«[37] Um ein ähnliches Abrechnen wie im »Tor und Tod« geht es auch im Prosastück »Gerechtigkeit« von 1893: Im Traum hat der Erzähler auf die Frage des Engels »Bist du ein Gerechter?« zu antworten, worauf er sich mit den Worten zu rechtfertigen sucht: »Ich habe so wenig vom Leben ergriffen, aber manchmal durchweht mich eine starke Liebe und da ist mir nichts fremd. Und sicherlich bin ich dann gerecht: denn mir ist dann, als könnte ich alles begreifen, wie die Erde rauschende Bäume herauftreibt und wie die Sterne im Raum hängen und kreisen, von allem das tiefste Wesen, ...« Unter dem Blick des Engels überkommt ihn ein solch vernichtendes Bewußtsein seiner Unzulänglichkeit, daß er vor Scham errötet; in diesem Blick liegt das Urteil: »Was für ein widerwärtiger hohler Schwätzer!«[38] Die vernichtendste Formulierung findet sich aber wohl im Aufsatz »Der neue Roman von d'Annunzio« (1896), wo Hofmannsthal von den Menschen und Dingen, wie d'Annunzio sie vor »Le Vergini delle Rocce« dargestellt hat, sagt: »Nie hatten sie in Wahrheit etwas miteinander zu tun: ihr einziges Erlebnis war immer, daß sie einander anschauten. An dem Anschauen ihrer trügerischen Schön-

---

[35] A 215.

[36] P III 30.

[37] Aus dem Nachlaß mitgeteilt von Theodor Wieser in: Der Malteser in Hofmannsthals »Andreas«, Euphorion, 51, 1957, S. 412, Anm. 49. Einen Hinweis auf Hofmannsthals Einstellung zum Platonismus enthält auch sein Brief an Harry Kessler vom 14. Oktober 1908 (S. 197 f.).

[38] P I 121.

heit berauschten sie sich und wurden groß, an dem Anschauen ihrer selbst vergingen sie schließlich. Sie erloschen vor Grauen über den Anblick ihres Wesens ...«[39]

In der Umwertung, die in solcher Abrechnung vor sich geht, entpuppen sich die Kunstwerke als vergangene Dinge mit einem unheimlichen Eigenleben, als »lebendige Leichen«, als »Vampire«[40] und Harpyen:

Ihr hieltet mich, ein Flatterschwarm, umstellt,
Abweidend, unerbittliche Harpyen,
An frischen Quellen jedes frische Blühen. (203)

Die Idee, die Schönheit muß nicht mehr aus der Natur gerissen werden, sie ist zu etwas Vorfindlichem verfälscht. Die Erzeugnisse einer tausendjährigen Kulturarbeit, mit denen sich Claudio umgibt, sie waren alle »einmal gefühlt, gezeugt von zuckenden, lebendgen Launen« (203), aber dieses Leben ist nicht mehr da; was der Schaffende schaffend fühlte, ist nicht mehr zu empfinden, nur was im Geschaffenen stilisiert ist, das Gefühlte, kann nachgefühlt werden[41]. Aus den Empfindungen sind »angefühlte Empfindungen«[42] geworden, das Empfindungsvermögen ist krankhaft verändert zum Anempfindungsvermögen[43]. Die Anempfindung ist nicht Stimmung, sondern »ein Reflektieren der Stimmung«, Spiegelbild eines Spiegelbildes[44]. Die Reflexion kommt damit unter ein negatives Vorzeichen zu stehen[45]. Der Liebhaber der höchsten Schönheit ist zu einem geworden, der nicht mehr eigentlich liebt, sondern bloß verliebt ist: »Wir sind fast alle in der einen oder anderen Weise in eine durch das Medium der Künste angeschaute, stilisierte Vergangenheit verliebt. Es ist dies sozusagen unsere Art, in ideales, wenigstens in idealisiertes Leben verliebt zu sein.«[46] Als Verliebter ist er bald in diese, bald in jene Schönheit verliebt: Claudio kann in seinem Ästhetizismus[47] mit allem und jedem zusammenkommen. Der Idealismus hat sich zum Historismus[48]

---

[39] P I 234.
[40] P I 147.
[41] Vgl. das Bourget-Zitat »qui aiment à sentir sentir« P I 12.
[42] P I 18.
[43] P I 17.
[44] P I 172, 173.
[45] Vgl. S. 30, Anm. 30.
[46] »Walter Pater« (1894): P I 204.
[47] Hofmannsthal braucht dafür das Wort »Ästhetismus«: P I 204.
[48] P I 12.

und Eklektizismus[49] verformt, und in dieser Gestalt wird sein Wert als fragwürdig erkannt.

Es ist die Todesnähe, die im »Tor und Tod« diese Umwertung bewirkt. Der Tod kündet sich schon in der Sehnsucht an, mit der Claudio zu Beginn des Stücks ins einfache Leben hinüberblickt. Im sehnsüchtigen und ergreifenden Spiel der Geige ist diese Sehnsucht in unendliches Bedauern und unendliches Hoffen gesteigert (207). Mit diesen Klängen kehrt das vergangene Leben wieder, um sich als unwiederbringlich zu zeigen, als das Verlorene, das wiederzubekommen die Hoffnung nur in der Unendlichkeit zu hoffen vermag, das verloren zu haben nur unendlichem Schmerz faßbar ist.

Es hätte sich denken lassen, daß Claudio dem Tod ruhigen Blicks ins Angesicht gesehen hätte. Wenn das Ich des Seins gewiß ist, so daß es alles Entstehen und Vergehen als ihm wesentlich fremd betrachtet, wie sollte es da beim Anblick des Todes von namenlosem Grauen (208) gepackt sein? Wenn dieses Ich eh und je in der Zeitlosigkeit aufgehoben ist, wie sollte es sich dadurch, daß das Gefängnis der Anschauungsformen Zeit und Raum aufgebrochen wird, anfechten lassen? Es könnte sich, möchte man meinen, an das Wort halten: »Könnte der Mensch jemals nicht sein, so wäre er schon jetzt nicht.«[50] Für die Gestalt des Sacramozo hat denn auch Hofmannsthal den Freitod erwogen und sich dabei an einem Novaliswort orientiert: »Der echte philosophische Akt ist Selbsttötung.«[51]

Durch den Tod wird aber Claudio zutiefst erschreckt, so daß er entsetzt zurückfährt (208). Er ist zum Sterben nicht bereit:

Die tiefste Lebenssehnsucht schreit in mir.

Die höchste Angst zerreißt den alten Bann;

Jetzt fühl ich – laß mich – daß ich leben kann! (211)

Wie in »Gestern« ist auch im »Tor und Tod« der Angst entscheidende Bedeutung zugemessen. Die Angst ist nichts Negatives, sie will Andrea und Claudio aus dem, worin sie das Leben zu haben wähnen, herausholen, indem sie ihnen das Unheimliche ihres Daseins offenbar macht. Für Claudio heißt dies, daß die Angst vor dem Nichts den Bann löst, der ihn vom Leben, von der Zeit, dem Werden ausgeschlossen und in die geistige Welt der Zeitlosigkeit eingesperrt hatte. Sie zerbricht die Auslegung, die das Wesen des Seins im Was-sein, in der essentia sah, und läßt die existentia, das Daß-sein ins Licht treten. Die aufschreiende

---

49 P I 144.
50 Schopenhauer, op. cit. II, 14. Buch, Kap. 41, S. 625.
51 E 266, vgl. Novalis, Schriften II, S. 395.

Lebenssehnsucht will nicht zurück in ein Leben, wie es Claudio geführt hat, sondern in ein anderes, neues Leben, das nicht hohles Bild von einem vollern Sein ist, nicht über sich hinausdeutet in ein voreinst oder dereinst wahres Sein, nicht immer etwas anderes bedeutet, sondern sich selbst bedeutet (204), in ein Leben, in welchem alle Dinge lebendig sind, hier und jetzt, vom Liebesstrom, der alle Herzen nährt, getragen, dem liebenden Erfassen nahgerückt. (207)

In diesem Zusammen von höchster Angst und tiefster Lebenssehnsucht dreht der Wirbel, dessen Ziehen schon im Ineinander von unendlichem Bedauern und unendlichem Hoffen (207) spürbar wurde, rascher seiner Mitte entgegen, in der Claudio für einen unmeßbaren Augenblick die Toten vorübergehen sieht. »Beim Vorübergehen dieser lebendigen Toten hat er die Wallung von Schwindel, das θαυμάζειν, wobei man plötzlich über die ganze Existenz staunt«, schreibt Hofmannsthal am 9. April 1893 in sein Tagebuch[52]. Miteins gehen Claudio die Augen ganz auf, er sieht das Wunder, daß überhaupt etwas ist und nicht vielmehr nichts, und in diesem Erstaunen lernt er das Leben ehren (212)[53]. Die Toten, die ihm erscheinen, haben das Leben mit ihrem Leben geehrt: sie stießen die Zeit nicht von sich, um sich in die Zeitlosigkeit zu retten, sondern ließen sich in sie hineinbinden. Das Leben der Mutter, ein Dritteil Schmerzen, eins Plage, Sorge eins (213), zeitigt sich im Zugleich von Vergangenem, Gegenwärtigem und Künftigem, in der Betrübnis über das Zugestoßene, in der Mühsal ständig wiederkehrender Hausarbeiten, in der bangen Ungewißheit, wohin die Wege ihres Sohnes führen (213). Auch das junge Mädchen, das, vom Geliebten verlassen, dennoch in der Liebe blieb, und der Mann, in seiner Freundschaft hintergangen und in den Haß gelockt, aber dennoch zu hohem Ziel aufbrechend, sie haben, im Unterschied zum schicksallosen Claudio, ein Schicksal gehabt, ja haben sich von ihm brechen lassen, so daß Hölderlins Wort, das Hofmannsthal über seine Tragödie »Ödipus und die Sphinx« gesetzt hat, auch für sie gilt: »Des Herzens

---

52 A 100 — Ähnlich schreibt Hofmannsthal nach dem Tode der Frau Josephine von Wertheimstein (1820—1894), »eines wunderbaren und schönen und seltenen Wesens«, von »vielem traurigen und doch fast berauschenden Nachdenken und zunehmenden Begreifen der Wunderbarkeit von unser aller Dasein«. (An Edgar Karg von Bebenburg, 17. Juli 1894, S. 48).
53 Vgl. P III 240: »Wer dem Tode ins Auge gesehen hat, der erkennt das Leben und weiß es zu hüten.« — Den gleichen Gedanken, aber futurisch gefaßt, drückt das Motto auf der Handschrift des Dramas aus: »Adstante morte nitebit vita« — Erst wenn der Tod neben dir steht, wird dir das Leben erglänzen (Facsimile-Ausgabe der Handschrift, hg. von Ernst Zinn, Hamburg 1949).

Woge schäumte nicht so schön empor und würde Geist, wenn nicht der alte stumme Fels, das Schicksal, ihr entgegenstände.«[54]

Im Gericht der Sterbestunde bricht in Claudio die Erkenntnis seines Unwerts auf:

So über diese Lebensbühne hin
Bin ich gegangen ohne Kraft und Wert. (219)

Er gleicht den Romangestalten d'Annunzios, von denen Hofmannsthal sagt: »Sie waren wie Schatten. Sie waren ganz ohne Kraft. Denn die Kraft zu leben ist ein Mysterium. Je stärker und hochmütiger einer in wachen Träumen ist, desto schwächer kann er im Leben sein, so schwach, daß es fast nicht zu sagen ist, unfähig zum Herrschen und zum Dienen, unfähig zu lieben und Liebe zu nehmen.«[55] Weil er sich aus dem Werden heraushielt, um zu sein, war ihm das Leben zum »äußeren Leben« geworden, zu einem Wechselspiel von Lachen und Erbleichen, Blühen und Verdorren, Reifen und Verderben, auf das er wie ein Fremdling aus einer andern Welt blickte:

Was frommt das alles uns und diese Spiele,
Die wir doch groß und ewig einsam sind,
Und wandernd nimmer suchen irgend Ziele?[56]

Als Ewigspielender (216) ist er ein Jüngling geblieben, die Zeitlosigkeit des Kindes im Sinne tragend und sie in der Zeitlosigkeit der Kunst suchend, voll herber Hoheit und enttäuschten Sinns (218), den Menschen in Schnitzlers »Anatol« vergleichbar, die, »frühgereift und zart und traurig«[57], die Komödie ihrer Seele spielen und bekennen: »Wir haben aus dem Leben, das wir leben, ein Spiel gemacht.«[58]

Zum Spiel stilisiert wird das Leben durch das Wort. In der Scheinwelt der Worte spiegelt sich alles, was Leben ist: Liebe und Haß, Freude und Betrübnis, aber es ist *die* Freude, *die* Betrübnis, gewissermaßen in abstracto, die Quintessenz der Stimmung, nicht *meine* Freude, *meine* Betrübnis, hier und jetzt, sondern die von der Sprache seit eh und je gedichtete und bereitgestellte, die dieser und jener konkreten Freude oder Betrübnis stets vorausliegt und sie immer schon hinter sich läßt. Das Leben zum Spiel machen heißt, es ins Wort einfangen und es zu dem

---

[54] D II 271.
[55] P I 235.
[56] »Ballade des äußeren Lebens« G 16.
[57] »Prolog zu dem Buch ›Anatol‹« G 44 (1892).
[58] »Zu einem Buch ähnlicher Art« G 45.

fertigen Wesen machen, welches das Wort ist. Der Ewigspielende ist schnellbefreundet mit allem und schnellfertig mit jedem (217), weil ihn das Wort gleich alles erkennen läßt und er mit dem Wort ein jedes gleich in seine Wesenheit zu stellen vermag. Wenn Claudio in seinen Briefen an das junge Mädchen im Auf- und Niederbeben der Stimmung mitbebte (212), so war er nicht von der Stimmung getragen[59], er hatte sich den Worten überlassen, und ihre innere lebendige Selbständigkeit »wirtschaftete ... auf ihre eigene Hand munter drauf los«[60]; sein Mitschwingen war bloß anempfunden, ein Tausch von Schein und Worten (212).

Der Tod bringt die ganze Fragwürdigkeit des Wortes, das Scheinhafte dieser Scheinwelt, ans Licht und zerbricht den Halt, den sich Vernunft im Ideellen zu sichern wähnte. Daß diese frühe Erkenntnis für Hofmannsthal etwas Grundlegendes war, läßt sich auch damit belegen, daß er später die Inschrift auf dem Grabstein der Dichterin Aphra Behn, einer Freundin von Pope und Dryden, in sein »Buch der Freunde« aufnahm[61]:

Here lies a proof, that wit can never be
Defence enough against mortality.

Der Tod ist, nach Hofmannsthals Notiz vom 4. Januar 1894, das erste Ding, dessen tiefe Wahrhaftigkeit Claudio »zu fassen imstande ist. Ein Ende aller Lügen, Relativitäten und Gaukelspiele. Davon strahlt dann auf alles andere Verklärung aus.«[62]. Die Falltüre der Seele hat sich im Augenblick der Wallung von Schwindel aufgetan ins Jenseits der Lüge, nach dem Lebendigen hin[63].

Wie Claudio das Leben nicht geehrt hat, so hat er auch den Tod nicht geehrt; der Tod war ihm verdeckt, wie ihm das Leben verschleiert war. In der Zeitlosigkeit beheimatet, konnte er das Leben nur schattenhaft sehen und mußte vom Tod unbetroffen bleiben. Der Tod war an den Rand seines Daseins gestellt als ein dereinst unzweifelhaft eintreffendes, aber vorläufig ausbleibendes Ereignis: »Bei mir hat's eine Weile noch

---

59 Vgl. »Gestern« G 155/6.
60 Vgl. A 230.
61 A 11; dazu die Ausgabe der Insel-Bücherei, mit Quellennachweisen von Ernst Zinn, Frankfurt a. M. 1965, Anm. S. 99.
62 A 106 — Die existentielle Todesdeutung Hofmannsthals ist von Otto Friedrich Bollnow herausgearbeitet und in Zusammenhang mit Rilke, Heidegger und Jaspers gebracht worden: »Der Lebensbegriff des jungen Hugo von Hofmannsthal« im Essayband »Unruhe und Geborgenheit im Weltbild unserer Dichter«, Stuttgart 1953, S. 15—30.
63 Vgl. S. 22.

dahin.« (209) Erst die Sterbestunde bringt Claudio in die volle Gewißheit des Todes, und damit erst erschließt sich ihm auch das Leben, nämlich
als das je eigene, unwiederholbare Sein zum Tode. Er hat das Leben
versäumt, indem er sich den Tod verdeckte; daher fragt er nun in reue-
voller Klage, warum uns denn nicht ständig der Tod vor Augen sei:

> Warum erklingt uns nicht dein Geigenspiel,
> Aufwühlend die verborgne Geisterwelt,
> Die unser Busen heimlich hält,
> Verschüttet, dem Bewußtsein so verschwiegen,
> Wie Blumen im Geröll verschüttet liegen? (219)

Diese Verse sind den vorangegangenen entgegengesprochen:

> Warum bemächtigt sich des Kindersinns
> So hohe Ahnung von den Lebensdingen,
> Daß dann die Dinge, wenn sie wirklich sind,
> Nur schale Schauer des Erinnerns bringen?

Der Rückwendung in der Erinnerung wird, mit Heidegger zu reden, das
Vorlaufen zum Tode gegenübergestellt. Dem Dasein als einem erinnerten
wird das Dasein als ein aus der Verschüttung hervorbrechendes, sich
offenbarendes entgegengesetzt, der Schalheit das Blühende. In diesem
Vorlaufen zum Tode steht der Tod nicht in der Ferne, um dereinst als
schauerliches Gerippe heranzutreten; er ist Musik geworden, verwandt
der tiefsten Schwermut, die voll Sehnsucht ist, unterzugehen, und zugleich
voll von namenlosem Heimweh nach dem Leben[64]. Wer ein Ohr hat für
diesen Geigenton, der in allem Leben unausgesetzt tönt, wer das Ende
sieht, das einem jeden Ding bevorsteht, gerät in das Kräftespiel eines
Antagonismus, der Bedingung und Ermöglichung der Freiheit ist. Die
Allgegenwart des Todes löst den Menschen aus der Verstricktheit ins
Leben, die Allgegenwart des Lebens löst ihn aus der Hinfälligkeit an den
Tod. Die dunkle Sehnsucht nach dem Verlöschen im Nichts ist zurück-
gehalten in der lichten Sehnsucht nach den seienden Dingen; die Ver-
suchung, sich in einem ständig Anwesenden zu sichern, wird durch die
Hinfälligkeit ironisiert. In dieses Dazwischen, gleich weit entfernt vom
Tode wie vom Leben und in gleicher Nähe zu ihnen, findet sich der
Mensch so hineingestellt, daß ihn beides gleicherweise angeht. Der Anta-
gonismus läßt sich nicht in eine Alternative auflösen; es kann sich nicht
darum handeln, sich entweder für das Leben oder für den Tod zu ent-

---

[64] »Erlebnis« G 9.

38

scheiden, sondern nur darum, sich zum Tod und ineins damit zum Leben zu entschließen und beides zu ergreifen. Im Dezember 1919 wird Hofmannsthal dies so formulieren: »Es ist dem Menschen gegeben, daß er sich auf das Leben und auf den Tod einstellen kann; beides in einem zu müssen, das ist das Schwere und Bemühende.«[65] Bemühend ist es aber nicht als etwas Lästiges, sondern als das, was uns in Anspruch nimmt und auch der Mühe wert ist.

Das Leben, das erkannt wird mit dem Auge, welches dem Tod ins Auge gesehen, ist nicht mehr das gleiche: es ist nicht mehr der Gegensatz zum Tod, es hat den Tod nicht außerhalb seiner. Es ist ein ganz anderes Leben als jenes, welches Epikur meint, wenn er sagt, der Tod gehe uns nichts an, denn wenn wir seien, sei der Tod nicht, und wenn der Tod sei, seien wir nicht[66]. Indem wir voller Leben sind, sind wir voller Tod, und jedesmal wenn uns der Tod im Seelengrund anrührt mit heiliger, geheimnisvoller Macht, ist die wahrhaft große Stunde, da wir die Welt empfangen als uns eigen (209). Leben und Tod sind verschwistert, so kann denn der Tod auch sagen, er stamme aus des Dionysos Sippe (209). Als der »Offenbarer des Lebens«[67] ist er »ein großer Gott der Seele« (209). Er offenbart Claudio das Leben in einem andern Sinne, als es denen erschlossen wird, welche »die Offenbarung des Lebens durch die Hand der Kunst empfangen, die Offenbarung der Frühlingsnacht aus Bildern mit mageren Bäumen und rotem Mond, die Offenbarung menschlicher Schmerzen aus der wächsernen Agonie eines Kruzifixes.«[68] In die Wesensschau, um die allein es Claudio vordem zu tun gewesen, bricht das Staunen über die »Wunderbarkeit von unser aller Dasein«[69], so daß essentia und existentia zueinandertreten und, für einen Augenblick, in Gleichgewichtigkeit zusammenfinden. Hat Claudio vorher das Eigentliche in die Ferne gesetzt, so bringt ihn die Handlung nun dahin, im ganz Nahen das Eigentliche zu erkennen — ein Bewegungsablauf, der demjenigen in »Gestern« genau entgegengesetzt ist. Hofmannsthal umkreist jenen Punkt, in welchem »alles gleich nah, alles gleich fern« ist[70]; er sieht

---

65 A 193; vgl. auch die Notiz vom 8. Juni 1906: A 143.
66 Von Schopenhauer angeführt: op. cit. II, 4. Buch, Kap. 41, Über den Tod, S. 597.
    — Hofmannsthal sieht Schopenhauers Bedeutung in der Gegenposition zu diesem epikureischen Gedanken, nämlich im »Hereinlassen des Todes in die Welt« (P II 180).
67 Aufzeichnung von 30. Dezember 1894: A 115.
68 P I 100.
69 Vgl. S. 35, Anm. 52.
70 »Der Dichter und diese Zeit« P II 296.

das »tiefste deutsche dichterische Wesen« dahin wirkend, »das Nahe so fern zu machen und das Ferne so nah, daß unser Herz sie beide fassen könne«[71].

Claudio hat das Leben nicht geehrt, weil er den Tod nicht ehrte, er hat das Leben versäumt, weil er den Tod versäumte. Er kann nun als Sterbender das Leben nicht mehr vom Tod her bestimmt sein lassen, sondern nur als versäumtes erkennen; er kann das Leben nicht mehr ergreifen, sondern nur noch loslassen. Er kommt nicht ins Leben hinein, er ist bloß vor dieses Leben gebracht. Sein Leben, das tot war, kann nun nicht mehr zu einem lebendigen Leben werden; so macht er den Tod zum Leben: »Da tot mein Leben war, sei du mein Leben, Tod!« (219) Im Wirbel, der ihm für einen Augenblick die Augen für das Staunen über das Daß-sein öffnet, so daß er zur Einsicht in wahres Lebendigsein gelangt—in diesem Wirbel dreht er sich von der einen Position, die ihm das Leben als schal und nichtig zeigte, in die entgegengesetzte, in welcher der Tod als Bringer des Lebens erscheint. In dieser Umkehrung erscheint das Leben abermals als schattenhaft, die wahre Welt als jenseits dieses Lebens liegend, nun aber nicht mehr hereinscheinend und aufscheinend in der Idee des Seienden, nicht anschaubar im Kunstwerk, nicht anwesend für die Sinne, sondern unzugänglich im Leben und für die Dauer des Lebens, nur postuliert für das Jenseits, das im Totsein erreicht wird, so daß das Leben nicht einmal mehr Hohlform eines volleren Seins ist, sondern zu etwas bloß Vorläufigem, Schlafähnlichem und Traumwirrem wird, dem jegliche Entschiedenheit und Endgültigkeit abgeht. Wie fragwürdig dies ist, wird dadurch kenntlich gemacht, daß dem sterbenden Claudio, ähnlich wie es Hofmannsthal bei den Menschen in Ibsens Dramen beobachtet[72], Verse über die Lippen kommen, die von literarischen Reminiszenzen geprägt sind:

Wenn einer träumt, so kann ein Übermaß
Geträumten Fühlens ihn erwachen machen,
So wach ich jetzt, im Fühlensübermaß
Vom Lebenstraum wohl auf im Todeswachen.   (220)

Diese Worte sind voller Anklänge an Shakespeare und Calderon, sie haben aber für Claudio nicht, wie für die Menschen des Barocks, den Hintergrund des christlichen Glaubens an die Auferstehung; nicht Christus ist ihm das Leben, sondern der Tod. Die Traumbilder, wie sie die

---

71 P III 158.
72 P I 91/2.

Hypermnesie der Sterbestunde hervorbringt[73], verbürgen ihm nur die Wirklichkeit eines idealistisch gedachten übersinnlichen Jenseits. In seiner Aufzeichnung vom 9. April 1893 schreibt Hofmannsthal, Claudio erkenne diesen Phantasmen die höchste aller wirklichen Realitäten zu, und er bezeichnet diese Wendung als »Lösung des absoluten Idealismus«[74]. Der Standpunkt, den Claudio mit seiner These »Sei du mein Leben, Tod!« einnimmt, ist also wiederum ein platonischer, nur ist zu beachten, wie jetzt die Dinge umgedreht sind. Claudio begründet die Umkehrung der These mit den Worten:

> Was zwingt mich, der ich beides nicht erkenne,
> Daß ich dich Tod und jenes Leben nenne?   (219)

Das Vermögen, Wahrheit zu erkennen, ist hier grundsätzlich bezweifelt: die Erkenntnis reicht nicht an das Ding an sich, sie hat vom eigentlichen Wesen immer nur eine Erscheinung, eine Vorstellung. Das Erkennen, das Bewußtsein kann daher nichts Primäres sein, worin sich, wie es für Descartes möglich war, das Sein begründen läßt, sondern bloß etwas Abgeleitetes, ein Akzidens unseres Wesens[75]. Das Unmittelbare aber, die Basis auch des Bewußtseins, ist das, was Schopenhauer »Wille« nennt: unaufhaltsamer Drang, Trieb, Leben. Nie fühlt Claudio diesen Drang lebendiger als in seiner Sterbestunde; in dieser einen Stunde ist mehr Leben enthalten als in seinem ganzen Leben (219). Daß ihm die Toten als lebendig wiederkommen, gibt ihm die Gewißheit vom schlechthin Unvergänglichen und Unzerstörbaren dieses Lebensdranges und macht ihn willens, da nun die Formen der empirischen Anschauung zerbrechen, sich den neuen Wundern und Gewalten, als die das Leben jenseits des »Lebens« wesen wird, zu weihen. Dieser Lebenswille ist es, der ihn zum Tod sagen läßt: »Sei du mein Leben, Tod!« Bezeichnenderweise spricht Claudio in der Form des Imperativs: da die höchste aller Realitäten nicht erkennbar ist, statuiert er sie; er kann sie nicht erkennen, wohl aber zuerkennen, wie Hofmannsthal sagt. Mit seinem Postulat »Sei du mein Leben, Tod!« vollzieht Claudio sterbend den philosophischen Akt der Selbsttötung[76].

Daß Hofmannsthals Position nicht diejenige Claudios ist, dürfte schon daraus klar werden, daß Claudios Wort vom Aufwachen aus dem

---

[73] Tagebuchnotiz vom Dezember 1891: A 93.
[74] A 100.
[75] Vgl. Schopenhauer, op. cit. II, 2. Buch, Kap. 19, Vom Primat des Willens, S. 259.
[76] Vgl. S. 34.

Lebenstraum kein abschließendes Wort ist, sondern vom Tod als Deutung bezeichnet wird, zu der er, halb bewundernd, halb mißbilligend, den Kopf schüttelt. Claudio deutet, was nicht deutbar ist (220), er läßt sich an der Grenze des Todes nicht zum Stehen bringen, sondern will sich noch im Ewig-Dunkeln Wege bahnen (220).

Den Tod als das wahre Leben aufzufassen ist nur möglich unter der Voraussetzung, daß unser Leben eine Sinnestäuschung, eine Fata Morgana[77], ein bloßer Traum (220) ist, daß das Leben, um es mit Schopenhauer noch radikaler zu sagen, nichts ist als ein Irrtum, ein Fehltritt, etwas, das besser nicht wäre, ja wovon uns zurückzubringen der eigentliche Zweck des Lebens ist[78]. Hofmannsthal jedoch stellt sich zum Leben ganz anders; das wird in den drei Figuren der Mutter, des jungen Mädchens und des Mannes evident. Nicht im Wort »Sei du mein Leben, Tod!« ist die Wahrheit des Spiels ausgesagt; Wahrheit enthüllt sich in der Mitte des Stückes, in der Wallung von Schwindel, im Wirbel, in welchem Claudio Einsicht hat in das Leben dieser drei Menschen.

In seinem toten Leben ist Claudio nicht in der Wahrheit gewesen. Die lebendigen Toten, die ihm der Tod mit ein paar Geigenstrichen herbeiruft, zeigen ihm wahres Leben, wie er es nicht gelebt hat; sie halten ihm den Spiegel vor, in dem er sich erkennt. Als Erkennender ist er vor die Wahrheit gebracht, er ist nicht in die Wahrheit hineingekommen; Wahrheit ist ihm ein Gegenstand der Erkenntnis geworden, aber er selbst ist damit noch kein wahrhaft Lebender.

Nun erfolgt der Umschlag: was er nicht gelebt hat, erscheint ihm in diesem Augenblick als erlebt[79], er fühlt sich im Zusammen mit seinen innern Bildern wahrhaft lebendig, diese Bilder scheinen ihm Realität zu haben. Hofmannsthal aber bezeichnet sie als Phantasmen[80]: sie sind ein Werk der Phantasie, sie haben die Lebendigkeit von Träumen, welche Wirklichkeit vortäuschen.

Das Spiegelbild hat sich in ein Traumbild verwandelt. Während das Spiegelbild Claudio das wahre Leben als ein solches zeigt, das er nicht gelebt hat, zeigt ihm das Traumbild das, was er nicht gelebt hat, als

[77] A 100.
[78] Schopenhauer, op. cit. II, 4. Buch, Kap. 41, Über den Tod, S. 628.
[79] Vgl. dazu Hofmannsthal über die »Römischen Elegien« von d'Annunzio: »Diese Liebe ist wie gewisse Musik, eine schwere, süße Bezauberung, die der Seele Unerlebtes als erlebt, Traum als Wirklichkeit vorspiegelt. Es ist keine Liebe zu zweien, sondern ein schlafwandelnder wundervoller Monolog, das Alleinsein mit einer Zaubergeige oder einem Zauberspiegel.« (1893) P I 154.
[80] A 100.

wahrhaft erlebt. »Reflexion oder Phantasie, Spiegelbild oder Traumbild«[81]: in dieser Alternative sieht der junge Hofmannsthal das Merkmal
seiner Zeit. Claudio reflektiert: Mein Leben war tot; er träumt: Sei du
mein Leben, Tod! Weder mit der Feststellung der Reflexion noch mit der
berauschenden Bewegtheit des Traumes ist er in der Wahrheit. Dennoch:
Wahrheit ist nahe. Das Wort »Erst, da ich sterbe, spür ich, daß ich bin«
(220), dieses morior – sum, das sich wie dem cogito – sum des Descartes
entgegengesprochen anhört: würde es nicht zur Wahrheit, wenn statt ein
Sterbender ein Lebender es sagte? Als Sterbender bin ich: wenn der Zuschauer dies in sich aufnähme und sich davon bestimmen ließe, er hätte
in die Wahrheit gefunden als einer, dem das Leben erglänzt in der Nähe
des Todes.

---

[81] P I 149.

Der weiße Fächer

Andrea und Claudio entsprechen sich in so ausgeprägter Gegensätzlichkeit, daß sie einander zugeordnet sind. Hofmannsthal hat denn auch »Gestern« als »eine frühe Stimme« bezeichnet, »welche jenes andere: ›Tor und Tod‹ herausfordern will«[1]. Auf diesen Zusammenklang von Stimme und Gegenstimme gilt es zu hören, bevor wir uns den Werken aus dem Jahr 1897 zuwenden.

Andrea glaubt die Wahrheit im Jetzt zu haben. In jedem Moment hat er die Gewißheit, *daß* er ist. Dieses Daß-sein, existentia also, Wirklichkeit, bedeutet für ihn Wahrheit. In diesem Unzweifelhaften gründet auch seine Selbigkeit. Daß er von Jetzt zu Jetzt er selber ist, ermöglicht ihm, sich dem Wechsel der Gestalt zu überlassen. Weil er derselbe ist und bleibt, kann überhaupt das Ungleiche, die Verschiedenheit hervortreten. Andrea ist stets derselbe, aber nie der gleiche. In diesem Sinne ist er, wie sein Name sagt, der Wechselnde[2]. *Was* er ist, ist von Moment zu Moment ungewiß, zufällig. Sein Was-sein ist wie bei Proteus nie zu fassen.

Claudio glaubt die Wahrheit in dem zu haben, was das Gleiche ist und bleibt, worin die Verschiedenheit verschwindet: im Was-sein, wie es als Idee zu schauen ist. Wahrheit ist ihm Wesenheit, essentia. Den Blick auf das Wesenhafte richtend, sieht er jedes Daß-sein als etwas Willkürliches. Daß etwas da ist, ist ihm ein Schattenspiel, vor dem er unbewegt der gleiche zu sein sucht.

Die beiden Versdramen zeigen existentia und essentia in ihren äußersten Positionen: diese sind so weit auseinandergetrieben, daß sie nichts miteinander zu tun zu haben scheinen. Wenn die Fülle des Seins in die existentia gelegt ist, verflüchtigt sich die essentia; wenn die Fülle des Seins als essentia vorgestellt wird, verliert die existentia ihre bewegende Kraft. Was jeweilen im Dunkel liegt, indes entweder das Daß-sein oder das Was-sein im Licht steht, wird ambivalent: es wird geschmäht als das Unwirkliche oder als das Wesenlose und zugleich heimlich ersehnt als das

---

[1] A 223.
[2] Vgl. S. 30.

Gestaltete oder als das Lebendige. Andrea fürchtet im Wesen zum Stehen gebracht zu werden und zu erstarren, zugleich sehnt er sich nach Kristallisation. Claudio fürchtet im Fließen fortgerissen und aufgelöst zu werden, zugleich sehnt er sich nach Hingabe. Von diesem verborgenen Untergrund her bekommt ihre Haltung das Angestrengte. Als Daseiender fühlt sich Claudio der Wesenheit, die er bloß als Erinnerung hat, entfremdet, dem wahren Selbst entrissen. Um nicht vollends fortgeschwemmt zu werden, sucht er sich ins Feste zu retten und schließt sich ins Beständige ein: er will verzweifelt er selbst sein. Andrea fühlt sich vom Gestern, das ihn gefangennehmen will, bedroht; er sucht zu entspringen und zu entfliehen, er wirft sich gleichsam in den Fluß: er will verzweifelt nicht er selbst sein[3]. Der plötzliche Umschlag kehrt dann beider Position einfach um. Sie bleibt somit verzweifelt. Das Verzweifelte liegt darin, daß immer nur bald diese, bald jene Position eingenommen werden kann. Und doch weist eben dieses Umspringen des einen ins andere auf ein verborgenes Zugleich. Es ist dieses Zugleich, welches bewirkt, daß Hofmannsthal gegenüber Amiel und d'Annunzio die jeweilige Gegenposition zur Geltung bringt. Bei Amiel, dessen Ich verdampfe wie ein Tropfen auf heißem Stein, nennt er als Gegensatz das Feste, Kristallische: »Ein Fluidum, das keine Temperatur zu kristallisieren vermag.«[4] Als Gegensatz zu d'Annunzio betont er das Fließende: »Es ist sehr sonderbar, wenn einer in so starren Dingen das Bild seiner Vision der Welt findet, da doch im Dasein alles gleitet und fließt.«[5]

In der Radikalisierung, durch welche existentia und essentia in die größte Distanz voneinander getrieben sind, gibt es keine Dauer im Wechsel. Für Claudio gibt es nur Dauer, die Unveränderlichkeit ist, also jenseits des Wechsels: Dauer ist zur Zeitlosigkeit geworden. Für Andrea gibt es nur Wechsel, der nicht im Dauernden vor sich geht, sondern im Wechselnden, so daß der Wechsel gar nicht mehr als solcher feststellbar und somit ebenfalls Zeitlosigkeit geworden ist. Genauer: Zeitlosigkeit wird durch Dauer wie Wechsel nur intendiert. Sie ist unerreichbar. Claudio will sich zu den Gefilden hoher Ahnen emporschwingen und über dem Dasein schweben; er hat den Boden unter den Füßen verloren, weil er seinen Stuhl in die unbeweglichen Sterne[6] setzen möchte. Andrea hält sich

---

[3] Diese Formulierung ist Kierkegaards »Krankheit zum Tode« entnommen, in der Übersetzung von Emanuel Hirsch, Düsseldorf 1954, S. 8.
[4] P I 34.
[5] P I 210.
[6] Vgl. dazu G 21 und A 120.

mit klammernden Organen an die Erde, ja möchte ganz in ihr aufgehen, damit er ihrer Bewegung nicht innewerde. So wollen sich beide in die Zeitlosigkeit retten, beide die Zeitlosigkeit der Kindheit erstrebend; sie wollen zurück in ein Verlorenes und Unwiederbringliches, sie versuchen, »sich selbst zurückzuzwingen in die verlorene Naivetät«[7]. Hofmannsthal sieht darin eine Verführung: »Nach rückwärts zieht die Verführung, die nervenbezwingende nostalgie, die Sehnsucht nach der Heimat ... Zurück zur Kindheit ... zur verlorenen Naivetät: Rückkehr zum Unwiederbringlichen.«[8] Er sieht diese Nostalgie im Zusammenhang mit der Geschichte des Platonismus, wenn er sie als die »Leiden des enttäuschten Idealisten«[9] diagnostiziert und von der Leidensgeschichte des gespaltenen Ich, des Menschen, der in sich selbst heimatlos ist, spricht[10]. In dieser

---

[7] P I 33.
Vgl. dazu den Aufsatz »Ferdinand von Saar, ›Schloß Kostenitz‹« aus dem Jahr 1892: Hofmannsthal glaubt in der Sehnsucht nach verlorener Naivität, die aus Kinderaugen ins Leben schaut, die Grundstimmung der österreichischen Dichter zu erkennen (P I 83).
Vgl. auch den Aufsatz über das Buch »Wie ich es sehe« von Peter Altenberg (1896): »Es ist, als ob es die Vornehmen immer mehr und mehr nach Kindlichkeit verlangte. Und es ist auch niemand vornehmer, niemand anmutiger als die, die noch kein Gedächtnis haben und ganz von der Wahrheit bewegt werden. In künstlichen, an Erinnerung reichen Zeiten sammeln sich die Lebendigen an den Altären der kindlichen Götter. Sich als Kinder zu fühlen, als Kinder zu betragen, ist die rührende Kunst reifer Menschen.« (P I 275/6).

[8] P I 22.

[9] P I 23.

[10] P I 32 — Bei dieser Ich-Spaltung setzt die Arbeit von Gotthart Wunberg an: Der frühe Hofmannsthal, Schizophrenie als dichterische Struktur, Stuttgart 1965. Die Wahl des Begriffes »Schizophrenie« zur Bezeichnung einer antinomischen Struktur ist unglücklich, nicht nur weil damit dem Gedanken von vornherein die Richtung des Pathologischen gewiesen ist, sondern vor allem weil Spaltungen — z. B. das Ich als Seele und als Leib — keineswegs notwendig mit Schizophrenie zu tun haben. Wenn man einen Begriff aus der Psychopathologie heranziehen wollte, ließe sich bei Hofmannsthal eher von manisch-depressiver Antinomik sprechen; vgl. Ludwig Binswanger, Melancholie und Manie, Phänomenologische Studien, Pfullingen 1960. Ausgehend von Husserl, sieht Binswanger diese Antinomik als Störung im intentionalen Aufbau der zeitlichen Objektivität, als Verstimmung im Zusammenspiel von Protentio, Retentio und Präsentatio, verstehbar nicht als lebensgeschichtliche Angelegenheit und somit nicht in den Bereich der Schizophrenie fallend, sondern als »blinde Bedrohung des Daseins von seiner Geworfenheit her« (S. 138). Jeder Schizophrene hat »seine eigene Schizophrenie«, während der Manische und Melancholiker »die Manie und Melancholie aller« hat (S. 139). Hofmannsthal schildert diese manisch-depressive Antinomik am eindrücklichsten in einem Brief an Edgar Karg von Bebenburg: »Ich hab überhaupt von 2 zu 2 Monaten ungefähr so einen Wechsel von Flut und Ebbe. Die Flut ist sehr hübsch: da fallen mir fortwährend hübsche oder gescheite Sachen ein; ich begegne auf der Straße oder in den Salons lauter schöne Frauen, mit merkwürdigen Augen;

»Zweiseelenkrankheit«[11] verstehen sich die beiden Hälften unseres Ich nicht mehr, sie liegen in unaufhörlichem Streit bis zur Selbstzerfleischung[12]. »Aus diesem Zwiespalt entsteht vielleicht der längste und martervollste Kampf, den je die Gedanken eines Menschen untereinander geführt haben.«[13]

Die Spaltung des Ich ist auf den Gegensatz von Sein und Werden zurückzuführen: »Variiertes Grundthema: das Ich als Sein und das Ich als Werden.«[14] Sein und Werden sind keine Einheit mehr, keine Ungeschiedenheit wie in der Kindheit, aber auch keine durch die Kategorie des Übergangs vermittelte Zusammengehörigkeit mehr, und nun sie getrennt sind, scheinen sie durch nichts mehr zusammengefügt und zusammengehalten werden zu können. Der Mensch sieht sich in eine »eigentliche Antinomie von Sein und Werden«[15] hineingestellt: das Ich ist in eine Aporie, in die Weglosigkeit geraten[16]. Die verlorene Ganzheit wird nun dadurch wiederzugewinnen versucht, daß bald das Werden, bald das Sein verselbständigt und zum tragenden Grund gemacht wird; Sein und Werden erscheinen dann »als dämonische Mächte, welche über die Seele verfügen wollen«[17]; in diesem Streit der Dämonen ist das Ich bald auf die eine Seite gerissen, bald in die andere verschlagen. Hofmannsthal zitiert Barrès: »Je suis perdu dans le vagabondage, ne sachant où retrouver l'unité de ma vie« — und findet, dieses Wort könnte aus der Seele eines jeden Menschen gesagt sein[18]. Aus dieser Not heraus dichtet Hofmannsthal: er sucht die Zweiseelenkrankheit zu überwinden und die

---

das innere und äußere Leben durchdringen sich wunderbar; alle meine Wünsche und Erinnerungen, und die Landschaft und die Bäume und die Musik und alles was es gibt spielt vor mir, für mich ein großes pompöses und schmeichelhaftes Maskenspiel. — Die Ebbe dafür ist so unangenehm, öd und leer, taub und tot, daß ich lieber gar nicht davon reden will; hinweg kommt man ja eben doch. Übrigens glaub ich, daß jeder Mensch dieses Auf- und Abschweben der Lebenseimer erlebt und spürt.« (24. April 1894, S. 45/6).
Vgl. dazu den Brief an Marie von Gomperz vom 19. April 1892, mitgeteilt von Karl Gladt in »Du«, Schweiz. Monatsschr., Nr. 12, 1954, S. 56, und den Brief an Stefan George vom 24. Juli 1902, Nr. 75, S. 163.

[11] P I 10.
[12] P I 9.
[13] P I 28.
[14] A 216.
[15] A 217.
[16] In der Terminologie aus »Ad me ipsum« könnte man sagen: Das Ich ist aus der Prae-existenz herausgefallen, es sucht vergeblich, wieder in sie hinüberzugelangen, es findet auch nicht den Weg in die Existenz.
[17] A 219.
[18] P I 52.

»Einheit«, die »Einfachheit«, »simplicitas«[19] zu erlangen. Im Jahre 1893 spricht er die Erwartung aus, ein großer Dichter werde kommen und die Schönheits- und Glücksgedanken, welche in Scharen aus dem Alltag fortgelaufen seien und auf dem dämmernden Berg der Vergangenheit ihr prächtiges Lager aufgeschlagen hätten, zurücklocken und die Verlaufenen dahin bringen, »daß sie wieder dem atmenden Tage Hofdienst tun, wie es sich ziemt«[20]. Er selbst ist schon unterwegs, dieser Dichter zu werden; er hat sich schon aus den dämonisch gewordenen Einseitigkeiten des Seins und des Werdens herausgelöst, indem er seine Spiele so anlegt, daß sie das Einseitige als das Labile einer Umspringfigur herausstellen. Wie ist es möglich, ins Leben zu kommen, so daß man im Leben steht? Dies ist die Frage, die ihn leitet. Claudio steht nicht *im Leben,* und Andrea *steht* nicht im Leben. Sie leben ein totes Leben; von ihnen gilt, was Hofmannsthal schon 1891 aufzeichnet: »Diesen Zustand nannten die heiligen Väter das Leben ohne Gnade, ein dürres, kahles und taubes Dasein, einen lebendigen Tod.«[21] Aus einem solchen Zustand der Acedia, der nach Hofmannsthal unser aller Sein ist[22], öffnet sich im Dramolett »Der weiße Fächer«, das Hofmannsthal 1897 veröffentlicht hat, ein Weg. Die Hauptfiguren, Fortunio und Miranda, werden aus der Zeitlosigkeit in die Zeit, ins Leben hineingebracht.

Fortunio ist ganz ins Andenken an seine frühverstorbene Gattin eingeschlossen. Sein Dasein ist ein Verweilen am Grabhügel, ein Versinken in die Tiefe der Innerlichkeit, in der ihm seine Frau unvergeßlich vor Augen steht. In der Figur des Fortunio ist die Schlußthese aus »Gestern« wieder aufgenommen:

Dies Gestern ist so eins mit deinem Sein,
Du kannst es nicht verwischen, nicht vergessen:
Es *ist,* so lang wir wissen, daß es *war.*

Nur daß für Fortunio das Gestern nichts Bedrückendes ist, nichts, was er gar von sich werfen möchte; im Gestern hat er die Fülle, und das Grab ist ihm die Stätte der Heiligung: hier geht er ins Unvergängliche ein, in das Sein. Fortunio gleicht Claudio, wenn er reflektiert: Mein Leben ist tot, früher war es lebendig. Und er gleicht dem träumenden Claudio: Mein Leben ist tot, sei du mein Leben, Tod! Er läßt an Friedrich von

---

[19] P I 10 — Hofmannsthal sieht auch Nietzsche auf diesem Weg begriffen; vgl. P I 47.
[20] P I 158.
[21] P I 44.
[22] Ebd.

Hardenberg denken, der seiner mit fünfzehn Jahren verstorbenen Braut Sophie nachzusterben gedachte und sich diesem Ziel nahe glauben mochte, als er an Karoline Just schrieb: »Was fehlt mir zum Toten – bin ich nicht so gut wie gestorben?«[23] Auf den jungen Witwer Fortunio kann auch die Stelle aus Hardenbergs Brief an Karl Ludwig Woltmann bezogen werden: »Es ist Abend um mich geworden, während ich noch in die Morgenröte hineinsah.«[24] Wie im »Tor und Tod« ist es auch im »Weißen Fächer« vorzeitig Abend geworden[25]; Fortunio ist wie Claudio »der Mann des Abends«[26]: sein Leben hat sich vollendet, alles Bewegte darin ist zur Ruhe gekommen. Es ist, als ob er am Ende der Zeit sei und das Reich des Friedens wiederkehre; »millenarische Anklänge«[27] erfüllen Fortunio; im »quasi-Gestorbensein«[28] ist er schon aus der Zeit hinausgehoben ins Ewig-Gültige. Nach innen gewendet, erinnert er das unverlierbare Wesen seiner Frau, ihr Kindhaftes, die Lauterkeit, in der nichts Verborgenes, in der sie sich selber durchsichtig war:

Sie war ein Kind, und wie bei einem Kind
Ein neugebornes Wunder jeder Schritt. (225)

In der Erinnerung ist er in Kommunikation mit dem Ursprung: mit der Unmittelbarkeit, in der die Welt immer wieder neu ist wie am ersten Tag der Schöpfung, mit der Unbefangenheit, die sich allem zutraulich öffnet, mit der Unschuld, die unverletzlich ist und keiner Scham bedürftig, weil sie, von keinem Zwiespalt wissend, so völlig einig in sich selber ist (225)[29]. Da ist das Paradies noch und wiederum ganz nahe, der Mensch diesseits und jenseits aller Zertrennungen in Natur und Geist, unbewußt und bewußt, außen und innen, in Wirklichkeit und Möglichkeit, in heute, gestern und morgen, und das Wort ist nicht zerspalten in Zeichen und Bedeutung, sondern wie durchweht vom Hauch Gottes.

Wenn wir was reden, Livio, tauschen wir
Nur schale, abgegriffne Zeichen aus:
Von ihren Lippen kamen alle Worte
Wie neugeformt aus unberührtem Hauch,
Zum erstenmal beladen mit Bedeutung. (225)

---

[23] Brief vom 24. März 1797 in: Novalis, Werke/Briefe/Dokumente, hg. von Ewald Wasmuth, Bd. IV, Heidelberg 1954, S. 303.
[24] 22. März 1797, a. a. O., S. 296.
[25] A 224.
[26] Ebd.
[27] A 213.
[28] Ebd.
[29] »Der weiße Fächer« im Band »Gedichte und Lyrische Dramen« S. 221—255.

Die Worte, die Fortunio mit Livio tauscht, reichen an die Dahingegangene nur heran, wenn sie sich selbst übersteigen. So wird einzig das Schweigen das angemessene Reden sein, in welchem das wahre Wesen der Verstorbenen erscheint.

> Und wie aus einem dunklen, tiefen Spiegel
> Steigt die Vergangenheit herauf, so lieblich,
> So jenseits aller Worte, unbegreiflich ... (232)

Fortunio möchte in die reine Anschauung zeitlosen Wesens hineinkommen:

> ..., ich will
> Nichts andres lernen als nur mir vorstellen,
> Wie sie dasaß ... (232)

Im Vorstellen schwingt er sich über jenes Seiende hinaus, das von solcher Art ist, daß es vorbei sein kann. Er erinnert das Sein, das unveränderlich ist. Das Entstehend-Vergehende aber, das Leben, ist ihm dabei zu einem bloßen Schattenspiel geworden, Abbild jenseitiger Wesenheit, an die Wände eines Gefängnisses geworfen:

> Dies Leben ist nichts als ein Schattenspiel:
> Gleit mit den Augen leicht darüber hin,
> Dann ists erträglich, aber klammre dich
> Daran, und es zergeht dir in den Fingern.
> Auf einem Wasser, welches fließt, der Schatten
> Von Wolken ist ein minder nichtig Ding,
> Als was wir Leben nennen. (222)

Was dem Menschen sonst Wirklichkeit ist, und oft so unzweifelhaft, daß er nicht einmal die Möglichkeit ahnt, dieses Wirkliche könnte nur ein Schattengebilde sein, für Fortunio, der einen Blick ins Tiefere getan (222), ist es nichts als Abschattung, Schattenriß vor überwältigend hellem Hintergrund.

Der Figur des Fortunio ist die Großmutter entgegengesetzt. Auch sie begibt sich auf den Friedhof und verweilt an den Gräbern derer, die ihr teuer sind. Und doch ist das gleiche nicht dasselbe. Ihr ist das Leben kein Schattenspiel, wiewohl auch sie Vergänglichkeit jäh erfahren hat, brachte man doch der Jungvermählten eines Tages die Leiche ihres Mannes ins Haus, als sie mit dem Essen auf ihn wartete, und sah sie doch am gleichen Tage noch die Leichen ihrer beiden Brüder (228). Sie weiß, daß der Tod immer da ist, daß er um uns herum ist, wenn man ihn auch nicht sieht, daß er immer irgendwo im Schatten steht und einen kleinen Vogel erdrückt oder ein welkes Blatt vom Baum bricht (230). Was das Motto zum »Tor und Tod« in der Form des Futurums, gewissermaßen als Postulat, ausdrückt, in Fortunios Großmutter ist es Gegenwart: in der Nähe des Todes erglänzt das Leben. »Ich habe fürchterliche Dinge gesehen. Aber nach alledem habe ich das Leben lieb, immer lieber. Ich fühl es jetzt selbst dort, wo ich es früher nicht gefühlt habe, in den Steinen am Boden, in den großen schwerfälligen Rindern mit ihren guten Augen« (230)[30]. Nicht daß sie sich in jenen Geist des Augenblicks, den Andrea preist, zu retten suchte, sich ganz ans jeweilige Hier und Jetzt hielte und jedes Gestern in den Orkus hinabwürfe. Wenn sie immer mehr Leben zu fassen vermag und Leben selbst dort fühlt, wo wir sonst Unbelebtes zu sehen meinen, so geschieht dies kraft dessen, daß der Tod keinen Stachel mehr hat. Sie hält sich an das Christuswort »Laßt die Toten ihre Toten begraben« (228) und lebt das Wort aus der Heiligen Schrift, das Hofmannsthal ans Ende seines Aufsatzes über die Mozart-Zentenarfeier in Salzburg (1891) gesetzt hat: »Ein jedes Licht leuchtet seine Zeit; gedenket des erloschenen und zündet ein neues an und wandelt.«[31] Manches Licht ist ihr erloschen, und sie ist alt geworden, dennoch ist in ihr nicht Abend. Sie weilt an den Gräbern, die sie angehen, aber sie ist über ihnen nicht versteinert, wie es Hardenberg von sich berichtet[32]. Sie sagt vom Gestern weder, es gehe sie nichts an, noch, von ihm komme man nie los; von ihr gilt weder, daß ihr Leben tot sei, noch, daß der Tod ihr Leben wäre. Sie wird nicht hin- und hergerissen oder gar zerrissen von dem abgrundtiefen Widerspruch, über den Hofmannsthal 1912 in seinem Ariadnebrief schreibt: »Beharren ist Erstarren und Tod. Wer leben will, der muß über sich selber hinwegkommen, muß sich verwandeln: er muß vergessen. Und dennoch ist ans Beharren, ans Nichtvergessen, an die Treue alle menschliche Würde geknüpft. Dies ist einer von den abgrundtiefen Widersprüchen, über denen das Dasein aufgebaut ist.«[33]

---

30 In dieser selben Haltung wird Hofmannsthal nach dem Ersten Weltkrieg und nach dem Untergang der Donaumonarchie an C. J. Burckhardt schreiben: »Ich liebe aber mein Geschick, je älter je mehr, und auch die furchtbaren Härten dieser Wende aller Dinge fange ich zu lieben an, indem ich gezwungen werde, sie mitzuerleben, und gerade diese Härten und das Gewaltige dieser Dinge hebt mich darüber hinaus, über dem, was mit Österreich zerstört wurde, zu brüten und den Rest meines Lebens in unfruchtbarer Verbitterung zu verlieren.« (10. September 1926, S. 225).

31 P I 42.

32 Vgl. den Brief an Karoline Just vom 24. März 1797: »Meine Versteinerung geht schnellen Schrittes.« A. a. O. S. 298.

33 P III 138.

Das Thema der Treue ist schon in »Gestern« und im »Tor und Tod« angeschlagen. Andrea glaubt die Treue in der zeitlosen Lebendigkeit, die uns jeden Moment treu ist, gründen zu können:

Vergiß das Unverständliche, das war:
Das Gestern lügt und nur das Heut ist wahr!
Laß dich von jedem Augenblicke treiben,
Das ist der Weg, dir selber treu zu bleiben[34].

Treue ist hier die Selbigkeit der existentia. In der so verstandenen Treue ist aber ihr Wesen verflüchtigt. Sie schlägt daher um in die Treulosigkeit und widerlegt sich damit. Nun sucht Andrea die Treue in der Zeitlosigkeit des Wissens, das uns stets treu ist, zu begründen. Treue ist das Wissen um das, was war und was kraft dieses Wissens unverändert besteht. Sie ist jetzt also das in sich Gleiche der essentia. Solches Treusein bedeutet aber Erstarrung. Ist man in dieser Weise treu, so ist man wohl *treu*, aber man *ist* nicht, man lebt nicht, sondern ist lebendig-tot; ist man in der andern Weise treu, so *ist* man wohl, aber man ist nicht *treu*, man ist lebendig, aber tot-lebendig[35]. Wenn nun Claudio — im Sterben und daher zu spät — sagt: »Ich will die Treue lernen, die der Halt / Von allem Leben ist...«[36], so ist hier von Treue in einem neuen Sinn die Rede. Diese Treue, die wahre Treue, die nicht dialektisch ins Gegenteil oder in ihre schlechthinnige Unmöglichkeit umschlagen kann, sie muß anders fundiert sein. Bedrängend erhebt sich die Frage: Wie kann ich treu sein, da ich als Lebender grundsätzlich untreu bin und als Treuer nicht eigentlich lebe?

Von diesen drei Formen der Treue handelt auch der »Weiße Fächer«. Während Fortunios Treusein die Möglichkeit des Erstarrens in sich hat, die das Treu*sein* verunmöglichen kann, hat das Treusein seiner ebenfalls jung verwitweten Kusine Miranda die Möglichkeit der Treulosigkeit in sich, die das *Treu*sein verunmöglichen kann. Seit dem Tode ihres Mannes vor zwei Jahren beharrt sie darauf, daß die Teiche des Parks ohne Wasser, die Terrassen und das Landhaus versperrt bleiben, täglich muß das Grab des Gatten mit frischen Blumen bestreut werden, der Dienerin, welche die Trauernde ablenken und aus der Einsamkeit herauslocken möchte, wird heftig Schweigen geboten—dies alles hat etwas Gewolltes und sogar Forciertes, als ob sie ihrer Treue heimlich nicht sicher wäre. Sie hat plötzliche Anfälle von Beklemmung, sie ist durch Träume geängstigt (233).

---

34 Vgl. S. 18.
35 Hofmannsthal braucht die Ausdrücke »lebendig-tot« und »tot-lebendig« in der »Ägyptischen Helena«. D IV 300.
36 G 211.

52

Einmal ist ihr im Traum unter den Blumen des Grabes das Gesicht ihres Mannes erschienen, jugendlicher, als sie es je gekannt hat, funkelnd von Frische und Leben, dann welkten die Blumen und das Gesicht schwand hin, und wie sie mit ihrem weißen Fächer die Blumen auseinanderwehte, um das Gesicht wieder zu sehen, kam bloß die Erde des Grabhügels staubtrocken zum Vorschein. Dieser Traum hat seine Wurzel in den Worten ihres auf den Tod erkrankten Mannes: ». . . aber solange die Erde über meinem Grab nicht trocken ist, wirst du an keinen andern denken, nicht wahr . . .« (241). Und während er dies sagte, nahmen seine Augen etwas Kaltes, fast Feindseliges an, und er lächelte wie in Verachtung. In diesem Abschied verwundet der Tod mit seinem schärfsten Stachel. Die kälteste Fremdheit ist hier zwischen den im Sterben sich Entfernenden und die im Leben Zurückbleibende gesetzt. Die Lebende sieht sich in die Treulosigkeit des Lebens gestoßen, der Sterbende entzieht sich in die Untreue des Todes. Die Selbstgewißheit der Treue zerfällt in nichts: dem Sterbenden entgleitet sie, da er nicht an die Möglichkeit der Treue zu glauben vermag, denn wie sollte es Treue geben, wenn es den Tod gibt; der Lebenden entschwindet sie, da die Treue, fortan von dieser Skepsis her bestimmt, sich unausgesetzt vor der Treulosigkeit ängstigt und ihr ganzes Trachten darauf richten muß, sich gegen diese zu behaupten, gegen die Treulosigkeit des Lebens, wie sie in der Zerbinetta-Natur der Dienerin Sancha gegenwärtig ist, gegen jene Gebundenheit ins Momentane, die nur dem Wechsel treu ist, die leichten Schrittes weitergeht und jeden Moment in einen andern verliebt sein kann (249).

Der »Weiße Fächer« enthält das ganze Spektrum einer Phänomenologie der Treue: Fortunios Treue wahrt in der Innerlichkeit das unvergängliche, zeitlose Wesensbild seiner Frau, und in solcher Idealität erhebt er sich über das Leben: »Ich will besser sein als dieses Schattenspiel« (225); Mirandas Treue ist in der Dialektik zur Untreue dargestellt; in ihrem sterbenden Gatten ist die Möglichkeit der Treue überhaupt in Frage gestellt und nihilistisch verneint; in der puren Vitalität von Mirandas Dienerin ist die Treulosigkeit als Treue — Treue zum Leben nämlich — gezeigt; die Großmutter schließlich, die nicht von Treue und nicht von Untreue spricht, ist die wahre Getreue.

Fortunio und Miranda werden nun im Spiel so geführt, daß sie von ihrem Beharren in der Trauer abrücken und sich in einer neuen Liebe begegnen. Fortunio erkennt im Spiegel Mirandas, daß die Treue, wenn sie den Menschen vom Leben trennt, eine geheimnisvolle Verschuldung gegen das Leben ist (243). Was er nicht gelten lassen will, wie die Großmutter es ihm sagt, macht er sich plötzlich zu eigen und gebraucht nun

Miranda gegenüber ähnliche Worte: »Diese übermäßige Traurigkeit hängt an dir wie eine ungeheure Liane an einem kleinen Baum« (245, vgl. 228). Wenn ihm eben noch alle Frauen außer seiner verstorbenen Gattin geheimnislos, schal über alle Worte (224) vorgekommen sind, an Miranda findet er wiederum ein Geheimnisvolles, das eine Frau haben müsse, damit sie etwas sei: »Es ist etwas um dich wie ein Schatten, etwas, das ich nie an einer Frau bemerkt habe« (245). Dieses Etwas zu bemerken, ist er erst jetzt imstande, weil um ihn selbst der Schatten ist. Seine Gattin war eine Frau ohne Schatten, ihr Geheimnis war die lautere Durchsichtigkeit, sie war ein Wesen, das alles Dunkle außerhalb seiner hatte: den Tod, die Schuld, den Zweifel, das Alleinsein, so daß man sagen könnte, sie sei eigentlich durch nichts bestimmt, sondern reine Unmittelbarkeit gewesen, sie habe jene Kindhaftigkeit gehabt, von der Miranda·— mit Bezug auf ihre und Fortunios Jugendzeit — sagt, sie sei wie das Spielen von Wolken in der dämmernden Luft im Frühjahr, etwas unsäglich Unbestimmtes, Schwebendes (237). Miranda dagegen ist nunmehr vom Schatten begleitet und umrissen: Die nie allein sein konnte (241), ist einsam geworden; die ihrer selbst so sicher war, daß sie hochmütig schien (242), ringt mit dem Zweifel. Unschuldig einst, ist sie schuldig geworden und der Pein überlassen: Hat sie nicht ihren Mann in den Abgrund der Verzweiflung gestoßen, indem sie an seinem Sterbebett jeden Gedanken an den Tod von sich wies·—daß sie nicht aus den Schriften der heiligen Therese vorlesen mochte, sondern zur Geschichte der Manon Lescaut Zuflucht nahm, war für diese Haltung symptomatisch — und indem sie so eine unüberwindliche Kluft zwischen sich und dem Sterbenden aufriß? Hat sie früher um den Tod nicht gewußt und später, am Krankenlager ihres Mannes, von ihm nichts wissen wollen, so ist sie nun vor das Ende gebracht; aus der Unbegrenztheit und Unsterblichkeit, als welche sich für die Jugendherrlichkeit der Augenblick darstellt, ist sie in die Endlichkeit und Endgültigkeit hineingeworfen worden. Miranda hat die Schicksallosigkeit der Jugend verloren, indem sie sich und das sie Eingrenzende, »die entsetzliche Gewalt der Wirklichkeit« (240), als etwas unerbittlich Zusammengehöriges erlebte. »Das schwere Schicksal wirft die schweren Schatten.« (255)[37]

---

[37] Vgl. dazu »Der Kaiser und die Hexe« G 291:
Grauenhaftes, das vergangen,
Gibt der Gegenwart ein eignes
Leben, eine fremde Schönheit,
Und erhöht den Glanz der Dinge
Wie durch eingeschluckte Schatten.

Die Begegnung mit dieser Frau verwirrt Fortunio (246), nachdem das Gespräch mit der Großmutter ihn schon an die Verwirrung herangebracht (232), die Möglichkeit aufgedeckt hat, daß er in seiner Position des Beharrens überhaupt beirrbar ist. Und gleicherweise verwirrt, verstört, so daß sie bald ein paar Schritte sehr schnell, dann ganz langsam geht (250), ist Miranda nach der Begegnung mit Fortunio. Ihr schwindelt (251), sie weiß nicht, woran sie sich halten könnte. Der sterbende Gatte hat zu ihr gesagt: »Solange die Erde über meinem Grab nicht trocken ist, wirst du an keinen andern denken, nicht wahr...« (241). Aber die Erde ist immer wieder feucht: der abendliche Tau liegt auf den uralten Gräbern und auf denen von gestern (251), also kann man überhaupt an keinen andern denken, der vom Himmel fallende Tau mahnt stets an die Treue. Aber am Morgen kommt die Sonne, und vor ihr her läuft der Wind und trocknet alles (251), also kann man doch an einen andern denken, der Himmel selbst gibt mit seinem Windeshauch ein Zeichen dafür. So dreht sich alles um Miranda: »Kein Festes nirgends!« (252) Es ereignet sich jener Wirbel, der schon in den früheren Stücken dargestellt ist, jene Drehung, die durch eine Kleinigkeit, durch ein Fast-nichts (246) in Gang kommt, weil die behauptete Position in sich nicht gefestigt ist, nicht fest sein kann, denn es ist die Position der Worte, welche ja stets Einseitigkeiten aufstellen und behaupten und eben damit nie das Wirkliche sind. So ist denn auch, wie der Prolog sagt, der Geist des Spieles dies:

Daß Jugend gern mit großen Worten ficht
Und doch zu schwach ist, nur dem kleinen Finger
Der Wirklichkeit zu trotzen.   (221)

Solche großen Worte sind »Das Gestern geht mich nichts an«, »Mit dem Gestern wird man nie fertig«, »Ich will besser sein als dieses Schattenspiel«. Sie werden widerlegt, das heißt, es wird ihre Relativität aufgezeigt: daß sie nur kraft ihres Gegensatzes sind. Sie werden ironisiert. So ist im »Weißen Fächer« die von Fortunio und Miranda behauptete Treue ironisiert[38]. Das will weder sagen, daß es in dieser Welt keine Treue gebe, noch, daß die Treue nur an den Tod reiche und nicht über den Tod hinaus. Aber Treue in der Art, wie Fortunio und Miranda sie zunächst auffassen, kann ironisch behandelt werden. Man wird sich dabei hüten müssen, ihr

---

[38] Vgl. »Ad me ipsum« A 221: »Treue bis über den Tod hinaus im ›Weißen Fächer‹ aber ironisch behandelt.«

Treusein als bloß scheinbare Treue zu verstehen[39], vielmehr geht es darum, zu erkennen, daß Treusein nicht eine Beständigkeit ist, welche die Zeit außerhalb ihrer hat, somit Zeitlosigkeit wäre und das Leben mit Verachtung strafen müßte, daß Treusein auch nicht jene Stetigkeit ist, die in jedem Moment sich wieder ganz hat, weil kein Gestern sie berührt, so daß Treue Untreue und Untreue Treue wäre, sondern daß es ein Treusein gibt, das den Abgeschiedenen nicht untreu wird, indem es sich neu verbindet. In die Möglichkeit dieser Treue, welche in der Gestalt der Großmutter wirklich ist, entläßt das Spiel die beiden Hauptfiguren.

Die Mulattin meint freilich, ihre Herrin habe nun endlich, wie es das Natürliche sei, doch wieder einen Liebhaber gefunden; ihre Welt ist mit der Mirandas ironisch verbunden: durch das Nichtverstehen[40]. Miranda aber, als eine Ariadne-Figur, findet zu Fortunio nicht wie Sancha zu ihren sich ablösenden Geliebten, von denen jeder nichts anderes als eine Repetition darstellt. Miranda ist eine vom Ende her Zurückkehrende, die in Purpurfinsternis begraben war und wieder aufwärts taucht (254), die den Tod in sich aufgenommen hat und dennoch wieder lebendig wird, die ganz Schatten geworden und nun wieder in den Leib findet, so wie die Großmutter und ihr Mann, als sie in die Verbannung gehen mußten, wie Schatten waren (229) und dennoch wieder so lebendig wurden, daß sie das Leben liebgewannen. Wirklich lebendig wird offenbar nur, wer ein dergestalt vom Ende Zurückkehrender ist. Daß dies nicht kraft der Natur, der sich wieder aufrichtenden Vitalität geschieht, auch nicht kraft

---

[39] So Rudolf Goldschmit, a. a. O. S. 98: Fortunios und Mirandas Treue sei keine echte Treue gewesen, keine dauernde Beständigkeit. – Diese Auffassung verlangt somit, daß der Verwitwete nicht wieder heirate!
Ähnlich auch Peter Szondi, Hofmannsthals »Weißer Fächer«, in: Neue Rundschau, 75. Jg., 1964, S. 86/7, wo von Treue zum Falschen die Rede ist, weil Fortunio und Miranda nicht den richtigen Partner geheiratet hätten, was dann zur absurden Behauptung führen muß: »Weder Fortunio noch Miranda haben, als sie heirateten, den Schritt ins Leben getan, den sie getan hätten, würden sie einander geheiratet haben« oder »Erst durch die Untreue werden sie beide treu«. – Dazu wäre zu bemerken, daß Fortunio und Miranda gar nicht untreu werden, indem sie sich wieder verheiraten; ob sie aber treu werden in ihrer zweiten Heirat, davon zeigt das Stück nichts. Man kann nicht von falscher Treue reden, sondern nur von defizienten Formen der Treue: eine solche Defizienz liegt vor, wenn Treue aufgefaßt wird als Im-Moment-sein-wollen oder antithetisch dazu als Im-Gedenken-sein-wollen; die Defizienz ist aber immer nur möglich auf Grund der vollen Treue. Miranda und Fortunio werden vor die Möglichkeit gebracht, aus der Defizienz in die ursprüngliche Treue hineinzufinden. Der Ausdruck »falsche Treue« steht antithetisch zu »wahrer Treue«, beides ist auf der gleichen Ebene; »defiziente Treue« hingegen steht nicht antithetisch zu »ursprünglicher Treue«, sondern ist von dieser umgriffen.
[40] Vgl. den Aufsatz »Ariadne« (1912) P III 140.

der Erinnerungsbilder, welche Miranda und Fortunio als Jugendgespielen verbinden, ist am Schluß des Spiels mit leisen Winken, wie es sich für Geheimnisvolles ziemt, nahegebracht: es dünkt Miranda, die Sterne des Himmels tauchten nieder, als wollten sie zu ihr, und in dem Lachen, das von ihr Besitz ergreift, spürt sie den Hauch des Himmels (254); Gestirn und Erde, Himmlisches und Irdisches, Pneuma und Soma sind vereinigt. Aber schon die Gestalt der Großmutter ist ein Hinweis auf dieses Zusammen, auf dieses Gnadenhafte, das neues Leben schenkt und zugleich jene Treue ermöglicht, die der Halt von allem Leben ist.

Im »Tod des Tizian« (1892) spricht der sechzehnjährige Gianino davon, wie es ihn miteins schwindelnd überkam und die Erkenntnis ihm aufging:

> Das Leben, das lebendige, allmächtge –
> Man kann es haben und doch sein' vergessen! . . .[41]

Es ist ein Wort, das auch auf die Jungverwitweten im »Weißen Fächer« zutrifft[42]: sie sind im Leben und sind doch nicht im Leben. Weder als Witwer, reflektierend-träumend, ist Fortunio im Leben, noch als Knabe, der es ja versäumt, das Wichtigste zu erfahren, daß nämlich der Tod immer irgendwo im Schatten steht und einen kleinen Vogel erdrückt oder ein Kaninchen fängt (231). Jetzt, da das Versäumte, das nachzuholen nicht möglich ist, ihn eingeholt hat, eröffnet sich die Möglichkeit, daß er wirklich ins Leben hineinkommt. Hofmannsthal hat dieses Thema 1896 in seinem Aufsatz über den Roman »Le Vergini delle Rocce« von d'Annunzio angeschlagen; was er von den Frauen und Männern sagt, die d'Annunzio in seinen zuvor erschienenen Dichtungen darstellt, läßt sich auf Fortunio und Miranda übertragen: »Sie waren wie Schatten. Sie waren ganz ohne Kraft. Denn die Kraft zu leben ist ein Mysterium. Je stärker und hochmütiger einer in wachen Träumen ist, desto schwächer kann er im Leben sein, so schwach, daß es fast nicht zu sagen ist, unfähig zum Herrschen und zum Dienen, unfähig zu lieben und Liebe zu nehmen, zum Schlechtesten zu schlecht, zum Leichtesten zu schwach. Die Handlungen, die er hinter sich bringt, gehören nicht ihm, die Worte, die er redet, kommen nicht aus ihm heraus, er geht fortan wie ein Gespenst unter den Lebendigen, alles fliegt durch ihn durch, wie Pfeile durch einen Schatten und Schein. – Es kann einer hier sein und doch nicht im Leben sein: völlig ein Mysterium ist es, was ihn auf einmal umwirft und zu

---

41 G 190.
42 Vgl. »Ad me ipsum« A 224.

einem solchen macht, der nun erst schuldig und unschuldig werden kann, nun erst Kraft haben und Schönheit. Denn vorher konnte er weder gute noch böse Kraft haben und gar keine Schönheit; dazu war er viel zu nichtig, da doch Schönheit erst entsteht, wo eine Kraft und eine Bescheidenheit ist. – Ins Leben kommt ein Mensch dadurch, daß er etwas tut.«[43] Dieser zunächst völlig vage Begriff des Tuns, von Hofmannsthal dem bloßen Anschauen entgegengesetzt[44], wird durch ein Beispiel konkretisiert: »Seinem ungeborenen Sohn eine Mutter suchen, heißt die Tat suchen, in der man seine Kraft hergeben und lebendig werden kann.«[45] Auf den »Weißen Fächer« bezogen, heißt dies also, daß die Heirat Fortunios und Mirandas eine Tat wäre, durch die sie ins Leben hineinkommen könnten.

Wenn man im Leben sein kann, ohne im Leben zu sein, dann muß das Leben, in das man erst durch das Mysterium der Tat hineinkommt, als Wiederholung begriffen werden. Über den Begriff der Wiederholung ist bei Kierkegaard zu lesen: »Was sich wiederholt, ist gewesen, sonst könnte es sich nicht wiederholen; aber eben dies, daß es gewesen ist, macht die Wiederholung zu dem Neuen. Wenn die Griechen sagten, daß alles Erkennen ein sich Erinnern ist, so sagten sie: das ganze Dasein, welches da ist, ist da gewesen; wenn man sagt, daß das Leben eine Wiederholung ist, so sagt man: das Dasein, welches da gewesen ist, tritt jetzt ins Dasein.«[46] Der »Weiße Fächer« macht dies anschaulich, indem er Miranda und Fortunio an die zweite Heirat heranführt: sie werden aus ihrer Rückwendung umgedreht und nach vorwärts gewendet. Dies ist jedoch nicht das gleiche Vorwärts wie jenes vor der Begegnung mit dem Tod[47]. Das neue Leben trägt ein Verhältnis zum Tod, aber auch zur

---

43 P I 235 – Vgl. »Ad me ipsum« A 217.
44 Vgl. das Zitat S. 32/3.
45 P I 238.
46 Sören Kierkegaard, Die Wiederholung, übersetzt von Emanuel Hirsch, Düsseldorf 1955, S. 22; vgl. auch Entweder/Oder, Düsseldorf 1957, Bd. II, S. 32, ferner Der Begriff Angst, Düsseldorf 1952, S. 14 Anm.
47 Der Begriff der Wiederholung meint nicht nur etwas ganz anderes als die Repetition, sondern ist auch grundsätzlich verschieden vom Begriff des Nachholens. Szondi, der die erste Heirat Fortunios und Mirandas als Irrtum betrachtet, schreibt: »Wenn sich Fortunio und Miranda nun doch noch verbinden werden, so holen sie nach, was sie einst versäumt haben: die Realisierung ihrer kindlichen Traumwelt und damit den Schritt ins Leben.« (A. a. O. S. 86.) Durch diese Betrachtungsweise wird nicht nur die erste Ehe zu einem Lapsus, auch der Tod kann nicht angemessen in den Blick gebracht werden. Im Hintergrund solcher Auffassung steht die platonische Vorstellung von zwei zueinander passenden Seelenhälften, die sich zunächst in ihrem Wiedererkennen getäuscht haben und nun den Irrtum korrigieren. – Gegen diese Auffassung wendet sich Hofmannthal in einem Brief an

Schuld in sich. Schuld und Unschuld werden im »Weißen Fächer« in drei Stufen gezeigt. Fortunios verstorbene Gattin war ein Kind (226), »das schuldloseste kleine Wesen auf der Welt« (229), von welchem die Groß-mutter sagt, es spiele jetzt im Himmel Ball mit den unschuldigen Kindern von Bethlehem (226). Sie erscheint als die Unschuld, welche die Schuld außerhalb ihrer hat, und zwar so, daß sie von ihr nichts weiß. Ihre Un-schuld ist Unwissenheit. Die um einige Jahre ältere Miranda dagegen ist mit ihrem gedankenwirren und hilflosen Vorlesen aus der Geschichte der Manon Lescaut unschuldig schuldig geworden. Sie ist in jenen »ambiva-lenten Zustand zwischen Prae-existenz und Leben«[48] hineingeraten, von welchem es in »Ad me ipsum« heißt, in ihm sei der Mensch in Gefahr, sich zu verirren, zu verlieren[49], in ihm sei aber gerade durch die Verschul-dung die Möglichkeit gegeben, sich mit dem Leben zu verknüpfen, zu sich selbst zu kommen, weshalb Hofmannsthal sogar von der »Süßigkeit der Verschuldung« spricht[50]. Es handelt sich um denselben zweideutigen Zwischenzustand, der in »Gestern« als das Ineinanderfließen von Lüge und Wahrheit, im »Tor und Tod« als lebendiges Totsein charakterisiert ist. Gleich der Lüge und dem Tod hat auch die Verschuldung einen »am-bivalenten Sinn«[51]. Wie Miranda im Begriffe ist, sich an die Trauer zu verlieren und sich damit tiefer in Verschuldung zu verstricken, macht die Begegnung mit Fortunio ihr dies bewußt (243). Erst jetzt hat sie ein Ver-hältnis zur Schuld, mit der Schuld ist aber zugleich auch ein Verhältnis zur Unschuld gesetzt. Damit ist Entscheidung möglich geworden. Miranda ist – dasselbe gilt von Fortunio – ein Mensch geworden, der nun erst, wie Hofmannsthal im angeführten Aufsatz über d'Annunzio sagt, schuldig und unschuldig werden, nun erst Kraft und Schönheit haben kann. Diese neue Schönheit und diese neue Kraft können nicht mehr als Abbild eines

---

Dora Michaelis: »Mit meinen tieferen Gedanken hängt es zusammen, daß ich die Ehe an sich so hoch stelle und das übermäßige Geschwätz von Individualitäten, von denen angeblich immer nur zwei in der ganzen Welt für einander passen – die sich natürlich nie kriegen –, recht gering schätze. Wir sind hauptsächlich Männer und Frauen, sind Kinder von Eltern und werden Eltern von Kindern, sind ganz geschaffen alle diese unendlichen Verhältnisse zu realisieren.« (14. Juni 1902, Br. II, 76.) Daß man durch »Realisierung der Traumwelt« nicht ins Leben hineinkommen kann, hat Hofmannsthal in »Ad me ipsum« verschiedentlich gesagt: das Drauf-kommen aufs Richtige müsse sich einstellen als richtige Schicksalserfüllung, nicht als Traum, A 220/1; vgl. auch A 225.
[48] A 216.
[49] A 225.
[50] A 220, 214.
[51] A 214.

volleren Seins aufgefaßt werden, sie deuten nicht auf ein ganz unerreichbares Früheres hin[52], vielmehr tritt, was gewesen ist, jetzt ins Dasein. Schönheit wird erst jetzt Schönheit, Kraft erst jetzt eigentliche Kraft.

Damit ist dem Menschen auch die Gewalt über das Wort wiedergegeben, nun nicht mehr als »naive Redekraft«[53], sondern als bewußte Meisterung. In der naiven Redekraft kommen die Worte, wie zum erstenmal geformt und mit Bedeutung beladen, aus unberührtem Hauch. So sagt es Fortunio von seiner Gattin (225). Darin ist ein Fingerzeig, wie es mit dem Wort in der bewußten Redekraft steht: es ist zum zweitenmal geformt, das heißt, das Besondere liegt darin, daß Vorgefundenes umgeformt und dadurch neu wird. Für die naive Rede ist die Sprache nichts Vorgefundenes, ihr fehlt der Abstand zur Sprache, sie kann daher kein Verhältnis zu ihr haben. Allerdings weist auch sie darauf hin, daß die Sprache etwas dem Menschen Vorausliegendes ist: die Worte sind nicht zum erstenmal geformt, sondern *wie* zum erstenmal. Naive Rede deutet damit in ihren Ursprung und hält sich auf diese Weise in seiner Nähe auf. Dies ist ihre Kraft. Die Worte kommen, ungeachtet ihres Alters, neu aus unberührtem Hauch. Neu sind die Worte auch in der bewußten Redekraft, aber nicht *wiewohl* sie alt sind, sondern *weil* sie alt sind, *weil* sie immer schon vorliegen, längst beladen mit Bedeutung, und nur aus diesem Grunde wiederholbar sind; indem sie wiederholt werden, tritt jeweils ein neues Moment hinzu[54]. Der Unterschied von neu und alt liegt nicht mehr im Verborgenen wie in der naiven Rede, er ist zum Vorschein gekommen. Deshalb ist es nicht mehr so, daß die Worte wie neu *sind;* sie *werden* neu. Sie sind nicht, wie ein jeder Schritt von Fortunios Gattin, ein neugebornes Wunder, sie werden vielmehr wiedergeboren. Da nun aber das Wort dem Menschen immer vorgegeben ist und er es nie zum erstenmal formt, gelangt er erst in der bewußten Rede, mit der er längst Geformtes neu formt und es sich damit überliefert und zueignet, in den eigentlichen Gebrauch der Sprache hinein[55].

---

[52] A 227.
[53] P I 229.
[54] Vgl. S. 58.
[55] In diesem Sachverhalt gründet bei Hofmannsthal die Wiederaufnahme vorgeformter Stoffe, in der man des öftern, seltsam genug, das Merkmal des Epigonentums hat sehen wollen. Alle seine Dichtungen, erklärt Hofmannsthal, seien »neu und alt« (A 201), »aus alten und neuen Elementen zusammengesetzt« (A 299). »Diese Arbeitsweise erscheint mir als die natürliche und ich sehe nicht, daß von den Meistern des dramatischen Gebietes je viel anders gearbeitet worden sei; ja selbst die antiken Tragiker, die uns als ein Anfang aus dem Nichts erscheinen könnten, haben in dieser Weise noch Vorausliegendes in ihr Werk einbezogen.« (A 299) In diesen Zusammenhang ist auch das folgende Wort zu stellen: »Der

Zwischen naiver und bewußter Rede gibt es einen gefährlichen Zwischenzustand. Wenn die naive Redekraft versiegt, gerät der Mensch leicht in die Gewalt der Worte, die sich selbständig gemacht haben und auf ihre eigene Hand draufloswirtschaften[56]. Dann stellen sich ihm die Worte vor die Dinge, und das Hörensagen verschluckt die Welt[57]. Frühreif und altklug, ein schlechter Schauspieler, redet er fortwährend wie in Rollen, in Scheingefühlen, scheinhaften Meinungen, scheinhaften Gesinnungen[58]. Er hat »ein verblüffendes und unwahres Verhältnis zu den Dingen des Lebens, ein Verhältnis voll Koketterie, voll Pointen und Antithesen«[59]. Die Gefahr, sich in ein solches ebenso verführerisches wie unwahres Verhältnis zu verstricken, ist besonders groß, wenn er in einer Zeit feuilletonistischen Geistes[60] heranwächst, in der man die gefährliche Gabe hat, fast alle Dinge, auch wenn man sie nicht fühlt und kaum denkt, »raffiniert gut und fast schlagend auszudrücken«[61]. Die Gefährlichkeit der Schlagworte kann ihm zum Verhängnis werden: »Das Wort vom Kampf ums Dasein kann einem jungen Menschen, in dessen Seele es fällt, den Blick, mit dem er das Tierreich gewahren soll, von innen heraus beirren und vergiften. Wie anders wirken geheime Gesetze, jenes große Gesetz durchkreuzend, auf die Seele ein, wie sie in dem wundervollen Gespräch sich offenbaren, das Goethe mit Eckermann über die Vögel führt und worin Eckermann seine Beobachtungen entwickelt über das Brüten untergeschobener Jungen, ja das Füttern von fremden Jungen durch solche Ältere, die sie nicht gebrütet haben.«[62]

In der neuen Redekraft ist das Antithetische zusammengehalten, so daß es sich nicht verselbständigen kann: gerade dadurch bekommt der Mensch das Wort in seine Gewalt. In der Ironisierung, die die These mit

---

gewöhnliche Erzähler erzählt, wie etwas beiläufig geschehen könnte. Der gute Erzähler läßt etwas vor unseren Augen wie gegenwärtig geschehen. Der Meister erzählt, als geschähe etwas längst Geschehenes aufs neue.« (A 71)
56 Vgl. S. 37.
57 P I 228.
58 P I 229.
59 P I 169.
60 Diese Formulierung, gleichsam eine Präfiguration des feuilletonistischen Zeitalters, wie es Hermann Hesse im »Glasperlenspiel« darstellt, findet sich im Aufsatz über Franz Stuck aus dem Jahre 1894: P I 169.
61 P I 222.
62 A 160 (1908). — Hofmannsthal spielt auf das Gespräch vom 8. Oktober 1827 an. Er muß übrigens die Gespräche mit Eckermann bereits gekannt haben, als er den »Weißen Fächer« schrieb: die Stelle, wo die Großmutter mit Livio über die Lerchen spricht (227), ist eine Reminiszenz aus dem Gespräch vom 26. September 1827 (Artemis-Ausgabe S. 641).

der Antithese durchkreuzt, kündet sich diese Kraft an; der Ironie wohnt »die Andeutung inne, daß der Schöpfer dieser kleinen Welten mehr von der Welt weiß, als er zu sagen vorhat«[63]. Solches Ansichhalten wurzelt im Wissen, daß das ins Wort Gebrachte prinzipiell ein Uneigentliches ist. Wer sich des Uneigentlichen, des Gleichnishaften der Sprache unaufhörlich bewußt bliebe, hätte das Wort ganz in seiner Gewalt. Dem Dichter mag das gelingen. Was er dichtet, »ist durch und durch ein Gebilde aus uneigentlichen Ausdrücken«[64]. Schon 1895 notiert sich Hofmannsthal: »Die Welt der Worte eine Scheinwelt, in sich geschlossen, wie die der Farben, und der Welt der Phänomene *koordiniert*. Daher keine ›Unzulänglichkeit‹ des Ausdrucks denkbar, es handelt sich um ein Transponieren.«[65] Das gleiche sagt der Prolog im »Weißen Fächer«:

Und wie ein Federball, das Kinderspielzeug,
Den Vogel nachahmt, also ahmt dies Spiel
Dem Leben nach, meint nicht, ihm gleich zu sein. (221)

Mit dieser Auffassung der Mimesis hat Hofmannsthal — übrigens schon im ersten seiner Dramolette — den Realismus und Naturalismus hinter sich gelassen: »Es führt von der Poesie kein direkter Weg ins Leben, aus dem Leben keiner in die Poesie.«[66] Ein unmittelbarer Bezug auf das Leben und die direkte Nachbildung des Lebens sind prinzipiell unmöglich. Und die Gleichnisse in der Dichtung sind kein allenfalls entbehrlicher Zierat. Was der Dichter in seinen unaufhörlichen Gleichnissen sagt, läßt sich niemals ohne Gleichnisse sagen, weil die Sprache an sich gleichnishaft ist. Es ist auch nicht so, daß hinter dem Gleichnis der eigentliche Sinn verborgen wäre: »Die Leute suchen gern hinter einem Gedicht, was sie den ›eigentlichen Sinn‹ nennen. Sie sind wie die Affen, die auch immer mit den Händen hinter einen Spiegel fahren, als müsse *dort* ein Körper zu fassen sein.«[67]

Wenn sich somit die Frage nach dem Sinn hinter den Gleichnissen verbietet, muß man sich fragen, welchen Sinn die Gleichnishaftigkeit der Sprache habe. Sinn liegt in der Scheinwelt der Worte selbst und weist nicht auf ein Einstmals oder Dereinst oder auf ein Jenseits der Zeit, auf Zeitlosigkeit hin. Sinn ist nicht die Richtung auf ein in der Ferne Verborgenes, das erst die Wahrheit wäre. Das Scheinhafte kann darum nicht als

---

63 Hofmannsthal über Arthur Schnitzler P IV 100.
64 »Bildlicher Ausdruck« (1897) P I 286.
65 A 119.
66 »Poesie und Leben« (1896) P I 263.
67 P I 286.

das aufgefaßt werden, was die Wahrheit verstellt, sondern es gehört mit zur Wahrheit. Der Sinn des Gleichnishaften ist Darstellung: in der Schein-welt der Worte ist Leben dargestellt. Dank dieser Darstellbarkeit des Lebens löst sich der Mensch aus dem Leben und tritt ihm gegenüber; die Darstellbarkeit schützt ihn davor, vom Leben überwältigt zu werden. Das Dargestellte ist schattenhaft, ihm fehlt als dem Fest-gestellten gerade das, was das Leben ausmacht: Lebendigkeit; dies ist kein Mangel, sondern Notwendigkeit. Da der Mensch nicht im Wort, sondern im Leben lebt, kann ihn diese Schattenhaftigkeit nicht bedrücken. »Das Wissen um die Darstellbarkeit tröstet gegen die Überwältigung durch das Leben; das Wissen ums Leben tröstet über die Schattenhaftigkeit der Darstellung.«[68] So trennt das Wort den Menschen vom Leben und weist ihn auch wieder ans Leben zurück. Wie das Wort, auf welchem jede Darstellung beruht, dem Leben koordiniert ist, so ist es auch dem Tod zugeordnet: im Wort, in der Schattenhaftigkeit der Darstellung, steht der Tod neben dem Leben, und wo das Wort fehlt, wie beim Tier, steht das Leben nicht vor dem Tod und kann der Tod nicht als Tod erfahren werden. Das Zugleich von Wort und Phänomen erzeugt den Wirbel, der den Menschen dem Leben entreißt und mit dieser Trennung vom Leben erst die Verbindung mit dem Leben ermöglicht, der ihn aus dem Schattenreich ins Leben zu-rückbringen kann, weil das Leben erst adstante morte in seiner Lebendig-keit aufglänzt und sich als Leben dem Menschen zueignet. Die Kunst ist des Dichters »sicheres Mittel, das Leben von sich abzuhalten, sein sicheres Mittel, sich dem Leben zu verbinden«[69]. Diesen Gedanken äußert Hof-mannsthal auch gegenüber George: er plane, zur Veröffentlichung in den »Blättern für die Kunst« einen Brief an einen sehr jungen Freund zu schreiben, dem »gezeigt werden soll, daß er sich mit dem Leben niemals recht verknüpfen kann, wenn er sich ihm nicht zuerst in der geheimnis-vollen Weise entfremdet hat, deren Werkzeug das Aufnehmen von Dich-tungen ist«[70]. Die Kunst entfremdet also dem Leben, sie ist ihm feind,

---

68 »Dichter und Leben« (1897) P I 287.
69 »Über ein Buch von Alfred Berger« (1896) P I 285. — Vgl. dazu ähnliche Formu-lierungen im Brief an Leopold v. Andrian vom 4. Mai 1896, Br. I, 188, und im Andreas-Fragment, E 264. — Hofmannsthals Auffassung erinnert an ein Distichon von Schiller, das der Gedankenwelt Wilhelm von Humboldts nahesteht:
Laß die Sprache dir sein, was der Körper den Liebenden. Er nur
    Ist's, der die Wesen trennt, und der die Wesen vereint.
(Zit. nach Emil Staiger, Friedrich Schiller, Zürich 1967, S. 163.)
70 Brief vom 5. Juli 1896, S. 102/3. — Hofmannsthal gab dann seinen Gedanken nicht die Form eines Briefes, sondern publizierte sie unter dem Titel »Dichter und Leben« als Aphorismen.

aber diese Feindseligkeit ist zugleich Voraussetzung, daß sich der Mensch dem Leben verknüpfen kann, wodurch das Leben erst zum Leben wird. Somit ist das Verhältnis zwischen Kunst und Leben nicht nur ein solches der Feindschaft, sondern zugleich das der Freundschaft: die Kunst dient dem Leben[71]. Was von der Kunst gilt und mithin grundsätzlich vom Wort als der Ermöglichung jeder Kunst, kann auch vom Tod gesagt werden. Daraus ergibt sich, daß zwischen Kunst und Tod ein enger Bezug bestehen muß: Kunst offenbart wie der Tod das Leben. Dies will hier jedoch nicht sagen, daß die Kunst das wahre Leben darstelle, Leben verstanden als Wesenheit, essentia. Die Kunst ist nicht das Ziel, nicht ein höheres, reineres Medium als das Leben[72], wird sie doch von Hofmannsthal ein »Mittel, sich dem Leben zu verbinden« genannt. Sie ist insofern ein Mittel, als sie durch die Schattenhaftigkeit des Dargestellten per contrarium das Leben aufglänzen läßt, so daß der Mensch ob dem Daß-sein des Seienden von Staunen erfaßt wird. In der Haltung des Staunens ist aber die Verknüpfung mit dem Leben noch nicht vollzogen, vielmehr zeigt sich da das Leben nur, als das nämlich, was es zu ergreifen gilt.

Von diesem Gesichtspunkt her lassen sich die drei besprochenen Werke nochmals gegeneinander abgrenzen. »Gestern« stellt den Menschen dar, den das Leben berauschend überwältigen will, weil das Wort für ihn nichts ist als ein ohnmächtiger Kommentar zur Unmittelbarkeit, in der er bleiben möchte. Die Unmittelbarkeit ist Unbestimmtheit[73]; sobald sie in ein Verhältnis gesetzt wird, und dies geschieht durch das Wort, ist sie aufgehoben[74]. Wenn man von der Unmittelbarkeit redet, ist sie schon nicht mehr Unmittelbarkeit. Daher ist es ein vergebliches Unterfangen, mit der Sentenz »Das Gestern geht mich nichts an« Unmittelbarkeit zurückgewinnen zu wollen, wohnt doch der Sentenz gerade die Kraft inne, gänzlich aus der Unmittelbarkeit herauszuführen. Im »Tor und Tod« ist der Mensch gezeigt, dem der Verlust der Lebendigkeit droht, weil das Wort für ihn übermächtig ist und ihn in die Zeitlosigkeit des Wesenhaften hinüberziehen will; je tiefer er aber ins Schattenhafte des im Wort, in der Kunst Dargestellten tritt, desto stärker wird die Leuchtkraft im

---

71 Vgl. dazu auch A 145.
72 »Offenbarung des Lebens« durch die Kunst ist hier also anders aufzufassen als in dem S. 39 angeführten Zitat (P I 100).
73 Vgl. S. 54 und die dort zitierte Stelle aus dem »Weißen Fächer« (G 237).
74 Vgl. dazu Kierkegaard, Philosophische Brocken, übersetzt von Emanuel Hirsch, Düsseldorf 1952, S. 154.
Ebenso Entweder/Oder I, Düsseldorf 1956, S. 74. (Vgl. unsere Arbeit S. 94, Anm. 13).

wortlosen Dastehen der Dinge, und wie ihm vollends das Leben genommen wird, ist ihm nichts so wesentlich wie das Dasein. Der »Weiße Fächer« aber handelt davon, wie für den Menschen, der vom Abgestorbensein zurückkehrt, das Wort weder ohnmächtig noch übermächtig ist. Es steht ihm zu Diensten, so daß er seinen Nächsten wieder mit einfachen Worten sagen kann, »was nötig zum Lachen und Weinen«[75].

---

[75] G 201.

5 Kobel, Hofmannsthal

Das kleine Welttheater

Hofmannsthal hat seinem »Kleinen Welttheater« (1897) den Unter-
titel »Die Glücklichen« gegeben. Als Glückliche sind die Figuren dieses
Spiels dem Toren Claudio ebenso entgegengestellt wie dem Höllen-
qualen[1] leidenden Andrea. In den Ad-me-ipsum-Aufzeichnungen umschreibt Hofmannsthal ihr Glücklichsein damit, daß »jeder dieser Glücklichen irgendwie noch Angehöriger der höchsten Welt« sei[2]. Was jedoch
unter der höchsten Welt zu verstehen ist und inwiefern die Figuren ihrer
teilhaftig sind, dies muß die Betrachtung der Dichtung lehren.

Die zuerst auftretende Figur, der Dichter, ist dem Abend mit seinen
langen Schatten auf den Feldern zugetan; die Dämmerung ist seine
Stunde: da regt es sich überall von schattenhaften Gestalten, die aus dem
Ungewissen heraustreten und im gedichteten Wort anwesen möchten.
Vergangenheit wird ihm lebendig; wie der Magier im Gedicht »Ein
Traum von großer Magie« (1896) spricht er ein solches Du zu Tagen, die
uns ganz vergangen scheinen, daß sie zu ihm kommen[3]: jene Toten, die
auf griechischen Stelen die Riemen der Schuhe flechten für langen Weg,
jene Pilger, die, Mühsal um Mühsal auf sich nehmend, bergan klimmen,
jene Wegemüden, die sich unterwegs hinlagern, jene Ritter, die die Panzer
abgeworfen, um sich im Fluß zu erfrischen, und nun als Wehrlose von
ihren Feinden überfallen werden. Es spricht zu ihm von all den Verstorbenen, von solchen, die sich rüsteten für den Aufbruch, und solchen, die
ungerüstet vom Tod überfallen wurden, von solchen, deren Leben eine
Wallfahrt zu einem Ziele war, und solchen, die es müde wurden, auf
dem Lebensweg zu sein, der aus lauter Kreuzwegen zu bestehen schien
und ihnen nicht wie ein Weg mit Anfang und Ziel vorkam[4], von denen
man den Seufzer zu hören meint: »Herr, ich möchte sterben, ich bin zum
Sterben müde und mich friert.«[5] Der Dichter weiß sich in das, was er

---

1 G 160.
2 A 215.
3 G 21.
4 Vgl. P I 134.
5 G 69.

schaut, irgendwie dreinverwebt (298)[6]. Damit ist nicht gemeint, daß die Verstorbenen seine Vorfahren waren, sondern daß für ihn das Vergangene nicht vergangen ist, nicht vorbei und abgetan, auch nicht vorbei und nachwirkend, daß es vielmehr als gewesen *ist*[7]. Zu sagen, der Dichter lebe in der Vergangenheit, wäre unangemessen ausgedrückt, weil kein Mensch in der Vergangenheit zu leben vermag, sowenig wie in der Zukunft. Er ist in der Weise da, daß er nicht nur jetzt-jetzt ist, sondern auch stets gewesen ist. Hofmannsthal hat dieses Dreinverwobensein in die Gewesenheit im zweiten Stück der »Augenblicke in Griechenland« ebenfalls dargestellt: mit der seltsamsten Deutlichkeit tritt dort gelebtes Leben vor ihn und seinen Reisebegleiter, »doch wußten wir kaum, ob, was wir erinnerten, die Regungen des eigenen Innern waren oder die jener andern, deren Gesichter uns anblickten; nur daß es gelebtes Leben war, und Leben, das irgendwo immer fortlebte, denn es schien alles Gegenwart«[8]. Von hier aus läßt sich fassen, worin das Glücklichsein des Dichters im »Kleinen Welttheater« besteht, was es heißt, der höchsten Welt irgendwie teilhaftig zu sein: In der höchsten Welt ist alles Gegenwart; an solcher Gegenwart hat der Mensch insofern teil, als er ist, indem er gewesen ist. Daß er als gewesen *ist*, verbindet ihn dieser Gegenwart; daß er als *gewesen* ist, trennt ihn von ihr, es *scheint* ihm deshalb bloß, daß alles Gegenwart sei, er kann die Unterscheidung von Einst und Jetzt nicht loswerden, aber indem er die beiden Bereiche nicht in einen kontradiktorischen Gegensatz auseinanderreißt, wendet er sich dem zu, worin das Auseinander sein Zusammen hat, und solchermaßen ist er ein Glücklicher.

Von den Gesichten des Dichters im »Kleinen Welttheater« ist das letzte das stärkste. Es verdichtet sich zur deutlichen Gestalt, zu einem bestimmten Menschen: zu jenem Schwimmer, der den Fluß hinabgleitet, der mit einem ungeheuren Blick zurück ermißt, was er hinter sich läßt, und, selig wie ein wilder Faun, hinabwill, »bis wo die letzten Meere wie stille leere Spiegel stehen« (299). Wie in den »Augenblicken in Griechenland« dürfte es sich bei diesem einen, der zuletzt erscheint, den zu sehen den Dichter ergreift wie nichts sonst, um Arthur Rimbaud handeln, hier nicht um den in Abessinien sich verbergenden und unsäglich leidenden Rimbaud, sondern um den siebzehnjährigen Dichter des »Bateau ivre« und der »Tête de Faune«. In diesem Gewesenen kommt der Dichter im

---

6 »Das kleine Welttheater« im Band »Gedichte und Lyrische Dramen« S. 297—316.
7 Die Unterscheidung von Vergangenheit und Gewesenheit ist aus Martin Heidegger, Sein und Zeit, S. 328, übernommen.
8 P III 17.

»Kleinen Welttheater« zu sich selbst. Nun setzt er sich am Rand des Waldes hin, und ein Gedicht wird ihm gelingen, wenn er auf die Abendweiher, die noch lang den Glanz des Tages halten, hinblickt, wie jener andere mit unbeschreiblichem Erstaunen hinaussah auf die stillen leeren Spiegel der letzten Meere.

Die Aufzeichnungen in »Ad me ipsum« halten Hofmannsthals Aufmerksamkeit auf Spiegel und Spiegelungen fest[9], sie erwähnen die Zeilen aus dem »Lebenslied« (1896): »Der Flüsse Dunkelwerden / Begrenzt den Hirtentag«, Verse, welche die Wasserläufe als das letzte nennen, was nach Sonnenuntergang löscht[10], und weisen auch auf jenen »Weg mit vielen Teichen« hin, von dem im »Kleinen Welttheater« die Rede ist (300), um dann aus den Tagebüchern Goethes die Notizen vom 16. November 1808 zum Begriff des Reflexes anzuschließen: »Betrachtungen über den Reflex von oben oder außen gegen das Untere und Innere der Dichtkunst; z. E. die Götter im Homer nur ein Reflex der Helden; so in den Religionen die anthropomorphischen Reflexe auf unzählige Weise. Doppelte Welt, die daraus entsteht, die allein Lieblichkeit hat, wie denn auch die Liebe einen solchen Reflex bildet. Und die Nibelungen so furchtbar, weil es eine Dichtung ohne Reflex ist, und die Helden wie eherne Wesen nur durch und für sich existieren.«[11]

Die Figuren des »Kleinen Welttheaters« sind Glückliche, weil sie in einer Welt der Reflexe leben, in dieser doppelten Welt, die allein Lieblichkeit hat. Für die Figur des Dichters besteht die doppelte Welt darin, daß sein Ich-bin zur Gewesenheit in Bezug gesetzt ist. Weder in der These »Das Gestern geht mich nichts an« noch in der Antithese »Mit dem Gestern wird man nie fertig« ist eine solche Doppelung möglich. Andrea kennt in seinem Ich-bin keine Gewesenheit, und Claudio ist derart im Gewesenen verschwunden, daß er darob die Gegenwärtigkeit des Lebens verlassen hat[12]. Wenn der Dichter im »Kleinen Welttheater« dem Schattenhaften zugewandt ist, so keineswegs in der Art, daß er sich daran verlöre, daß er sich etwa mit Rimbaud identifizierte: in einem Spiegel-

---

9 A 229. – Nach Abschluß der vorliegenden Arbeit ist die Dissertation von Günther Erken erschienen, die ein Kapitel über die Spiegelung enthält; seine Ausführungen stimmen mit dem hier Vorgetragenen in vielem überein, vgl. Hofmannsthals dramatischer Stil, Untersuchungen zur Symbolik und Dramaturgie, Tübingen 1967, S. 69–119.

10 Vgl. Hofmannsthals Äußerung gegenüber Carl J. Burckhardt: Erinnerungen an Hofmannsthal, Basel 1943, S. 47.

11 A 229. — Vgl. Goethe, Sophienausgabe, III, 3, S. 399/400.

12 Von Andrea gilt: »Vom eigenen vergangenen Leben verlassen« (A 116), von Claudio: »Alles Leben von mir gefallen« (A 121).

verhältnis handelt es sich immer um Einheit und Zweiheit zugleich, wie Hofmannsthal es am Verhältnis Eltern—Kinder deutlich macht: Kinder sind Spiegelbilder der Eltern, so daß diese zu sich selber kommen, indem die Kinder zu ihnen kommen[13]. Eltern und Kinder sind weder identisch noch völlig verschieden, sie sind dieselben und doch nicht die gleichen. In dieser Weise gehören der Dichter und das Gewesene zusammen. Indem die gewesenen Gestalten zum Dichter kommen, kommt er zu sich selber, er erkennt sich selbst in ihnen, so wie der Jüngling im Gedicht »Vor Tag«, in sein Zimmer zurückkehrend, sich selbst doppelgängerhaft im Spiegel erblickt und dabei zu sich selber kommt[14], was nicht heißt, daß das Ich im Spiegel und das Ich, das in den Spiegel blickt, gleich seien, so daß die Verschiedenheit in die Gleichheit hinein verschwinde; vielmehr ist das eine das geschaute, das andere das schauende Ich, und sie unterscheiden sich durch ihre Spiegelverkehrtheit und dadurch, daß das Spiegelbild schweigt und so immer nur jene Antworten gibt, die in den Fragen schon drinliegen[15].

Das Spiegelverhältnis hat Hofmannsthal bereits 1891 tief beschäftigt, schreibt er doch damals: »Die Seele ist unerschöpflich, weil sie zugleich Beobachter und Objekt ist; das ist ein Thema, das man nicht ausschreiben und nicht aussprechen, weil nicht ausdenken kann.«[16] Es geht ihm dabei von allem Anfang an um dieses Zugleich, um das Verwobensein von Subjekt und Objekt, von Schauen und Geschautem.

Der Dichter im »Kleinen Welttheater« weiß sich in die Gewesenheit »irgendwie dareinverwebt«. Kann dieses Irgendwie genauer bestimmt werden? Wenn das Wesende und das Gewesene zusammengehören, stellt sich die Frage nach der Einheit des Unterschiedenen. Über das »Kleine Welttheater« sagt Hofmannsthal in »Ad me ipsum«, alles gehe auf Totalitäten, das Stück sei eine »Bekehrung zur Einheit: ›Ein-Wesen ists daran wir uns entzücken‹«, und der Dichter habe diese Einheit »an der Figur des Geschauten Lebens«[17]. In diesen Winken ist auf die Bedeutsamkeit der Einheit hingewiesen; worin die Einheit aber besteht, danach ist weiterhin zu fragen. Diese Einheit, in welcher das geschaute Gewesene und der schauende Wesende zusammengehören, kann nur im Sein liegen. Indem der Dichter als Seiender sich und all das Gewesene zusammennimmt, fügt er das Gewesene und sich selbst in die Einheit des Seins: das

---

13 A 219.
14 Vgl. A 216, 219.
15 Vgl. D III 450.
16 P I 8.
17 A 225.

Gewesene ist dann nicht vergangen und abgetan, so daß es das Seiende nichts anginge, und das Seiende ist nicht von jener Art, daß es bloß jetzt und jetzt ist. Im Wechselbezug ihrer Zusammengehörigkeit gelangt das Gegenwärtige über den Moment hinaus und vermag sich selbst als Gewesenes zu erblicken, und umgekehrt gelangt das Gewesene über die Vergangenheit hinaus und wird im Gegenwärtigen lebendig. Ein Wort aus dem »Buch der Freunde« rückt nun dem Verständnis näher: »In der Gegenwart, die uns umgibt, ist nicht weniger Fiktives als in der Vergangenheit, deren Abspiegelung wir Geschichte nennen. Indem wir das eine Fiktive durch das andere interpretieren, entsteht erst etwas, das der Mühe wert ist.«[18] Das Fiktive der Gegenwart ist die Momentwirklichkeit, die Andrea behaupten will und in der er widerlegt wird; das Fiktive der Vergangenheit ist die Unwirklichkeit des Ausgelebten, das man entweder zu bannen und von sich fernzuhalten sucht wie Andrea oder von dem man, Claudio gleich, wie von Vampiren oder Harpyen überwältigt zu werden droht. Das Fiktive ist die Scheinwelt dessen, was als »Gegenwart« oder »Vergangenheit« ins Wort gefaßt ist und dem Leben nachahmt, ihm aber nicht gleich ist, vielmehr sich »ein Etwas von seinem Schein« erborgt[19]. Man kann aus dem Fiktiven nur dadurch in die Wahrheit gelangen, daß man das eine Fiktive als mit einem andern Fiktiven zusammengehörig begreift, beide zusammenspannt, so daß sie in ihrer Gegenstrebigkeit gerade das, was sie zusammenhält, deutlich machen[20]. Eine solche Gegenstrebigkeit, die unter einem Joch zu führen ist, kennzeichnet die Sätze »Das Gestern geht mich nichts an« und »Mit dem Gestern wird man nie fertig« oder die beiden Epochen, von denen Hofmannsthal 1895 spricht: »eine Epoche, wo ich Angst habe, durch das Leben dem großen kosmischen Ahnen entrissen zu werden, die zweite wo mir davor grauen wird, für kosmisches Schweben das dunkle heiße Leben zu verlassen«[21]. Gegenstrebig ist das Ich als Sein und das Ich als Werden.

Der Dichter im »Kleinen Welttheater« läßt im Gedicht eine solche Gegenstrebigkeit, nämlich sein Ich als Gegenwart und sein Ich als Gewesenheit, zusammengefügt sein. Das Gedicht gelingt ihm, wenn er das Spiegelverhältnis im Auge behält, das Wasser und Licht bilden. Er sieht auf dem Spiegel der abendlichen Teiche den Glanz des Tages, und in seinem Gedicht wird dieses Zusammen enthalten sein, wenn es wirklich

---

[18] A 36.
[19] »Der weiße Fächer« G 221.
[20] Wahrheit ist hier nicht das, was als Idee hinter dem Fiktiven verborgen wäre. Vgl. S. 62.
[21] A 121.

ein Gedicht ist, nämlich »jenes künstliche Gebild aus Worten, die von Licht und Wasser triefen« (300)[22]. Wasser, das fließend Bewegte, ist für Hofmannsthal das Symbol des Werdens; Licht, das ruhend Gleiche, steht für das Sein[23]; beides in seiner Zusammengehörigkeit zu sehen ist das unbeschreibliche Erstaunen, das Rimbaud den Ausruf entlockte:

Elle est retrouvée!
Quoi? l'éternité.
C'est la mer mêlée
Au soleil.[24]

Der Bezug zum Gewesenen ist auch in der Figur des Gärtners gezeigt. Dieser alte Mann, ein abgedankter Kaiser, hat jähen Wechsel erfahren, doch der Umsturz hat ihn nicht sich selbst entfremdet, so daß er sich zurücksehnen oder sich vom Damals im Vergessen befreien müßte: Einst und Jetzt sind ihm »in einem tiefen Sinn einander gleich« (301), denn als Gärtner ist er ebenso König, wie er als König Gärtner war; er ist der Wärter dessen, was seiner Hut anvertraut ist. So ist er nicht verlassen vom eigenen vergangenen Leben, aber das bedeutet ihm nicht das einzig Wesentliche; ihm widerfährt noch ein Größeres (301). Als Gärtner vermag er das Wärteramt besser zu erfüllen denn als König, weil die Pflanzen ein reiner Spiegel sind, darin die wahre Art von aller Kreatur zu erkennen ist, schwach und stark, üppig und kühn, wogegen die Menschen solches immer bloß trüb widerspiegelten, denn in ihren Mienen war stets nur der Reflex seines eigenen Zürnens oder Zustimmens. Anders als dem Dichter ist ihm nicht das Gewesene der Spiegel, sondern das um ihn Seiende; in seinem Ich-bin ist er nicht bei den Erscheinungen der Geschichte, sondern beim »reinen Drang des Lebens« (302). Er hat nach dem zu schauen, was sich ins Dasein hebt, er hat es in Acht zu nehmen, indem er es fördert oder zurückbindet und ihm so seinen Platz gibt oder auch nimmt. In solcher Pflege gestaltet er sein Stück Land zum Garten, zu einem gleichfalls künstlichen Gebilde also, das, in seiner Koordination

---

22 Wenn hier »künstliches Gebilde« nicht mehr negativ gewertet wird wie im »Tor und Tod«, so zeigt dies an, daß der Ausdruck eine Sinnverschiebung erfahren hat. Vgl. dazu auch S. 62.

23 Sein ist hier als der Gegensatz zum Werden verstanden; von diesem Begriff ist jenes Sein zu unterscheiden, welches die Gegensätze Sein und Werden in sich schließt.

24 In der Fassung zitiert, die Rimbaud 1873 selber drucken ließ; vgl. Arthur Rimbaud, Poésies, Kritische Ausgabe von H. de Bouillane de Lacoste, Paris 1947, S. 228.

zur Natur, Paradiesesnähe spüren läßt[25]. Da ist der Drang des Lebens »so rein und frisch, wie nicht in jungen Knaben / Zum Ton von Flöten fromm der Atem geht« (302). Und »wundervoll verwoben sind die Gaben des Lebens« in diesem Zugeordnetsein von Mensch und Natur: »Kindlichkeit und Majestät mitsammen« (302) tritt dem Gärtner in den Pflanzen entgegen, wie er selber kindlich und königlich ihnen entgegentritt, gehorsam in dem, was zu besorgen ist, herrschend über das, was zu warten ist. Gewalthaben und Gehorsamsein, Herrschen und Dienen sind für alle Kreatur, Mensch wie Pflanze, in ihre Einheit gefügt.

Der junge Herr — dem Dichter entgegengesetzt — geht nicht erst aus, wenn die langen Abendschatten auf den Feldern liegen, er bricht, bevor der Tau getrocknet ist, mit seinem Pferd auf: der Hauch der Morgenfrühe ist um ihn. Sein Auge ist auf das gerichtet, was vor ihm liegt. Allem begegnet er mit dem guten Willen der Jugend: »Ich will so vielen einmal helfen, als ich kann« (303). Es ist der Mensch in seinem Bezug zum Künftigen, der sich in dieser Figur darstellt; Hofmannsthal kennzeichnet sie mit dem Wort »Erwartung«[26]. Das Gewesene überkommt den Menschen mit der Macht der Bilder, ihm ist er ausgeliefert, wenn er nicht, dem Dichter gleich, es sich überliefert; im Gegenwärtigen steht er, ein Gärtner-König, mit umsichtig besorgendem Tun; ins Künftige richtet er sich mit seinem vorausschauenden Willen. Dieser vorlaufende Blick, dem sich zunächst unbestimmte Weiten öffnen, so daß er sich im Grenzenlosen verlaufen könnte, bekommt seinen Halt an dem, was der Junker während der Mittagsrast in dämmerndem Gebüsch träumt, einem Traum, der ein Spiegel des Künftigen ist. Ihm ist, er sei auf der Jagd, vor ihm der dichte Wald angefüllt mit Leben, das lautlos vor ihm flieht, das er vor sich hertreibt und einer dunklen Schlucht mit jähen Wänden zudrängt. Die Gestalt des Jägers zeigt den Menschen, der das Leben vor sich zu haben meint und es daher einholen, erjagen, erobern muß; in dieser Bedeutung findet sich das Motiv der Jagd auch in den Stücken »Der Kaiser und die

---

25 Die Figur des Gärtners läßt in manchem an das Gespräch zwischen Heinrich von Ofterdingen und Sylvester denken; man vergleiche z. B. folgende Stelle: »Mein Vater ist auch ein großer Freund des Gartenlebens und die glücklichsten Stunden seines Lebens bringt er unter den Blumen zu. Dies hat auch gewiß seinen Sinn für die Kinder so offen erhalten, da Blumen die Ebenbilder der Kinder sind. Den vollen Reichtum des unendlichen Lebens, die gewaltigen Mächte der spätern Zeit, die Herrlichkeit des Weltendes und die goldne Zukunft aller Dinge sehn wir hier noch innig ineinander geschlungen, aber doch auf das deutlichste und klarste in zarter Verjüngung.« (Novalis, Heinrich von Ofterdingen, Zweiter Teil: Schriften, Bd. I, S. 329.)

26 An Georg von Franckenstein, 1. August 1903, Br. II, 123.

Hexe« und »Die Frau ohne Schatten«. Gegenfigur zum Jäger des Traums ist der greise Bettler, dem der junge Mann am frühen Morgen begegnete. Er kam ihm vor, als wäre er ein Fürst, der seine Krone hingeworfen und seiner Herrschaft entsagt habe. In den heimlichsten Gedanken des jungen Mannes ist die Zukunft ein Land, das es nicht zu erobern, sondern zu verlieren gilt. Aus dieser Tiefe steigt denn auch der Traum auf, um ihm zu sagen, daß das Leben vor dem Menschen, wenn er ein Jäger ist, flieht, daß es tot ist, wenn er es je einholt. Daher ist der Jäger von der Jagd nicht nur berauscht, sondern zugleich im Innersten beklommen. Erwachend, erkennt sich der junge Mann nicht gleich in der geträumten Gestalt; vom Traum umhangen geht er weiter und wird nun wirklich zum Jäger, indem er mit schlafwandelnder Sicherheit in einem Wurf drei Vögel tödlich trifft; nun erst, wie er an einem Brunnen die Augen wäscht, erwacht er ganz und erblickt sich selbst im Spiegel des Wassers:

> und wie mir flüchtig da
> Aus feuchtem Dunkel mein Gesicht entgegenflog,
> Kam mir ein Taumel so, als würd ich innerlich
> Durch einen Abgrund hingerissen, und mir war,
> Da ich den Kopf erhob, als wär ich um ein Stück
> Gealtert in dem Augenblick. (304)

Es ist einer jener Augenblicke, von denen Miranda im »Weißen Fächer« sagt, sie brächten einen um ein großes Stück weiter, in denen man sich und sein Schicksal als etwas Zusammengehöriges empfinde. Es ist ein Augenblick, der dem jungen Mann die Zukunft als das Ende zeigt und damit seine grenzenlose Weite eingrenzt. Der junge Herr lernt sich und die Zukunft zusammenfassen als ein Sein zum Tode. Dies macht ihn nun erst frei für den Gang des Lebens, der kein Hinauslaufen in die Vielfalt der Möglichkeiten ist und auch kein Jagen und Gejagtwerden dem Abgrund entgegen. Indem er vor die Grenze gebracht wird, ermöglicht sich ihm die Umkehr, in der er auf sich selbst zukommt. So ist der Weg nicht das, was von einem Ausgangspunkt weiter und weiter entfernt, sondern das, was entfernend wieder zurückführt. Und er ahnt, daß in seiner jungen Liebe ein solcher Weg vor ihm liegt, der ihn — wie es später auch für den Andreas-Roman geplant ist — anfangs von ihr weg zu vieler Prüfung führen wird »und wunderbar verschlungen doch zu ihr zurück« (305). In der Morgenfrühe fortreitend und des Abends zurückkehrend, hat er auch an diesem Tag einen solchen Weg zurückgelegt. Hesperos führt alles zusammen, was die Eos trennt[27].

---

27 Dieses Sappho-Fragment hat sich Hofmannsthal in »Ad me ipsum« notiert: A 224.

Die Zeit ist hier nicht in gradliniger Ausdehnung vorgestellt, nicht in einer aus dem Unendlichen kommenden und ins Unendliche gehenden Jetzt-Folge. Sie wird gleichsam in ihrer Krümmung gesehen: Wenn Einst und Jetzt in einem tiefen Sinne gleich sind und der Weg, den ich gehe, mich entfernend zurückführt, dann muß die Zeit Kreisgestalt oder die Form einer Spirale haben. In einem solchen Bild kommt zum Ausdruck, daß Gewesenheit nicht Vergangenheit ist, die mich entweder nichts angeht oder von der ich nicht loskomme, Zukunft nicht das Unbestimmte, dessen Weiten ich jagend erobere oder dessen dunkle Bedrohlichkeit mich zum Gejagten macht, Gegenwart nicht das Punktartige des entstehend-vergehenden Jetzt, das unabänderliche Resultat des Vergangenen, der unerschöpfliche Schoß der Möglichkeiten. Vielmehr ist die Zeit von solcher Art, daß ich im Ich-bin stets auch voraus gewesen bin im Ende und daß ich zugleich das sein werde, was ich mir als Herkommen überliefere, daß ich im Ich-bin die Krümmung weiß, durch die sich das Ende mit dem Anfang verknüpft.

Diese zirkuläre Zeitstruktur, die dem »Kleinen Welttheater« zugrunde liegt, hat Hofmannsthal zeitlebens beschäftigt. Was er in der Figur des Dichters darstellt, findet im Aufsatz »Wir Österreicher und Deutschland«, geschrieben 1915, die folgende ins Allgemeine ausgeweitete Formulierung: »Alles, was je da war, ist immer noch da; nichts ist erledigt, nichts völlig abgetan, alles Getane ist wieder zu tun; das Gelebte tritt, leise verwandelt, wieder in den Lebenskreis herein. So ists im Leben des Einzelnen, und der reifende Mensch wird es gewahr, daß nichts für immer hinter ihn tritt, sondern alles im Kreise um ihn verharrt; so im Leben der Völker und Staaten: hier lehren erhöhte Augenblicke es erkennen. Immer wieder kommen Lagen, wo das in der Geschichte abgespiegelte Gewordene so ist, als hätte es sich nicht vorlängst vollzogen, sondern geschehe heute vor unseren Augen. Und wirklich ist eine solche beständige Gegenwart das wahre Attribut des geistigen Geschehens: wer, indem er einer Fuge von Bach mit Hingegebenheit folgt, wird sich im Innersten nicht sagen: dies ertönt in diesem Augenblick zum ersten Male, und wer sieht den Federstrich in einer Handzeichnung Rembrandts, wofern er ihn wirklich sieht, anders als den zuckenden Blitz, der vor seinen Augen den Himmel durchläuft?«[28]

Was an der Figur des jungen Herrn gezeigt ist, faßt Hofmannsthal in den Semiramis-Entwürfen des Jahres 1908 in den Satz: »Daß nur der

---

[28] P III 228.

lebt, der den Tod in sich aufgenommen hat.«[29] Man muß abgestorben
sein, man muß erst in den Tod vorgelaufen sein, um ins Leben hineingelangen zu können: es lebt nur, wer ins Leben zurückkehrt und in der
Wiederholung lebt.

Ob ich mich nun in die Vergangenheit oder in die Zukunft erstrecke,
bin ich als Seiender mit dem Nichtseienden konfrontiert. Vorlaufend in
den Tod, werde ich ein Gewesener; mich des Gewesenen erinnernd, laufe
ich in den Tod vor. »Was uns zur Betrachtung der Vergangenheit treibt,
ist die Ähnlichkeit des Gewesenen mit unserem Leben, welche ein
Irgendwie-Eins-Sein ist. Durch Erfassung dieser Identität können wir
uns selbst in die reinste Region, den Tod, versetzen.«[30] Wenn das Gelebte
und das Lebende, das Gewesene und das Wesende irgendwie eins sind,
läßt sich mit derselben Berechtigung auch das Umgekehrte sagen. Es gilt
nicht nur, daß wir uns bei der »Betrachtung der Vergangenheit« in den
Tod versetzen können, sondern auch, daß wir das Vergangene ins Leben,
nämlich in uns versetzen können[31]. Leben und Tod, Sein und Nichtsein
sind in den geheimnisvollsten Rapport gebracht. Was im alltäglichen
Verständnis auseinandergesetzt ist, so daß sich Sein und Nichtsein aus-
schließen, hier ist es als ineinanderlaufend gesehen. »Auf geheime Weise
fällt die Schranke zwischen Sein und Nicht-Sein: alles Menschliche hat
in dieser Sphäre den Tod, die eigentliche Lebensprobe, schon überwunden, und kehrt wieder.«[32] In diesem Horizont müssen die Glücklichen
des »Kleinen Welttheaters« gesehen werden. Sie sind glücklich als »An-
gehörige der höchsten Welt«, das aber heißt, daß für sie die Unterscheidung von Sein und Nichtsein keine scharfe Trennung bedeutet, wie das
alltägliche Verständnis sie annimmt. Sie haben teil an dem, was keinen
Unterschied zwischen Sein und Nichts, zwischen Leben und Tod, zwischen Anfang und Ende kennt: an der vollen Gegenwart, an der Ewigkeit. Nach dem Wort Alkmaions, den Hofmannsthal verschiedentlich
zitiert, »sterben wir Menschen darum, weil wir das Ende unseres Lebens
nicht mit dem Anfang zu verknüpfen wissen«[33]. Um diese Verknüpfung
von Anfang und Ende, von Leben und Tod, von Tag und Nacht, ist es
Hofmannsthal im tiefsten zu tun. Einen deutlichen Hinweis darauf enthält schon Claudios Wort: »Da tot mein Leben war, sei du mein Leben,
Tod!« Der Blick auf die Abendweiher bedeutet dem Dichter so viel, weil

---

29 D III 454.
30 A 200.
31 Vgl. das Zitat S. 67 (P III 17).
32 P IV 311.
33 P IV 357, vgl. A 206.

sie, während das Land bereits im Dunkel liegt, »lange noch den Glanz des Tages halten«[34]. Es ist ein Blick ins Weltgeheimnis, um das auch der tiefe Brunnen weiß[35]: »hinabgestiegen in einen Brunnenschacht«, sieht einer am hellen Tag »die Sterne wahrhaftig über sich blinken, die für andere, oberhalb wandelnd, wahrhaftig nicht am Himmel stehen«[36]. Einsicht ins Weltgeheimnis gewährt auch der Blick in eine Baumkrone hinauf mit ihrem Licht- und Schattenspiel; so beschwört das Gedicht »Des alten Mannes Sehnsucht nach dem Sommer« im Vorfrühling das Bild eines Julitages herauf, wie es sich da unter Platanen und Eichen ausruhen ließe:

In deren Wipfel wäre Tag und Nacht
Zugleich, und nicht so wie in diesem Haus,
Wo Tage manchmal öd sind wie die Nacht
Und Nächte fahl und lauernd wie der Tag.
Dort wäre alles Leben, Glanz und Pracht.[37]

Während in den Figuren des Dichters, des Gärtners und des jungen Herrn die Zeit in ihren drei Erstreckungen: Vergangenheit, Gegenwart, Zukunft je verschieden akzentuiert wird, sind die übrigen Figuren unter dem Aspekt von Sein und Werden dargestellt.

Der Fremde, seiner Kleidung nach ein Handwerker, blickt von der Brücke in den Fluß hinab, ins strömende Wasser mit seinem unaufhörlichen Heran und Vorbei, das in stetem Schwalle Form auf Form heraustreibt und zerfließen läßt. Dieses Gemenge proteusartig wechselnder Erscheinungen ist ihm etwas Äußerliches: nur die Oberfläche gibt sich her, das gleitende Wasser zeigt sein stilles inneres Leben nicht empor (306). Um dieses Verborgene ist es dem Fremden zu tun; von Kindesträumen her meint er in der Flußtiefe Geschmeide hingestreut zu sehen, und als Knabe schon hat ihn verlangt, hineinzutauchen und den Schatz zu heben. Als Goldschmied, als bildender Künstler lebt er diesem Kindestraum nach. Er sieht, wie im strömenden Metall des Flusses sich bald ein knabenhafter Leib, bald ein Nymphenwesen gestalten will, und ihn überkommt der Drang, diese Gestalten aus ihrem Werden und Entwerden ins Sein zu heben. Nicht um ihre Vielfalt geht es ihm dabei, sondern um das Wesenhafte, um das Wesen des Jünglings oder des Mädchens etwa,

34 Vgl. S. 68.
35 Vgl. das Gedicht »Weltgeheimnis« G 15.
36 P III 117, vgl. auch D IV 174.
37 G 29.

wie es in jenem atmend Unbewußten spürbar wird, das der Jugend ihr Gewinnendes gibt.

> Gebildet hab ich erst, wenn ichs vermocht,
> Vom großen Schwall das eine abzuschließen.
> In einem Leibe muß es mir gelingen,
> Das unaussprechlich Reiche auszudrücken,
> Das selige Insichgeschlossensein:
> Ein Wesen ists, woran wir uns entzücken! (306)

Im künstlichen Gebilde, das der bildende Künstler fertigt, erscheint das Seiende nicht so, wie es sich vorfindet, sondern in seiner Seiendheit, zu seiner Idee gebildet; dann ist aus der Natur ihr heimliches stilles Wesen, das sie nicht herzeigt, herausgerissen[38], der Zeit enthoben und in die Zeitlosigkeit gehoben: was schön ist, ruht nun selig in sich selbst. Die zeitlose Idee ist dem Künstler der Quell des Lebens; in seiner geheimen Nähe zu sein und dort zu trinken, wo keiner trank (307), ist seine Seligkeit.

Hofmannsthal macht in »Ad me ipsum« deutlich, daß von allen Glücklichen im »Kleinen Welttheater« der Wahnsinnige der höchsten Welt am vollsten teilhaftig sei[39], die andern hingegen nur unvollkommene Spiegelungen dieses Zustandes darstellten[40]. Die Unvollkommenheit des jungen Herrn, des Gärtners und des Dichters muß wohl darin erblickt werden, daß sie einseitig je nur Teile des vollen Zeitigungsphänomens repräsentieren; das Glücklichsein des Fremden ist dadurch eingeschränkt, daß er sich der Zeit gegenüberstellt und das, was der Mühe wert ist, als außerhalb der Zeit stehend betrachtet.

Da die Regieanmerkung nahelegt, den Fremden als Goldschmied aufzufassen, darf diese Figur im Zusammenhang mit Benvenuto Cellini gesehen werden, den Hofmannsthal des öftern nennt[41]. Im Aufsatz »Über Charaktere im Roman und im Drama« (1902) heißt es, der Künstler gleiche jenem Midas, unter dessen Händen alles zu Gold wurde; als Illustration dazu dient das Beispiel des größten Goldschmieds des sechzehnten Jahrhunderts. Daß Cellini noch auf der Schwelle des Todes die Vision einer Goldschmiedearbeit hatte, daß seine Träume aus keinem andern Material waren als aus dem, mit welchem seine Hände ein Kunst-

---

38 Vgl. A 228 und unsere Arbeit S. 29.
39 A 215.
40 A 223.
41 Dieser Zusammenhang ist überzeugend dargestellt bei Hans Ost, Ein Motiv Michelangelos bei Hofmannsthal, Euphorion, 59, 1965, S. 173—177.

werk zu schaffen vermochten, dies wird in auffallender Ambivalenz dargestellt: einerseits wird gesagt, der Himmel versüße ihm damit seine Agonie, andrerseits darauf aufmerksam gemacht, daß sich am Künstler der gleiche Fluch erfülle wie an Midas, nur auf eine unendlich subtilere Weise[42]. So ist auch hier wie im »Kleinen Welttheater« der Künstler der höchsten Welt teilhaftig und zugleich von ihr getrennt. Der Fluch besteht darin, daß das Werk des Künstlers, wiewohl es in seiner Idealität und in seiner Materialität — indem es nämlich ein Werk aus Marmor oder Gold ist — etwas von der ewigen Unverweslichkeit hat, dennoch nichts vom ewigen Leben in sich trägt.

Dem Künstler ist der Dichter entgegengesetzt: Hofmannsthal bezeichnet den Dichter als umgekehrten Midas; er erwecke zum Leben, was er an Erstarrtem berühre[43]; so stellt er ja auch im »Kleinen Welttheater« den Dichter dar. In den Aufsätzen über Gabriele d'Annunzio geht Hofmannsthal diesem Unterschied zwischen Dichter und Künstler nach; d'Annunzio sei in den Büchern vor dem Roman »Le Vergini delle Rocce« überhaupt kein Dichter, aber von der ersten Zeile an ein außerordentlicher Künstler[44]. Der Künstler stehe nicht im Leben, er finde »den Begriff des Schwebens über dem Leben als Regisseur und Zuschauer des großen Schauspiels verlockender als den des Darinstehens als mithandelnde Gestalt«[45]. Vielleicht ist man zur Annahme berechtigt, daß Hofmannsthal auch in Stefan George eher einen außerordentlichen Künstler als einen Dichter gesehen hat, schreibt er doch Ende 1891 über ihn die Verse ins Tagebuch:

Sein Auge bannt und fremd ist Stirn und Haar.
Von seinen Worten, den unscheinbar leisen,
geht eine Herrschaft aus und ein Verführen,
Er macht die leere Luft beengend kreisen
Und er kann töten, ohne zu berühren.[46]

Sich selber sieht Hofmannsthal im größten Gegensatz zu George, wenn er von sich sagt: »Mein Wesen gießt den Wein des jungen Lebens aus«[47]; George muß in seiner ganz andern Art für ihn ein Fremder, der sich im

---

42 P II 48.
43 Tagebuchnotiz vom 21. Oktober 1891: A 93.
44 P I 233.
45 P I 152.
46 A 94/5; G 502.
47 A 95.

Leben als Fremdling weiß, gewesen sein[48], so daß man wohl sagen darf, der Fremde im »Kleinen Welttheater« trage nicht nur Züge von Benvenuto Cellini und Gabriele d'Annunzio, sondern auch von Stefan George. Über Georges Gedichte sagt Hofmannsthal, in ihnen sei das Leben völlig gebändigt, so unterworfen, daß einem daraus eine unglaubliche Ruhe und die Kühle eines tiefen Tempels entgegenwehe[49]; die Gesinnung, die das Ganze durchwalte, sei: »dem Leben überlegen zu bleiben, . . ., mehr zu sein als die Erscheinungen«[50]; die Gedichte seien »bald über der Welt, bald wie im lautlosen Kern der Erde eingebohrt, immer fernab von den Wegen der Menschen«[51]. Das sind Sätze, die auch auf die Kunstauffassung des Fremden zutreffen: im Kunstwerk soll das Leben unterworfen werden, indem es aus Entstehen und Vergehen ins Sein übergeführt wird, ins Feste, darin sein Bestand gesichert ist. Im Fremden zeigt sich der Mensch als jenes Wesen, das sich die Dinge in bezug auf ihre Dingheit, auf ihre Idee vorstellt und sie so — und mit ihnen sich selbst — zur Unvergänglichkeit bildet, zu jenem Insichgeschlossensein, das Hofmannsthal bei George die »angeborene Königlichkeit eines sich selbst besitzenden Gemütes« nennt[52].

Dieser herrscherlichen Gebärde gegenüber, mit der jeder Mensch als Vernunftwesen sich des Lebens zu bemächtigen versucht, betont Hofmannsthal immer wieder das Dienen. In der Bereitschaft, den Tempelbezirk der Selbstbewahrung zu verlassen, auf die Straße zu gehen, »an unbekannter Schwelle ein neues Leben dienend hinzubringen«[53], trennt er sich von George. Er ist der Meinung, ein gutes Kunstwerk müsse in seinem Innern die tiefe Stille eines Tempels haben, in der die Geheimnisse des Lebens sich offenbarten; aber aus seinen hundert ehernen Toren müsse es den Leser ins Leben entlassen[54]. Dieses Leben sei durch sein bloßes oppressives unentrinnbares Dasein unendlich merkwürdiger und kräftiger

---

48 Vgl. dazu die »Aufschrift«, mit der George seine Gedichte »Pilgerfahrten« Hofmannsthal zueignete (Stefan George, Werke in zwei Bänden, München, 1958, I, 26):
      Also brach ich auf
      Und ein fremdling ward ich
      Und suchte einen
      Der mit mir trauerte
      Und keiner war
49 P I 243 (»Gedichte von Stefan George« 1896).
50 P I 246.
51 P I 249.
52 P I 250.
53 »Der Jüngling in der Landschaft« (1895 od. 1896) G 27.
54 A 128, vgl. D III 493.

als alles Künstliche. »Es hat eine fürchterliche betäubende Fülle und eine fürchterliche demoralisierende Öde. Mit diesen zwei Keulen schlägt es abwechselnd auf die Köpfe derer, die ihm nicht dienen. Die aber von Künstlichem zuerst herkommen, dienen ihm eben nicht.«[55]

Nun kommt aber der Fremde nicht vom Künstlichen her; darin unterscheidet er sich von Claudio, der kein Künstler ist und höchstens versteht, aber nicht selbst zu vollziehen vermag, wie das Bilderwerk der geschnitzten Truhe einmal, nämlich vom Künstler, gefühlt war, »gezeugt von zuckenden, lebendgen Launen, vom großen Meer emporgespült« und, wie der Fisch im Netz, von der Form gefangen. Im Künstler ist mit dem Sein, das als Idee in ausschließendem Gegensatz zum Werden begriffen wird, das Werden zusammengespannt. Der Fremde kommt nicht »von Künstlichem zuerst« her, sein Ausgangspunkt ist das Erlebnis des Flutens von Entstehen und Vergehen. Dieses Spiegelverhältnis von Sein und Werden macht, daß er zu den Glücklichen zählt, wogegen Claudio, der dieses Zusammen nicht kennt, ein Tor ist. Doch weil der Fremde dieses Sein über das Werden stellt und in ihm Wahrheit zu besitzen meint, ist er nur unvollkommen glücklich zu nennen.

Die sterbende Frau im Lied des Bänkelsängers ist dem Fremden entgegengesetzt: während es für ihn bezeichnend ist, daß er von der Höhe einer Brücke auf den Fluß hinabschaut, ist die Frau dadurch bestimmt, daß sie sich im Fluß treiben ließ.

> Das Ganze glitt so hin und hin
> Und ging als wie im Traum:
> Wie eines nach dem andern kam,
> Ich sterb und weiß es kaum!   (307)

In diesem Gleiten entgleitet ihr alles: nichts bleibt ihr als ein schwaches Erinnerungsbild des ersten Mannes und Müdigkeit, wenn sie sich des zweiten entsinnt; den dritten zu denken bringt ihr Scham, so daß sie am liebsten vergehen möchte. Hier ist das Thema der Vergänglichkeit aufgegriffen, wie es Hofmannsthal ein Jahr vor dem »Kleinen Welttheater« in seinen Terzinen angeschlagen hat:

> Dies ist ein Ding, das keiner voll aussinnt,
> Und viel zu grauenvoll, als daß man klage:
> Daß alles gleitet und vorüberrinnt.[56]

---

[55] P I 209. — Aus dieser Stelle spricht wiederum die manisch-depressive Antinomik, deren eine Seite in der Figur des Andrea, deren andere in der Figur des Claudio akzentuiert ist. Vgl. S. 46, Anm. 10.

[56] G 17.

Mit leeren Händen und leerem Kopf liegt die Frau auf dem Sterbebett, und während die Agonie Cellinis versüßt war durch die Vision einer Goldschmiedearbeit, hat sie kein Ding zu denken, das ihr frommt, nur die Reue und Trauer darüber, daß sie keines hat. Und damit ist doch etwas da, was ihr bleibt und dadurch dem Vergehen auch wiederum das Grauenvolle nimmt. So hat Hofmannsthal der Terzinengruppe »Über Vergänglichkeit« eine zweite angefügt, in der das Grauen getilgt ist. Mit den dort evozierten kleinen Mädchen, denen das Leben »still hinüber-fließt in Bäum und Gras«[57], hat die Frau eine gewisse Ähnlichkeit, ist ihr doch »zumut wie einem Kind, das abends kommt nach Haus« (307). Ins Bild dieser Frau zeichnen sich daher gegensätzliche Züge ein: sie ist alt und verbraucht, aber sie bekommt auch wieder etwas Kindhaftes; sie ist der Verlorenheit preisgegeben, dennoch regt sich in ihr ein Gefühl, als ob sie nach Hause kehre; alles Werden ist ihr zu einem Vergehen geworden, und doch scheint sich im äußersten Zerrinnen ein Bleibendes zu zeigen; es ist unsäglich qualvoll, daß alles dahingleitet, und ist gleich-wohl gut, weil es damit auch ein Ende nimmt. Das Lied von der sterben-den Frau drückt in einem dumpferen Medium jene Paradoxalität aus, die Brentanos »Geschichte vom braven Kasperl und dem schönen Annerl« in die Worte faßt: »O, was läge am ganzen Leben, wenns kein End nähme? Was läge am Leben, wenn es nicht ewig wäre?«[58]

Anders als die sterbende Frau ist das junge Mädchen noch ganz un-bestimmt und unbegrenzt, die Welt ist ihm groß und weit, und alles liegt für es noch in der Ferne; halbwach und träumend sieht es die Dinge wie durch einen Schleier als lauter Möglichkeiten: »Mir kann doch alles noch geschehn!« (308) Und wenn ihr junger Mund die dumme Meinung kund-tut, das Lied von der sterbenden Frau sei dumm, so ist er doch gesegnet mit dem Segen der Widerruflichkeit. Für dieses Mädchen bewegt sich die Zeit noch gar nicht in ihrer Einsinnigkeit, sie ist gleichsam noch nicht aus ihrem Quellgrund herausgetreten. In seinem Daseinsgefühl ist das Mädchen noch nie beirrt und sich selbst entfremdet worden, so daß es sich selbst suchen und finden müßte, seine Gedanken haben nichts Flie-hendes zum Stehen zu bringen und ins Sein zu gestalten, sein Glaube braucht nicht die Wiedergeburt zu ergreifen, da es noch nie sich selbst ab-gestorben ist. Diese Unbedürftigkeit ist sein Glücklichsein und zugleich

---

[57] G 18.
[58] Zitiert nach: »Deutsche Erzähler«, ausgewählt und eingeleitet von Hugo von Hofmannsthal, Leipzig 1912, Bd. III, S. 323/4.

seine Nichtigkeit; in dieser Weise gehört es der höchsten Welt an und ist dennoch von ihr getrennt.

Der Wahnsinnige, dem Hofmannsthal weitaus am meisten Text eingeräumt hat, ist der höchsten Welt, nach dem schon erwähnten Wort, am vollsten teilhaftig. Wie ist dies zu verstehen?

Er hat sich aller Sicherungen des Lebens entäußert. Als der Letzte eines reichen und mächtigen Geschlechtes ist er der Erbe, welcher lächelnd verschwendet und nicht zu erwerben denkt, was er von den Vätern ererbt. Er wirft das Gold mit beiden Händen zum Fenster hinaus und trennt sich leichten Herzens von den angehäuften Kunstschätzen. Was immer der Mensch zu besitzen strebt, weil es Dauer verspricht, ihm ist es wertlos, ist es leere Schale von genossenen Früchten (310), Kleid, das er von sich streift. Er ist eine Gegenfigur zu Jedermann, der erst im Sterben, wie er all dessen entkleidet wird, was er als zu ihm gehörig wähnte, zwischen Kern und Schale unterscheiden lernt. Der Wahnsinnige siedelt sich auch in der Freundschaft nicht an, sondern durchfliegt sie (310), er verfängt sich nicht in Liebesnetzen, nirgends schließt er sich ins Bleiben.

Inmitten all der Menschen, die er bezaubert und an sich zieht, ist er einsam, aber es ist ihm nicht darum zu tun, sich selbst zu bewahren. In ihm ist beisammen, was sich in seinen beiden Schwestern getrennt äußert: grenzenlose Hingabe und unendliche Einsamkeit.

> Er vereinigt in den süßen Lippen,
> In der strengen, himmelhellen Stirne
> Beider Schönheit —, in der einen Seele
> Trägt er beides: ungeheure Sehnsucht,
> Sich für ein Geliebtes zu vergeuden —
> Wieder königliche Einsamkeit.
> Beides kennend, überfliegt er beides. (310)

Er hält die extremsten Gegensätze zusammen, er umspannt das Unvereinbare: das Strömen der Empfindung und das Dastehen dessen, was ins Beständige gebildet ist, das Fluidum, das keine Temperatur zu kristallisieren vermag, und das Kristallisierte, das mehr zu sein glaubt als der Erscheinungen Flucht, das orgiastische Sichwegwerfen und die kühle Hoheit des sich selbst besitzenden Gemüts, kurz die gesamte vielfältige Antithetik, in der Hofmannsthal die Antinomie von Werden und Sein darstellt.

Thesen sind auf einen bestimmten Standpunkt gestellt, sie können vertreten und verstanden werden; ein solcher Standplatz läßt sich nur behaupten, indem die Antithese abgewehrt wird. Die schwankenden Wertungen, die den Leser bei Hofmannsthal zunächst verwirren und irritieren, ergeben sich aus der Verschiedenheit des jeweiligen Standortes. So erscheint von den Gedichten Georges her betrachtet die Hingabe ans Augenblickliche als lächerlich und zuchtlos[59], der Selbstbesitz als Königlichkeit[60]; und unvermittelt zeigt sich diese Selbstbewahrung als Hochmut, Torheit und Erstarrnis[61], die Hingabe dagegen als weise, da ja alles flüssig ist und nichts sich halten läßt. In diesem Hin und Her der Widersprüchlichkeit, in diesem Auf und Ab des Wertens und Entwertens sucht der junge Hofmannsthal die reine Ausgewogenheit, in der sich die Gegensätze die Waage halten.

In der Doppelgewichtigkeit liegt die Gerechtigkeit. Durch jede These ist das Recht der Antithese verletzt, im Widerruf der These bringt sich die Gerechtigkeit zur Geltung. Hofmannsthal sieht in jeder Darstellung eines Seienden schon Indiskretion, Verletzung eines Geheimnisses; es geht ihm darum, dieses primäre vitium durch eine Gegenwirkung zu sühnen[62], einen »Teil von dem Raub, den das Sprache gewordene Denken am Leben begeht«, diesem zurückzuerstatten[63]. So tritt zum Bilden von Begriffen das Auflösen hinzu, beides sind ihm heilige Arbeiten[64]. Er fragt sich, ob Shakespeare je eine Figur von verschiedenen Beobachtern ganz verschieden, eben ungerecht, habe charakterisieren lassen[65]. In solcher Weise, von unterschiedlichen Standpunkten her, haben Hebbel und Grillparzer einander ungerecht beurteilt; Hofmannsthal macht die beiden zu Gegengewichten, indem er sie als genaue Entsprechungen faßt: »Grillparzer und Hebbel mußten einander so hart verkennen, weil sie — beide über der Epoche stehend — zu ihr das entgegengesetzte Verhältnis nahmen. Hebbel, als der nördliche Deutsche, wollte sie geistig bewältigen und zur Erfüllung bringen, Grillparzer, als deutscher Orientale, sich ihr entwinden. Schließlich erschien dem Grillparzer Hebbel beinahe als Journalist, diesem jener als Dilettant.«[66] All die Gegensätze wie Leben und Tod, Tag und Nacht, Heute und Gestern sieht Hofmannsthal in derartiger Gleichgewichtigkeit[67]. Indem der Erbe den angehäuften Besitz verschwen-

---

59 P I 243.
60 P I 250.
61 P I 210.
62 A 61.
63 A 198.
64 A 104 (Tagebuch, Dezember 1893).
65 A 101 (Tagebuch, Mai 1893).
66 A 65.
67 A 208 (Tagebuch 1927).

det, bringt er wieder ins Gleiche, was als vitium der Sühne bedarf, und macht offenbar, daß der Mensch das, was er besitzt, zugleich auch nicht besitzt[68], wie denn ein »jedes Ding durch einen Doppelsinn, der sein Gegensinn ist, getragen« wird[69]. So lebt der Mensch sterbend, und lebend stirbt er (315), er ist gewesen nicht nur im Gestern, wenn er vergangen ist, sondern ist gewesen im Heute als Gegenwärtiger[70].

Dadurch daß der Wahnsinnige die Antithesen gleichgewichtig in sich trägt, gelangt er über sie hinaus. Sie sind nicht das Eigentliche, sondern das Fiktive, durch dessen gegenseitige Interpretation erst das entsteht, was der Mühe wert ist. Was aber hält denn eigentlich das Gegensätzliche zusammen?[71] Worin hat das Unvereinbare seine Einheit? Gründet es in der Tiefe in einem Gemeinsamen? Von diesen Fragen ist der Wahnsinnige geleitet, wenn er einen unerhörten Weg in den Kern des Lebens sucht (312), sich in jenen tiefen Brunnen hinabbückt, der das Weltgeheimnis weiß[72], und sich in den Abgrund hinabzulassen beginnt, dessen oberer Rand von den tiefsten Büchern des Paracelsus angeleuchtet wird (313). Auf diesem Weg tun sich ihm die Dinge auf, der Riesenblock von Porphyrgestein ebenso wie der Ahornstamm. Unaufhörlich tauscht er hohe Rede mit dem Kern und Wesen aller Dinge (313).

»Wesen« kann hier nicht die Idee meinen, nicht das, was die Baumheit des Baumes ist, was den Stein zum Stein macht; es hat hier eine andere Bedeutung als in der Auffassung des Fremden, dem es bei der Gestaltung einer Jünglingsfigur um das zu tun ist, was den Jüngling als Jüngling erscheinen läßt, nämlich um jenes Unbewußte, womit die Jugend über Seelen siegt. Das »Wesen aller Dinge« ist aber auch nicht das, was das einzelne Seiende als solches sichtbar und wahrnehmbar macht, es dem Erkennen zuordnet, die Idee der Ideen also, jene Ordnung, die überhaupt erst ermöglicht, daß Ideen dem Verstand vorstellbar und der Vernunft vernehmbar sind. Der Wahnsinnige fragt nicht nach dem, was das Seiende als Seiendes erscheinen läßt, er fragt nach dem Sein des Seienden; nicht nach dem, *was* am Porphyrblock in Kategorien wie Farbe, Gestalt, Dichte das Aussehen ausmacht, sondern nach dem »Ist«, das in jedem Seienden, Ahorn wie Porphyr, macht, daß es ist. Das Sein ist hier nicht ausgelegt als die Stille und Unbewegtheit der zeitlosen Idee, es ist ein Reigen (313), ein dröhnendes Kreisen, ein Wirbel (316). Die Bewegung

---

[68] A 148 (Tagebuch, September 1906).
[69] A 35.
[70] Vgl. dazu Martin Heidegger, Sein und Zeit, S. 381.
[71] Vgl. S. 69.
[72] »Weltgeheimnis« G 15.

dieses Reigens ist aber kein Heran und Vorbei und Entgegen wie bei einem Fluß. Was in den Wirbel gerissen ist, bleibt und schwebt (316). Das »Wesen aller Dinge« ist somit das Sein, aber nicht in dem Sinne, daß es den ausschließenden Gegensatz zum Werden, zum Entstehen und Vergehen, bildet, wie dies in »Gestern« und im »Tor und Tod« der Fall ist[73]. Vielmehr ist das, was gewöhnlich als fortlaufendes, wechselndes Werden gesehen wird, und das, was man im Gegensatz dazu als das unverrückbare, ständige Sein versteht, ein bloßes Abbild des ursprünglichen Sein-Werdens[74]. Jedes Gewirkte ist bloß ein solches Abbild des Eigentlichen, des Wirklichen (316); jedes Gewebe, sei es Palast oder Chorgesang, ist als ein Seiendes notwendigerweise vom Sein geschieden und vermag dieses nicht darzustellen; es tritt heraus, indem es das Sein als ursprüngliche Einheit von Sein und Werden zertrennt in den Gegensatz von Sein und Werden und damit sowohl Sein wie Werden abgrenzt und beschränkt und dadurch ihren Sinn verändert. Die volle Zwillingsnähe ist dann verschleiert (314), so daß nicht mehr begriffen werden kann, wie das Werdende seiend und das Seiende werdend ist, wie das Gegensätzliche gleich[75], das Getrennte nur *ein* Ding ist (314/5), wie Vergangenheit, Gegenwart und Zukunft ineinanderfließen[76], wie Dionysos und Hades derselbe ist[77], »ein lachender und tödlicher Gott«[78], »Doppelgänger seiner selbst«[79]. Daß der Wahnsinnige sich nicht im Seienden aufhalten will, daß er sich nicht damit begnügt, im Seienden die Nähe des Seins zu haben, sondern das Seiende als Schale des Seins wegreißt, um zum Sein selbst hinzugelangen, dies macht ihn zum Wahnsinnigen. Er bricht aus dem Dasein aus und sieht sich ins Sein verrückt als den, der gerufen ist, den ganzen Reigen

---

[73] Vgl. A 173: »Das Problem des Seins und Werdens. In ›Gestern‹, ›Tor und Tod‹ das Sein als Beharrendes dem Wechsel entgegengestellt.«

[74] »Abbild« darf hier nicht im platonischen Sinne aufgefaßt werden, denn in der platonischen Unterscheidung von Idee als Urbild und Seiendem als Abbild, das am Sein bloß teilhat, ist Sein schon ausgelegt als das bleibende Wassein, das jenseits von Entstehen und Vergehen ist, eine Auslegung, hinter die Hofmannsthal zurückgreift.

[75] A 36.

[76] In Hofmannsthals Exemplar von William James, The Varieties of Religious Experience (14. A. London 1907) findet sich in der Vorlesung über Mystik der Vermerk »Kl. W. Th. Der Wahnsinnige« am Rand der Stelle, die von seltenen psychischen Zuständen in der Narkose handelt, da Vergangenheit, Gegenwart und Zukunft ineinanderfließen. (Vgl. M. Hamburger, Hofmannsthals Bibliothek, Euphorion 55, 1961, S. 31.)

[77] Heraklit B 14; an dieses Heraklit-Fragment klingt die Stelle aus »Tor und Tod« an, wo es heißt, der Tod stamme aus des Dionysos Sippe. G 209.

[78] P I 102.

[79] D II 525.

als wiedergeborener Dionysos anzuführen (316). Damit wird das Auseinander von Göttern und Menschen rückgängig gemacht sein. Dem Tod vorgreifend, will sich die Seele, dieses unsichtbar im Menschen lebende Geisterwesen, in rauschhafter Hieromanie aus der beengenden Haft des Leibes befreien, um sich in die Gemeinschaft mit dem Göttlichen hinüberzuschwingen. »Wer die Kraft des Reigens kennet, wohnt in Gott; denn er weiß wie Liebe tödte.«[80]

Man darf die Figur des Wahnsinnigen nicht dahin mißverstehen, daß in ihr menschliche Vermessenheit und ihre Bestrafung dargestellt wäre[81]. Vielmehr ist hier am Menschen, den das Geschick zum Wahnsinnigen gemacht hat, ein Gesetz menschlichen Daseins verdeutlicht: Dasein ist immer auch über das Dasein hinaus, und nur deshalb kann es sich überhaupt als Da-sein fassen. »Ich bin schon kaum mehr hier!« (315) Dieses Wort ist für den Wahnsinnigen am tiefsten bezeichnend; vielleicht wird man darauf erst genügend aufmerksam, wenn man weiß, wie sehr sich Hofmannsthal zeitlebens mit der Frage: »Was heißt dies: ›wir sind da‹?«[82] beschäftigt hat, sei es, daß er sie vom uneigentlichen Dasein her angeht, von jenen Menschen her, die wie in Rollen reden und es geradezu dahin bringen, von sich selbst »fortwährend abwesend zu sein«[83], sei es, daß er sie in der Darstellung eigentlichen Daseins zu beantworten unternimmt, etwa in der Gestalt Sigismunds, dem er das Sterbewort zu sagen gibt: »Gebet Zeugnis, ich war da.«[84]

---

80 Ein Wort des Dschelal ed-Din Rumi, zit. nach Erwin Rohde, Psyche, Seelencult und Unsterblichkeitsglaube der Griechen, Freiburg i. B. und Leipzig 1894, S. 319. Es ist sehr wohl möglich, daß Hofmannsthal dieses Buch bereits kannte, als er das »Kleine Welttheater« schrieb. Er führt das Wort des persischen Mystikers am Schluß seines Aufsatzes über Oscar Wilde (»Sebastian Melmoth« 1905) an: »Wundervolles Wort des Dschellaledin Rumi, tiefer als alles: ›Wer die Gewalt des Reigens kennt, fürchtet nicht den Tod. Denn er weiß, daß Liebe tötet.‹« (P II 138) Vermutlich hat er es bei Rohde kennengelernt und zitiert es frei. Daß er Rohdes »Psyche« schon früher, und zwar bereits vor 1901, gelesen hat, geht daraus hervor, daß er bei der Arbeit an »Elektra« das Werk wieder zur Hand nahm und darin blätterte. (Vgl. den Brief an E. Hladny, Br. II, 384.)
81 Die Figur des Wahnsinnigen ist wohl vor allem Hölderlin, aber auch Nietzsche nachgebildet. Raoul Richter schenkte Hofmannsthal 1896 die zweibändige Hölderlin-Ausgabe von Gustav Schwab (Cotta, 1846) und schrieb außer der Widmung noch diese Verse hinein:
Wer Großes, Größtes will ersehn,
Der muß als Mensch zu Grunde gehn
Doch wollen wir ihn deshalb schelten? (Vgl. M. Hamburger, a. a. O. S. 23.)
82 Tagebuchnotiz vom Januar 1919: A 190.
83 »Eine Monographie« (1895): P I 229.
84 »Der Turm« D IV 207, 463.

Als einer, der kaum mehr da ist, macht der Wahnsinnige die Scheidung von Dasein und Sein, von Seiendem und Sein sichtbar, und zwar dadurch, daß er seinen Gott hinter der Maja, dem trüglichen Schleier der Erscheinungswelt suchen muß und ihn nicht in der Erscheinung geoffenbart erkennen kann[85]. Er findet das Sein nicht im Da-sein, er begegnet dem Sein nicht in dessen Heraustreten aus der Verborgenheit, im aufgehenden Erscheinen, sondern im Hingang in die Verborgenheit. Der Untergang, das Zerbrechen des gewirkten Werkes ist ihm das eigentliche Ja zum Sein. Zur Ordnung der Dinge, zum ganzen Reigen gehört nicht nur das, was die Dichter und die Erbauer der königlichen Paläste vom Ordnen verstehen (315), nämlich die Gliederung des Ungestalten in Rhythmen und Räume, es gehört mit dazu das Zurücknehmen und Zurückgeben all des dergestalt Hervorgetretenen und Währenden. Hölderlin spricht davon in den Worten:

> er selbst,
> Der Mensch, mit eigner Hand zerbrach, die
> Hohen zu ehren, sein Werk, der Künstler.[86]

Der Wahnsinnige ist der höchsten Welt am vollkommensten teilhaftig, weil es ihm in seinem Dasein um das Sein zu tun ist, um jenes Sein, das sich jeder Auslegung entzieht und daher auch nicht platonisch als Idee dem Werden entgegengesetzt werden kann. Daß Hofmannsthal dies an der Figur eines Wahnsinnigen zeigt, will nicht sagen, daß man ver-rückt sein müsse, damit sich Sein eröffne, sowenig man erst ein Sterbender sein muß wie Claudio, um den Tod als Offenbarer des Lebens zu sehen, sowenig man Dichter sein muß, um sich das Gewesene wiederholend zu überliefern, oder Künstler, um sich, das Land der Idee mit der Seele suchend, in der Welt der Erscheinungen als Fremdling zu wissen. Von der Poesie führt kein direkter Weg ins Leben. Die Figuren des »Kleinen Welttheaters« sind keine Porträts lebendiger Gestalten, mit denen die Welt bevölkert ist, sie sind Gleichnisse des Menschen, sie stellen in ihrem Zusammenhang *den* Menschen dar und umreißen in verschiedenen Akzentuierungen Dasein: sie spiegeln die Welt, als die der Mensch da ist, und in diesem Sinne ist das Spiel Welttheater, darin sich jeder Zuschauer als Ich-bin-da erkennen kann.

---

85 P I 28.
86 »Stimme des Volks«, Zweite Fassung, Text der Stuttgarter Ausgabe.

Der Abenteurer und die Sängerin

Die Grundprobleme von Sein und Werden, Zeitlosigkeit und Zeitigung, wie sie in den vier frühesten Spielen Hofmannsthals nachgewiesen
und herausgearbeitet worden sind, bestimmen auch das ganze übrige
Schaffen des Dichters. Darum haben die einzelnen Werke alle einen
genauen Bezug zueinander. Sie sind wie die bunten Steine eines Kaleido-
skops, die einem strengen Zwang der Konstellation unterliegen, die aber
in den verschiedensten Konfigurationen bald weiter auseinander-, bald
näher zusammenrücken. Solchermaßen gehören das 1898 publizierte Spiel
»Der Abenteurer und die Sängerin« und das Drama »Das Bergwerk zu
Falun«, entstanden 1899, enger zusammen. In beiden Stücken ist das
Problem der Kunst ein entscheidendes Motiv, und beide weisen in deutlicher Entsprechung auf einen umfassenderen Zusammenhang.

Vittorias Gesangskunst hat ihren Ursprung im tiefen Schmerz, den sie
durchlitt, als ihr Geliebter Antonio, nachdem sie sich ihm als Sechzehnjährige hingegeben, sie über alle Maßen achtlos verließ. Seither fühlt sie
sich ausgehöhlt. In der »Höhle der Schmerzen«[1] wohnt sie, eine lebendig
Begrabene, wie in einer Gruft (266)[2]. Ihr Inneres ist leer, ein Raum des
Nichts. Aber dieser Raum ist ein Resonanzraum geworden: aus ihm und
nur dank ihm ertönt ihre Stimme[3]. Sie ist ganz Stimme, ganz Musik
geworden:

Dies ist mein Alles, ich bin ausgehöhlt
wie der gewölbte Leib von einer Laute,
das Nichts, das eine Welt von Träumen herbergt. (209)

Wenn Vittoria singt, schwingt ihre Seele die Flügel aus, um den Geliebten
zu suchen (266), und ruft ihn aus der Luft herbei.

Es wurden Inseln in der Luft, auf denen
du lagest, wenn ich sang. (210)

---

[1] A 225.
[2] »Der Abenteurer und die Sängerin« im Band »Dramen I« S. 159–272.
[3] Vgl. dazu auch P II 150.

Und als Stimme, als »Kind der Luft« (209), ist sie wieder mit dem Geliebten, wie er nun, zu einem Wesen aus Hauch geworden, als ein Luftgebilde anwest, in Seligkeit vereint.

Das Erinnerungsbild, das Vittoria immer wieder reproduziert, steht ihr nicht gegenüber als das Vergangene, vielmehr ist das Glück ihrer Liebe traumhaft wiederhergestellt und gegenwärtig: »Ich sang, da warst du da, ich weiß nicht wie.« (210) Das Erinnerungsbild ist in ein Traumbild verwandelt. Man könnte nicht sagen, singend denke Vittoria zurück und sei sich ihrer selbst bewußt als die, die zurückdenkt; vielmehr hat sie sich in völliger Selbstvergessenheit verloren und in das schwebende Wesen eines Traums verflüchtigt. So gilt von der Sängerin das Shakespearewort, das Hofmannsthal in den »Terzinen« aufgreift: »Wir sind aus solchem Zeug wie das zu Träumen.«[4] Im wachen Traum ihres Gesangs sind die Träumende und das Geträumte eins, und diesem Einssein ist, solang der Gesang währt, nichts von »So war es einst« beigemischt und auch nichts von »So ist es wieder«. Vittorias Liebe ist gestorben, aber die tote Liebe ist, in Kunst sublimiert, als Musik wieder erstanden; sie ist in ihrer Leibesgestalt zunichte geworden und in ein Geisterwesen übergegangen.

Dieser Übergang hat die Schwere ins Schwebende, die Erscheinung ins Unsichtbare verwandelt. Die Dinge werden nicht mehr dargestellt, zum Erscheinen gebracht, sondern evoziert; sie sollen – mit Rilke zu sprechen – »ganz im unsichtbarn Herzen« verwandelt werden und »unsichtbar in uns erstehn«[5].

Wahrhaftig, wo wir lieben, schaffen wir
solch eine unsichtbare Zauberinsel,
die schwebt, mit selig unbeschwerten Gärten,
schwebenden Abgründen. (240)

Der Abgrund der tiefsten Schmerzen, der in ihrer Stimme schwebt (209), reißt nicht mehr in den Sturz hinein; selig ruht es sich auf den Gipfeln der höchsten Wonne. Das hinunterziehend Schwere ist emporgehoben und aufgehoben: nicht getilgt, sondern aufbewahrt, aber aufbewahrt nicht als der dunkle Schmerz, sondern als der geläuterte. Was ins Unsichtbare umgeschaffen ist, kann sich nicht mehr entziehen, es ist nicht anwesend in der Weise, daß es auch abwesen kann; es ist ständig da, schlafend und träumend, wie die Musik in den Instrumenten schläft und träumend im Klang sich regt.

---

[4] G 18.
[5] Duineser Elegien, Die neunte Elegie: Sämtliche Werke, hg. v. Ernst Zinn, Bd. I, Wiesbaden 1955, S. 719 u. 720.

Von Vittoria, der gefeierten Sängerin der venezianischen Oper, sagen die Leute, daß sich, wenn sie singe, zwei Bäche mischen: der mit goldenem Wasser, der des Vergessens, und der silberne, der selige Erinnerung bringt (209). Beim Klang ihrer Stimme ist ihnen, als hätten sie vom Lethestrom getrunken und alles vergessen und als hätte sich ihnen das Vergessene wiederum in selige Erinnerung verklärt; selig aber ist die Erinnerung, wenn sie nicht ein Verlorenes festhält, sondern das Verlorene zum allezeit Möglichen verwandelt, wenn sie Traum geworden ist. Vittorias Stimme spricht in den Zuhörern jenes Wesen an, welches im Menschen schläft und sich träumend aus ihm emporschwingt; sie bewirkt, was das Leben an Vittoria selbst gewirkt hat:

Das Leben spinnt das Beste unsrer Seele
aus uns hinaus und spinnt es still hinüber
auf andere unschuldigre Geschöpfe
wie Bäume, Blumen, solche Instrumente,
in denen lebt es dann und altert nicht. (240)

Jenes Wesen ist, weil es schlafend und träumend lebt, ewig jung. Hofmannsthal nennt es bald Seele: »die Seele hat kein Alter« (261), bald »das Beste unsrer Seele« (240), bald ist es in die Nähe zu Geist gerückt: »dies Ding, das ich so: *meine* Stimme nenne, / wie einer traumhaft sagt: *mein* guter Geist!« (210) So ist es ein Etwas, das in der ausgehöhlten leeren Seele frei wird und träumend unterwegs ist, Geist zu werden.

Die Sängerin Vittoria ist nun aber ins seltsam Zwielichtige gestellt. Ihre Alterslosigkeit erscheint im Wunder ihrer Stimme als etwas Göttliches und ist zugleich wie der Bann eines bösen Zauberers. Vittoria scheint jung bleiben zu dürfen, nicht altern zu müssen, aber es ist auch so, daß sie nicht alt werden kann, sondern jung bleiben muß[6].

Mir ist, ich hab, in dieser Stadt,
wo keine Gärten sind, nur Stein und Wasser,
nicht altern können, nicht wie andre altern. (208)

Sie sieht viel jünger aus, als sie ist; sie kann ihren nunmehr siebzehnjährigen Sohn Cesarino, das Kind Antonios, als ihren Bruder ausgeben, obschon sie doppelt so alt ist wie er; niemand kennt ihr wirkliches Alter (249), auch ihr Gatte Lorenzo Venier nicht, dem sie, um sich etwas

---

6 Vgl. Kierkegaard, Entweder/Oder II, 92: »Es liegt einige Wehmut in dem Gefühl, daß man älter wird, jedoch eine weit tiefere Wehmut ergreift einen, wenn man es nicht zu werden vermag.«

jünger zu machen, als er ist, und um ihm plausibel zu machen, daß sie Cesarinos Schwester ist, einfach sieben Jahre unterschlägt. So schwimmt sie, wie sie selber sagt, auf einer großen Lüge durchs Leben (249). Ihr Gatte ist durch ein Geheimnis, an dem er keinen Anteil hat, von ihr getrennt: ihre Ehe ist keine Ehe, weil Mann und Frau einander angehören und doch nicht eins sein können (228). Ihr Sohn sagt »Schwester« zu ihr und findet dieses Wort, nicht »Mutter«, das schönste Wort im Leben (245): ihre Mutterschaft ist keine Mutterschaft, weil Mutter und Sohn, obwohl miteinander vereint, einander nicht kennen dürfen.

So steh ich selber mir im Licht und muß
zwiesäftige Früchte essen, deren Fleisch
halb süß, halb bitter schmeckt. Wie gleicht dies Träumen!   (246)

Der Lauf des Spiels stellt die Wendung dar, mit der Vittoria sich selber aus dem Licht geht, sich dem Licht freigibt. Die Wende wird durch die Rückkehr ihres Geliebten in Gang gebracht.

Antonio ist bald nach dem Abenteuer mit Vittoria, wohl infolge einer Liebesaffäre mit einer hochgestellten Dame, vielleicht der schönen Frau des Prokurators Manin (163), der Inquisition angezeigt und in den Bleikammern eingekerkert worden; in verwegener Flucht ist es ihm jedoch gelungen, zu entspringen und aus Venedig zu entkommen; nach mehr als fünfzehn Jahren kehrt er nun unter dem Namen Baron Weidenstamm zurück. Hineinspringen und entspringen: dies kennzeichnet ihn aufs genaueste. Nichts bedenken, keinen Augenblick überlegen (162), imstande sein, um einer Frau willen, die er im Vorübergehen gesehen hat, die größten Torheiten zu begehen, ist ihm ebenso eigentümlich, wie er sich auf die Kunst, zu enden (269), etwas hinter sich zu lassen, auf und davon zu gehen, versteht. Er ist stets auf dem Sprung, die Göttin Gelegenheit, die flatternde, beim Schopf zu fassen (257), er ist immer bereit, auf die rollende Kugel des Glücks zu springen[7], um eines Atemzuges Frist auf ihr zu stehen, bevor er wieder rechtzeitig herunterspringt (257). So hat sein Leben etwas ständig Erregtes und unaufhörlich Bewegtes; er will andauernd berauscht sein, und die schönste Trunkenheit sieht er in der Hast (256). Es ist, als ob er gleich ins Dunkel versinken müßte, wenn die Sprungkraft nachließe. Am besten zu beschreiben ist er wohl mit den Worten, die Kierkegaard über Don Juan gesagt hat: »Gleich wie ein Stein, den man so wirft, daß er die Wasserfläche flüchtig schneidet, eine

---

[7] Vgl. »Der weiße Fächer« G 252.

Weile in leichten Sprüngen darüber hinhüpfen kann, wohingegen er in dem Augenblick, da er aufhört zu springen, alsogleich im Abgrund versinkt, ebenso tanzt Don Juan über den Abgrund hin, jauchzend in der ihm zugemessenen kurzen Frist.«[8]

---

[8] Entweder/Oder I, 140.
Immer wieder zeigt es sich, daß Kierkegaard wichtige Zugänge zum »Abenteurer« zu eröffnen vermag. Es wäre zu fragen, ob Hofmannsthal tatsächlich schon zur Zeit der Abfassung dieses Stücks Kierkegaard gelesen hat. Darüber ließe sich, solange nicht datierte oder datierbare Zeugnisse dafür bekannt werden, nur durch einen Indizienbeweis etwas ausmachen; ein solcher kann natürlich im Rahmen dieser Arbeit nicht geführt werden. Hofmannsthal besaß verschiedene Werke Kierkegaards. Michael Hamburger, der Hofmannsthals Bibliothek untersucht hat, erwähnt deren drei: »Stadien auf dem Lebenswege«, übersetzt von A. Bärthold, Leipzig 1886, »Zur Psychologie der Sünde, der Bekehrung und des Glaubens«, übersetzt von Ch. Schrempf, Leipzig 1890, (unter diesem vom Übersetzer erfundenen Titel sind zwei Schriften vereinigt: »Der Begriff Angst« und »Philosophische Brocken«), und »Das Tagebuch des Verführers«, übersetzt von M. Dauthendey, Leipzig 1903. Daß diese Werke Hofmannsthal sehr wichtig waren, erhellt aus der Tatsache, daß er sich darin viele Stellen angestrichen hat und daß sich in den »Stadien« zahlreiche Notizen zum »Schwierigen« fanden. Hamburger ist der Auffassung, »daß wenige Denker auf Hofmannsthal entscheidender eingewirkt haben« als Kierkegaard (a. a. O. S. 71). — Es ist durchaus möglich, daß Hofmannsthal weitere Werke von Kierkegaard besaß; der Bücherbestand war zur Zeit der Untersuchung Hamburgers erheblich vermindert, viele Bücher waren beim Löschen eines durch Bombenangriff verursachten Brandes vom Wasser zugrunde gerichtet worden. Jedenfalls hat Hofmannsthal noch andere Schriften Kierkegaards gelesen. Eine Tagebuchnotiz (A 141) erweist seine Kenntnis der 1905 erschienenen Auswahl von Kierkegaards Tagebüchern: »Das Buch des Richters«, übersetzt von Ch. Schrempf. Im Jahre 1904 fragt er Schnitzler an, ob er »Entweder/Oder« besitze und ihm leihen könne (Brief vom 27. September, dazu Schnitzlers positive Antwort vom 2. Oktober). Es ist nicht ausgeschlossen, daß er dieses Werk (in der Übersetzung von A. Michelsen und O. Gleis, Leipzig 1885) schon früher gelesen hat; die deutlichen Parallelen dazu, die sich im »Abenteurer« nachweisen lassen, machen dies sogar wahrscheinlich. Daß Hofmannsthal die »Stadien« wohl schon 1895 gekannt hat, dafür gibt es ein sehr auffälliges Indiz: Siehe S. 123, Anm. 38.
Die Frage nach Hofmannsthals Kierkegaard-Lektüre verfolgt nicht das Ziel, dem Dichter eine Abhängigkeit nachzurechnen; auch wenn ein direkter Einfluß angenommen werden muß, bleibt ja immer noch zu fragen, warum sich Hofmannsthal gerade dieser Einwirkung geöffnet habe. Es geht vielmehr um die Frage, inwiefern es berechtigt ist, für die Erörterung des Dramas »Der Abenteurer und die Sängerin« Kierkegaard heranzuziehen. Die Antwort darauf wird freilich in erster Linie von der Ergiebigkeit dieses Vorgehens und der Stimmigkeit der Ergebnisse abhängen.
Mit Formulierungen aus »Entweder/Oder«, die allerdings nie als von Kierkegaard stammend gekennzeichnet werden und vermutlich aus zweiter Hand sind (aus Walther Rehm, Kierkegaard und der Verführer, München 1949), sucht Grether die Figur des Abenteurers zu beschreiben: »dämonische Verschlossenheit«, »antipathische Egozentriertheit«, »sympathetisch-verführerische Kraft«, »unmittelbare

Hofmannsthal hat die Figur des Abenteurers, angeregt durch Casanovas Memoiren, aus der Hauptperson seiner Studie »Gestern« entwik-
kelt[9]: Weidenstamm und Andrea gleichen einander in der Spontaneität,
im dahinstürmenden Antrieb, der immer nur das Voran ins Auge faßt,
im Sprunghaften, das die Zeit zu einer Reihe diskontinuierlicher Momente
macht. »Der Abenteurer ist Andrea der Wechselnde«, notierte sich Hofmannsthal[10]. Freilich, Weidenstamm ist viel älter als Andrea; die Spontaneität hat bei ihm etwas Hastiges bekommen, und das Hinreißende hat
viel von der ursprünglichen Kraft eingebüßt. Weidenstamm spielt vor
sich selbst Antonio, schminkt sich den Jüngling, der er war, auf[11]. Der
frühere Weidenstamm ist in seinem Sohn Cesarino gespiegelt[12], der, sieb-
zehn Jahre alt, »noch halb ein Kind« (245), hinwiederum jünger ist als
Andrea. Das Sieghafte der Jugend liegt in ungebrochenem Glanz auf ihm.

Er meint, daß ihm die Welt gehört. Wenn er
zu Wagen oder Schiff in einer Stadt
ankommt, so rollt er seinen Blick umher,
ganz wie der Söldnerführer, der die Stadt
erobert hat und die Brandschatzung abhält
und mit den Augen, stärker als Magnete,
versteckte Frauen und vergrabne Schätze
aus allen Winkeln an sich ziehen will.   (244)

---

erotische Genialität«, »Wechselwirtschaft« (Ewald Grether, Die Abenteurergestalt
bei Hugo von Hofmannsthal, in: Euphorion 48 [1954], S. 179, 182, 202). Daß
Grether den Abenteurer zum Prototyp des Dichters hat machen können, geht im
wesentlichen auf den kaum zu haltenden Ansatzpunkt in Rehms Kierkegaard-
buch zurück. Dieser Ansatzpunkt ist da am deutlichsten erkennbar, wo Rehm
behauptet, bei Kierkegaards Äußerungen über sich selbst in den Schriften »Der
Gesichtspunkt für meine Wirksamkeit als Schriftsteller«, »Über meine Wirksamkeit als Schriftsteller« und »Zur Selbstprüfung der Gegenwart empfohlen«
handle es sich um eine Umdeutung seines bisherigen Lebenswerks (S. 353). Damit
löst Rehm die ästhetischen Schriften Kierkegaards aus ihrem Zusammenhang mit
dem Religiösen. Kierkegaard erscheint dann nicht als religiöser Schriftsteller,
sondern als Dichter mit der Wesensart des Abenteurers.

9 Daß Andrea als Vorläufer der späteren Abenteurerfiguren gelten müsse, hat schon
William Rey hervorgehoben: »Dichter und Abenteurer bei Hugo von Hofmannsthal«, in: Euphorion 49 (1955), S. 58.
10 A 223.
11 Vgl. Hofmannsthals Äußerungen über Jaffier im »Geretteten Venedig«: »Ich
meine, man müßte fühlen, daß Jaffier vor sich selbst diesen Jaffier [gemeint ist
der »frühere«, »leichte«, »halbwegs glänzende Jaffier«] spielt, ihn sich auf·
schminkt.« Brief an Otto Brahm, 1904, Br. II, 183.
12 Vgl. A 219.

Ein Zauber ist mit ihm, der ihm Zugang zu allem verschafft. Er hat jene Leichtigkeit, von der getragen zu sein für Weidenstamm bloß noch ein vergeblicher Wunsch ist: dem Jüngling Cesarino sind, ohne daß er es wüßte, jene Flügel an den Fuß gebunden, in deren Besitz sich Weidenstamm trüglich wähnt (256). Es ist überaus bezeichnend, wie Cesarino die größte Lust beim Reisen in der Schnelligkeit sieht, wie hingegen für Weidenstamm das Mühelose der Schnelligkeit in das Angestrengte der Hast verändert ist (256).

Diese zauberische Beweglichkeit ist das Wesen der Musik. Von Cesarino sagt seine Mutter, er mache aus allem, was er anrühre, Musik (261). Dasein ist ihm das Tönende: die Folge der Klänge von Moment zu Moment. Musik ist ihm der unmittelbare Ausdruck; Sprache kommt hinterher als das, was ihn dem Element der Musik zu entreißen droht[13]. Er möchte am liebsten ohne Worte auskommen können:

O laßt die Worte weg, sie sind Harpyen,
die Ekel auf des Lebens Blüten streun! (261)

Was sich in Worte fassen läßt, ist nicht das Unmittelbare, wie es sich in der Musik ausdrückt, sondern das, was das Unmittelbare zunichte macht[14]. Die Sprache zertrennt in Gegensätze und setzt dadurch das Bestimmte, Cesarino aber möchte im Unbestimmten bleiben. An Hermann Bahr schreibt Hofmannsthal 1896: »Das Reifwerden besteht darin, daß man bestimmt wird. Das Vage ist das Jugendliche.«[15] Wenn Cesarino redet, ist noch viel von dieser Unbestimmtheit in seinen Worten. Alles ist noch widerrufbar, es gibt für ihn noch nichts, was nicht wieder gutzumachen wäre.

---

13 Vgl. dazu Kierkegaard, Entweder/Oder I:
»Verlangt nun diese sinnlich-erotische Genialität in aller ihrer Unmittelbarkeit nach einem Ausdruck, so fragt es sich, welches Medium dazu sich eigne.« »In ihrer Unmittelbarkeit kann sie allein in der Musik ausgedrückt werden.« (S. 68) »Die Musik drückt ... stets das Unmittelbare in seiner Unmittelbarkeit aus.« »In der Sprache liegt die Reflexion, und daher vermag die Sprache das Unmittelbare nicht auszusagen. Die Reflexion tötet das Unmittelbare.« (S. 74)
14 Vgl. S. 64.
15 Br. I, 200. — Auch diese Briefstelle enthält einen Anklang an Entweder/Oder. Vgl. z. B. I, 74: »Das Unmittelbare ist nämlich das Unbestimmbare, deshalb kann die Sprache es nicht fassen; daß es aber das Unbestimmbare ist, ist nicht seine Vollkommenheit, sondern ein Mangel an ihm.« Kierkegaard setzt sich hier, wie in der ganzen Abhandlung über Don Juan, mit dem Hegelschen Begriff der Unmittelbarkeit auseinander, um ihn einzugrenzen. Vgl. auch diese Arbeit S. 54.

Er ist noch halb ein Kind, und seine Zunge
ist wie der Speer des Halbgotts, dessen Spitze
die tiefsten Wunden schlug und wieder heilte.[16]   (245)

Die Dinge sind bei ihm in der Schwebe. Er nennt die Tänzerin Marfisa
bald Ariadne und bald Circe; wenn er sie Ariadne nennt, heuchelt er
nicht, er meint es wirklich, aber er sagt es so, als ob er es nicht meinte;
und wenn er sie Circe nennt, meint er es nicht wirklich, aber er sagt es
so, als ob er es meinte, und in solchem Als-ob drückt sich nicht etwa Absichtlichkeit aus, sondern Unbestimmtheit[17]. Die, die er meint, ist namenlos, so kann er sie mit allen Namen, Marfisa und Ariadne und Circe und
Atalanta, nennen. Wird er nicht unaufhaltsam durch alle die Frauen, die
ihm begegnen, hindurchstürmen müssen und nirgendwo finden, was er
überall sucht? Oder wird ihn etwas zum Stehen bringen können? Einzig
die Liebe vermöchte es, ihn aufzuhalten (245); in der Liebe schlösse der
eine Name der Geliebten alle Namen in sich. Für Cesarino jedoch gibt es
erst das Glänzende, das in den Vielen allen aufglänzt und noch nicht
getauft und bei dem einen bestimmten Namen zu nennen ist, das höchstens für einen Augenblick in einen beliebigen Namen gekleidet ist (260).

Während dem Jüngling Cesarino alles, was er anrührt, zu Musik
wird, macht Weidenstamm aus allem Worte; was ursprünglich in Tönen
fort und fort erklingt und mitreißt, ist in Rede gewandelt, mit welcher
der beredte Weidenstamm durch alles dahinfährt und jeden überfährt,
in Überredungskunst also, die das Wort als Vehikel benützt und ver-
nützt, um dorthin zu gelangen, wo wieder, wie ehedem, Musik beginnen
könnte. Kennzeichnend für diesen Gegensatz ist, daß Cesarino die vielen
Stimmen der Palestrinamesse im Ohr hat und aus dem Gedächtnis aufschreiben kann (261), wogegen Weidenstamm vergeblich versucht, eine
Melodie, die Vittoria gesungen hat, zusammenzubringen (165). Musik,
für Cesarino die Luft, in der er atmet, ist für Weidenstamm nicht das
Medium, in dem er sich auf selbstverständliche Weise bewegen kann; er
gehört dem Bereich der Sprache an und untersteht daher, anders als Ce-

---

[16] Anspielung auf die Sage, nach der Telephos von Achill verwundet wurde und
erst genas, als man Rost von Achills Speer auf seine Wunde legte.

[17] Marfisa sieht diese Dinge in den für sie bezeichnenden Kategorien Heuchelei
und Lüge und verfälscht sie damit:
Er sagt aus Heuchelei das, was er meint,
und deckt es damit besser als mit Lügen.   (235)

sarino, ethischen Kategorien: was bei Cesarino als beflügelter leichter Sinn erscheint, stellt sich bei Weidenstamm als Leichtsinn, als Frivolität dar[18].

Leichtigkeit als Wesensart: steht da nicht Hermes im Hintergrund, der in seiner geflügelten Leichtigkeit frei Schweifende und aller Wege Kundige, der mit Zauberkraft Begabte, der Erfinder der Leier, der Gott der Überredungskunst? Was ihm auch sonst noch zugeschrieben wird, alles findet sich in den beiden Figuren: Sie haben jenes Listige (235) an sich, das, ein Wesenszug des Lebens, uns alle überlistet (230), das in Cesarino das unbewußt Verführerische ist und in Weidenstamm sich bis zur Falschspielerei (188) vergröbert hat; Weidenstamm ist der Dieb, der Lorenzo den Schlüssel zur geheimsten Kammer seines Glücks gestohlen hat und nicht zu fassen ist (185, 201); wie die Römer dem Merkur zu den überkommenen Attributen den Geldbeutel hinzugaben, stellt Hofmannsthal Weidenstamm mit einer kunstvollen und reichgefüllten Börse dar (259), Cesarino hinwiederum läßt er auf den aus Brabant und der Levante gekommenen Schiffen ein Kleid für Marfisa erhandeln (261); sogar an die Geburt des Hermes, den die von Zeus besuchte Nymphe Maia zur Welt brachte, ist ein Anklang da, wenn Weidenstamm in den Perlen, die ihm der Inbegriff des Lebens sind, Kinder der Meeresnymphen sieht (195); wie Hermes, der das Feuerreiben erfunden, durch die Flamme dem höchsten Gott verbündet ist (vgl. 271), so tragen auch diese zwei Figuren Hofmannsthals das Feurige in sich und entfachen überall Feuer: vom wilden Feuer Cesarinos sind alle bestrahlt (249), es ist, als ob er den Werken aller Menschen Liebreiz und Glanz verleihe[19], wogegen Weidenstamm einer ist, der das Feuer in seinem Blut nicht bändigen kann (204, vgl. auch 203, 271), mit tausend Armen nach allen Freuden greift und verzehrt, was er erfaßt.

Der Abenteurer, den Hofmannsthal als »mythische Figur«[20] sieht, und zwar, wie eben nachgewiesen, als eine auf Hermes hindeutende Figur, wird in »Ad me ipsum« definiert als »jener die Totalität umfassende, umarmende Geist — in die Sphäre des Lebens gefallen: der Zeit und den verändernden Gewalten ausgeliefert«[21]. Daraus folgt, daß der Abenteurer nicht einfach als Typus in seinem bestimmten und feststellbaren So-sein beschrieben werden kann, sondern nur als der, welcher sich in

---

[18] Seine Frivolität, in den Abenteuern mit Frauen am augenfälligsten, äußert sich auch als Großsprecherei, wenn er Salaino rät, die Schwester ins Freudenhaus zu bringen und den Bruder als Kastraten zu verkaufen. (178)
[19] Diese Fähigkeit wird ebenfalls Hermes zugeschrieben: Odyssee 15, 319.
[20] A 240.
[21] A 221.

der Zeit verändert und darum als Fünfzigjähriger nicht mehr derselbe ist wie als Jüngling. Cesarino ist noch kaum der Zeit ausgeliefert, er lebt noch fast ganz in jenem die Kindheit kennzeichnenden Augenblick, der in sich ewig ist, er ist in seiner Jugendlichkeit alterslos und lebt im Gefühl, unsterblich zu sein, und wenn dies auch ein täuschender Schein ist, so erglänzt darin doch etwas von göttlicher Unsterblichkeit, so daß das Scheinhafte ewiger Jugend nicht bloßer Anschein ist. Weidenstamm dagegen ist so sehr der Zeit ausgesetzt, daß er sich gegen sie zur Wehr setzen muß: er will nicht altern, er sucht mit Hilfe von Salben, ähnlich Goethes Mann von fünfzig Jahren, die Spuren der Zeit zu tilgen (217, 223), und strengt sich an, mit Fechtübungen — auch dies steht unter dem Zeichen des Hermes — seine jugendliche Geschmeidigkeit zu erhalten (218). Er lebt unter dem Eindruck, daß die Zeit das Entschwindende ist, er bemüht sich, keinen Tag zu verlieren (253), während Cesarino aus unerschöpflich scheinender Fülle nur immer Tag um Tag gewinnt und sich frei — denn überall öffnen sich ihm Wege ins Grenzenlose — im Unendlichen zu bewegen meint. Weidenstamms »Alterslosigkeit« ist vorgetäuscht, nichts als Anschein, Karikatur jugendlicher Alterslosigkeit; in ein paar Jahren wird Weidenstamm das Widerliche eines jungen Greises zu haben beginnen und vollends die Gegenfigur zum greisen Kind, welches Lorenzo Venier war (224), abgeben[22].

Cesarino hat das »atmend Unbewußte, womit die Jugend über Seelen siegt«[23]; Sinnlichkeit ist bei ihm noch seelenvoll, das Begehren ist soeben erwacht und geht auf Entdeckungsfahrten aus, ohne im eigentlichen Sinne zu begehren, sondern erst suchend, was es begehren könnte[24].

---

[22] Vgl. das Wort aus dem »Buch der Freunde«: »Altkluge Kinder und unreife Greise sind in gewissen Weltzuständen genug da.« A 21.

[23] »Das kleine Welttheater« G 307.

[24] Vgl. Kierkegaard, Entweder/Oder, I, 86. — Octavian im »Rosenkavalier« repräsentiert dazu ein früheres Stadium; Emil Staiger hat denn auch in bezug auf Octavian jene Sätze Kierkegaards herangezogen, die den Pagen im »Figaro« charakterisieren. (Emil Staiger, Betrachtungen zum »Rosenkavalier«, in: Musik und Dichtung, 3. Aufl., Zürich 1966, S. 97).
Kierkegaard beschreibt drei Stadien der sinnlichen Genialität, die sich ihm als Cherubin, Papageno und Don Juan darstellen. Im ersten Stadium könne das Begehren keinen Gegenstand bekommen, weil es ohne begehrt zu haben im Besitze seines Gegenstandes sei und deshalb nicht dazu gelangen könne, zu begehren; beim zweiten zeige der Gegenstand sich in seiner Mannigfaltigkeit, jedoch indem das Begehren seinen Gegenstand in dieser Mannigfaltigkeit suche, habe es in tieferem Sinne keinen Gegenstand, es sei noch nicht bestimmt als Begehren; im dritten hingegen sei das Begehren schlechthin bestimmt als Begehren. — Diesen drei Stadien entsprechen bei Hofmannsthal Octavian, Cesarino und Florindo. Bei solchen Vergleichen ist allerdings darauf zu achten, daß es Kierkegaard um die Reinheit der Typologie geht, während Hofmannsthal seine Figuren in Übergängen zeigt.

Cesarino ist in seinem Begehren unschuldig, Weidenstamm dagegen längst wissend geworden. Wenn Cesarino in Marfisa verliebt ist, denkt er nicht bereits an die Nächste; er ist nicht wirklich treulos, auch wenn er sich einer andern zuwenden sollte. Weidenstamm aber denkt nicht an eine, sondern an alle, an Vittoria wie an die Corticelli und die Redegonda, er ist wesentlich treulos, und zwar in der Weise, daß er es im vornhinein auf Treulosigkeit, auf Betrug anlegt, während früher, als Vittoria sich ihm hingab, nicht er es war, welcher das unbehütete, vaterlose Mädchen verführte, vielmehr der Sinnlichkeit eigene Macht, welche die Verführte wie den Verführer überlistete[25].

In Cesarino ist das Erwachen des unersättlichen Begehrens und resoluten Zugreifens, dieses blinden Mutes, der ins Unendliche greift, dargestellt[26]. Er wird, wenn nicht die Liebe ihn zum Stehen bringt, ein Don Juan werden; Weidenstamm ist schon kein Don Juan mehr, er ist nicht mehr unmittelbar betörende Macht des Lebens, sondern ein Verführer, der seiner Begehrlichkeit Ziele gibt und die Beredsamkeit als Mittel einsetzt, um seine Zwecke zu erreichen[27]. Cesarino bestrahlt alle, die in seiner Nähe sind, mit Anmut und Glanz, so daß sie verschönt und erhöht sind, und die durch ihn vom Leben überlistet und verführt sein werden, werden noch als Unglückliche sich glücklich fühlen und ihm alles danken, was sie sind, wie Vittoria dem Geliebten alles zu schulden meint (209). Von Weidenstamm geht keine solche Gewalt mehr aus, und wenn auch auf seiner Beredsamkeit da und dort noch der Abglanz einer ursprünglicheren Magie liegt, so ist doch darin schon so viel Aufgesetztes, Großsprecherisches, Übersteigertes spürbar, daß es mit der Macht seiner Worte nicht mehr weit her ist; er verführt wohl nur noch die, welche schon längst verführt sind und gar nicht mehr glücklich-unglücklich werden können. So ist denn der Abenteurer von der verändernden Gewalt der Zeit dahin gebracht, daß er, der ursprünglich die Totalität umarmende, aber in die Sphäre des Lebens gefallene und sich selbst entfremdete Geist,

---

25 Vgl. Kierkegaard, Entweder/Oder I, 105/6 und »Der Abenteurer und die Sängerin« S. 230: Lorenzo: Was immer du redest, hab ich Angst, daß das Leben mich überlistet. Vittoria: Oh, es überlistet uns alle, mein Freund!

26 Vgl. das Kierkegaard-Zitat im »Buch der Freunde« A 14, dazu die Anmerkung in der Ausgabe von Ernst Zinn (S. 101).

27 Er ist freilich kein durchreflektierter Verführer, wie ihn Kierkegaard im »Tagebuch des Verführers« dargestellt hat. Kierkegaard interpretiert die Gestalt Don Juans ganz in der Richtung auf das Musikalische und stellt ihm den Verführer gegenüber, der völlig von dialektischer Begrifflichkeit bestimmt ist. In Hofmannsthals Abenteurergestalten dagegen sind die Elemente Musik und Wort vermischt und verschieden abgestuft.

je mehr er umarmt, desto weniger umarmt. Er ist auf dem Punkt, eine komische Figur, ein Ochs von Lerchenau, zu werden – falls er nicht, kraft zunehmender Reflektiertheit, von der Tragik angerührt wird.

Das Auffallendste an der Abenteurerfigur Weidenstamms ist ja, daß er, dem sich überall Wege ins Grenzenlose zu öffnen schienen, umgedreht wird und nun, indem er an den Ort seiner Jugend zurückkehrt, sich selbst zugewendet ist. Die Rückkehr stellt ihm überall Spiegelbilder entgegen. In seinem Sohn Cesarino tritt Antonio, der er einst war, auf ihn zu (248); der fremde alte Mann, der zitternd sein letztes Geld aufs Spiel setzt und jedesmal sein elendes Schifflein kläglich scheitern sieht, könnte, so meint er, sein Vater sein, den er nie gekannt: in dieser Möglichkeit spiegelt sich seine eigene Zukunft, die ihn zum Gespenst seiner selbst verfremden und den Fledermäusen und Nachtfaltern (189) zugesellen wird[28]. Der tolle Krüppel, der die Zähne gegen ihn fletscht, erscheint ihm als die Ausgeburt seiner Taten, könnte er doch von ihm gezeugt sein (189). In Lorenzo Venier, der als bald Dreißigjähriger im selben Alter steht wie der auf einer kleinen goldenen Dose abgebildete Weidenstamm, sieht er sich so, wie er hätte sein können, wenn er das Feuer in seinem Blut gebändigt hätte (204). Diese Spiegelbilder halten dem Abenteurer all das vor, was er, ganz dem Momentanen hingegeben, vor sich selbst verdeckt hat: das Gewesene, in das er sich als einer, der leicht weiterging[29], nie hat zurücksehen müssen; das Bevorstehende, das Ende, das er als ein blind Voranstürmender nicht hat bedenken mögen, sowenig Cesarino den Anblick des verfallenden Greises Passionei vor Augen haben mag; die Folgen, die er sich nie etwas hat angehen lassen wollen; das Versäumte, das er, gerade weil er nichts versäumen, nichts auslassen wollte, nie hat erblicken können. Und all dies weckt in ihm bislang ungekannte Regungen: die Wehmut (248) in ihm möchte das Verlorene zurückhaben; Bangen und Mitleid lassen ihn dem gescheiterten alten Mann beistehen (189); in quälenden Träumen muß er ertragen, was ihn als Gefühl der Schuld einholt; etwas wie Reue will ihm die Zeit neu erschaffen.

---

[28] Vgl. Kierkegaard, Stadien auf des Lebens Weg, übersetzt v. Emanuel Hirsch, Düsseldorf 1958, S. 210: »Ein Sohn gleicht einem Spiegel, darin der Vater sich selbst erblickt, und für den Sohn wiederum ist der Vater wie ein Spiegel, darin er sich selbst erblickt so, wie er dermaleinst sein wird.«

[29] Mit diesen Worten äußerte sich Hofmannsthal über die Figur des Abenteurers im Gespräch mit Herbert Steiner, vgl. dessen »Begegnung mit Hofmannsthal« in: H. A. Fiechtner, Hugo von Hofmannsthal, Der Dichter im Spiegel der Freunde, 2. A., Bern 1963, S. 199.

Diese Spiegelbildlichkeit wirkt der Zeitigungsform, wie sie für den Abenteurer kennzeichnend ist, entgegen: offensichtlich soll er, dessen Dasein ein unaufhaltsames Fortschreiten ist, aufgehalten werden; der Geist, in die Sphären der Zeit gefallen und sich selbst entfremdet, soll aus den verändernden Gewalten befreit und wieder zu sich selbst gebracht werden. Die Wiederbegegnung mit Vittoria macht dies besonders deutlich. Auch sie, die sich als Weidenstamms Werk, als sein Geschöpf auffaßt (209, 270), ist für den Abenteurer ein Spiegelbild. Ganz Musik geworden, so sehr in Stimme verwandelt, daß sie sagen muß, sie könne nichts als singen (244), hat sich Vittoria der Zeit entzogen und ist nun jenes Beste der Seele, das nicht altert (240), das über die Zeit erhabene Über-ich[30]. Anders als der Abenteurer, ist sie nicht dem Werden als einer dämonischen Macht ausgeliefert, sondern dem Sein als einer dämonischen Macht untertan[31]. In der Wiederbegegnung Vittorias und Weidenstamms treten Sein und Werden in ein Spiegelverhältnis, im Sein spiegelt sich das Werden, im Werden das Sein. Die Symmetrie der Spiegelverkehrtheit ist streng gewahrt: Weidenstamm will nicht altern – Vittoria kann nicht altern; er treibt auf der Flut dahin – sie ist auf Strand gesetzt; er ist unablässig bemüht, anzukommen und zu landen – sie ist bestrebt, wieder flott zu werden; er ist in unaufhörliches Weiter-Weiter verhext – sie in zeitlosen Stillstand verzaubert; er bedient sich der Sprache, um hinzureißen, aber die Sprache hat ihre eigene, heimliche Macht: sie entreißt der Zeit und bringt zum Stehen – sie glaubt, die Musik diene ihr dazu, sich fort und fort im Gleichen zu halten, aber die Musik hat eine andere Seite: sie geht in der Zeit vor sich; er sehnt sich nach etwas, woran er sich halten könnte – sie sehnt sich danach, sich hingeben zu können; er ist bei allem Voranstürmen im Grunde genommen nach rückwärts gerichtet, dem in sich ewigen Augenblick der Jugend zugekehrt – sie hält bei all ihrer Rückbezogenheit Ausschau, etwas Unbekanntem zugewendet; ihn kennzeichnet die Perle (194), die aus dem Element des Wassers kommt und geballtes Wasser ist – Symbol für sie ist der Kristall, der erstarrt ist, aber wiederum zum Wachsen gebracht werden kann (247). Das Werden hat eine Heimlichkeit in sich verborgen: das Sein – im Sein ist das Werden versteckt. Das Verborgene wird durch den Spiegel sichtbar gemacht; in ihm zeigt sich, was sonst vor einem versteckt ist: das Auge sieht sich

---

[30] A 219.
[31] Ebd.

selbst. Nun erst, in solchem Spiegelverhältnis, könnte, nach dem früher angeführten Goethewort[32], Lieblichkeit entstehen.

Die Spiegelbildlichkeit kommt durch Weidenstamms Rückkehr zustande. Was aber hat ihn eigentlich veranlaßt, nach Venedig zurückzukehren? Er weiß es selber nicht, es sei denn, daß der Übermut seine Schritte gelenkt hat (222). Der blinde Mut, der Cesarino darauf vertrauen läßt, daß er, müßte er von einem Schiff ins Meer entspringen, von einem Delphin fortgetragen und gerettet würde (262), hat sich in dreisten Übermut verändert, die Unkenntnis jeglicher Gefahr ist zur Mißachtung der Gefahren geworden, die Blindheit zur Verblendung. Er glaubt in offene Arme zurückkehren zu können (171). Wie aber kann dies für die erobernde Natur eines Abenteurers verlockend sein? Er scheint dort siegen zu wollen, wo er schon gesiegt hat. Er will, was er schon erlebt hat, ein zweites Mal erleben (222); er muß sich von der Wiederholung einen neuen Reiz versprechen, nämlich die Belebung der schal werdenden Repetition durch das Interessante. So ist es die Zeit selbst, die mit ihren leisen Veränderungen die Rückkehr bewirkt. Die Zeit ist nicht unaufhörlich fortlaufend, sondern in sich zurückflutend. Dies ist vor allem am alten Komponisten Passionei deutlich gemacht: sein hohes Alter ist die zweite Kindlichkeit, seine Werke sagen ihm nichts mehr, sowenig sie einem Kind etwas bedeuten, und wie ein kleines Kind verlangt er nach keiner andern Speise als nach Süßem (241)[33], »die Welt ist für ihn wieder, wie für Kinderaugen, zurückgekrochen in die runde goldne Orange« (250), deren Besitz ihn restlos zu beglücken vermag. Die Zeit hat »alles umgekehrt wie eine Sanduhr« (251), sie schickt jedem Menschen Doppelgänger über den Weg (239).

Diese Gegenwendigkeit der Zeit ist beängstigend. Die zweite Kindlichkeit ist »das grauenvolle Gespenst der ersten« (240). In der Doppelung spürt Weidenstamm, daß sich der Tod, dem die Zeit auf leisen Sohlen dient, ankündigt, wie Hofmannsthal dies mehrmals dargestellt hat, so in der »Reitergeschichte« oder in der »Frau im Fenster«:

Mir ist, als wär ich doppelt, könnte selber
mir zusehn, wissend, daß ichs selber bin –
Ich glaube, so sind die Gedanken, die
ein Mensch in seiner Todesstunde denkt.[34]

---

32 Vgl. S. 68.
33 Ähnlich der alte geblendete Kaiser in »Der Kaiser und die Hexe« G 289.
34 D I 70.

Die Zeit »legt es auf Verwirrung an« (239), sie macht Weidenstamm den Kopf so wirr, als hätte er sich nächtelang in einem Maskenaufzug umgetrieben (222); Vittoria ist, seit sie Weidenstamm wiederbegegnet ist, »nichts als ein Schwindeln« (236); Lorenzo wird von dem Wirbel so heftig erfaßt, daß er ohnmächtig hinschlägt (205). Wenn es auch beängstigend ist, daß die Zeit in sich selbst zurückläuft, so ist vielleicht doch die Verwirrung, die sie stiftet, nicht als das Letzte aufzufassen. Übermut und Verblendung würden dann Weidenstamm nicht ins quälend Sinnlose oder gar ins Verderben bringen wollen; sie hätten auch die Möglichkeit in sich, ihn demütig und sehend zu machen – ein Thema, dem Hofmannsthal in seiner Ödipus-Bearbeitung nachgehen wird. Somit wäre das Beängstigende zugleich das, was vor die Möglichkeit eigentlichen Lebens führt. »Die Idee des Zirkularen in ihrem beängstigenden und belebenden Aspekt«, notiert Hofmannsthal in seinem Tagebuch[35].

In solcher Beängstigung verhalten sich die Figuren des Spiels verschieden. Weidenstamm sucht die Beklemmung loszuwerden. Er zieht den Schluß: »Man soll kein Ding zweimal erleben wollen« (222).

Ich merk, das Leben will dasselbe Stück
nicht wiederholen ... Was die Seele
genossen und ertragen hat einmal,
brennt sich beim Wiederkehren in sie ein
mit glühnden Stempeln: Ekel, Scham und Qual. (221)

Er sucht im Schlaf zu vergessen, und anderntags wird er sich auf- und davonmachen, um die Unwiederholbarkeit des Moments zurückzugewinnen; er will fortan jeden kurzen Augenblick, weil keiner zweimal kommt, ganz leersaugen (256/7). Nur ist die Einmaligkeit, die er sucht, nichts anderes als Einförmigkeit, Unterschiedslosigkeit; es geht ihm ja, um es mit Florindos Worten zu sagen, einzig darum, die Frauen so rasch als möglich auf den Punkt zu bringen, da sie alle einander gleich sind[36]. Vielleicht daß er der Einförmigkeit noch etwas abgewinnen kann, indem er in zunehmender Hast jeden Augenblick verkürzt, damit er intensiver werde. So entrinnt Weidenstamm zwar dem, was er Wiederholung nennt, nämlich jener potenzierten Repetition, die neuen Reiz zu versprechen schien und doch nur Ekel, Scham und Qual gebracht hat, aber er fällt in die Repetition zurück, welche ihm längst zur Routine geworden ist. Dieser Rückfall ist freilich von seinem früheren Abenteurertum dadurch

---

35 A 172.
36 »Cristinas Heimreise« L I 177.

unterschieden, daß Weidenstamm weiß, wovon er ausgeschlossen bleibt: er hat ein wundervolles Herz hinfallen lassen, um eine liederlich geschminkte Maske zu haschen (268). Zudem ist ihm bewußt, wohin sein Weg führt: daß er nicht mehr, wie sein Sohn Cesarino, dem vollen Eimer zu vergleichen ist, der aus dem Brunnen nach oben gezogen wird, sondern dem leeren, der nach unten ins Dunkel geht (268).

Weidenstamm sucht der Spiegelbildlichkeit zu entgehen. Der Abenteurer weiß mit seinem Kind ebensowenig anzufangen wie der Musiker Passionei mit seinem Werk; beide leben fort »in der Auswirkung ihres höchsten Augenblickes«[37], sie selbst aber leben nicht mehr eigentlich, sie haben sich selbst verloren und entfremden sich ihnen selbst immer weiter. Als ein Zurückkehrender tritt Weidenstamm ins Spiel, die Zeit hat ihn umgedreht, um ihn in den Spiegelbildern des Gewesenen und des Künftigen sich selbst begegnen zu lassen; er tritt aus dem Spiel als ein Fliehender, der sich selbst entrinnen will.

Ganz anders Vittoria. Sie läßt sich durch die Spiegelbildlichkeit zu sich selbst bringen. Zu sich selber kommen kann man offensichtlich nur, wenn man vorerst nicht bei sich selber ist. Weidenstamm ist nicht bei sich selbst, weil sich ihm die Zeit zur Abfolge einförmiger, ins Nichts versinkender Punkte entleert hat, so daß er sich nicht gegenwärtig sein kann, sondern sich fortwährend entschwinden muß. Vittoria ist von sich selbst abwesend, weil sie sich aus der Zeit in einen Traum verflüchtigt und in diesem Entschwinden der Zeitlichkeit sich nicht gegenwärtig sein kann. Weidenstamm könnte zu sich selbst gelangen, indem sich ihm die eigentliche Zeitigung mit ihrer Gewesenheit und ihrem Vorlaufen erschlösse. Vittoria dagegen könnte zu sich selber kommen, indem sich ihr die Gegenwart erschlösse. Das geschieht durch die Rückkehr Weidenstamms. Wie sie ihn von der Bühne aus in der Loge erblickt, wird sie von einem Wirbel erfaßt. Nach Lorenzos Beobachtung »wurde sie unter der Schminke blaß, und der Ton, der schon auf ihrer Lippe schwebte, tauchte wieder unter wie ein erschreckter Wasservogel« (184). Wie sie dann Weidenstamm aufsucht und ihm gegenübersteht, widerfährt ihr etwas Sonderbares:

Jetzt seh ich dich verändert, im Theater
wars wie ein Blitz, bei dem mein Blut im Sturm
dein frühres Bild auswarf.   (207)

---

[37] A 221.

Zu einem früheren Bild ist das, was sie im Theater gesehen, erst eben jetzt geworden, da sie Weidenstamm als Jetzigen vor sich hat; vorher war es der aus der Zeitlichkeit herausgehobene unveränderliche Geliebte, in bezug auf den es kein Früher und kein Später gab. Nun wird ihr Geliebter zum gewesenen Geliebten. Der anwesende Mann ist nicht der von damals, Weidenstamm ist nicht Antonio (207/8). Immer deutlicher wird ihr, daß ein Fremdgewordener vor ihr steht. Sie glaubte, im Singen wieder mit Antonio vereint zu sein, und muß nun sehen, daß der ferne Antonio nicht im mindesten bei ihr weilte und keineswegs wie sie das Gewesene ins zeitlos Bleibende umschuf, ja daß er nicht einmal das, was war, treu in der Erinnerung bewahrte, sondern daß seine Treulosigkeit die verschiedenen Geliebten durcheinandermengt (213). Sie hoffte, daß sie beide, wüßte er nur erst von Cesarino, durch ihr Kind miteinander verbunden sein würden, und fürchtete, er könnte seine Vaterrechte geltend machen, indem er Cesarino zu sich hole; aber Weidenstamm denkt nicht einmal daran, sich seinem Sohn als Vater zu erkennen zu geben. Sie kommt zur Einsicht, daß sie eine Närrin gewesen (214). Wie der törichte Claudio hat sie das wahre Leben versäumt.

Das Phantom, mit welchem sie seit Jahren Umgang gepflogen, dieses Luftgespenst, in welches als in eine unaufhörliche Möglichkeit sich der Geliebte für Vittoria verwandelt hat, es löst sich nicht einfach auf, sondern aus ihm löst sich ein zeitliches Wesen heraus, das altern und gewesen sein kann, ähnlich wie im Spiel »Der Kaiser und die Hexe« aus jenem Luftgespinst aus Jugendglanz, darin sich der in das kindhafte Mädchenwesen seiner Frau verliebte Kaiser verstrickt, ein altes Weib heraustritt[38].

Während Weidenstamm längst nicht mehr der ist, der er war, glaubt Vittoria die gleiche wie damals zu sein (208). Das ist soeben noch wahr gewesen, sie war ja eine, die nicht altern konnte; sie meinte sich als unveränderlich, als zeitlos zu eigen zu haben und über allem Wechsel zu stehen. Jetzt aber ist sie eine andere geworden. Sie weist die Lockung Weidenstamms: »Sei wieder mein« ab. »Ich kann nicht. Nein. Ich will nicht!« (210) Sie korrigiert sich, sie ist nicht von einer Notwendigkeit genötigt wie damals, als sie sich in ihre Stimme rettete; sie entscheidet in Freiheit und hat schon entschieden, bevor sie Gründe zur Hand hat, die ja stets bloß als nachträgliche Rechtfertigung des Entschlusses dessen Notwendigkeit darlegen sollen, von der Freiheit aber nichts mehr wissen.

---

[38] »Der Kaiser und die Hexe« G 295/6.

Ihr »Ich will nicht« bedeutet nicht, daß sie zwischen Weidenstamm und Lorenzo Venier gewählt und sich für ihren Gatten entschieden hat, daß sie also der Pflicht folgt, indem sie der Neigung entsagt; es bedeutet erst recht nicht, daß ihr Weidenstamm gleichgültig geworden wäre und sie sich deshalb nun auch leicht von ihm lösen könnte. Ihr »Ich will nicht« heißt also weder »Ich will nicht, weil ich anders muß« noch »Ich will nicht, weil ich nicht mag«. Ihre Entscheidung fällt auf einer anderen Ebene. Dadurch, daß Weidenstamm zurückgekehrt ist und ihr wieder gehören will, ist der Geliebte, der ihr auf der Trauminsel nahe war, plötzlich konkret geworden, und sie, die als schwebende Stimme im Dortsein war, findet sich miteins im Dasein und in der Freiheit, sich als dieses Dasein zu wählen. Sie wählt sich, indem sie den Geliebten in die Gewesenheit freigibt und damit sich selbst in die Zeit entläßt als die, welche nun erst, zusammen mit ihrem Gatten und ihrem Sohn, da ist.

Mit dieser Entscheidung verwandeln sich die Dinge: das Bisherige wird in höhere Ironie gehoben, endet damit und beginnt neu in einem neuen Sinn. Vittoria sagt zu Weidenstamm:

> Wie du sie verstehst,
> die Kunst, die ich im Leben nie erlernt,
> die Kunst, zu enden! Wer das kann, kann alles.
> Ich fing was an, da war ich sechzehn Jahr,
> und heute hats kein Ende – (269)

Weidenstamms Kunst, zu enden, gründet darin, daß er leicht weitergeht; indem er aber bloß weitergeht, endet er gar nichts, wie er auch nichts Neues beginnt; er bleibt stets im Gleichen, nämlich in der puren Repetition. Vittoria dagegen konnte nicht weitergehen, sie blieb an Ort und Stelle erstarrt, und alles stand für sie still: es gab kein Ende. Und doch ist gerade jetzt das Ende dessen, was sie vor sechzehn Jahren begonnen, eingetreten, freilich nicht in dem Sinne, daß sie wie Weidenstamm weiterginge. Die wahre Kunst, zu enden, beruht nicht auf dem Weitergehen und Weitergetriebenwerden, vielmehr beruht das rechte Weitergehen auf der Kunst, zu enden. Enden kann Vittoria, weil sie den Entschluß gefaßt hat, es solle ein Ende haben; ein Ende hat die Sache mit Weidenstamm hinwiederum nicht in dem Sinne, daß sie vergangen und abgetan ist, vielmehr ist sie gewesen und Vittoria behält sie als etwas Gewesenes: sie wird ruhig an Weidenstamm denken können, und in diesem neuen Sinn ist wiederum kein Ende da.

Für Vittoria beginnt etwas Neues, indem das Bisherige neu wird: ihre Ehe wird erst jetzt zur Ehe. In Lorenzo hat sie nicht eigentlich den

Gatten, sondern den Bruder gesehen (267); sie fühlte sich ihm, den das Gemeine des Lebens hatte zu Tode erstarren lassen (231)[39], wie es ihr selbst widerfahren war, geschwisterlich nahe; weil sie ihre eigene Erstarrnis durch Verwandlung in Kunst überwunden hatte, konnte sie in ihm die natürlichen Lebenskräfte wieder befreien, ihn die Treuherzigkeit, um die er als Kind gebracht worden war (217, 231), zurückgewinnen und nachholen lassen. Zum wahren Gatten kann Lorenzo nur werden, wenn sich seine brüderliche Treuherzigkeit verwandeln läßt. Der Gang der Handlung weckt in ihm zunächst Verdacht und Eifersucht (167), dann bemächtigt sich seiner der Argwohn (185, 201) und stürzt ihn in den Abgrund des Zweifels.

> Doch wenn in deinem Reden, deinem Schweigen
> so wie in einem Nest und einem Abgrund
> wie Kröten, Lüge neben Lüge wohnt –
> vom Anfang an, und immer – immer fort
> – wie's möglich ist, entsetzlich möglich ist! –
> was bleibt uns dann, Vittoria, daß wir beide
> fortleben können? sag, was bleibt, Vittoria? (231)

Lorenzo ist hart an dem Punkt, eine Verzweiflungstat zu begehen; in ähnlicher Lage wird Hofmannsthal auch den Färber Barak und König Menelas zeigen. Die angstvolle Frage, wie es überhaupt möglich sei, zu leben, bricht auf. Ein Leben, das aus natürlichen Antrieben lebt, dieses bloße Fortleben wird freilich nicht mehr möglich sein, und auch nicht jenes andere Fortleben, das sich in die Idealität des wachen Traumes retten möchte. Das Dasein ist in die Entscheidung gestellt, da es sich entweder verwerfen oder sich ergreifen muß, der Mensch ist vor sich selbst gebracht, vor die Möglichkeit, er selbst zu werden oder sich preiszugeben. Diese Möglichkeit ist nur in der Angst erschlossen[40], im Augenblick der Angst wird sich zeigen, ob eine Wendung zum Guten oder Schlimmen sich vollzieht (206, 230), ob der Zweifel in der Verzweiflung endet oder ob er der Anfang des Glaubens ist: »Vittoria, ich habe Angst, an dir zu zweifeln, und Angst, an dich zu glauben« (230). Lorenzo entschließt sich, zu glauben; er hat keine Begründung dafür, und wenn er

---

[39] Hofmannsthal läßt Lorenzo sagen: »Ich war wohl nicht der unglücklichste Mensch auf der Welt, aber vielleicht der wenigst Glückliche« (231). Dieses Wort könnte Kierkegaards dichterische Rede »Der Unglücklichste« zum Hintergrund haben. (Entweder/Oder I, 231–245.)

[40] Vgl. auch S. 34.

seine Frau bittet: »Vittoria, mach, daß ich dir glauben kann!« (230), so steht es nicht in ihrer Macht, ihm irgendeine gesicherte Grundlage für seinen Glauben zu verschaffen; wäre dies möglich, könnte gar nicht von Glauben die Rede sein. Daß er aber will, daß sie ihm glauben helfe, zeigt, daß er schon zu glauben begonnen hat und sich in der Folge der Glaube bloß noch dem Zweifel entwinden muß. Es ist bereits ein Zurückblicken, wenn er von der entsetzlichen Möglichkeit einer Verzweiflungstat spricht. Der Glaube an sie ist Vertrauen zu ihr, und dieses beruht nicht auf Beweisen der Vertrauenswürdigkeit, vielmehr gibt das Vertrauen den andern erst frei, des Vertrauens wert sein zu können. Das Vertrauen der Treuherzigkeit setzt die Vertrauenswürdigkeit als selbstverständlich voraus. Es ist an diese Voraussetzung gebunden und kennt darum die Freiheit nicht. Das Vertrauen des Glaubens aber ist Freiheit, die nur so lange besteht, als der Mensch sich zu diesem glaubenden Vertrauen fort und fort entschließt und damit zu einer neuen Gebundenheit gelangt, die nicht im Widerspruch zur Freiheit steht.

Indem sich in Lorenzo die Treuherzigkeit in Glauben verwandelt, gewinnt sein Wesen auch Züge der Väterlichkeit: er kann Vittoria, auch wenn sie gleich einem Kind die Wahrheit zu sagen sich fürchten sollte, geduldig gewähren lassen und vertrauend warten, bis sich die Wahrheit aus ihrem Versteck herauswagt, um sich in seine Hut zu bergen. So vereinigt Lorenzo schließlich all das, was Vittoria in dem Einzigen suchte und vorerst in den drei Männern getrennt finden mußte, im ersten, Antonio, den Geliebten, der nichts als ein Geliebter war und der selbst als Vater Cesarinos nichts von einem Vater an sich hat (271), im zweiten, dem alten Fürsten von Pallagonia, den Vater, bei welchem die vaterlos Aufgewachsene, Unbehütete eine Zuflucht fand, im dritten den fehlenden Bruder (267). Lorenzo bekommt jene Schönheit, die Vittoria dem Grafen gegenüber rühmt:

Schön ist an euch Deutschen —
daß ihr Liebende sein und doch zugleich
vom Vater und vom Bruder einen Schimmer
an euch bewahren könnt. (251)

Aber Vittoria wird so lange nicht in die Ehe hineinkommen, als die Lüge, Cesarino sei ihr Halbbruder, zwischen ihr und ihrem Manne steht. Diese Lüge ging daraus hervor, daß Vittoria in ihrem Traum lebte, an welchem Lorenzo keinen Anteil haben konnte (227), durch welchen sie auch gehindert war, wirklich Mutter zu sein. Nunmehr aus diesem Traum befreit, erhält sie die Lüge noch aufrecht, weil die Wahrheit, wenn sie sich auf einen Schlag enthüllte, zerstörend wirken könnte; die Lüge dient jetzt der Wahrheit. Am Schluß des Spiels hat die Lüge ihre Gefährlichkeit eingebüßt. Nichts wird der Wahrheit fürderhin im Wege sein; wenn sie dann hervortritt, wird sich auch hier zeigen, daß ein gütiges Geschick alles zu sanftem Ende führt (270):

> Viel, viel leichter
> sind manche Dinge hier, wo sie geschehn,
> als hier, wo wir sie träumen.   (264)

Gütig ist das Geschick, weil das, was entfernt, daraufhin angelegt ist, uns zurückzubringen, was uns entfremdet, daraufhin, uns die Heimat zu zeigen. Das Werden, das uns dem Sein zu entreißen scheint, will uns ins Sein bringen; das Sein, in welchem wir zu erstarren wähnen, will uns ins Werden freigeben. So ist auch der Zweifel nicht einfach der Widersacher des Glaubens, sondern dessen Ermöglichung, und der Tod ist nicht das Ende, sondern der Offenbarer des Lebens.

Indem Vittoria in die Ehe hineinkommt, kommt sie erst eigentlich ins Leben hinein. Sie kann wieder wachsen. Ihr erstarrtes Leben gleicht einem Bergkristall, darin der Edelstein — Lorenzos Liebe — eingeschlossen ist, »der eine Heilkraft hat und den verstümmelten Kristall von innen nachwachsen macht, wie ein lebendiges Ding!« (247). Sie wird altern können, doch das Altwerden kann ihr nichts anhaben. Sie wird altern und doch nicht alt werden, denn es gibt ein Altern, das zur Alterslosigkeit nicht im Widerspruch steht. Das richtige Altwerden ist zugleich das richtige Jungbleiben. Davon ist freilich in diesem Spiel nichts mehr gesagt, wie denn Hofmannsthal diese Dinge im allgemeinen nur aussparend mitteilt. Einzig das Andreasfragment bringt sie zur Sprache, im Gespräch nämlich, das Romanas Eltern vor dem Einschlafen miteinander haben[41] und das bezeichnenderweise in indirekter Rede wiedergegeben ist. Diese Stelle läßt den Bezugspunkt erkennen, der auch im »Abenteurer« die geheime Mitte bildet, um die das Geschehen kreist. Es geht in diesem Stück — nach einem Wort Hofmannsthals — um das Mysterium der Ehe[42].

Es gilt, die verschiedenen Formen von Alterslosigkeit zu unterscheiden. Cesarino hat das Alterslose der Natur, die, so scheint es wenigstens, ewig jung und ewig neu ist, weil sie ganz im Augenblick ist, »mitten in der Zeit gegenwärtig, vergangen und zukünftig zugleich«[43]; es ist die

---

41 »Andreas oder Die Vereinigten« E 174, vgl. unsere Arbeit S. 258/9.
42 A 221.
43 Mit diesen Worten charakterisiert Novalis in den »Lehrlingen zu Sais« das Wesen der Natur: Schriften, Bd. I, S. 102.

Alterslosigkeit, die auf Unwissenheit, auf der Unkenntnis der Vergänglichkeit beruht und sich in dieser Unschuld der Unwissenheit zu halten versucht, indem sie vom Tode wegblickt. Wenn es aber soweit ist, daß sie vom Tod wegblicken muß, beginnt diese Alterslosigkeit ein bloßer Abglanz zu werden. An Weidenstamm ist sie als Illusion sichtbar gemacht. Die Sängerin Vittoria hat – wenigstens zunächst – die Alterslosigkeit der Kunst, die, der Zeitlichkeit entflohen, in die Sphäre der Zeitlosigkeit, der Idealität entrückt ist. Die dritte Form der Alterslosigkeit ist nicht jenseits der Zeit, sondern verwirklicht sich in der Zeit, freilich nicht in jenem Augenblick der Jugendherrlichkeit, der von Sterblichkeit nichts weiß, sondern in einem Augenblick von anderer Art. Sie hat mit dem ewigen Leben zu tun. Die Natur dagegen ist Leben, aber nicht Ewigkeit und aus diesem Grund auch nicht Leben; und die Kunst ist Ewigkeit, aber nicht Leben und aus diesem Grund auch nicht Ewigkeit.

Die Schwierigkeit, Hofmannsthals Werke zu verstehen, hängt damit zusammen, daß die Begriffe, da sie in einer Drehbewegung sind, sich nicht fixieren lassen, sondern nur in ihrer jeweiligen Position vermessen werden können; dabei geht es weniger darum, Positionen festzustellen, als richtig in die Bewegung hineinzukommen. Das wäre noch einfach, wenn es sich um eine Kreisbewegung handelte, in welcher das Gleiche schließlich, nachdem es durch die Entgegensetzung hindurchgegangen, als Gleiches wiederkehrt. Die Bewegung geht aber in der Spirale vor sich[44], und das heißt, daß wohl dasselbe wiederkehrt, aber dadurch, daß es wiederkehrt, nicht mehr das Gleiche ist. Vittoria ist alterslos und wird erst alterslos, ebenso wie sie Gattin ist und erst Gattin wird, wie sie Mutter ist und erst Mutter wird. In der Wiederholung wird sie die, die sie ist[45]. Sie wird keine andere, sie wird sie selbst. In Cesarino ist das »Selbst«[46] –

---

44 Auf die Spiralbewegung hat schon Karl J. Naef (Hugo von Hofmannsthals Wesen und Werk, Zürich und Leipzig 1938, S. 91 ff.) hingewiesen, freilich nicht im Zusammenhang einer phänomenologischen Beschreibung des Werks, sondern in biographisch-entstehungsgeschichtlichem Sinne.

45 Kierkegaard braucht schon in »Entweder/Oder« den Begriff der Wiederholung, dem er ein Jahr später eigens eine Schrift widmet. Im Kapitel über »Die ästhetische Giltigkeit der Ehe« wird der unmittelbaren Liebe die reflektierte gegenübergestellt, deren miteinander streitende Standpunkte in einer höheren Einheit, nämlich in der Ehe, zu versöhnen sind. Diese höhere Einheit wird als »Rückkehr zum Unmittelbaren« aufgefaßt, die das enthält, was in der Unmittelbarkeit gelegen hat, und zugleich darüber hinaus ein Höheres enthält (»Entweder/Oder«, II, S. 32, vgl. ebd. S. 188/9, 289). Dieselben Gedanken finden sich auch in den »Stadien« (S. 170/1, 513/4).

46 Die Anführungszeichen wollen darauf aufmerksam machen, daß es sich hier um das Selbst im uneigentlichen Sinne handelt.

als das atmend Unbewußte — die Ungeschiedenheit von Leib und Seele, wobei der Leib die Form der Seele ist. Die »heilige Schönheit der Jugend«, notiert sich Hofmannsthal 1895, bestehe darin, daß »die Seele noch nicht tief und schwer in der ὕλη stecke[47]. Er hat dieses »Selbst« am schönsten im »Bergwerk zu Falun« ins Wort gefaßt; dort nennt er es

> den jungen seelenfrischen Leib,
> Vielmehr die Seele, die vor Staunen bebt
> Ob ihrer eignen nackten Lieblichkeit.[48]

Diesem »Selbst« sind Weidenstamm und Vittoria entfremdet, sie sind im Widerspruch zu sich selbst. Bei Vittoria ist der Seelenleib ausgehöhlt, und ein Teil ihres Selbst hat sich herausgelöst; bei Weidenstamm ist der Seelenleib dicht und schwer und opak geworden, und ein Teil seines Selbst hat sich darin versteckt. Diese Entzweiung darf keineswegs bloß negativ beurteilt werden, denn sie ermöglicht dank der Zwiefältigkeit die Spiegelung, die Reflexion. In der Reflektiertheit ist ein Drittes wirksam, welches das Entzweite in ein Verhältnis setzt: das eigentliche Selbst, der Geist. Indem Vittoria dieses Verhältnis setzt, kommt sie zu sich selbst; indem Weidenstamm dieses Verhältnis nicht setzt, sondern ausweicht, verliert er sich selbst. Als Selbst gewinnt der Mensch die Ganzheit zurück: freilich nicht die Einheit als die Ungeschiedenheit, die er früher war, sondern auf einer höheren Stufe jene Einheit, in der das Unterschiedene und Gegenwendige zusammengehalten ist. Die neue Ganzheit ist Gesammeltheit[49].

In dieser Spiralbewegung ist auch die Musik zu sehen. Wenn es von Cesarino heißt, er mache aus allem, was er anrühre, Musik, kann hier Musik nicht dasselbe bedeuten wie das Singen Vittorias, das aus der Luft den Geliebten herbeiholt. Und wenn am Schluß, nach dem Weggang Weidenstamms, Vittoria das große Lied der Ariadne singt, das sie seit Jahren nicht hat singen wollen, die Arie, wie sie auf dem Wagen des Bacchus steht (272), so hat Musik wiederum einen andern Sinn bekommen: Vittorias Singen geht nunmehr aus anderen Bedingungen hervor und ist ein neuer Gesang geworden.

Diese drei Stadien haben ihre Entsprechung in musikgeschichtlichen Epochen. Mit erstaunlicher Übereinstimmung fügen sich Hofmannsthals Äußerungen über Mozart und Beethoven in Cesarinos und Vittorias Bild. Schon seine frühesten Bemerkungen hierzu heben einen bedeutsamen Un-

---

[47] A 117.
[48] G 427.
[49] Vgl. dazu das Kapitel über »Die Briefe des Zurückgekehrten« S. 166 ff.

terschied zwischen den beiden Musikern hervor. Mozarts Musik ist ihm ein ursprünglicheres Phänomen: das Tönende ist hier die Form der Seele: »Beethoven ist die Rhetorik unserer Seele, Wagner ihr Fühlen, Schumann vielleicht ihr Denken: Mozart ist mehr, er ist die Form.«[50] Seiner eigenen Generation weist er die Aufgabe zu: »Was er errungen hat, ist unser Ziel; dahin müssen wir, zu ihm, nicht durch ihn.«[51] Dies ist nicht im Sinne einer konservativen Restauration aufzufassen, denn »ein Zurück zu Mozart ist ebenso unmöglich wie zu den Griechen«[52]. Was diese frühen Äußerungen als Keim enthalten, ist drei Jahrzehnte später im Aufsatz und in der Rede über Beethoven entfaltet. Hofmannsthal sagt von Mozarts Musik, die er dem jungen Morgen, aufsteigend gegen Mittag, vergleicht, ja sogar dem Paradies, sie sei natürlich wie die Natur, unschuldig wie sie; ihre Schönheit lasse an eine zweite Antike denken, aber eine unschuldigere, gleichsam gereinigte: eine christliche Antike; ein heiliger, beflügelter, leichter Sinn spreche aus ihr, kein Leichtsinn, sondern seliges Gefühl des Lebens; die Abgründe seien geahnt, aber ohne Grauen, das Dunkel sei noch durchstrahlt von ewigem Licht, es sei eine Musik, die wohl die Wehmut kenne, kaum aber den Schmerz und gar nichts von starrender Einsamkeit[53]. Beethovens Verhältnis zur Musik sei dagegen nicht mehr unschuldig, es sei wissend; einsam führe er ein tönendes Gespräch mit dem eigenen Herzen, mit der Geliebten, mit Gott; in Ahnung und Aufschwung habe er sich erheben können, wohin kaum je ein Mensch gedrungen sei; er habe versucht, mit magischer Redegewalt, in einer Sprache über der Sprache, das Letzte zu sagen, die Idee selber auszusprechen, und habe sich Herr über sich selbst und sein Schicksal gefühlt, Schöpfer seiner selbst[54].

Dem Singen Vittorias, das auf einer Zauberinsel den fernen Geliebten herbeiruft, dürfte nun allerdings nicht in erster Linie Beethoven gemäß sein; näher als die Rhetorik der Seele muß ihr das Fühlen der Seele liegen, die Wagnersche Musikdichtung also, in der man, wie Hofmannsthal sagt, »jene eigentümliche Mischung des einsam Schwelgerischen mit dem melancholisch Sehnsüchtigen, die vielen von uns innewohnt, ins Ungeheure erweitern und sich ihr ohne Verantwortung hingeben« kann[55].

---

50 »Die Mozart-Zentenarfeier in Salzburg« (1891) P I 41.
51 Ebd.
52 Ebd.
53 P IV 7/8, 16, 27.
54 P IV 10, 18, 19, 22.
55 P IV 306.

In Vittoria ist ein fundamentaler Wesenszug der Romantik, die »Suprematie des Traumes über den Geist«[56], dargestellt.

Wie faßt nun aber Hofmannsthal das, was seiner Generation zukäme? Das läßt sich vorerst nur negativ ausdrücken. Er sieht sich und seine Zeit zu Beethoven »im Verhältnis des Gegenerlebnisses«[57] stehen. Ihm kann es somit nicht mehr darum gehen, in einer Sprache über der Sprache das Letzte, die Idee selber aussprechen zu wollen, nicht darum, sich der Gebundenheit zu entschwingen[58], Gott zu schauen von Angesicht zu Angesicht und das Wort des Lebens, das Wort, das selber Gott ist, die unmittelbare Magie[59] in die Hand zu bekommen. In der abkürzenden Sprache von »Ad me ipsum« lautet dies so: »Die magische Herrschaft über das Wort das Bild das Zeichen darf nicht aus der Prae-existenz in die Existenz hinübergenommen werden.«[60] Magie glaubt alles sagen zu können[61]. Im Verzicht auf die Magie drückt sich die Erkenntnis aus, daß das Eigentliche grundsätzlich nicht einzufangen ist, in keine Darstellung eingeht, weder ins Wort noch in die Figuren der Bühne: »... was das Beste ist, liegt zwischen ihnen: es ist augenblicklich und ewig, und hier ist Raum für Musik«, sagt Hofmannsthal 1911 im »Ungeschriebenen Nachwort zum ›Rosenkavalier‹«[62]. Das Beste ist das Dazwischen, nicht das Wort, sondern das, was im Wort gelichtet ist, nicht die Musik, sondern der Raum für Musik. Das Beste ist das, was in der Sprache als augenblicklich und ewig auseinandergestellt ist und was der geheime Gegensinn, der allen Dingen innewohnt[63], wieder zusammenbringen will. Der Gegensinn der Sprache ist die Musik: sie »verbindet alles«[64]. Sprache akzentuiert das Auseinander, Musik die Zusammengehörigkeit, die »Eintracht«[65]. Die so verstandene Musik ist keine »Sprache über der Sprache«, die an das Eigentliche heranreichen und die Idee selber aussprechen will. Die Welt der Töne und der Worte ist, wie die der Farben, eine Welt des Fiktiven, der Welt der Phänomene koordiniert[66]. Musik und Sprache sind in gleicher Weise von dem, was Hofmannsthal das

---

56 P IV 407.
57 P IV 19.
58 P IV 14.
59 P IV 19.
60 A 215/6.
61 P IV 22.
62 P III 44.
63 Vgl. dazu P III 246.
64 P III 45 (vgl. auch A 31)
65 Ebd.
66 Vgl. S. 62.

Beste nennt, in Dienst genommen. Das »Beste« ist nicht in dem Sinne ewig, daß die Ewigkeit den Augenblick außerhalb ihrer hätte: es ist ewig und augenblicklich zugleich. Es ist aber nicht augenblicklich in dem Sinne, daß der Augenblick in sich das Ewige wäre: im Augenblick sind vielmehr Ewigkeit und Zeit zusammengehalten. Die im Dienst des Besten stehende Musik wäre somit, wie dies der siebzehnjährige Hofmannsthal postulierte, wieder zu Mozart zurückgekehrt, nämlich insofern als sie Zeit und Ewigkeit nicht auseinanderklaffen läßt; sie hätte in ihrem geschichtlichen Voranschreiten ein Zurück erreicht, im Zurück freilich auch ein Neues gewonnen, insofern nämlich, als Zeit und Ewigkeit nicht in der Ungeschiedenheit, sondern in einem neuen Zusammen sind.

Der Briefwechsel mit Strauss zeigt, wie Hofmannsthal seinen Komponisten aus der Nachfolge Wagners zu lösen und dem Stil des 18. Jahrhunderts näherzubringen bestrebt ist. Andeutungen von Strauss, daß er nach der Vertonung der »Elektra« etwas stilistisch ganz Neues schaffen wolle, das der alten Spieloper ähnlicher sehen werde als den »Meistersingern«, findet Hofmannsthal »ganz ungeheuer vielversprechend«[67]. Im »Rosenkavalier«, der ihn »zwar *recht sehr,* aber nicht *völlig* befriedigt«, stimmen der Stil der Dichtung und der Stil der Musik nach Hofmannsthals Urteil noch nicht restlos überein; er erhofft sich ein vollständigeres Gelingen für die »Ariadne«, die Verwirklichung eines neuen Genres, »das *scheinbar* auf ein älteres wieder zurückgreift, wie ja alle Entwicklung sich in der Spirale vollzieht«[68]. Das neue Genre, so will uns dünken, wäre von jenem Geist getragen, in welchem Vittoria sagen kann:

Viel, viel leichter
sind manche Dinge hier, wo sie geschehn,
als hier, wo wir sie träumen. (264)

Schlank und biegsam müßte dieser Stil sein, ein neuer leichter Sinn, etwas Lichtvolles und Freudiges in ihm zum Ausdruck kommen. In dieser Art wird man sich die Ariadne-Arie, die Vittoria am Schluß singt, vorstellen müssen.

---

[67] 18. Oktober 1908, S. 50.
[68] 20. März 1911, S. 113.

Das Bergwerk zu Falun

In »Ad me ipsum« weist Hofmannsthal auf zwei Antinomien hin, welche zu lösen waren: »die der vergehenden Zeit und der Dauer – und die der Einsamkeit und der Gemeinschaft«[1]. Von diesem Wort her wird verständlich, was für eine entscheidende Bedeutung in seinem Werk der Ehe zukommt. Denn die Ehe läßt das Gegensätzliche zusammenwohnen, sie vereint das Gegenstrebige; in ihr, die eine res sacra und zugleich ein weltlich Ding ist, ist das Paradoxe aus seinem Widerstreit zur Eintracht befriedet. In der Ehe ist der Mensch in der Gemeinschaft und dennoch ein Einzelner, ist er ein Ganzes und dennoch ein Partner; in ihr ist er dauernd und gleichwohl sich wandelnd, ist er werdend und gleichwohl seiend. Die Ehe gibt dem Menschen den Ort, da er sich hingibt und sich zugleich empfängt, sich selbst verliert und so erst findet. Und sie gibt ihm die Zeit, in der er die Ewigkeit hat, die ihn im Sein bewahrt und dennoch ins Werden entläßt, so daß er ewig und doch geschichtlich sein kann. In diesem Sinne ist die Ehe für Hofmannsthal ein Mysterium, von welchem er im »Turm« den Großalmosenier sagen läßt, es sei »vergleichbar dem Geheimnis der Kirche zu ihrem Herrn und Meister«[2].

Das Mysterium aber läßt sich nicht darstellen. Dichtung vermag wohl die Macht der Liebe heraufzubeschwören, die an den Bezirk des Geheimnisses heranführt, aber ins Geheimnis eindringen, zeigen, durch welche Verwandlung Liebende zu Eheleuten werden, das kann sie nicht. Dieser Sachverhalt wird sofort evident, wenn man sich klarmacht, daß der Leser sich wohl in eine dichterische Figur verlieben kann, daß es ihm aber unmöglich ist, sich in eine Ehe mit ihr hineinzudenken. » ... der Dichter kann alles schildern, was um eine Sache herum ist«, schreibt Hofmannsthal in einem Aufsatz von 1908, »nur das ›Eigentliche‹ der Dinge bleibt ihm verschlossen. Alles Seelische und Sinnliche, das um jenes ›Eigent-

---

[1] A 228.
[2] D IV 73.

liche‹ rotiert, ist seine Sphäre. Das ›Eigentliche‹ aber übermittelt sich nur im Medium des Lebens.«[3]

Das Eigentliche entzieht sich dem Wort. Damit steht Hofmannsthal vor einem Problem, wie es Schiller im Distichon »Sprache« ausgedrückt hat:

> Warum kann der lebendige Geist dem Geist nicht erscheinen?
> *Spricht* die Seele, so spricht, ach! schon die *Seele* nicht mehr.

Auch nach Schillers Darstellung kann das Wort das Eigentliche nicht unverfälscht zum Erscheinen bringen. Es kann nur ans Eigentliche erinnern, indem davon noch ein Abglanz auf ihm liegt. Aber sogleich wird deutlich, was Hofmannsthals Auffassung von derjenigen Schillers unterscheidet. Für Hofmannsthal liegt das Eigentliche zwar auch jenseits des Wortes, aber diese Trennung ist nicht durch ein Nicht-mehr, sondern durch ein Noch-nicht charakterisiert. Damit der Mensch zum Eigentlichen gelangen kann, muß das Wort ihn entlassen. Hofmannsthal hat diese Erkenntnis auch in ein Distichon gefaßt:

> Die ist die Lehre des Lebens, die erste und letzte und tiefste,
> Daß es uns löset vom Bann, den die Begriffe geknüpft.[4]

Das dichterische Kunstwerk muß demnach so beschaffen sein, daß es den Leser aus dem Bann der Begriffe, des im Wort Dargestellten, wiederum befreit: »aus seinen hundert ehernen Toren muß es den Leser unmittelbar ins Leben entlassen«[5]. Der Leser soll in einen Bereich hineingelangen, der einer höheren Ordnung der Dinge angehört »als selbst die höchsten und reinsten Kunstwerke«[6]. Reue und Buße bilden, wie aus Hofmannsthals Notiz über Madame de la Vallière hervorgeht, einen solchen Bereich. Gleicherweise gehört die Ehe dieser höheren Ordnung der Dinge an.

Im »Abenteurer« ist das Mysterium der Ehe die Mitte des Geschehens, indem Gattin und Gatte kraft der heilenden und heiligenden Macht der Ehe aus ihrer Versehrtheit hinausgeführt und zu jener Ehe hingeleitet werden, die erst die eigentliche Ehe sein wird. Auch das »Bergwerk« kreist um das Mysterium der Ehe, aber während Lorenzo und Vittoria in die Ehe hineinkommen, bleibt dies Elis und Anna versagt[7].

---

[3] P II 410. – Vgl. dazu den Brief an Edgar Karg von Bebenburg vom 18. Juni 1895, S. 81/2.

[4] G 514.

[5] A 128.

[6] »Madame de la Vallière« (1904): P II 126.

[7] Schon daraus wird ersichtlich, wie abwegig es ist, nur dem ersten Akt des »Bergwerks« Bedeutung zuzumessen und zu behaupten, die übrigen Akte seien »von keiner besonderen Relevanz mehr« (Gotthart Wunberg, a. a. O., S. 69).

Daß Elis und Anna in die Ehe nicht hineinkommen, war Hofmannsthal durch die Wahl der bekannten Erzählung E. T. A. Hoffmanns vorgegeben. Man wird sich deshalb in erster Linie der Motivierung, der
Frage, warum die sich Liebenden nicht Gatten werden, zuwenden müssen.
Elis liebt Anna und sie liebt ihn; Annas Vater gibt zu verstehen, daß
ihm Elis ein willkommener Schwiegersohn wäre, und lockt so die Liebe
aus ihrem innerlichen Versteck, der Hochzeitstag ist angesetzt, da sagt
sich der Bräutigam von seiner Braut los, wohl wissend, daß darob sein
Herz zerreißt und die Geliebte verzweifelt. Elis begründet dies mit einem
rätselhaften Heiratsverbot: »Ich warb und durfte nicht!« (440)[8]. Daß er
nicht ermächtigt ist, zu heiraten, das reißt ihn durch alle Stadien des
Schmerzes: ins jähe Weh wie in wehmutvolle Entsagung, in wildes Auf-
begehren und endlich in dumpfe Ergebung; die Spannung der Gegensätze ist im Gespräch zwischen Elis und Anna ins äußerste gesteigert und
macht den vierten Akt zum ergreifendsten des Dramas. Elis glaubt Anna
nicht heiraten zu dürfen, weil er einer andern Braut angehört: der Bergkönigin.

Das Verständnis des Dramas hängt ganz von der Frage ab, wie diese
Gestalt aufzufassen ist. Sie repräsentiert eine Welt, die der Welt der
Lebenden entgegengesetzt ist: das Reich der Toten. In diesen jenseitigen
Bereich ist Elis einst hinübergeraten, ihm weiß er sich zugehörig, seither
kann er auf der Erde nicht mehr daheim sein, sondern fühlt sich als einer,
der sich hier bloß vorübergehend aufhält, den zudem etwas Gespenstisches umgibt: er sieht sich als schauerlichen Gast (440), als Wieder-
gänger, als Revenant.

Der jenseitige Bereich, seine Heimat, ist das Innere des Berges, das
tiefe Haus der Erde, Widerpart zur bunten Welt (343), der Mutterschoß,
in den zurückzukehren er sich sehnt (342). Als dem Seemann Elis dieser
geheimste Wunsch der Seele bewußt wurde (vgl. 346), traf es ihn wie
eine Offenbarung, und er wurde ein Bergmann. Er hätte sich zum Leitspruch den Ausruf des Novalis wählen können: »Hinunter in der Erde
Schoß, / Weg aus des Lichtes Reichen«[9]. Die heilige, unaussprechliche,
geheimnisvolle Nacht, ihre zeitlose und raumlose Herrschaft ist auch ihm
das wahre Reich: Licht ist Finsternis, das Dunkel hingegen, wenn es sich
erschließt, ist strahlender Glanz (vgl. 343, 352, vor allem 361).

Das Erdinnere deutet auf die Innerlichkeit des Menschen. Träumend,
in völliger Versunkenheit begegnet Elis der Bergkönigin (351). Das Büh-

---

8 »Das Bergwerk zu Falun« im Band »Gedichte und Lyrische Dramen« S. 319–464.
9 »Hymnen an die Nacht« VI; vgl. zum Folgenden die Hymnen I und II.

nenstück macht innere Vorgänge sichtbar, übersetzt die raumlose Tiefe des Gemüts ins Räumliche und bringt in den zeitlichen Ablauf, was als Traumgeschehnis keine Zeit kennt. Der Gang hinunter ins Bergwerk ist der geheimnisvolle Weg nach innen[10], in die Tiefen des Höhlenkönigreiches Ich, wie Hofmannsthal die Innerlichkeit später einmal nennt[11].

Die Innerlichkeit bildet den Gegensatz zur Raum- und Dingwelt. Von Grauen wird die Bergkönigin erfaßt, wenn sie daran denkt, daß der Mensch, wie alle Kreatur, aus einem Leib hervorgeht, daß er das Wesen, das ihn geboren, von Angesicht kennt und es berührt. Im stärksten Kontrast zur Bergkönigin steht das im ersten Akt dargestellte Dirnentum, das sich in dem, was mit Händen zu fassen ist, erfüllt und erschöpft. Die Innerlichkeit dagegen ist der Bereich der Unberührtheit und Unberührbarkeit; da ist es nicht nötig, sich zu berühren[12], weil es kein Getrenntes gibt, Ferne nicht und nicht Nähe; da bedarf es nicht der kindisch-verzweifelten Versuche, Liebe zu beweisen, zu erzwingen, zu behalten, indem man sich einen Schnitt quer über die Hand beibringt (331/2, 335), da ist Gemeinschaft, die völliges Einssein bedeutet.

In seinem Innern findet Elis eine Welt, in der die Zeit nicht vorüberflutet ohne Halt; dort ist es möglich, in ihren lautlosen, kristallenen Strom hinabzutauchen und, dem Lauf entgegen, ihren heiligen Quellen zuzugleiten (356). Was vergangen ist, ist da nicht vorbei; das Gestern läßt sich aufrufen, dann umgibt es einen und wird zum Heute (356). Das Kohlenbergwerk erscheint wieder als Landschaft mit ungeheuren Bäumen. Jederzeit läßt sich das, was gewesen ist, wieder vorstellen. Was die Augen des Leibes bloß nacheinander erblicken, vermag das Auge des Geistes auf einmal zu sehen: alle sechs Seiten des Würfels, eine ganze Kugel auf einen Blick; es sieht sozusagen rundherum. In solchen Formulierungen zeichnet Hofmannsthal später das ihm längst Geläufige auf[13]. Für das Erfassen des Ganzen gebraucht Hofmannsthal schon 1890 den Ausdruck »plastisch«[14]; das Plastische ist ihm der Gegensatz zur perspektivischen Sicht, die immer nur eine bestimmte Seite sieht, die nur den

---

[10] Novalis, Blüthenstaub, Schriften, Bd. II, S. 419.
[11] Brief an Hermann Bahr, Br. II, S. 155.
[12] Wenn die Bergkönigin Elis auffordert, ihre rechte Hand zu berühren (354), so heißt hier »berühren« in dialektischer Umkehrung eben gerade nicht berühren im haptischen Sinne.
[13] A 187. – Es handelt sich dabei um ein Zitat aus Francis Galtons »Inquiries into human faculty and its development«, das Hofmannsthal dem Buch »Expressionismus« von Hermann Bahr (München 1916, S. 86 ff.) entnahm.
[14] A 89.

Anblick, den Aspekt kennt: es ist der Gegensatz zum Visuellen[15]. »Das Plastische«, so heißt es im »Buch der Freunde«, »entsteht nicht durch Schauen, sondern durch Identifikation«[16], nicht dadurch also, daß ich einen Würfel anblicke, sondern dadurch, daß ich mich in einen Würfel hineinversetze, ihm gleichwerde; dies aber geschieht im Ideellen: weil ich die Idee des Würfels in mir trage, erblicke ich das, was ein Würfel ist, als Würfel, nämlich als Körper mit sechs gleichen Seiten.

Die Innerlichkeit ist somit der Bereich des Zeitlosen. Die Bergkönigin stehe außerhalb der Zeit, sagt Hofmannsthal in »Ad me ipsum«[17]. Die Zeiten sind ihr untertan (441): was in der Zeit erscheint, steht unter der Herrschaft zeitloser Urbilder. Die Bergkönigin steht also für das Sein, welches das Zeitliche außerhalb seiner hat und vom Werden unberührt ist. Hofmannsthal umreißt den Sinn seines Dramas mit den Worten: »Das Ganze drückt den Versuch der Seele aus, der Zeit zu entfliehen in das Überzeitliche.«[18]

Der Sinnbezirk, für den Hofmannsthal die Chiffre »Bergkönigin« setzt, läßt sich, wie Raum- und Zeitlosigkeit deutlich zeigen, mit dem Begriff »Idee« bezeichnen. Die Bergkönigin ist den »Müttern« in Goethes »Faust« verwandt, die »im tiefsten, allertiefsten Grund« wohnen[19] und zu denen der Weg »ins Unbetretene, nicht zu Betretende« geht[20], denn um sie ist »kein Ort, noch weniger eine Zeit«[21]. In der Idee ist das Vergangene aufgehoben und gegenwärtig. Dies gilt ebenso für die Bergkönigin wie für die Mütter:

> Euer Haupt umschweben
> Des Lebens Bilder, regsam, ohne Leben.
> Was einmal war, in allem Glanz und Schein,
> Es regt sich dort: denn es will ewig sein.[22]

Weil diese Welt in der Tiefe des Gemüts verborgen ist, wird sie von Hofmannsthal auch als Unterbewußtsein angesprochen: »Das Sein als Unter-

---

[15] A 227.
[16] A 73 – In sein Exemplar von Herbert Silberers »Problemen der Mystik und ihrer Symbolik« (1914) hat Hofmannsthal, wie Richard Alewyn mitteilt (in: Über Hugo von Hofmannsthal, S. 160), die Eintragung gemacht: »Das Plastische entsteht nicht durch Schauen, sondern durch völliges Sichhineinversetzen.«
[17] A 227.
[18] A 241.
[19] »Faust« II, V. 6284.
[20] Ebd. V. 6222/3.
[21] Ebd. V. 6214.
[22] Ebd. V. 6429 ff.

bewußtsein Allgegenwart.«[23] Den Zugang zu ihr vermittelt das Wort. Gedichte können »wie im lautlosen Kern der Erde eingebohrt« sein[24]. Was einen Würfel gleichzeitig mit allen seinen sechs Seiten sichtbar macht, was ein Längstvergangenes wiederum erscheinen läßt: es ist das Wort, welches die Kenntnis des unvergänglichen, in sich einigen und gleichen Wesens enthält und das von uns Abgekehrte und von uns Abwesende uns zuwendet. Das Wort setzt die Dinge mit ihrer Wesenheit in Rapport, es er-innert die Dinge, es behält das Gewesene nicht als ein Vergangenes, sondern als das zeitlos Unverwesliche. Die Bergkönigin ist deshalb Mnemosyne zu nennen, und als solche ist sie die Mutter der Musen. Hofmannsthal bezeichnet das Reich der Bergkönigin als »das Reich der Worte, worin alles Gegenwart«[25] und erläutert dies so: »Worte reißen das Einzelne aus dem Strom des Vergehens, vergegenwärtigen = verewigen es.« Diese Macht der Sprache nennt er die magische Gewalt der Worte[26].

Elis Fröbom ist in diese Magie eingeweiht. In dem alten, seit Jahrhunderten ausgebeuteten Bergwerk, das keinen Ertrag mehr zu bringen schien, weiß er neue Adern zu finden; er bringt den Bergbau wieder in Schwung. Elis ist der Dichter. Was er aus der Tiefe der Innerlichkeit, aus dem Schoß der Mnemosyne zu Tage fördert, ist das Gedicht. Hofmannsthal bezeichnet das »Bergwerk zu Falun«, wie auch das zwei Jahre zuvor entstandene Spiel »Der Kaiser und die Hexe«, als »Analyse der dichterischen Existenz«[27]. In den Geschicken des Bergwerks, wie sie vom Grubenbesitzer Pehrson Dahlsjö angedeutet werden, spiegelt sich, so darf füglich gefolgert werden, ein Stück deutscher Literaturgeschichte vom ausgehenden 18. Jahrhundert bis zum Ende des 19. Jahrhunderts. Dahlsjö hat das Bergwerk von Vater und Großvater geerbt. Sie waren andere Leute als er, sie hatten die große Kraft und Ständigkeit, die ihm fehlt:

..., ihnen wär
Nicht widerfahren, was mir widerfährt.
Wo sie den Balken legten, stand der Fels
Und drängte nicht herab; wo sie dem Wasser
Ein Wehr hinbauten, duckte sich das Wasser;
Wo sie die Knappen hießen Licht hintragen,
Da floh der Dunst und fraß das Licht nicht auf.

---

23 A 226.
24 »Gedichte von Stefan George« (1896): P I 249.
25 A 241.
26 Ebd.
27 A 223.

Wo ich mein Bergwerk führ, frißt mich das Wasser,
Das Wetter schlägt, der Felsen drückt mich tot.
Weich ich zurück und bleib, wo sie mirs bauten,
So weicht das Erz vor mir in seinen Adern
Nach rückwärts. (375/6)

Es ist ihm, als höre er den Vater zum Großvater leise über ihn reden:
»Das ist ein schwacher Herr, / Der wird das Haus vertun, das wir ihm
bauten.« Ähnlich äußert sich Hofmannsthal 1893, die »Römischen
Elegien« von d'Annunzio mit denen Goethes vergleichend: »Es ist, als
hätte sich in den hundert Jahren, die zwischen diesen beiden Liebestage-
büchern liegen, alle Sicherheit und Herrschaft über das Leben rätselhaft
vermindert bei immerwährendem Anwachsen des Problematischen und
Inkommensurablen.«[28]

Dahlsjös Klagen scheinen von dem Augenblicke an, da Elis sein Haus
betreten hat, gegenstandslos geworden zu sein. Und doch wird auch Elis
nicht die Ständigkeit früherer Geschlechter haben. Er ist kein Gründer,
er stiftet keine Tradition; als einer, der vorübergeht, als ein Fremder,
Einsamer tritt er auf, verschwindet wieder und hinterläßt keinen Erben.
Darauf weist der Umstand hin, daß früher, wenn es an Bergleuten fehlte,
der alte Torbern neue zu finden und herzuschicken wußte (387), daß er
aber jetzt zum letzten Mal vor der Bergkönigin steht (357, 446/7): Elis
ist der letzte, den zu rufen er Auftrag hatte.

Elis ist unter den Dichtern ein Magier; die Bergkönigin nennt ihn
ihren Zauberer (364, 361, 429). Als Dichter des magischen Wortes folgt
er Novalis nach. Im »Heinrich von Ofterdingen« steht zu lesen, der
Dichter erfülle das inwendige Heiligtum des Gemüts mit »neuen, wunderbaren und gefälligen« Gedanken. »Er weiß jene geheimen Kräfte in uns
nach Belieben zu erregen, und gibt uns durch Worte eine unbekannte herrliche Welt zu vernehmen. Wie aus tiefen Höhlen steigen alte und künftige
Zeiten, unzählige Menschen, *wunderbare* Gegenden, und die seltsamsten
Begebenheiten in uns herauf, und entreißen uns der bekannten Gegenwart. Man hört fremde Worte und weiß doch, was sie bedeuten sollen.
Eine magische Gewalt üben die Sprüche des Dichters aus.«[29]

Poesie ist magische Evokation einer innern Welt geworden. Innen und
außen werden nicht mehr als übereinstimmend gesehen: in den Dingen
erscheint nicht mehr das *Wesenhafte*, das Wesen *erscheint* nicht mehr, es

---

[28] P I 155.
[29] Zweites Kapitel; Schriften, Bd. I, S. 210.

ist an den Phänomenen nicht offenbar, es hat sich entzogen und verborgen, ist ins Unbewußte versunken und schattenhaft geworden. Von hier aus geht die Dichtung zwei verschiedene Wege. Sie kann sich entweder der Welt da draußen zuwenden, dem Objektiven, um in den Realitäten das Wirken eines unsichtbaren Kräftespiels zu untersuchen, oder sie wendet sich ins Innere, in die Tiefe des Subjekts, um das heraufzurufen, was als das Wesenhafte in der Erinnerung bewahrt ist. Dann ist der Dichter, wie der Odysseus des elften Gesangs, ein Beschwörer von Schatten. Hofmannsthal hat diesen Dichter im »Traum von großer Magie« dargestellt:

> Er bückte sich und zog das Tiefe her.
> Er bückte sich, und seine Finger gingen
> Im Boden so, als ob es Wasser wär.
>
> . . .
>
> Er setzte sich und sprach ein solches Du
> Zu Tagen, die uns ganz vergangen scheinen,
> Daß sie herkamen trauervoll und groß.[30]

Wenn auch das »Bergwerk zu Falun« ständig und sogar bis in wörtliche Anklänge hinein[31] die Nähe von Novalis fühlbar macht, so ist doch die Verschiedenheit, in welcher sich der Unterschied der Zeiten ausdrückt, nicht zu übersehen. Der auffallendste Gegensatz besteht darin, daß sich bei Novalis, wie übrigens auch in der Erzählung E. T. A. Hoffmanns, nichts von jenen Schmähungen des Lebens findet, auf die man im »Bergwerk« immer wieder stößt und die an barockes Vergänglichkeitsgefühl und spätmittelalterliche Verhöhnung des Diesseits denken lassen. Hofmannsthals Stück ist durchwirkt vom Grauen vor der Zeitlichkeit, vor dem Entstehen und Vergehen. Die Bergkönigin sagt:

> Mich dünkt, ich stürb vor Graun, müßt ich so leben
> Hervor aus einem Leib, hinab zu Leibern.
> Und wenn ich eurer einen atmen seh,
> Werd ichs nicht los, mir ist, als müßt an ihm
> Noch hängen Ungewordnes und Verwestes.[32]   (355)

---

30 G 20/1.
31 Vgl. z. B. »Graut dir, daß ich schon war, bevor du warst?« (355) mit »Wahrlich ich war, eh du warst« (Novalis, Hymnen an die Nacht IV, S. 139).
32 Hinter diesen Versen scheint Goethes Aufsatzfragment über den Granit zu stehen, wo es an einer Stelle heißt: »Hier ruhst du unmittelbar auf einem Grunde, der bis zu den tiefsten Orten der Erde hinreicht, keine neuere Schicht, keine aufgehäuf-

Wer dem Reich der Bergkönigin zugehört, sieht mit dem gleichen ver-
achtungsvollen Blick auf die Welt der Menschen. Torbern, den die
Dumpfheit der Menschen ekelt (357), macht dies am deutlichsten:

Teilhaftig eines Bessern, stießen wir
Das Menschliche mit Füßen, redeten
Mit Höhn und Tiefen und genossen Glück
Von einem Leib, vor dem die Zeiten knien
Und dem die Sterne ihren Dienst erweisen.   (446/7, vgl. auch 358)

Der Zugang zum Reich der Bergkönigin erschließt sich nur dem, der
vom Leben angewidert ist und sich voll Überdruss von ihm abwendet.
So sagt Elis zu Ilsebill, in die er als Knabe verliebt war, die er nun aber
mit anderen Augen sieht:

Den Star hat mirs gestochen, und mir kehrt
Das Leben wie ein Wrack sein Eingeweide zu.
Wenn ich dich anschau, fest, so seh ich deutlich
Zwei Augen, glasig Zeug, gefüllt mit Wasser,
Zwei Lippen, rund wie Egel, auch geformt,
Sich festzusaugen. Was steckt da dahinter,
Was denn für große Lust? und dann nachher
Was für ein Schmerz? was weiter für ein Schmerz?
Was ist daran so viel? Wie konnt ich träumen
Und danach hungern, immerfort danach!
Es ist doch über alle Maßen schal!   (334)

Solche Worte voll Unwillen und Abscheu öffnen das Tor ins Innere mit
der Macht eines Zauberspruchs (vgl. 360). Innen und Außen, Tiefe und
Oberfläche, Sein und Werden – zwei Welten sind da zu äußersten Gegensätzen geworden und haben in ihrer Unverträglichkeit miteinander ge-
brochen. Was bei Novalis den dunklen Klang der Trauer hat, tönt bei
Hofmannsthal in Dissonanzen, wie sie etwa in der Regiebemerkung »mit
der Ironie tiefsten Schmerzes« ausgedrückt sind; nennt der eine Dichter
den Menschen einen »herrlichen Fremdling mit den sinnvollen Augen,
dem schwebenden Gange, und den zartgeschlossenen, tonreichen Lippen«[33],

---

ten zusammengeschwemmten Trümmer haben sich zwischen dich und den festen
Boden der Urwelt gelegt, du gehst nicht wie in jenen fruchtbaren schönen Tälern
über ein anhaltendes Grab, diese Gipfel haben nichts Lebendiges erzeugt und
nichts Lebendiges verschlungen, sie sind vor allem Leben und über alles Leben.«
(Artemis-Ausgabe, Bd. 17, S. 480/1.)
[33] »Hymnen an die Nacht« I.

so läßt der andere ihn als unheimlichen Heimatlosen auftreten, als schauerlichen Gast, vor sich hinstarrend, schweren Schrittes, Bitternis auf dem Mund; während dort das Schärfste, was gegen die Welt des Tages vorgebracht wird, noch voller Milde ist: »Wie arm und kindisch dünkt mir das Licht nun –«[34], wird hier schneidend hart abgerechnet:

Du tiefes Haus, was streben wir von dir,
Wir sinnentblößt Wahnwitzigen aufs Meer,
Dem Lügensinn, dem Aug allein gehorchend,
Der uns vorspiegelt, was für ewig uns
Verborgen sollte sein, die bunte Welt. (343)

In solchen Unterschieden tritt heraus, was Hofmannsthal von Novalis weit entfernt. Die »schweren Flügel des Gemüts«[35] sind noch schwerer geworden, Tiefsinn, die Gestimmtheit, in der sich Novalis »in Tautropfen hinuntersinken«[36] fühlt, ist zum bleiernen Gewicht der Schwermut verdichtet. Elis' Schwermut läßt sich nicht damit erklären, daß ihm Schweres widerfahren ist, daß ihm Vater und Mutter gestorben sind, daß sein Freund ertrunken und die Jugendfreundin zur Dirne geworden ist, die Schwermut ist vielmehr eine Stimmung, die den Erlebnissen schon zugrundeliegt und sich in ihnen bestätigt sieht. Der Schwermütige hat den »Geschmack vom Tode« bei Tag wie Nacht auf den Lippen (455). »Daß alles gleitet und vorüberrinnt«, die Flüchtigkeit der Zeit, »zu grauenvoll, als daß man klage«[37], das ist die Not, die ihm mit dem Dasein mitgegeben ist. Schwermütig war schon Elis' Vater.

Meines Vaters Sohn zu sein,
Das war kein Kinderspiel. Er war nicht hart,
Allein sein Wandeln war stille Verzweiflung.
Tief war sein Sinn. Er lebte in der Furcht. (336)

Stille Verzweiflung: mit dieser von Kierkegaard übernommenen Formulierung[38], in welcher Mattheit und Schlaffheit, Unlust und Überdruß,

---

34 Ebd.
35 Ebd.
36 Ebd.
37 G 17.
38 Den Titel »Die stille Verzweiflung« trägt das erste Einlagestück in der Leidensgeschichte des Quidam (Stadien, S. 210 – Die von Hofmannsthal benutzte Übersetzung Bártholds hat den gleichen Wortlaut). Aus Tagebuchaufzeichnungen Kierkegaards geht hervor, daß es sich um eine Formulierung seines Vaters handelt (vgl. Stadien, Anm. 220, S. 547). Im Entwurf zum Einlagestück sagt Kierkegaard, das Wort »die stille Verzweiflung« werde niemals sonst gebraucht, denn man habe

Langeweile und Gleichgültigkeit eingefangen sind, ist auch das Wesen des zurückkehrenden Matrosen Elis, nicht nur das seines Vaters, des Steuermanns, aufs genaueste umschrieben. Elis gleiche seinem Vater völlig, lautet denn auch das Urteil der Schiffsgefährten (328). Auch von Elis ist man zu sagen berechtigt, er lebe in der Furcht. Damit ist nicht in erster Linie gemeint, daß er sich vor etwas Bevorstehendem fürchtet, ist er doch nicht dem Künftigen zugewandt. Sein starr zu Boden gerichteter Blick starrt auf das Gewesene. Die Umstände, unter denen sein Vater ums Leben kam, quälen ihn: Der Vater hatte ein Gesicht, das ihm den Tod ankündigte; er erzählte davon seinem Sohn, der aber kümmerte sich nicht darum, blieb nicht beim Vater, sondern ging, von sinnlichem Abenteuer gelockt, seiner Lust nach und trieb sich mit einem javanischen Mädchen herum. An diesem Abend verbrannte der in der Kajüte schlafende Vater (336). Es ist offenkundig, daß sich Elis am Tod des Vaters schuldig fühlt[39]. Leicht wäre er ja zu retten gewesen: der Schiffshund, der zur Zeit des

---

gewöhnlich eine andere Vorstellung von Verzweiflung (Tagebücher I, Düsseldorf 1962, S. 330). Hofmannsthal hat auch diesen Entwurf gekannt, er hat ihn in der 1905 veröffentlichten Auswahl aus Kierkegaards Tagebüchern gelesen (Das Buch des Richters, S. 72, vgl. diese Arbeit S. 92, Anm. 8). Da der erste Akt des »Bergwerks« aber schon 1900 publiziert wurde, kann die Formulierung nicht aus der Tagebuchausgabe übernommen sein. Daß der Ausdruck keine geläufige Wendung ist, bestätigt das Grimmsche Wörterbuch: es verzeichnet ihn nicht. Man ist also zur Annahme berechtigt, daß Hofmannsthal das Wort von der stillen Verzweiflung aus den »Stadien« hat. Der Ausdruck findet sich bei ihm schon in den Entwürfen zum Alexanderdrama, d. h. im Jahre 1895 (vgl. D I 424). Bemerkenswert ist, daß auch dort im Zusammenhang mit der Schwermut des Vaters von der stillen Verzweiflung des Amyclas die Rede ist: »die Schwermut seines Vaters, den Alexander durch Verdacht in den Tod getrieben hat, liegt auf ihm, er braucht ein ungeheures Schicksal, um durch einen Gegendruck den Druck der stillen Verzweiflung loszuwerden.« Als weitere Parallele muß eine andere auffallende Ähnlichkeit zwischen dem »Bergwerk« und den »Stadien« angeführt werden: Im fünften Einlagestück, »Zum Inwendiglernen (Periander)«, steht über den Korinther Tyrannen Periander zu lesen, er sei zwei Menschen geworden, die in einem einzigen Menschen nicht Raum gehabt hätten: der Weise und der Tyrann, und das heiße, er sei ein Unmensch geworden. Über den Anlaß zu dieser Spaltung werden Mutmaßungen angestellt: er habe sträflichen Umgang mit der Mutter gehabt, er habe die Gattin mit einem Fußtritt getötet (Stadien, S. 343 ff.). – Beide Motive klingen, z. T. verwandelt, auch im »Bergwerk« an.

39 Hier wird das Ödipus-Motiv deutlich hörbar, das keimhaft wohl schon im Frevel, den der Kaiser unschuldig-schuldig an Johannes dem Pannonier begangen hat, enthalten ist (»Der Kaiser und die Hexe«), das in den Ödipus-Dichtungen entfaltet und im »Turm« erneut aufgegriffen wird. – Eine tiefenpsychologische Deutung des »Bergwerks«, allerdings nur auf dessen erstem Akt beruhend, findet sich bei E. F. Lorenz, Die Geschichte des Bergmannes von Falun, vornehmlich bei E. T. A. Hoffmann, Richard Wagner und Hugo von Hofmannsthal, in: Imago, 3, 1914.

Brandes in der gleichen Kabine war, lief heil heraus. Bedeutungsschwerer noch als diese Überlegungen werden für Elis scheinbar zufällige Begleitumstände. Mit dem Fuß stieß er nach der Javanerin, wie man nach Hunden stößt, und dachte dabei an Ilsebill und seine Liebe zu ihr, die er verraten hatte (335). Verrat an der Liebe, Mißhandlung des Menschen: in Elis' Gedanken ist der Vater das Opfer dieses doppelten Frevels. Der Schiffshund aber blieb am Leben, damit er ihm als Vorwurf unablässig vor Augen sei. In dieser Logik der Schwermut, für die alles und jedes immer nur zur eigenen Schuld hinführt, mußte er sich bestärkt sehen, als er bei seiner Rückkehr hörte, auch die Mutter sei inzwischen gestorben. Erst im Augenblick, da er ins elterliche Haus trat, das nun von andern Leuten bewohnt war, vernahm er es.

> Erst hab ich gemeint,
> Es ist ein falsches Haus. Es steht ein Ofen,
> Wo sonst ihr Bette stand; und wo ihr Leib
> Erkaltete im Tod, da wärmt ein Hund
> Den seinen. (330/1)

Statt dem Vater begegnet Elis einem Hund, anstelle der Mutter findet er einen Hund vor: immer wieder tritt vor ihn die Schuld, die in der Lieblosigkeit besteht. In Falun wird der Hofhund winselnd dem finstern Heimatlosen ausweichen, der keinem ins Gesicht zu schauen wagt und mit sich grauenvolle Zwiesprache führt (417). Wahrlich, Elis lebt in der Furcht: er fürchtet, ein Verworfener zu sein, die Heimat verwirkt zu haben und ausgestoßen zu sein, verbannt aus dem Angesicht Gottes, dazu verdammt, nicht nur als Unbehauster umherzuirren, sondern auch Verderben zu bringen. Und es wird sich erweisen, daß dem so ist: gerade dadurch, daß er wähnt, Verderben bringen zu müssen, kommt Unheil herbei. Die Schwermut ist im eigentlichen Sinne des Wortes bodenlos. Ein Wort im »Buch der Freunde« drückt das so aus: »Das ist das Furchtbare an der Schuld, daß sie der Furcht, dem größten Übel auf Erden, eine ungeheure Berechtigung unterschiebt.«[40]

Elis kann über das Vergangene nicht hinwegkommen, es ist für ihn zum Abgrund geworden. Wie einer im Traum durch alle schiefen und queren Situationen seines Lebens wieder hindurchmuß[41], kommt Elis vom Geschehenen nicht los. Die Zeit ist für ihn stillgestanden. Er ist

---

40 A 22; vgl. auch P II 364, wo die Furcht in Zusammenhang gebracht ist mit Melancholie, verlorenem Leben, Verworfenheit, Festgebundensein in Schuld und Pein.
41 »Andreas oder Die Vereinigten« E 178.

erstarrt, wie im »Abenteurer« Lorenzo und Vittoria. Nicht nur, daß das Vergangene nicht vorbeigegangen ist, auch das Künftige kommt nicht heran: was morgen geschehen wird, ist eigentlich eine bereits vollzogene Tatsache[42]. Elis ist mit allem fertig, er ist je schon immer am Ende. Man fordert ihn auf, etwas zu essen, er entgegnet:

> Sagt einer »guten Bissen«, so sag ich:
> Den besten essen doch die Würmer, ... (339)

Besonders deutlich wird dies bei der ersten Begegnung von Elis und Anna, da er, Kommendes vorwegnehmend, zu ihr sagt:

> Wenn, Anna, du einmal wirst meiner denken,
> So wird es sein, als wie an einen Gast,
> Der dir herabkam flüchtig, schattengleich
> Von einem Stern, von einem funkelnd roten,
> Des ganze Lebensluft ein schwindliges Gemisch
> Von Wonne und Entsetzen. Niemals geht
> Ein zweiter dir vorbei mit gleichem Schicksal. (395/6)

Wie aber kommt es, daß wir bald sagen, Elis' Not sei die Flüchtigkeit der Zeit[43], und dann wiederum, sie bestehe in der Erstarrnis der Zeit? In der Tat ist das ein Widerspruch, nur gilt es zu sehen, daß die sich widersprechenden Sätze komplementär zusammengehören. Daß alles gleitet und vorüberrinnt, dies läßt sich nur von einem Starren her sagen; daß etwas erstarrt ist, kann nur als Unterschied zum Flüssigen festgestellt werden. Wo bei Hofmannsthal die Zeit als ein äußerst flüchtiges Element erscheint, ist sie die Kehrseite völliger Erstarrtheit. Die Innenseite ist das unveränderlich sich Gleichbleibende, die Außenseite das unaufhörlich wechselnde Andere. Gerade diese Zerspaltung in innen und außen ist ja dem »Bergwerk zu Falun« eigentümlich, sie ist das Organisationsprinzip, welches die verschiedensten Gegensätze hervortreibt. So bestimmt sie auch das unterschiedliche Verhalten von Elis und Ilsebill. In Elis' langer Abwesenheit hat sich Ilsebill vom Sohn des Kirchspielschreibers verführen lassen; sie hat von ihm ein Kind gehabt, das bald gestorben ist; all dies liegt nun hinter ihr, zwischen ihr und Nils ist längst nichts mehr: »Es ist gar nichts. Es war nur was.« (329) Sie hat sich als Dirne in die Zerstreuungen geflüchtet und vergißt in ihnen fortlaufend. Ihre Versehrtheit äußert sich nicht darin, daß sie schwermütig, sondern daß sie leichtsinnig

---

[42] Vgl. dazu Ludwig Binswanger, Melancholie und Manie, S. 45/6.
[43] Vgl. S. 123.

ist. Aber Schwermut und Leichtsinn sind die Gegenseiten ein und desselben Dings: gestörter Zeitigung. Am besten hat dies Kierkegaard, der darüber Bescheid wußte wie kaum ein zweiter, ausgedrückt: »Wie eine Frau, die in ihrem Hause nicht glücklich ist, viel am Fenster lungert, ebenso lungert die Seele eines Schwermütigen am Auge, um Zerstreuungen zu suchen. Eine andere Form der Schwermut ist die, welche die Augen völlig schließt, um alles ringsum dunkel zu haben.«[44] Hofmannsthals Werk steht – wie dasjenige Kierkegaards – von Anfang an unter dem Zeichen dieser manisch-depressiven Antinomik, welche sich in die Figuren des Abenteurers und des Tiefsinnigen auskristallisiert. Der Gegensatz zwischen Elis dem Matrosen und Elis dem Bergmann ist schon im wechselseitigen Verhältnis der Jugendfreunde Andrea und Marsilio angelegt und tritt in manchen Abwandlungen immer wieder hervor: in der Entgegenstellung Amiels und Oliphants[45], Andreas und Claudios, oder der Zwillingsbrüder Amgiad und Assad, von denen der eine die Gabe des Lebens hat und die vielen Abenteuer erlebt, der andere das Leben fortwährend harmonisch, aber wie hinter einer Glasscheibe sieht, so daß es ihm unerreichbar ist[46]. In solchen Gegensatzpaaren spricht sich eine Versehrtheit aus, die nicht allein vom persönlichen Hintergrund her zu begreifen ist, die zugleich der geistesgeschichtlichen Gravitation unterliegt[47]. Es handelt sich daher nicht einfach um eine private Meinung, wenn der zwanzigjährige Hofmannsthal dieses antinomische Widerspiel als Gesetz, allgemeingültig für seine Zeit, formuliert: »Der Mensch schwankt immer zwischen zwei Attitüden: einmal wirft er sich mit dem Willen zur Betäubung in die Arme des Weibes, in die Arme des Lebens . . .; – dann wieder wendet er sich schauernd vor dem Ungeheueren, Rohen ab, und auch die Frau ist seinen einsamen, überreizten Sinnen ein Dämon, ein Wesen wie ein böser stummer Hund.«[48] Als hätte er es wie Nietzsche daraufhin angelegt, katastrophisch zu leben, treibt Hofmannsthal im Laufe der Jahre, angezogen von der Magie der Extreme, die beiden Verhaltensweisen in ihre letzten Möglichkeiten hinaus. Im »Bergwerk zu Falun« sind die äußersten Positionen erreicht, wie denn auch Hofmannsthal selbst erklärt: »Im ›Bergwerk‹ ist jenes gewaltig Hinüberziehende (das die Seele dem Leben entfremdet)

---

44 Tagebücher II 153; vgl. auch I 269.
45 »Das Tagebuch eines Willenskranken« P I 22 und »Englisches Leben« P I 53 ff., vor allem 57, 59.
46 A 113.
47 Zur Einordnung in die Geistesgeschichte des 19. Jahrhunderts vgl. Emil Staiger, Schellings Schwermut, in: Die Kunst der Interpretation, Zürich 1955, S. 180–204.
48 P I 210.

erst wirklich gestaltet.«[49] Mit der Entfremdung vom Leben geht aber Hand in Hand die Sehnsucht nach dem Leben:

Ich könnte stundenlang auf meine Hände
Hinunterstarren und den fremden Mann
Mir träumen, dem die zwei gehören können. (337)

In solchem Mißverhältnis von Leib und Seele lebend, betrachtet Elis, der Innenseite anheimgegeben, das Außen als ihm nicht zugehörig, – und doch beschäftigt er sich damit: er träumt dem Entfremdeten nach, und darin schon manifestiert sich die Sehnsucht, wie sie ihm dann in den Traumbildern vor Augen geführt wird, in jenen Spiegeln, die jedem zeigen, »was heimlich ihm am Herzen ruht« (363). Die Bergkönigin macht ihm das bewußt:

Hör mich, Lieber.
Ich darf dich noch nicht halten. Ich kann dir
Noch nicht gehören. Deine Sinne sind
Mit Sehnsucht vollgesogen noch nach denen
Da droben.
... Du stießest sie von dir,
Die droben, aber etwas lebt von ihnen,
Noch etwas lebt in dir. Du mußt hinauf ... (363)

Es ist dasselbe Ineinander abstoßender und anziehender Kräfte, der Verneinung und der Bejahung, der Entfremdung und der Sehnsucht, welches schon 1892 dem Gedicht »Erlebnis« eine dem »Bergwerk« ähnliche, wenn auch weichere Prägung gegeben hat.

Auf Grund dieses Gegeneinanders von drunten und droben, von innen und außen wird Elis ein Dichter, ein Bergmann nämlich, der nicht nur in der Tiefe schürft, sondern auch zutage fördert. Wie er ein Jahr später – im dritten Akt – wieder auftritt, scheint er fast ein anderer Mensch zu sein: der Arbeit hingegeben, erfolgreich, ein Meister seines Handwerks, geschickt auch im Umgang mit Menschen, als einer, der ebenso gehorchen wie befehlen gelernt hat, ja sogar beliebt, sind doch die Kinder gern in seiner Nähe (409). Die Starrheit hat sich – wie bei der Sängerin Vittoria – gelöst, das öde Auge belebt, der verhangene Mund befreit (vgl. 361 mit 413). Ihm ist, als könnte er doch wieder daheim sein auf Erden, hier,

---

[49] A 241.

                    Wos hell und still ist,
Wo solch ein Bach ist, solch ein kleiner Garten
Sich an die Schwelle schmiegt von einem Haus,
Und wo du sitzen darfst am Abend, hören,
Wie sie drin auf- und niedergehn und droben,
Und wo der Hund dann herkommt, sich an dir
Zu wärmen, weil er weiß, du bist vom Haus:
Nicht fremd und flüchtig, wie das wilde Wasser,
Nicht starr und finster, wie der Fels da drüben!   (413/4)

Er hat das gefunden, was Rilke »ein reines, verhaltenes, schmales Menschliches« nennen wird, »einen unseren Streifen Fruchtlands zwischen Strom und Gestein«[50]. Die vier Elemente sind zur Harmonie versammelt, keines ist übermächtig: hier ist ihm zu atmen gegeben (413); Licht und Wärme erfüllen ihn; das Wasser reißt ihn nicht, wie ehedem den Matrosen, dem nur ums Fahren war (399), ins abenteuernd Flüchtige; die Erde hält ihn nicht mit dunkler Macht in ihrer Tiefe. Das Gegensätzliche scheint versöhnt, die Antinomie von Sein und Werden gelöst.

Wie ist diese Verwandlung zustande gekommen? Indem Elis die Schätze der Tiefe aus dem schweren Boden löst und ans Licht bringt, gelangen sie in ein anderes Medium, nämlich aus zeit- und raumloser Nacht in die Zeitwelt des Tages. Hervorbringend verwandelt der Dichter das im Außer-der-Zeit des Innern geschaute Wesenhafte in Worte und Sätze, und indem er redet und erzählt, bringt er jenes Vergangene, das nicht vergangen ist, aus seiner Geschichtslosigkeit in die Geschichte hinein. Damit löst er es aus sich heraus, so daß es vergangen sein darf, und jenes Künftige, das immer schon da ist, gibt er in seine Möglichkeit frei, indem er das Geschehen der Erzählung zum Ausstehenden hinspannt, kurz, der Dichter verwandelt das Zeitlose in Zeit, das Zugleich ins Nacheinander.

Aber steht das nun nicht im Widerspruch zu Hofmannsthals Erklärung, die besagt, daß die Worte das einzelne aus dem Strom des Vergehens reißen?[51] Ist also der Dichter nicht vielmehr einer, der die Zeit in Zeitlosigkeit verwandelt? Freilich, er vollzieht auch diese Bewegung: damit er die Schätze ans Licht bringen kann, muß er ja erst in die Tiefe steigen. Das »Bergwerk zu Falun«, diese Analyse der dichterischen Existenz, läßt Elis zuerst in seinem Matrosendasein die Zeit als buntfarbenes Heran

---

[50] Duineser Elegien II: Rilke, Sämtliche Werke, hg. v. Ernst Zinn, Wiesbaden 1955, Bd. I, S. 692.
[51] Vgl. S. 119.

und Vorbei erfahren, um ihn dann anzuhalten und in der Versunkenheit das finden zu lassen, was jenseits von Werden-Vergehen ist; wenn er alsdann das Wort zu Tage bringt und mit ihm in die Zeit hineinkommt, heißt das nicht, daß er in jene »Matrosenzeitlichkeit« zurückkehre, vielmehr ist es eine Zeitlichkeit, in der das Werden dem Sein verbunden bleibt. Es ist damit die für Hofmannsthal so bezeichnende Spiralbewegung vollzogen: aus der Zeit in die Zeitlosigkeit und zurück in die Zeit, die nicht die Zeit im vorherigen Sinn, sondern die auf höherer Ebene wiederkehrende Zeit ist.

Warum aber kommt Elis doch nicht wirklich in die Zeit hinein? Bahnt ihm denn nicht sein Werk den Weg dazu? Daß er, auch als tatkräftiger Bergmann, hier in Falun, zwischen Fels und Fluß, nicht wirklich heimisch geworden ist, nicht eigentlich da ist, zeigt sich in der hypothetischen Ausdrucksweise: »es ist, als wär zu atmen dir nur hier gegeben«. Was er zum neu eingestellten Knappen sagt und zugleich halb für sich, ist ein von der Sehnsucht geborenes Wunschbild der Heimat, nicht Wirklichkeit. Elis bleibt wesentlich von Sehnsucht nach dem Leben bestimmt. Als Dichter vermag er zu wissen und zu zeigen, was jenes Dasein ist, von welchem gilt:

> Nicht fremd und flüchtig, wie das wilde Wasser,
> Nicht starr und finster, wie der Fels da drüben.

Es ist als möglich vorgestellt, aber es ist nicht verwirklicht, und es wäre auch dann bloß eine Möglichkeit, wenn der Dichter in vollem Gelingen eine Gestalt zu zeichnen vermöchte, die diese Seinsweise ganz »verwirklicht«. In der Phantasiewelt der Dichtung ist der Mensch in ein Verhältnis zur Möglichkeit gesetzt; damit ist er aber noch nicht in die Wirklichkeit hineingekommen. Wiederum ist daran zu erinnern, daß nach Hofmannsthals Auffassung die Dichtung durch und durch ein Gebilde der Uneigentlichkeit ist, daß sie nicht das Leben ist, sondern bloß dem Leben nachahmt, daß jede Darstellung schattenhaft ist[52]. Hofmannsthal sagt denn auch vom Dichten: »Dies ist der gefährlichste Beruf, der sich immer mit dem Schein des Sittlichen abgibt; er führt dazu, sich mit sittlichen Möglichkeiten zu begnügen.«[53] Wohlverstanden: es heißt nicht, der Dichter sei in Gefahr, sich bloß mit dem Schein des Sittlichen abzugeben, und dies könne dazu führen, daß er sich mit sittlichen Möglichkeiten begnüge. Der Dichter bleibt, als Dichter, notwendigerweise innerhalb des

---

52 Vgl. S. 62.
53 »Dichter und Leben« (1897) P I 287.

Ästhetischen und außerhalb des Ethischen. Auch wenn er den Ästheten einen Toren nennt, der das Leben versäumt, begnügt er sich mit der Möglichkeit des Sittlichen. Im Ästhetischen hinwiederum ist er nicht, weil er Geschmack hat und Freude am Schönen, sondern weil er es als Dichter ausschließlich mit dem Wort zu tun hat, weil es sein Beruf ist, Worte zu machen[54], Gedichte nämlich, »gewichtloses Gewebe aus Worten«[55]. Kunst und Leben sind einander entfremdet. »Das Wort als Träger eines Lebensinhaltes und das traumhafte Bruderwort, welches in einem Gedicht stehen kann, streben auseinander und schweben fremd aneinander vorüber, wie die beiden Eimer eines Brunnens.«[56] Das Ineinander von Leben, Dichtung und Wahrheit gibt es nicht mehr. Die Kunst ist nicht mehr geläutertes Leben, das in seiner Transparenz die Wahrheit der Idee durchscheinen läßt. Aus dieser Einheit ist ein Festes, Schweres, Opakes ausgefällt worden: das Leben; anderseits hat sich etwas Schwereloses daraus verflüchtigt: die Dichtung. Leben und Kunst sind gleichsam verschiedene Aggregatzustände geworden. Daher kann Hofmannsthal sagen, kein äußerliches Gesetz verbanne aus der Kunst »jeden unmittelbaren Bezug auf das Leben und jede direkte Nachahmung des Lebens, sondern die einfache Unmöglichkeit: diese schweren Dinge können dort ebensowenig leben als eine Kuh in den Wipfeln der Bäume«[57]. Als das »schwerlose Gebilde aus Worten«[58] ist Dichtung Phantasiegewebe, Trauminsel, Luftspiegelung; der Dichter hat es nicht mit der Wirklichkeit, sondern mit dem Spiegelbild der Wirklichkeit zu tun.

Die Bemerkung, der Dichter verwandle das Zeitlose in Zeit, bedarf deshalb einer Ergänzung: er übersetzt die Zeitlosigkeit in die Möglichkeit der Zeit. Hofmannsthal sagt, der Dichter könne mit seinen Worten »Gesehenes und Gehörtes zu einem neuen Dasein hervorrufen und nach inspirierten Gesetzen als ein Bewegtes vorspiegeln«, die Erinnerung »mit dem Element der Bewegung verbinden«[59]. In den Sinnbezirk von »Erinnerung« gehören bei Hofmannsthal Zeitlosigkeit, Erde, Fels, Sein; mit dem »Element der Bewegung« sind Zeit, Wasser, Fluß, Werden gemeint. Das dichterische Wort ist jenes geheimnisvolle Ding, welches Sein und Werden verbindet und damit ihre Antinomie löst – als Vorspiegelung; nicht als Wirklichkeit, sondern als Möglichkeit. »Das Höhere, niemals

---

54 P I 284.
55 »Poesie und Leben« (1896), P I 263.
56 Ebd.
57 P I 264.
58 G 124.
59 P I 263.

Zeitgebundene« – was nicht gleichbedeutend ist mit dem Zeitlosen, sondern die Freiheit in der Zeit meint – ist »in der Kunst nur gespiegelt«[60]. Dichtung kann daher den Leser nicht als Miterlebenden in ihren Rhythmus hineinziehen wollen; es kann ihr aber auch nicht darum gehen, den Leser in Distanz zu setzen und als Betrachter zu fesseln. Wenn die Dichtung, wie sie Hofmannsthal versteht, das, was in die Erinnerung eingegangen ist, zu neuem Dasein hervorruft, wenn sie das zeitlos Seiende, das Wesenhafte ins Werden der Zeit bringt, und dies eben als Spiegelung, dann führt sie den Leser an den Punkt, da sie ihn gleichsam mit den Worten entläßt: Siehe, das ist deine Möglichkeit; sie in deine Wirklichkeit zu verwandeln, ist deine Sache, niemand kann dir dazu verhelfen, es sei denn du selbst. Das Eigentliche »übermittelt sich nur im Medium des Lebens«[61].

Elis hat es als Dichter grundsätzlich mit der Möglichkeit zu tun. Er ist nicht ins Leben hineingekommen: er sehnt sich nach dem Leben. »Sehnsucht über alle Sehnsucht« erfaßt ihn, wie er Anna begegnet, und bringt seinen letzten »Erdentraum« (456/7) hervor. Die sehnsuchtsvolle Phantasie ist die Kraft, welche der in die Tiefe ziehenden Schwermut entgegenwirkt, aus dem Abgrund hebt und auf unsichtbarer Zauberinsel schwebend wohnen läßt[62]. Als Dichter hat Elis zurückgewonnen, was ihm in der Schwermut genommen ist: die Möglichkeit. Denn als Schwermütiger ist er ans Ende der Dinge gebracht, so daß sich für ihn schon alles vollzogen hat und alles vorbei ist. Er sieht sich gleich bei der ersten Begegnung mit Anna als gestorben und vergessen:

Nicht wahr, du sagtest dir: was er mir war,
Eh ich ihn sah, das ist er mir nun wieder. (400)

Das bedeutet für ihn – wie für Mirandas sterbenden Gatten –, daß er ins Nichts versinkt:

wo du mein
Vergessen kannst, so hab ich nie gelebt. (399)

Er hat alles verloren. Und er hat nicht nur verloren, was er einst besaß, sondern gleichsam verloren, was er nie hatte. Verlust von solcher Art ist das Grundthema aller Melancholie. Sie hält sich von Anfang an im Endgültigen auf. Darum wird man nun auch sagen müssen: Der Schwermütige hat alles verloren für immer und von jeher – außer dem einen, daß er weiß, was ihm das Verlorene bedeutet. Gerade im Verlust, und erst durch

---

60 A 203.
61 Vgl. S. 115.
62 Vgl. S. 89.

ihn, kommt Gültigkeit zum Vorschein. Verlust ist auch Gewinn. Wohl ist es die Not der Schwermut, alles verloren zu haben, aber imstande sein, Verlust zu erleiden, darin liegt auch das, was die Not wendet.

Ambivalenz scheint somit der Schwermut wesensgemäß zu sein. Ist am Ende der Zeit alles zur Erinnerung geworden, so ist alles verloren und zugleich alles in Vergangenheit, Zukunft und Gegenwart Zertrennte versammelt. So ist »Abend« für Hofmannsthal »ein Wort, daraus Tiefsinn und Trauer rinnt«[63], aber Tiefsinn und Trauer sind »wie schwerer Honig«, der aus dem Hohlraum der Waben quillt[64]. Abend bedeutet ihm »Erfüllung«: der Hesperos führt zusammen, was die Eos trennt, er bringt den Küchlein die Mutter, allen Wipfeln die Ruh wieder[65]. Ein neuer Äon kann anheben, das Goldene Zeitalter, das Tausendjährige Reich. Deshalb hat der Abend »etwas millenarisches«[66]. Was sich Hofmannsthal 1911 ins Tagebuch notiert, darf auf Elis zurückbezogen werden: »Der Schwermütige bittet, es möge ihm jenes ›millenarische‹ Gefühl verbleiben, das ›Andere‹, Dunkle immer nahe, immer Alles in Einem zu fühlen, er antizipiert die Todesstunde«, wogegen »der Fröhliche wünscht, es möge sich ihm immer Eines vors Andere stellen, Eines sich durchs Andere abdämpfen, Eines sich dem Anderen substituieren«[67]. Unersättlich begehren ist die Genialität beider[68]. Der Tiefsinnige Elis ist einer, »der maßlos wünschen darf« (450), nur begehrt er nicht die ganze Weite des Lebens, die bunte Welt zu umarmen, sondern die ganze Tiefe, die nur im Tod erschlossen ist. Ist der Abenteurer der die Totalität umarmende Geist – in die Sphäre des Lebens, der Zeit gefallen[69], so ist der Tiefsinnige der aus der Zeit hinausstrebende Mensch, der als Geist alles ins Nacheinander Geschiedene als Zugleich umfassen möchte. Daß beide, maßlos wünschend, bloß Wünschende sind, ist aber auch ihre Grenze. Während der eine in der Weise »da« ist, daß er immer erst ankommt, ist der andere »da« als einer, der schon da gewesen ist. Der Abenteurer ist ein ewiger Jüngling und bleibt auch als Mann noch ein Bub; er kann nicht alt werden. Der Tiefsinnige ist jung schon alt, er ist nie jung gewesen und

---

[63] G 16.
[64] Ebd., vgl. dazu auch A 224. – Das Bild von den hohlen Waben, die das Gefäß des Honigs sind, läßt an Vittoria denken, die sich mit dem ausgehöhlten Leib einer Laute vergleicht. Vgl. S. 88.
[65] A 224.
[66] Ebd.
[67] A 164.
[68] Vgl. das Kierkegaardwort im »Buch der Freunde« A 14, dazu diese Arbeit S. 98.
[69] A 221; vgl. dazu diese Arbeit S. 96.

hat nicht die Gabe der Wiedergeburt, die ihn wieder jung werden ließe. Beide leben nicht eigentlich: dieser erinnert sich zu leben, jener hofft zu leben.

Es ist die Konfiguration, die Hofmannsthal zutiefst beschäftigt: daß beide Figuren zusammengehören und mit ihrer wechselseitigen Spiegelung erst das entstehen lassen, was »der Mühe wert ist«[70], daß die verborgene Einheit in ihnen am Werk ist und jenen Umschlag bewirkt, der den Abenteurer aus dem Leichtsinn, den Tiefsinnigen aus der Schwermut herausbringen will. Im »Bergwerk zu Falun« stellt er die Geburt des Dichters aus dem Geist der Schwermut dar. Was Elis als Schaffender aus den Tiefen der Schwermut hervorbringt, ist das Gedicht, in welchem das Wesenhafte der Dinge wieder mit dem Element der Zeit verbunden ist[71]. In diesem Gebilde der Fiktion hat »Zeit« einen neuen Sinn bekommen. Zeit, aufgefaßt als Gegensatz zu Zeitlosigkeit, als entstehend-vergehendes Nacheinander, ist überwunden. Darum nennt Hofmannsthal den Dichter einen »Überwinder der Zeit«[72]. Der Dichter überwindet die Zeit, indem er die eigentliche Zeit zum Vorschein bringt: »Zukunft geht ihm wie Vergangenheit in einzige Gegenwart herüber.«[73] Der Dichter Elis ist der Magier, der dem Millenarischen nicht nur nahe ist, sondern es heranbeschwört, es nicht nur in der Zukunft sein läßt, sondern gegenwärtig macht.

In diesem Zugleich von Hervorbringen und Versunkenheit, von Phantasie und Schwermut ist seine »ganze Lebensluft ein schwindliges Gemisch von Wonne und Entsetzen« (396). Elis ist als dichterische Existenz eine Ausnahmeexistenz: kein zweiter geht vorbei »mit gleichem Schicksal« (396). Er braucht, wie Amyclas im Alexanderfragment, »ein ungeheures Schicksal, um durch einen Gegendruck den Druck der stillen Verzweiflung loszuwerden«[74]. So rettet er sich ins Imaginäre, in die Vision des wahren Lebens. In dieses Leben einzutreten bleibt ihm aber versagt: ihm fehlt dazu der Glaube, mit dem er das Geschaute für sich zu erhoffen und sich selbst dem Erhofften entgegenzubringen wagt. Er glaubt nicht, daß, hier und jetzt, Anna für ihn, er für Anna bestimmt ist, daß in der Ehe verwirklicht wäre, was er ins Imaginäre bringt.

Es muß dies damit zusammenhängen, daß er zu wissen meint, er sei zu frühem Tod bestimmt. In der Traumvision, die Elis mit dem Auftrag,

---

70 A 36.
71 Vgl. S. 131/2.
72 »Der Dichter und diese Zeit« (1907): P II 296.
73 Ebd.: P II 298; vgl. auch E 247.
74 Vgl. S. 123/4, Anm. 38.

ein Dichter zu sein, ins Leben zurückkehren hieß, hat die Bergkönigin zu ihm gesagt: »Komm bald! komm bald!« (362), und als ihr letztes Wort (364) bleibt es das eindringlichste Wort. Seitdem empfängt er Botschaft über Botschaft von ihr (455), das Ende wird nicht lange auf sich warten lassen. Der frühe Tod, der für Elis eine Möglichkeit ist, scheint in der Tatsache gespiegelt zu sein, daß der erste Sohn der Großmutter, den Träumen hingegeben auch er, als Knabe starb:

> Den zog ein Wasser mit gelassner Unschuld
> In seinen frühen Tod, er war verträumt,
> Da winkte ihn sein eigner Traum hinab. (459)

Elis, der Dichter, ist von Ahnungen frühen Sterbens umhangen wie Alexander, den Hofmannsthal die Worte sagen läßt:

> Sterben ist nichts, jung sterben und es wissen,
> ist fürchterlich, – die leere Luft hat Fäuste
> und will mich würgen.

Man ist versucht, hier Selbstbiographisches herauszuhören. Könnte nicht Hofmannsthal, der in unerhörter Frühreife, nur Rimbaud vergleichbar, Werk um Werk hervorgebracht, den Gedanken, daß er zu baldigem Sterben ausersehen sei, in sich getragen haben? In einem der »Briefe des Zurückgekehrten«, geschrieben 1907, aber datiert vom 9. Mai 1901 – kurz vor Hofmannsthals Heirat also –, findet sich eine Stelle, die vielleicht in diesem Zusammenhang gesehen werden darf: »Früher dachte ich immer, es würde mich so unversehens mitten aus dem hastigen Leben wegnehmen, und dazu ist jeder Ort gut. . . . aber nun habe ich den Glauben, es wird anders geschehen, in Ruhe, im eigenen Bette, vielleicht in Langsamkeit. Da stelle ich mir ein Bereitsein vor, ein Gesammeltsein.«[75] Auch in den späteren Lebensjahren scheinen solche Gedanken wieder aufzuklingen, wenn man ihn, wie Thomas Mann berichtet, gelegentlich sagen hört: »Nach ›Der Abenteurer und die Sängerin‹ hätte ich sterben sollen. Ich hätte dann eine runde Biographie gehabt.« Und ein deutlicher Anklang an das »Ich warb und durfte nicht« des Elis wird in dem anderen, ebenfalls von Thomas Mann überlieferten Wort hörbar: »›Gott im Himmel‹, hört man ihn fragen, ›vielleicht hätte ich überhaupt nicht Vater werden, keine Söhne haben dürfen?‹«[76]

---

[75] P II 342.
[76] Helmut A. Fiechtner, a. a. O., S. 288 u. 287.

Nicht um die Erhellung des biographischen Hintergrundes kann es uns indessen zu tun sein, sondern nur darum, möglichst vielseitig zu beleuchten, was Hofmannsthal als dichterische Existenz bezeichnet. Da ist denn dies eine festzuhalten, daß dem Dichter der Tod ganz nah zur Seite geht, daß ihn das Gefühl begleitet, er lebe als Sterbender oder schon Gestorbener, und daß dies ihm das gesteigerte Bewußtsein gibt, das ihn einen Blick in die höchste Welt, ins »Millenarische« tun läßt. Er, der Auserwählte, der den Menschen tiefe Kunde bringt von dem, was wahres Leben wäre, ist er nicht, wenngleich zu frühem Tod bestimmt und damit von der Verwirklichung dieses Lebens ausgeschlossen, dennoch gesegnet als der zum Opfer Ausersehene? Oder liegt ein Fluch auf ihm, daß er das Leben notwendig verfehlt?

> Wer bin denn ich,
> Daß ich, ich, der verlaufene Matros,
> Hinunterfahren mocht in euren Schacht
> Und eure alten Bergleut wie im Traum
> Dahin und dorthin weisen, alles lenken,
> Und euch reich machen, wie kein Mensch hier ist.
> Habt ihr euchs nie geträumt, daß irgendwie
> Ein Preis dafür gezahlt müßt worden sein? (438)

Seit alters ist der Preis, der für fabelhaften Reichtum zu bezahlen ist, die Seele. Eine Ahnung davon befällt Elis schon, wie der Ruf an ihn ergeht, ein Bergmann zu sein (350). Da ihm zur Gewißheit geworden, daß er dazu bestimmt ist, Anna zu verderben, packt ihn jenes Fürchterliche (437/8), das nichts anderes ist als das Grauen, das Heil der Seele verloren zu haben. Die dichterische Existenz erfährt in Hofmannsthals Analyse alle Höhen und Tiefen der Bewertung. Elis weckt im Leser einmal Mitgefühl, ein andermal Bewunderung, er wirkt abstoßend und doch liebt man ihn wieder, er kann einen frieren machen und unversehens mit heißer Glut anwehen. Elis ist jene »Mischung von Gewinnendem, Brutalem und Unheimlichem«, wie sie Hofmannsthal noch während der Arbeit am zweiten Akt des »Bergwerks« für die Hauptrolle eines weiteren Stücks vorschwebte[77]. Dieses Zwielichtige ist es, was den Zugang zum »Bergwerk zu Falun« erschwert. Der geniale Mensch gilt,

---

[77] Brief an Hermann Bahr vom 17. Juli 1899: Br. I, 288. – Diese Briefstelle liest sich wie eine Charakterisierung des Quidam, in den verkleidet Kierkegaard die Leidensgeschichte »Schuldig? – Nicht schuldig?« vorbringt, seine Verlobungskrise in dichterischer Gestaltung zeigend (Stadien S. 205–422).

zumindest seit der Goethezeit, wenn nicht schon seit der Renaissance, als vorbildlich: in ihm erscheint das Individuum in seiner höchsten Ausprägung. Als solches führt er dem Menschen die Einmaligkeit und Unauswechselbarkeit der Person vor Augen, und als schöpferisch Begabter macht er ihn seiner Schöpferkräfte und damit seiner Gottähnlichkeit gewiß. Daß nun Hofmannsthal die Fragwürdigkeit des Dichters herausstellt, zeigt einen tiefgreifenden Prozeß der Umwertung an. Der Dichter ist nicht mehr als Vorbild des Menschen gesehen, sondern als Ausnahme, die das allgemein Menschliche nicht zu verwirklichen vermag[78]. Wie kein zweiter zu sein (396) ist nicht mehr tragender Grund des Selbstbewußtseins, sondern als lastendes Gefühl des Fremdseins auferlegt. Das Schaffen des Menschen läßt sich nicht mit Gottes Schöpferkraft vergleichen, ahmt es doch bloß dem Leben nach und bringt Werke, die der Welt des Scheins angehören, hervor. Ganz anders hat Novalis dies alles noch gesehen: »Der Bergbau muß von Gott gesegnet werden! denn es gibt keine Kunst, die ihre Teilhaber glücklicher und edler machte, die mehr den Glauben an eine himmlische Weisheit und Fügung erweckte, und die Unschuld und Kindlichkeit des Herzens reiner erhielte, als der Bergbau.«[79] Das rein Innerliche, das Geistige, das, was Novalis »das inwendige Heiligtum des Gemüts«[80] nennen konnte, hat nun etwas Gespenstisches bekommen. Die Bergkönigin hat – anders als in den »Lehrlingen zu Sais« die verschleierte Jungfrau, die Mutter der Dinge – dämonische Züge angenommen[81]: als das Sein, welches das Werden außerhalb seiner hat, ist sie die eine der »dämonischen Mächte, welche über die Seele verfügen wollen«[82]. Der Unterschied läßt sich an manchen Einzelheiten ablesen; ein Beispiel sei hier noch angeführt: Bei Novalis heißt es einmal, es gehöre eine besondere Gestirnung dazu, wenn ein Dichter zur Welt kommen solle, denn es sei eine recht wunderbare Sache mit dieser Kunst[83]. Man denkt an den Anfang von Goethes »Dichtung und Wahrheit« und an das gleichermaßen halb ernste, halb spielerische Gegenstück bei Eichendorff[84]. Elis steht

---

[78] Vgl. die P III 118/9 zitierte Stelle aus einem Brief von Rudolf Borchardt (23. Juli 1911, S. 47).

[79] »Heinrich von Ofterdingen«, 5. Kap., Schriften II 244.

[80] Ebd. 2. Kap., S. 210.

[81] Vgl. A 218/9.

[82] A 226.

[83] »Heinrich von Ofterdingen«, 2. Kap., S. 209.

[84] »Kapitel von meiner Geburt« in: Eichendorff, Sämtliche Werke, Historisch-kritische Ausgabe, hg. von W. Kosch und A. Sauer, Bd. 10, Regensburg 1911, S. 373.

weder unter dem Zeichen der Kulmination der Sonne noch unter dem der Kulmination des Mondes: ein Stern fällt, wie er den Ort seines Schaffens gefunden, und Anna schrickt darob zusammen (395). Wie zu Goethes Euphorion gehört das Kometenhafte zu ihm; er ist maßlos wünschend, wie jener das Unmögliche begehrt.

Während um Elis unheimliches Zwielicht geistert, ruht auf Anna ein reiner Glanz, wie er sich am schönsten in Elis' Worten spiegelt:

> Nichts
> Ist so, wie daß du da bist, wundervoll!
> So weißt du, Liebste, alles ohne Worte
> Und drängst dein Alles, weils zu viel für Worte,
> Zusammen in dies lieblich süß wortlose
> Dastehen, in dies unbegreifliche! (427)

Ihr Dastehen, ihr Da-sein bildet die Mitte, die umgrenzt wird vom Bergmann Elis, der in der Weise da ist, daß er nicht da ist[85], und von ihrem Bruder Christian, der aufbricht, um in die Welt hinauszuziehen wie ehedem Elis der Matrose. Zusammen mit ihrer Großmutter, die so ähnlich der Großmutter im »Weißen Fächer« ist, gehört Anna zu jenen Gestalten, in denen Hofmannsthal das Geheimnis umkreist, das nicht ins Wort zu fassen ist, »weils zu viel für Worte«. Das unbegreifliche Dasein übersteigt jede Darstellung.

Trotz mannigfacher autobiographischer Anklänge kann Hofmannsthal keineswegs mit Elis identifiziert werden. Sein Stück »Der Kaiser und die Hexe«, wie das »Bergwerk« »Analyse der dichterischen Existenz«[86], zeigt das mit seinem entgegengesetzten Schluß: der Kaiser entwindet sich – vergleichbar der Sängerin Vittoria – der dämonischen Macht. Hofmannsthal hat in Elis nur eine Seite seines eigenen Wesens dargestellt, wie dies auch klar aus einer Notiz über seine Freundschaft mit Leopold von Andrian hervorgeht: »Das Hauptproblem dieser sehr merkwürdigen Epoche liegt darin, daß Poldy vollständig (ich weniger vollständig, sondern ausweichend, indem ich eine Art Doppelleben führte) das Reale übersah: er suchte das Wesen der Dinge zu spüren – das andere Gesicht der Dinge beachtete er nicht, er wollte es absichtlich nicht beachten, *für nichts ansehen* (ähnlich kann der Zögling Törless das Gesicht der Dinge, wenn sie ferne sind, und das andere, wenn sie hart an uns sind, nicht

---

85 In »Ad me ipsum« sagt Hofmannsthal über den Dichter: »Er ist da und nicht da.« A 235.
86 A 223.

übereinbringen).«[87] Die zwei Gesichter der Dinge: das eine zeigt, was sie sind, ihr zeitloses Wesen; das andere, daß sie sind, ihr Dasein. Eine Zeitlang bringt Elis diese beiden Gesichter überein: Anna umwerbend, die in ihm das namenlose, unnennbare Urbild heraufruft, wirbt er um die Bergkönigin – da scheint der Widerstreit der beiden Bräute geschlichtet. Aber die Übereinstimmung zerbricht, wie sie als Möglichkeit gewonnen ist:

> Allein des Wunsches angespannte Sehne
> Zerriß, sobald das Ziel getroffen war. (457)

Die Bergkönigin ist ihm wiederum alles, Anna »nicht mehr viel« (457). Urbild und Abbild sind auseinandergefallen, Wesen und Dasein zertrennt. Nur im Wesenhaften das Wesentliche sehen wollen ist Achtlosigkeit, acedia, die Trägheit des Herzens. Hofmannsthal stellt dies in der Figur des Tiefsinnigen dar. Die Dinge nur in ihrem Daß-sein, in ihrer Anwesenheit als zuhanden oder vorhanden sehen wollen ist bloß scheinbare Achtsamkeit, die verhüllt, daß sie über alle Maßen achtlos ist. Das ist in der Figur des Abenteurers deutlich gemacht. Hofmannsthal aber führt »eine Art Doppelleben«. In diesem Verlegenheitsausdruck ist sein Eigenstes verborgen. »Doppelleben« kann hier – aus der Bemerkung über Musils Törless geht dies eindeutig hervor – nicht heißen, daß er bald das eine, bald das andere sei; er ist beides zugleich. Wenn er aber beides zugleich sein kann, ist die eine Seite wiederum nicht das, was im Abenteurer, die andere nicht, was im Tiefsinnigen als losgelöst repräsentiert ist. So ist es nicht einmal richtig, zu sagen, Hofmannsthal habe in Elis die eine Seite seines Wesens dargestellt, vielmehr muß man sagen: die eine Möglichkeit. Indem er aber beide Seiten übereinzubringen vermag, sind sie in Wirklichkeit etwas anderes.

Wenn Hofmannsthal in Elis den Dichter, mithin sich selbst porträtiert, so ist er selber immer auch mehr als das Dargestellte und Darstellbare. Zwischen dem dichtenden Dichter und dem gedichteten Dichter bleibt eine Differenz bestehen. Hofmannsthal ist nicht in dieser oder jener Figur seiner Dichtung zu finden: er ist ihr Gespräch, und als Gespräch ist er wiederum nicht nur in dem, was die Worte sagen, sondern ebensosehr in dem, was sie verschweigen und nicht anders als im Schweigen sagen können. Von hier aus ließe sich wohl auch die Frage angehen, warum Hofmannsthal das »Bergwerk« nie als Ganzes veröffentlicht hat.

---

[87] A 244. – Vgl. dazu Robert Musil, Die Verwirrungen des Zöglings Törless, in: Prosa, Dramen, Späte Briefe, Hamburg 1957, S. 15.

Freilich bleibt man dabei im Bereich bloßer Vermutungen. Hofmannsthal dürfte von der in seiner Dichtung gegebenen Analyse der dichterischen Existenz nicht befriedigt gewesen sein. Einen Widerhall davon glaubt man in einem Brief an Rudolf Borchardt zu vernehmen: »Ich habe darüber daß ich ein Dichter bin, nicht aufhören müssen ein Mensch zu sein, das ist mein unermeßliches Glück –«[88]. Ähnlich äußert sich Hofmannsthal gegenüber Stephan Gruß: »Manches, was Du über meine spätere Entwicklung sagst – eben über jene Phase, die uns auseinanderbrachte –, hätte mich vielleicht noch vor fünf Jahren verstimmt oder beunruhigt. Seitdem ich aber über Dreißig bin, Frau und Kind habe und mich dabei innerlich ebenso jung fühle als je und mit einer noch stärkeren freudigen und fröhlichen Grundstimmung als damals vor 15 Jahren[89], – seitdem weiß ich auch, weiß es aus mir und aus Dokumenten, die ich nun verstehen gelernt habe, daß die sonderbare, fast unheimliche seelische Beschaffenheit, diese scheinbar alles durchdringende Lieblosigkeit und Treulosigkeit, die dich an mir so sehr befremdet und mich manchmal so sehr geängstigt hat – der ›Tor und Tod‹ ist nichts als ein Ausdruck dieser Angst –, daß diese seelische Beschaffenheit nichts andres ist, als die Verfassung des Dichters unter den Dingen und Menschen. Der schöne Brief von Keats ... mit den merkwürdigen Klagen über das Chamäleondasein des Dichters (›he has no identity: he is continually in for, and filling, some other body. – It is a wretched thing to confess, but it is a very fact, that not one word I ever utter can be taken for granted as an opinion growing out of my identical nature. How can it, when I have no nature?‹ usf. usf.). Dieser Brief hat mich sehr entlastet, als er mir vor Jahren das erstemal in die Hand kam. Ein Dichter zu sein, ist eine Sache, gegen die man sich nicht helfen kann. Aber es wäre mir leid, wenn ich deswegen kein Mensch wäre (woran ich jetzt nicht mehr zweifle, hatte aber etwas böse Phasen mit diesem Zweifel).«[90] Aus einem Zweifel, der ihm die frühere Grundstimmung verstörte, ist somit das »Bergwerk« entstanden. Was ihn zögern ließ, die Dichtung zu drucken, ist wohl dies, daß er das Gegengewicht zu diesem Zweifel nicht genügend zur Geltung bringen konnte. Nur im Gesang der Bergleute (462/3) ist es angedeutet. Aus dem Tragischen wollte das Versöhnende nicht recht herausleuchten, jenes Ver-

---

[88] 11. Juli 1912, S. 65.

[89] Man beachte, wie hier Hofmannsthal das formuliert, was im Kierkegaardschen Sinne Wiederholung genannt werden kann.

[90] Brief vom 23. Januar 1907, Br. II, 253/4; der Brief von Keats ist an Richard Woodhouse gerichtet und datiert vom 27. Oktober 1818. Vgl. The Letters of John Keats, edited by Maurice Buxton Forman, Oxford 1931, vol. I, p. 245.

söhnende, das selbst über den »Tor und Tod« einen Glanz wirft[91], das im Chandosbrief wie in den »Briefen des Zurückgekehrten« hervorbricht, auf das hin die Ödipus-Tragödie angelegt ist, und um das Hofmannsthal in der »Turm«-Dichtung unablässig ringen sollte[92]. In dieser Versöhnung geht es um die Lösung der Antinomie von Sein und Werden. Das »Bergwerk« impliziert die Unmöglichkeit einer Lösung für den Dichter. Dadurch daß Hofmannsthal zur Grundlage einer Analyse der dichterischen Existenz die Bergwerksage wählte, war dieses Ergebnis schon vorgegeben. Hofmannsthal konnte sich zu ihm kaum bekennen, ließ es sich doch in seiner Einseitigkeit nicht vereinbaren mit seinem Wort, die Kunst sei des Dichters sicheres Mittel, das Leben von sich abzuhalten, und zugleich sein sicheres Mittel, sich dem Leben zu verbinden[93]. Das »Bergwerk zu Falun« war ein Ausdruck seiner Befürchtungen, nicht aber seiner eigentlichen Intentionen. Es schien unvereinbar, Dichter und Mensch zu sein. Das »Bergwerk« und der Chandosbrief sind Dokumente dieser Auffassung: das eine Mal wird Dichtertum gezeigt, das auf Kosten des Menschseins geht, das andere Mal wird das Verstummen des Dichters dargestellt, »der Anstand des Schweigens«[94]. Nur ist der Chandosbrief nicht bloß eine Absage an das Dichtertum. Indem Hofmannsthal den Chandosbrief dichtet, hat er dem Dichtertum entsagt und es zugleich wieder, in einem neuen Sinn, ergriffen. Darin kündet sich aber an, daß Menschsein und Dichtersein nichts Unverträgliches sind.

---

91 Vgl. S. 37.
92 Vgl. S. 316/17.
93 Vgl. S. 63.
94 A 215.

Der Brief des Lord Chandos

Philipp Chandos hat schon mit neunzehn Jahren eine Reihe von Dichtungen geschaffen, welche ihm die Gunst hochgestellter Persönlichkeiten eintrugen, und was er seither geschrieben, hat die in ihn gesetzten Erwartungen durchaus erfüllt. Als Vierundzwanzigjähriger aber verzichtet er mit einemmal gänzlich auf jede literarische Betätigung. Nachdem man von ihm zwei Jahre lang keine neue Veröffentlichung zu Gesicht bekommen hat, erkundigt sich Francis Bacon befremdet und besorgt bei seinem Schützling nach den Gründen dieser geistigen Starrnis. Der Brief gibt darauf die Antwort, von der Chandos kaum hoffen kann, daß sie verstanden werde, versteht er doch sich selbst nicht recht.

Es liegt nahe, dieses Prosastück, das 1902 publiziert wurde, in biographischen Zusammenhängen zu sehen und zu deuten. Nachdem Hofmannsthal, vierundzwanzigjährig, den »Abenteurer und die Sängerin« verfaßt hat, scheint seine verschwenderische Produktivität ins Stocken zu geraten. Zwar schreibt er das »Bergwerk zu Falun«, bringt es aber nicht über sich, das Drama als Ganzes zu veröffentlichen. Vor allem aber versiegt der Quell lyrischer Gedichte. Darüber schreibt er an Richard Dehmel: »Sonderbar ist es mir selber, daß in vielen Monaten, und Monaten von glücklicher Konzentration, nicht mehr ein einziges Gedicht entstehen will. Das tut mir innerlich recht leid.«[1] Ein Brief an Rudolf Alexander Schröder berichtet von grundsätzlicher Schwierigkeit, sich zu äußern: »Verzeihen Sie mir, es wird mir manchmal das Reden, auch das schriftliche, in einer Weise unmöglich, die ich zu definieren gar nicht versuchen kann«[2], und wenig später steht in einem weiteren Brief zu lesen: »Es war mein 28ter Geburtstag, und ich glaube die beängstigende nun seit fast zwei Jahren – mit gewissen trügerischen Unterbrechungen – anhaltende Erstarrung meiner produktiven Kräfte auch so auffassen zu sollen: als den mühsamen Übergang von der Produktion des Jünglingsalters zu der männlichen; als einen tiefen, nach außen nur durch Schmerz

---

[1] 1. Dezember 1901, Br. II, 61.
[2] 13. Januar 1902, Br. II, 63.

und Dumpfheit fühlbaren Prozeß der inneren Umwandlung.«³ Im Kreis Stefan Georges war man der Ansicht, mit Hofmannsthals Dichtertum sei es vorbei. Hinter der Figur des Francis Bacon steht denn auch George, und zwar ist dies nicht etwa bloß versteckt angedeutet, sondern durch ein wörtliches Zitat offenkundig gemacht: »Ich weiß nicht, ob ich mehr die Eindringlichkeit Ihres Wohlwollens oder die unglaubliche Schärfe Ihres Gedächtnisses bewundern soll, wenn Sie mir die verschiedenen kleinen Pläne wieder hervorrufen, mit denen ich mich in den gemeinsamen Tagen schöner Begeisterung trug.« (9)⁴ Damit wird auf die gedruckte Widmung angespielt, die George seinem Gedichtband »Pilgerfahrten« vorangestellt hat: »Dem Dichter Hugo von Hofmannsthal im Gedenken an die Tage schöner Begeisterung«⁵. Der Vergleich mit Bacon, diesem ebenso begabten wie eiteln, machthungrigen und gefühlskalten Manne, ist nicht unbedingt schmeichelhaft; der in vollendeter Höflichkeit abgefaßte Brief des Lord Chandos enthält, nicht in sich, aber in bezug auf George, eine Messerspitze feiner Bosheit als Zutat: in die Bewunderung ist, wie schon bei der ersten Begegnung mit George, »das Bedürfnis, den Abwesenden zu schmähen«, gemischt⁶.

Der Nachweis solcher Hintergründe verleitet dazu, den Chandosbrief als unmittelbares Dokument einer schweren Krise des Dichters zu lesen und daraus den Schluß zu ziehen, Hofmannsthal habe sich um die Jahrhundertwende, von tiefer Ratlosigkeit erfaßt, in seinem Dichtertum derart in Frage gestellt gesehen, daß weiteres Hervorbringen nicht mehr möglich schien. Nur eben: Der Chandosbrief, der die Unmöglichkeit literarischer Betätigung im grundsätzlichen Versagen der Sprache, aller Sprache, begründet, ist selbst ein literarisches Meisterwerk. Die Behauptung, Hofmannsthal sei in geistige Erstarrnis und Unproduktivität versunken, die Sprache versage sich ihm, wird widerlegt, indem er sie bestätigt. Die Ironie ist so vollkommen, daß sie nicht genauer auf ihre Spitze gestellt werden könnte. Der Chandosbrief ist eine Dichtung, die das zum Gegenstand hat, was die Dichtung aufhebt – und eben damit nicht aufhebt. Diesen Widerspruch gilt es festzuhalten⁷. Wenn man nun dieses

³ 14. Februar 1902, Br. II, 67.
⁴ »Ein Brief« im Band »Prosa II« S. 7–22.
⁵ Vgl. Werke, München 1958, Bd. I, S. 26.
⁶ A 94.
⁷ Am eindringlichsten ist das Sprachproblem bei Hofmannsthal von Richard Brinkmann (Hofmannsthal und die Sprache, in: DVjs. 35, 1961) und von Lothar Wittmann (Sprachthematik und dramatische Form im Werke Hofmannsthals, Stuttgart 1966) behandelt worden. Vgl. auch Karl Pestalozzi, Sprachskepsis und Sprachmagie im Werk des jungen Hofmannsthal, Zürich 1958.

Widersprüchliche in ein zeitliches Nacheinander auflöst, wird damit eine Entwicklung konstruiert, die dem wahren Sachverhalt nicht entspricht. Es ist nicht so, daß Hofmannsthal verstummt wäre und später die Sprache wieder gefunden hätte. Reden und Schweigen gehören als gleichzeitig zusammen, und nur deshalb ist es möglich, daß einer bald redet und bald schweigt und auch beredt schweigt oder redend verschweigt. Damit wird das Bestehen einer Sprachkrise nicht bestritten. Sie stellt sich aber nicht um die Jahrhundertwende als einmaliges Ereignis ein, sie liegt Hofmannsthals Schaffen von Anfang an zugrunde, verborgen in der antinomischen Struktur seines Werks und heraustretend in manchen Formulierungen, von denen hier nur die eine, früheste, wieder zum Zeugnis aufgerufen sei: »Wir verstehen nur uns selbst, und an uns selbst nur das Gegenwärtige, und auch den gegenwärtigen Gedanken nur solang als wir ihn denken, als er flüssig ist.«[8] Wie ist es bei solchen Voraussetzungen überhaupt möglich, ein Dichter zu sein, zu schreiben, das Flüssige ins Geschriebene festzulegen? Dies ist Hofmannsthals Grundproblem. »Die Dichter verarbeiten meist ihr Leben lang die Erlebnisse einer gewissen Epoche ihrer Entwicklung, wo ihr Fühlen intensiv war«, sagt Hofmannsthal schon 1893[9], »in allen ihren tiefsten Werken pflegen sich Anklänge an diese eine Phase zu finden, die ihnen das Leben kat' exochen gewesen ist«, und drei Jahre später erklärt er noch bestimmter: »Jeder Dichter gestaltet unaufhörlich das *eine* Grunderlebnis seines Lebens.«[10] Daß er diese Ansicht nicht im Laufe seiner Entwicklung überholt hat, zeigt das späte, 1926 für die Darstellung seines Lebens festgehaltene Wort: »Formidable Einheit des Werkes«[11]. Auch mitten in der sogenannten Chandoskrise, von der gesagt worden ist, sie habe jahrelang gedauert und sei erst 1907, mit der Komödie »Cristinas Heimreise«, überwunden worden[12], schreibt er, es sei falsch, »immer zu sagen: Er hat das aufgegeben, er wendet sich jenem zu«; man müsse »die Kunstwerke als fortlaufende Emanationen einer Persönlichkeit ansehen«[13]. So wäre denn davon auszugehen, daß Hofmannsthal unablässig von dem einen spricht, das sich nach eigener Gesetzmäßigkeit im Werk entfaltet, deutlicher und deutlicher hervortritt und allmählich in seiner ganzen Tragweite sichtbar wird.

---

8 A 89 (29. Dezember 1890).
9 P I 160/1; vgl. auch den Aufsatz »Die Menschen in Ibsens Dramen« (1893) P I 95.
10 »Der neue Roman von d'Annunzio« (1896) P I 234.
11 A 237.
12 Richard Alewyn, Über Hugo von Hofmannsthal, S. 96/7.
13 A 139 (1904).

Sowenig Hofmannsthal zur Zeit der vielberufenen Chandoskrise verstummt ist – seine Stimme hat sich immer wieder sehr wohl vernehmen lassen: in der »Elektra« (1903), im »Geretteten Venedig« (1904), im »Ödipus« (1905), außerdem in vielen Aufsätzen –, sowenig wird die Krise ein für allemal überwunden; sie gehört zu Hofmannsthals Persönlichkeit, wie sich in seinen periodischen Verstimmungen zeigt; sie ist es auch, die ihn zum Schaffen nötigt. Daß die Sprachnot bei ihm einem innern Gesetz entspricht, hat Hofmannsthal wohl am deutlichsten George gegenüber (im Brief vom 13. Oktober 1896) zum Ausdruck gebracht: »Für wessen Dichtungen vermöchte ich mit Zuversicht und Glauben einzutreten, solang ich, an mir selber irre, erst von jedem neuen Tag schwankend und ängstlich die Bestätigung erwarten muß, daß ich überhaupt die Worte, mit denen wir Werthe bezeichnen, in den Mund zu nehmen nicht völlig unberechtigt bin, solange mir jeder schlimme Tag diese Bestätigung verweigern kann, jeder Beweis einer inneren oder äußeren Unzulänglichkeit im Stande ist, mir für Monate die Gefaßtheit, ja die Sprache zu rauben?«[14]

Das Wesen dieser permanenten Sprachkrise ist nirgends so deutlich zu erkennen wie in den beiden Werken, in denen sie zum Thema erhoben ist: im Chandosbrief und in den »Briefen des Zurückgekehrten«.

Chandos unterscheidet in seinem Brief drei Stadien. Die erste Phase ist gekennzeichnet durch die Leichtigkeit, mit der er zu sprechen, zu schreiben und zu dichten vermag. Seine Dichtungen sind hingeschrieben (8) und taumeln unter dem Prunk ihrer Worte hin (8). Der Dichter sehnt sich in die Gestalten hinein, er will in ihnen verschwinden und aus ihnen heraus mit Zungen reden (10). »Mir erschien damals in einer Art von andauernder Trunkenheit das ganze Dasein als eine große Einheit: geistige und körperliche Welt schien mir keinen Gegensatz zu bilden« (10/11). Diese große Einheit ist Ungeschiedenheit. Das Ich ist die Welt, und die Welt ist das Ich. Das dichterische Wort liegt noch diesseits der Zertrennungen, in ihm ist das Stoffliche ganz von der Form durchdrungen (9) und somit noch gar nicht als das Stoffliche da, in ihm sind das rhythmisch-klangliche und das begriffliche Element noch völlig ineinander: es ist »ein Ding, herrlich wie Musik und Algebra« (9). Man kann zwar von diesem Zustand nicht anders reden als in Gegensätzen, aber diese Gegensätze haben als solche keine Bedeutung, sie sind immer schon rückgängig gemacht und in die Unmittelbarkeit zurückgenommen. Das

---

[14] Briefwechsel George/Hofmannsthal S. 112/3.

145

Wesen dieses ursprünglichen Zustandes spricht sich besonders schön in
den Worten aus, die im »Bergwerk« Anna rückblickend von sich als
fünfzehnjährigem Kind sagt:

Und wie der Kuckuck rief und rief, so riefs
In mir, es war kein Wünschen, süßer wars
Als Sehnsucht, so beklommne Fülle wars
Und süße Leere, und er rief und floh
Und rief ...[15]

Im Zustand solcher ungeschiedenen Einheit ist der Mensch Natur. So
kann Hofmannsthal, mit einem Anklang an den »Werther«, Chandos
sagen lassen: »In allem fühlte ich Natur ... und in aller Natur fühlte
ich mich selber« (11). Ob er sich in seiner Jagdhütte an einem Trunk Milch
erlabt, ob er in seinem Studierzimmer ein Buch liest: das eine ist wie das
andere (11), nämlich schäumende Nahrung, die Lebensgeister erquickend,
Gedeihen spendend. »Keines gab dem andern weder an traumhafter
überirdischer Natur, noch an leiblicher Gewalt nach« (11). Natur ist
überirdisch, ist Geist; das Geistige ist leiblich. Und wenn dann, in einem
späteren Abschnitt der ersten Phase, dieses Ineinander für Chandos nicht
mehr ganz so ungeschieden ist, so ahnt ihm wenigstens, alles sei »Gleichnis und jede Kreatur ein Schlüssel der andern« (11). Auch jetzt, da nicht
mehr jedes Ding, indem es das Ganze enthält, für sich und in sich alles ist,
steht alles in allseitigem Zusammenhang, und ein jedes deutet auf ein
anderes hin. Die Dinge sind Symbole geworden. Milch weist als das
Nährende auf die Spenderin und auf den Trinkenden und erinnert an
die Zeit, da der Mensch an der Mutterbrust der Natur lag und noch ganz
von ihrer mütterlichen Nähe lebte. Im Blick auf solche Symbolzusammen-
hänge hat Schiller von der »Milch der frommen Denkart«[16] reden können. Immer noch steht somit hinter der Mannigfaltigkeit der Erscheinungen die Einheit, und wenn sich Chandos nun auch nicht mehr im Einen
bewegt, sondern ihm bloß noch das eine *wie* das andere ist, so führt doch
ein Weg vom einen zum andern und läßt sich eines nach dem andern
aufschließen; in all dem vielen erkennt er immer wieder das eine: Natur,
die Mutter der Dinge, und mit ihr erkennt er auch sich selbst.

Eines von den Werken, die Chandos zu schreiben plant, soll den Titel
»Nosce te ipsum« tragen (10). Sich selbst erkennen heißt hier sich als
Natur erkennen, in sich jenes Wirken fühlen, das im Mannigfaltigen die

---

[15] G 394.
[16] »Wilhelm Tell« IV, 3.

Einheit ist, in der Erscheinung der Bildungstrieb des Gesetzes, im Wechsel die Dauer. Es ist offenkundig, daß hinter der Selbsterkenntnis, wie sie hier geschildert wird, die großartige Leistung Goethes steht. Auf ihn spielt denn auch Hofmannsthal an, wenn er Chandos sagen läßt, das Wort schaffe »Dichtung und Wahrheit zugleich« (9). Im dichterischen Wort ist die Natur sich selber durchsichtig geworden: sie ist in ihre Wahrheit gedichtet. Dichtung ist hier verstanden als Läuterung, durch welche die Erscheinung transparent wird, so daß das Wesen in ihr erscheinen kann.

Dieses erste Stadium ist im Chandosbrief vom zweiten her betrachtet, es spricht sich deshalb nicht mehr ganz rein aus. Dadurch daß sich der Mensch als Natur erkannt hat, weiß er sich auch als das Proteuswesen der Natur, und damit ist Natur schon zu etwas anderem geworden, als sie eben noch war. Will er sich nämlich als Naturwesen festhalten, gerät er ins Abenteuernde. Die mit dem Abenteurertypus verbundene Terminologie stellt sich ein: »und so gings fort durch die ganze Breite des Lebens« (11), »ich fühlte mich wohl den, der imstande wäre, eine Kreatur nach der andern bei der Krone zu packen und mit ihr so viele der andern aufzusperren, als sie aufsperren könnte« (11), das Geheimnis, das er »wie hinter einem Schleier« zu spüren meint, möchte er »aufschließen« (9/10). Chandos ist in die Nähe des »durch Zuviel-Wollen zerstreuten Frauenjägers« gerückt, er könnte »eine ihm ähnliche Figur in der intellektuellen anstatt der sensuellen Sphäre«[17] werden, würde er nicht in seinem Eroberungszug aufgehalten. In diese Richtung intellektuellen Abenteurertums weist Chandos' Plan, ein enzyklopädisches Werk zusammenzustellen, das nicht nur alle möglichen denkwürdigen Aussprüche aus allen Zeiten, sondern auch merkwürdige Verbrechen, Anordnungen schöner Feste, Beschreibungen eigentümlicher Bauwerke und dergleichen nebeneinandersetzen will. Was Chandos von seinem Dichtertum sagt, läßt daran denken, daß Hofmannsthal in Schiller den größten Abenteurer, »den die Geschichte des Geistes kennt«, gesehen hat: keiner sei wie er so ganz Bewegung, sein Rhythmus sei andringend, fortreißend, weiterstrebend, sein Adjektiv wie in der Hast des Laufes errafft, sein Hauptwort der schärfste Umriß des Dinges, von oben her im Fluge gesehen, alle Gewalt seiner Seele sei beim Verbum[18]. Er »durchstürmte die Weltanschauungen und richtete sich in ihnen ein, wie in unterjochten Provinzen. Die Welt Kants, die Welt der Alten, die Welt des Katholizismus: er

---

[17] A 169.
[18] »Schiller« (1905), P II 181.

wohnte in jeder von ihnen, wie Napoleon in jeder Hauptstadt Europas residiert hat: fremd und doch gebietend. Seine Heimat war immer woanders, sein Dasein Fortschreiten.«[19]

Es wäre verfehlt, wollte man die Jugenddichtung des Lord Chandos dem Frühwerk Hofmannsthals gleichsetzen und im Chandosbrief eine Abrechnung des Dichters mit sich selbst sehen. Hätte Hofmannsthals Dichtung in der Art, die im Chandosbrief beschrieben ist, angehoben, so müßte man seine frühen Sachen als bloße Anempfindungskunst bezeichnen, als virtuoses Aufgreifen von längst Geleistetem. Hofmannsthal hat aber das Anempfindungsvermögen, das den Menschen seiner Zeit in hohem Maß verliehen war, von allem Anfang an, wie etwa aus dem frühen Gedicht »Gedankenspuk«[20] ersichtlich ist, als zweifelhafte Gabe durchschaut und von ihr nur Gebrauch gemacht, um Uneigentliches darzustellen. Er hat es also gar nicht nötig, im Chandosbrief mit sich abzurechnen, er zeichnet einfach den Weg der Geistesgeschichte nach. Dieser Weg hat dahin geführt, daß sich »fast alle Dinge, die man nicht fühlt und kaum denkt«, ausdrücken lassen, und zwar »raffiniert gut und fast schlagend«[21]; in dieser Fähigkeit liegt aber nichts Dichterisches, so daß Hofmannsthal sagen kann: »Ahnt man, daß ein Dichter eben nicht gerade der zu nennen sein wird, qui dit bien?«[22] Auch dieses Wort aus dem Jahr 1895 weist auf etwas als den verborgenen Quell des Dichtertums hin, etwas, das dem Dichter zugleich das Reden schwer macht. Mit dem Chandosbrief gewährt Hofmannsthal einen Einblick in diese Schwierigkeit.

Das zweite Stadium kündet sich dadurch an, daß Chandos »ein unerklärliches Unbehagen, die Worte ›Geist‹, ›Seele‹ oder ›Körper‹ nur auszusprechen«, empfindet (12). Die Stockung macht sich bald auch im Gespräch über die alltäglichen Dinge bemerkbar, schließlich ist ihm die Fähigkeit, über irgend etwas zusammenhängend zu denken oder zu sprechen, völlig abhanden gekommen. Das Zusammenhängende ist also zerbrochen, die große Einheit zerfallen. »Es zerfiel mir alles in Teile, die Teile wieder in Teile, und nichts mehr ließ sich mit einem Begriff umspannen.« (14) Diesen Dienst leistet nun zum Beispiel der Begriff »das Nährende«, durch welchen Milch und Buch ausgelegt waren, nicht mehr, genauer: es bedurfte früher eines solchen Dienstes gar nicht, es mußte gar

---

19 Ebd. P II 176.
20 G 476.
21 P I 222.
22 P I 223.

nichts zusammengespannt werden, weil ja alles in dem einen tragenden Grund, in der Natur, ruhte. Erst jetzt müßte die Einheit durch Zusammenspannen gebildet werden. Diese neue Einheit könnte nicht in der Natur gefunden werden, da diese nicht mehr allumfassend ist. Das Ich gehört ihr nicht mehr an.

Dies zeigt sich im Sprachwandel. Es wird Chandos unmöglich, über die Angelegenheiten des Hofes, die Vorkommnisse im Parlament ein Urteil herauszubringen (12). Feststellungen welcher Art auch immer regen ihn auf. Früher war dem offenbar nicht so. Das läßt sich nur so erklären, daß er früher gar keine Feststellungen machte und keine vernahm. Wenn er in seinen Dichtungen redete, sprach er nicht feststellend, vielmehr sprach sich in der Dichtung etwas aus, was in Bewegung war. Das Wort erschloß ihm laufend das, was er »Natur« nannte, dieses Ganze, in welchem er und das Seiende einen Zusammenklang oder gar einen einzigen Ton, eine Melodie bildeten. Er redete nicht *über* die Natur, nicht einmal *von* der Natur; das Gesamt von Ich und Natur sprach sich redend aus. Nun hat die Sprache einen andern Charakter angenommen: sie ist zur Aussage geworden, und als solche spricht sie über etwas ein Urteil aus. Wer so spricht, hat sich herausgelöst und abgesetzt, er stellt sich den Dingen gegenüber, und zwar in der Weise, daß sie zu etwas geworden sind, was sich vorfindet, was, als Vorhandenes, feststellbar, mit diesen oder jenen Eigenschaften behaftet ist.

Wodurch ist dieser Wandel zustande gekommen? Er muß in der Sprache selbst angelegt sein, deshalb vollzieht er sich notwendig. Wenn ursprüngliches Reden seine Kraft verliert, kann sich das urteilende Reden durchsetzen. In einer Aussage wie »Sheriff N. ist ein böser, Prediger T. ein guter Mensch« (13) ist das ins Wort Gefaßte durch Prädikate bestimmt und festgelegt. Es ist zur Tatsache geworden, und damit ist ihm die Möglichkeit genommen. Diese wäre ihm auch dann nicht zurückgegeben, wenn man sagte: »Er ist ein böser Mensch, aber er kann sich bessern«, denn damit wäre die Möglichkeit in eine vage Zukunft hinausverlegt, während sie doch in jedem Moment drin ist. Die Feststellung beraubt die Dinge des Lebens, sie trennt Sein und Werden auseinander.

Wenn sich in dieser Weise der Zorn des Lord Chandos gegen Feststellungen erklären läßt, so bleibt doch immer noch ungeklärt, warum ihm die Worte zu Wirbeln geworden sind (14). Das im Wort Festgestellte steht offenbar nicht. Das Urteil tut so, als ob von der Zeitlichkeit abgesehen werden könnte, aber die Zeit zwingt fortwährend zum Widerruf der Feststellungen. Die Dinge verkehren sich in ihr Gegenteil. Was heute stark ist, kann morgen schon schwach sein. Wie aber kann das, was stark genannt wird, stark sein, wenn es schwach werden kann? Seine Stärke erweist sich ja dann eben als Schwäche. Feststellend sagt man: »Diese Sache ist für den oder jenen gut oder schlecht ausgegangen« (13), aber kaum ist das gesagt, kann es schon überholt sein, oder es ist sogar möglich, daß das Gute überhaupt das Schlechte ist und das Schlechte das Gute. Chandos erlebt jenes Umschlagen des einen ins andere, welches Hofmannsthal von allem Anfang an gestaltet: man stellt eine These auf, es geschieht eine Kleinigkeit, und unversehens ist die These umgedreht. Die Worte zerfallen Chandos im Munde wie modrige Pilze (13). Schein und Wahrheit sind ihm, der früher »nie ein Scheinhaftes gewahr« (11) geworden, auseinandergetreten, ja sie lassen sich nicht einmal als Schein und als Wahrheit auseinanderhalten, sondern stürzen in sich ein. Wahrheit ist Lüge und Lüge Wahrheit, gut ist böse und umgekehrt, in die Höhe kommen kann hinabsinken heißen, Niedergang kann Aufstieg sein[23]. Dann aber ist es unmöglich, daß die Aussage der Ort der Wahrheit ist. Die Worte sind Wirbel, »in die hinabzusehen mich schwindelt, die sich unaufhaltsam drehen und durch die hindurch man ins Leere kommt« (14).

In diesem Wirbel ist kein Halt zu finden. Was einen Halt geben könnte, wäre offenbar nicht das, was den Wirbel zum Stehen brächte, sondern das, was den Wirbel zu umgreifen vermöchte. Dieses Umgreifende wäre eine neue Einheit. Die Großmutter im »Bergwerk zu Falun« scheint diese neue Einheit gefunden zu haben. Für sie sind nicht jene Kategorien des Aufsteigens und Zerfallens wesentlich, in denen ihr Sohn denkt. Wenn sie auch die sogenannte Höhe des Lebens längst überschritten hat und erblindet ist: » ... ich bin drum nicht minder ganz.«[24] Für sie gibt es kein Erblühen, das auch verblühen kann: »Alles blüht!«[25], ständig, unaufhörlich, der junge wie der alte Mensch, die blühende Jungfrau wie die längst Verstorbenen. Starkwerden und Schwachwerden gilt ihr nichts: »Wer ist denn stark, wer ist denn schwach?«[26] Doch ist sie nicht von einem Wirbel in die Tiefe gezogen; in ihr ist nichts von der Schwere, die einer, dem der Boden unter den Füßen wankt, in sich verspürt; Dahlsjö sagt zu ihr: »Mutter, wie leicht muß dir die Seele sein!«[27]

---

[23] Vgl. dazu aus dem Gedicht »Sünde des Lebens« (1891) die Stellen »Was ist krank?! Was ist gesund?!« und »Ist das Gute denn nicht schlecht?/Ist das Unrecht denn nicht Recht?« (G 485).
[24] G 377.
[25] Ebd.
[26] Ebd.
[27] G 378.

Die Figur dieser Großmutter – wie auch schon die Großmutter im »Weißen Fächer« und die Mutter im »Tor und Tod« – macht deutlich, daß Hofmannsthal längst um die Möglichkeit weiß, im Bodenlosen des Wirbels »sicher zu schweben«[28]. Chandos ist nicht so weit. Er leidet gleiche Qualen wie Andrea in »Gestern«: Lüge und Wahrheit fließen zusammen[29]. Nur besteht der Unterschied zwischen Andrea und Chandos darin, daß jener verzweifelt mit Worten über das Wort hinauszukommen sucht, dieser verzweifelt verstummt. Man sieht auch hier: die Chandoskrise steht am Anfang von Hofmannsthals dichterischem Schaffen.

Chandos versucht zunächst, sich aus dem Wirbel in Sicherheit zu bringen. Nicht daß er sich in jener Gottesvorstellung verankern wollte, die in einem Jenseits des Wirbels Ruhe verspricht. Er sieht auch, und darin unterscheidet er sich von Elis, keine Rettung im zeitlosen Sein der platonischen Ideenwelt, vielmehr graut ihm vor ihrer Gefährlichkeit (14), die auf Grund des »Bergwerks« dahin bestimmt werden kann, daß der Platonismus das Zeitliche verachten lehrt. Chandos versucht, im Kosmos der Antike mit seiner Harmonie begrenzter und geordneter Begriffe festen Boden unter den Füßen zu gewinnen, aber er flüchtet, weil er sich dort eingesperrt fühlt, bald wieder ins Freie (14/5), ins Offene, »hinaus ins Leere« (12).

Indem sich Chandos der Leere aussetzt, macht er jene seltsamen Erfahrungen, die dem dritten Stadium angehören. Was ihm widerfährt, ist »etwas völlig Unbenanntes und auch wohl kaum Benennbares« (15). Es ist also nicht etwa so, daß hier die herkömmliche Sprache versagt. Die Sprache versagt als solche: sie kann diese Erlebnisse überhaupt nicht greifen und fassen, sie kann auch nicht mit Zungen aus ihnen reden. Chandos macht die überraschende Erfahrung, daß es inmitten der Ödnis gute, freudige, belebende Augenblicke gibt. Diese Augenblicke stellen sich unvermittelt ein, sie stehen in keinem Kontinuum, und dadurch unterscheiden sie sich radikal von jenem ewigen Augenblick der Jugend, den Chandos rückblickend »andauernde Trunkenheit« nennt. Nichts führt zu diesen Augenblicken hin und nichts läßt sie dauern: ein solcher Augenblick ist nicht das Dauernde, das sich im Wechsel hält. Diese diskontinuierlichen Augenblicke stehen auf keine Weise in seiner Gewalt (15), sie drängen sich ihm auf. In einem solchen Augenblick kann irgendein gewöhnliches Seiendes – eine Gießkanne, ein Hund, aber auch etwas bloß

---

[28] P II 298.
[29] Vgl. P II 13 mit G 158.

Vorgestelltes – ein neues »Gepräge« annehmen (15). Es ist dann von einer »überschwellenden Flut höheren Lebens« (15) erfüllt. Ihr gewöhnliches Gepräge haben die Dinge, wenn das Auge »mit selbstverständlicher Gleichgültigkeit« über sie hinweggleitet: sie gehören und dienen niemandem, sie sind einfach vorhanden, ja sie sind nicht einmal eigentlich vorhanden, sie werden ja nicht ins Auge gefaßt, gezählt, gemustert, untersucht, es ist gleichgültig, ob sie da sind oder nicht, das Auge gleitet beziehungslos über sie hinweg. Aus dieser Nichtigkeit heben sie sich miteins heraus. Das höhere Leben der Dinge beruht aber nicht, wie früher für Chandos, darauf, daß sie Symbolcharakter haben. Es ist nicht so, daß eins für das andere stehen könnte und seine Bedeutung daher bekäme, daß es auf etwas anderes verweist. Jedes ist ein Eigenes. Die Dinge sind nicht in der Weise da, daß der Blick durch sie hindurchginge und auf ihr Wesen, auf ihre Idee gerichtet wäre. Ein Hund wird nicht daraufhin angesehen, wie der Typus in ihm erscheint. Mit Vorliebe zeigt gerade das Unscheinbarste, ein verkümmerter Apfelbaum eher als ein wohlgestalter, dieses Gepräge höheren Lebens. Ein häßlicher, ärmlicher, plumper Gegenstand (20) ist dann für Lord Chandos mehr, als ihm die schönste, hingebendste Geliebte der glücklichsten Nacht je gewesen ist (18). Gerade an diesen Dingen wird das Wesentliche sichtbar: daß sie da sind, daß ihr Dasein, ihr »von niemand beachtetes Daliegen oder -lehnen« (20) unbegreiflich ist, ein Wunder; daß auch das, was dem Nichts ganz nahe ist, etwa das »Zirpen einer letzten, dem Tode nahen Grille« (20), immer noch *ist;* daß überhaupt etwas ist und nicht vielmehr nichts. Aber auch so ist es nicht richtig ausgedrückt, denn ein solches Ding ist ja dann nicht bloß etwas, irgend etwas, so daß es auswechselbar wäre; ein anderes kann ja gerade nicht an seiner Statt sein, wiewohl ein beliebig anderes auch dergestalt heraustreten kann. Nicht *etwas* ist da, sondern ein Schwimmkäfer, ein Karrenweg, und auch so ist es nicht angemessen gesagt. Nicht ein Schwimmkäfer ist da, sondern *dieser* Schwimmkäfer, dieser einzelne, dieser hier. Und dies ist noch weiter zu präzisieren. Chandos sagt: »Diese stummen und manchmal unbelebten Kreaturen heben sich mir mit einer solchen Fülle, einer solchen Gegenwart der Liebe entgegen, daß mein beglücktes Auge auch ringsum auf keinen toten Fleck zu fallen vermag.« (18) Wenn sich die Dinge mir mit der Gegenwart der Liebe entgegenheben, dann sind sie für mich da: sie sind für sich da und zugleich für mich. Sie sind zusammen mit mir eine Welt. Chandos fühlt in sich »ein ungeheures Anteilnehmen, ein Hinüberfließen in jene Geschöpfe« (17), ihm ist, als bestünde sein Körper aus lauter Chiffern, die ihm alles aufschließen (18). Das hört sich ganz ähnlich an wie das frühere

Sichhineinsehnen »in diese nackten, glänzenden Leiber« (10), wie jenes Ahnen, daß »jede Kreatur ein Schlüssel der andern« sei (11). Und wenn Chandos schreibt, er wisse kaum, ob er diese Eindrücke dem Geist oder dem Körper zurechnen solle (19), – ist damit nicht dasselbe gesagt wie bei der Schilderung jenes früheren Zustandes, da ihm geistige und körperliche Welt keinen Gegensatz zu bilden schienen? Ist er zum Früheren zurückgekehrt? Oder hat er für das Neue noch keine Sprache? Daß es sich nicht einfach um eine Rückkehr ins erste Stadium handelt, geht schon daraus hervor, daß diese Art der Erfahrung für ihn etwas völlig Unbekanntes, Unerhörtes, Niegesehenes ist. Dann steckt er also noch in der alten Sprache drin. Aber steckt man denn nicht ständig in der alten Sprache? Seit alters werden die Begriffe Geist, Seele, Leib, Leben gebraucht, und sie werden immer wieder gebraucht, auch wenn sich ihre Bedeutungen verschoben haben. So wäre es denn ein Irrtum, erwarten zu wollen, etwas grundlegend Neues müsse sich in einer Sprache ausdrücken, die sich von der bisherigen derart entferne, daß sie kaum mehr zu erkennen sei. Und wie, wenn das Neue gar das Alte wiederbrächte, freilich so, daß es nicht einfach das Frühere ist, sondern das Neue und zugleich das Ursprüngliche? Wäre dann die Sprache nicht alt und zugleich neu? Hofmannsthal gibt zu diesen Fragen einen Hinweis, indem er mit Bezug auf sein »Welttheater« erklärt: »Es ist neu und alt: so alle meine Sachen.«[30]

Alt und neu ist auch das, was Chandos in den erhöhten Augenblicken erlebt: die Fülle der Zeit. »Es war Gegenwart, die vollste erhabenste Gegenwart« (16), »Gegenwart des Unendlichen« (17), »Gegenwart der Liebe« (18). In der Fülle der Gegenwart war er aber auch früher. Worin besteht der Unterschied? Darin, daß er durch den Wirbel hindurchgegangen, der ins Leere führt. Der Ausdruck »hindurchgegangen« droht indessen den Sachverhalt zu verfälschen. Chandos ist ja immer wieder in diesem Wirbel. Er lebt, abgesehen von jenen einzelnen Augenblicken, »ein Leben von kaum glaublicher Leere« (19). Er kommt auch in den erhöhten Augenblicken nicht aus dem Wirbel heraus; denn was sich ihm in Fülle entgegenhebt, geschieht ebenfalls in Wirbeln, aber in solchen, »die nicht wie die Wirbel der Sprache ins Bodenlose zu führen scheinen, sondern irgendwie in mich selber und in den tiefsten Schoß des Friedens« (21). Fülle und Leere, Sein und Nichts sind damit in eine rätselvolle Beziehung gesetzt. Der Wirbel, der hinunterzieht, kann ein Wirbel

---

[30] A 201, vgl. dazu S. 60.

sein, aus dem sich die Fülle emporhebt. Im »Buch der Freunde« hat Hofmannsthal dies in schärfster Paradoxie formuliert: »Aus lauter Leeren ist die Fülle der menschlichen Existenz aufgebaut.«[31] Leere und Fülle: hier stößt die Sprache an ihre Grenze. Chandos erlebt im Einsturz der Begriffe, daß der Sprache das, was sie gegriffen zu haben meinte, aus der Hand gleitet und nichts als Leere zurückläßt. Diese Leere selbst ist nichts mehr, was sich aussagen ließe. Jede Aussage über das Nichts hebt sich selber auf, da sie immer schon das Wort »ist« mit sich führt[32]. Das Nichts ist...: dann *ist* es also, es ist ein Etwas und nicht nichts. Die Fülle andrerseits übersteigt das Wort, selbst jedes Ah und Oh. Das Reden scheint somit in doppeltem Sinne unmöglich geworden: es ist immer zuviel und zuwenig zugleich.

Hofmannsthals Sprache hat seit jeher diese Richtung auf das Wortlose. Einerseits löst er die Aussage auf, indem er das Umschlagen der These in die Antithese zeigt und in diesen Umspringfiguren den Wirbel spüren läßt, der ins Bodenlose, ins Nicht-Seiende führt. Andrerseits holt er Nicht-Seiendes, das Vergangene, zurück ins Sein: das Wort ruft mit Zauberkraft die Tage, die ganz und gar vergangen scheinen, wiederum herbei. Das eine entleert die Sprache, daß sie sich selbst entstürzen müßte, wenn sie nicht irgendwie doch gehalten würde; das andere überfüllt die Sprache, daß sie zerspringen müßte, wenn sich die Fülle nicht zurückhielte.

Die Sprache zeigt sich beim jungen Hofmannsthal in ihrem ekstatischen Wesen. Sie transzendiert sich, sie geht über das Seiende hinaus; sie hält sich in die Leere hinaus und wird ineins damit offen für die Fülle. Deshalb kann Hofmannsthal sagen: »Die reinste Poesie ist ein völliges Außer-sich-sein.«[33] Völliges Außer-sich-sein läßt aber die Sprache hinter sich; reinste Poesie müßte sich demnach selbst aufheben. Hofmannsthals Sprache löst sich jedoch an ihrer Grenze nicht auf, noch zerbricht sie; im Außer-sich-sein kommt sie zu sich selbst. Solches Sich-selbst-entrissenwerden, solches Ent-zücken ist ja überhaupt Voraussetzung und Ermöglichung des Zu-sich-selbst-kommens. »Wo ist dein Selbst zu finden?« fragt Hofmannsthal im »Buch der Freunde« und gibt darauf die Antwort: »Immer in der tiefsten Bezauberung, die du erlitten hast.«[34] Gleiches sagt auch die Stelle: »Die ganze Seele ist nie beisammen, außer in der Ent-

---

31 A 46.
32 Vgl. hierzu Martin Heidegger, Was ist Metaphysik?, 5. Aufl., Frankfurt a. M. 1949.
33 A 81.
34 A 33.

zückung.«[35] Es geht also eine Doppelbewegung vor sich: vom Ich zum Außer-sich und wiederum zurück zu sich selbst. Davon spricht auch das Wort: »Die Welt will einen jeden aus ihm selbst herausreißen und wieder zu ihm selbst bringen.«[36] Es ist ein Prozeß, den die Sprache in Gang hält, ist sie doch das Mittel, das den Menschen vom Leben trennt, und auch wieder das Mittel, das ihn dem Leben verbindet.[37] Hofmannsthals dichterisches Reden vollzieht sich in dieser Doppelbewegung. Die Dichtungen akzentuieren aber die Bewegung verschieden. Die reine Poesie richtet sich auf das Außer-sich; die Gegenwendung bleibt ungesagt, bleibt im Dichter zurückbehalten; sie ist dennoch am Werk, insofern sie das Gedicht nicht dem Außer-sich preisgibt. Die Gegenbewegung wird in der Prosadichtung akzentuiert. »Die reinste Poesie ist ein völliges Außer-sich-sein«, sagt Hofmannsthal, um fortzufahren: »die vollkommenste Prosa ein völliges Zu-sich-kommen.« Was Hofmannsthal hier Prosa nennt, muß eine Sprache sein, die im Zurückkommen die Grenze, die sie am Unbenannten und Unbenennbaren erreicht, mit sich bringt und fortan in sich trägt. Gerade darin kommt sie zu sich selbst. Diese Prosa wäre damit auch unterschieden von dem, was man gewöhnlich als Prosa bezeichnet. Mit dem Chandosbrief als einer Prosadichtung vollzieht sich ein Wandel, indem der Akzent von der »reinsten Poesie« auf die »vollkommenste Prosa« verlagert wird: die Gegenbewegung verlangt ihr Recht. Daher wollen sich keine Gedichte mehr einstellen. Daß diese Wende aber nicht als Abkehr aufgefaßt werden darf, läßt sich schon daraus schließen, daß die Prosa ja eben in sich tragen soll, was die Poesie im Außer-sich-sein erreicht hat. Prosa ist, so begriffen, keineswegs die Sprache des Verstandes, die das Dichterische außerhalb ihrer hat. Mit Verwunderung stellt Hofmannsthal fest, daß Grillparzer der seltsamen Meinung war, »eine in Prosa verfaßte Dichtung sei nur halb eine Dichtung zu nennen«[38]. Er sieht in der Prosadichtung eine schwerere Kunst als in der Versdichtung: »In Prosa dichten ist darum schwer, weil sich bis ins Atom hinein der Enthusiasmus und die ratio vermählen müssen.«[39] Beides soll zusammengehalten werden; es soll nicht das eine ins andere umschlagen, es soll sich auch keineswegs das eine im andern auflösen. Das Gegensätzliche soll eine Ehe bilden. Die Sprache, der dies gelingen könnte, wäre am treffendsten mit einer Formulierung zu bezeichnen, die Hofmannsthal eine

---

35 A 32.
36 A 39.
37 Vgl. S. 63.
38 A 66.
39 A 209, vgl. A 81

»wunderbare Wortverbindung« nennt: mit Hölderlins »heilig nüchtern«[40]. Der Chandosbrief spannt das Gegensätzliche zusammen, indem er mit der Kühle einer betont rationalen Sprache von dem spricht, was »flüssiger, glühender ist als Worte« (21), indem er in der Paradoxie das Unvereinbare vereint: das Göttliche und Tierische (16), das Erhabene und Rührende (15), um dergestalt »das Nahe so fern zu machen und das Ferne so nah, daß unser Herz sie beide fassen könne«[41]. Über das Wesen dieser Einheit ist weiterer Aufschluß in den »Briefen des Zurückgekehrten« zu erwarten, die fünf Jahre nach dem Chandosbrief geschrieben worden sind, durch ihre Rückdatierung ins Jahr 1901 jedoch ganz in die Nähe des Chandosbriefs zu stehen kommen[42].

---

[40] A 79.
[41] P III 158.
[42] Hofmannsthal hat im Sommer 1902 am Chandosbrief gearbeitet (vgl. A 133), die »Briefe des Zurückgekehrten« sind im Sommer 1907 entstanden (vgl. Fiechtner, 2. Aufl. S. 16). Wenn man die Angabe, daß Chandos als Sechsundzwanzigjähriger schreibt, ins Biographische übersetzen und als »innere« Datierung auffassen darf, wäre der Chandosbrief unmittelbar vor den »Briefen des Zurückgekehrten« einzureihen.

Die Briefe des Zurückgekehrten

Dem Auswanderer, der achtzehn Jahre in Übersee gelebt hat und nun nach Deutschland zurückgekehrt ist, widerfährt Ähnliches wie Lord Chandos: ihm ist, als verliere er »den Boden unter den Füßen« (322)[1]. Er fühlt sich von innen heraus krank werden. Es ist ein Übelbefinden, das sich zunächst in unbedeutenden Anwandlungen, in fast dauerlosen Verkehrtheiten und Unsicherheiten des Denkens oder Fühlens ankündigt (343). »Zuweilen kam es des Morgens, in diesen deutschen Hotelzimmern, daß mir der Krug und das Waschbecken – oder eine Ecke des Zimmers mit dem Tisch und dem Kleiderständer so nicht-wirklich vorkamen, trotz ihrer unbeschreiblichen Gewöhnlichkeit so ganz und gar nicht wirklich, gewissermaßen gespenstisch, und zugleich provisorisch, wartend, sozusagen vorläufig die Stelle des wirklichen Kruges, des wirklichen mit Wasser gefüllten Waschbeckens einnehmend.« (344) Von ihrem Anblick geht »ein leichter unangenehmer Schwindel« aus, »wie ein momentanes Schweben über dem Bodenlosen, dem Ewig-Leeren« (344). Diese Sonderbarkeiten häufen und verstärken sich, so daß er geradezu von einem Wirbel spricht (343).

Solche Erlebnisse hat er in Übersee nicht gekannt; er schließt daher auf ein »Übel europäischer Natur« (346). Was ist damit gemeint? Während seines Fortseins ruht in seinem Innern das Wesen, der Inbegriff dessen, was er als deutsch, als heimatlich empfindet. Es ist nicht eigentlich das Gedächtnis, worin dieses Wesenhafte bewahrt ist; es sind nicht einzelne Begebenheiten, an die er von Zeit zu Zeit denkt, während er andere vergessen hat. Das ganze Wesen der Heimat kommt ihm jeweils in der Erinnerung wieder[2], in einzelnen Augenblicken ist es plötzlich da. Solche Augenblicke der Erinnerung hat er schon in seiner Kindheit gehabt. »Du weißt, ich war als Kind fast immerfort in Oberösterreich auf dem Land, nach meinem zehnten Jahr dann nur mehr die Sommer. Aber sooft ich in

---

1 »Die Briefe des Zurückgekehrten« im Band »Prosa II« S. 321–357.
2 Über den Unterschied von Erinnerung und Gedächtnis vgl. Kierkegaard, Stadien, S. 9 f.

Kassel während der Schulwinter oder sonst, wohin ich mit meinen Eltern kam, einen Trunk frischen Wassers tat – nicht wie man gleichgiltig bei der Mahlzeit trinkt, sondern wenn man erhitzt ist und vertrocknet und sich nach dem Wasser sehnt – so oft war ich auch, jedesmal für eines Blitzes Dauer, in meinem Oberösterreich, in Gebhartsstetten, an dem alten Laufbrunnen. Nicht: ich dachte daran – *war dort*, schmeckte in dem Wasser etwas von der eisernen Röhre, fühlte übers ganze Gesicht die Luft vom Gebirg her wehen und zugleich den Sommergeruch von der verstaubten Landstraße herüber.« (325/6)[3]

Die Erinnerungen, von denen der Zurückgekehrte auch als Erwachsener, während seiner Auslandjahre, heimgesucht worden ist, brauchten nicht von den so suggestiven Geruchs- oder Geschmacksempfindungen ausgelöst zu werden; auch »die rührende Genügsamkeit eines alten Chinesen« oder «kleine gelbbraune nackte Kinder im Teich vor dem Dorf« (326) konnten »ins Innre des Innern« treffen (327), und dann war es »wie das Herüberwehen des Seelenhaftesten, des Wesenhaftesten und des Ungreifbarsten« (328), »der zarteste Duft eines ganzen Daseins, des deutschen Daseins« (328), etwas »vom innersten Wesen der Heimat« (329). Dieses Wesenhafte, das er als das Deutsche, das Heimatliche in seiner Erinnerung trug, findet er nun in Deutschland nicht wieder. Was-sein und Daß-sein, essentia und existentia, sind ihm völlig auseinandergebrochen und haben nichts mehr miteinander zu tun. Das Seiende ist wesenlos geworden. Die Bäume sind keine Bäume, sie erinnern bloß an Bäume (345), wobei nun »erinnern« eine Defizienz ausdrückt. Der Wasserkrug nimmt provisorisch die Stelle des wirklichen Kruges ein, gleichsam darauf wartend, daß in ihm das Wesen eines Kruges wiederum zum Erscheinen käme. Früher war der Krug »ein Freund« (344): er sagte guten Tag und stand zu Diensten, er hatte seine Pflicht, aber auch den Anspruch auf Beachtung, er bedeutete Morgen, Wachwerden, Erfrischung, und in all dem, nicht etwa nur in seiner Form, hatte er sein Wesen. Er hatte seinen Platz im Ganzen des Daseins, jetzt hat er höchstens einen Ort, und wohl nicht einmal dies, sondern einen Un-ort[4], an dem er beziehungslos steht. Das Wesen ist ihm entzogen, es spricht nicht mehr aus ihm. Und so wie der Krug lungern auch die andern Dinge müßig herum, sie sind überall und nirgends (333),

---

[3] Damit formuliert Hofmannsthal, dessen Epigonentum vielen außer Zweifel zu stehen scheint, aufs eindrücklichste eine Erfahrung, die erst sechs Jahre später für Marcel Proust zum Ausgangspunkt der »recherche du temps perdu« wird (»Du côté de chez Swann« ist 1913 erschienen).

[4] Hofmannsthal gebraucht diesen Ausdruck im »Buch der Freunde«: A 51.

sie sind zu Gespenstern geworden (344). Der Zurückgekehrte findet nichts, woraus er sich verstehen könnte, er greift ins Nichts. Es ist nicht etwa so, daß er sich ein falsches Bild von Deutschland und den Deutschen gemacht hätte oder daß sie sich während seiner langen Abwesenheit verändert hätten und deshalb nicht mehr mit seinem Erinnerungsbild übereinstimmten. Ihm ist die Fähigkeit abhanden gekommen, die Dinge in ihrer Idee zu sehen. Deshalb sind sie »so gespensterhaft nichtig« (345). Der Zurückgekehrte wird denn auch inne, daß es nicht an den Dingen, sondern an ihm selbst liegt, wenn sie ihm so erscheinen. Er hat »den bösen Blick«, weil er selber, weil sein inneres Leben »unter diesem bösen Blick« liegt (346). Das Übel europäischer Natur, welches die Symptome Übelkeit, Ekel, Schwindel aufweist, ist unter der Bezeichnung »Nihilismus« bekannt: »..., ein so unbeschreibliches Anwehen des ewigen Nichts, des ewigen Nirgends, ein Atem nicht des Todes, sondern des Nicht-Lebens« (345).

Nicht-Leben ist ein Leitmotiv im Werk Hofmannsthals. »Wir leben ein totes Leben«, schreibt er 1891 in seinem Aufsatz über Maurice Barrès, »diesen Zustand nannten die heiligen Väter das Leben ohne Gnade, ein dürres, kahles und taubes Dasein, einen lebendigen Tod.«[5] Die Acedia, im »Abenteurer« Achtlosigkeit, im »Bergwerk« die stille Verzweiflung genannt, erscheint im Chandosbrief als die »selbstverständliche Gleichgültigkeit«[6], mit der das Auge über die Dinge hinweggleitet. Stumm in sich versunken, läßt sich Chandos nicht mehr angehen und ansprechen[7]. Er gibt dem, was an ihn herantritt, keine Erwiderung, so daß es in ihm ins Leere fällt; einzig Erziehung und Gewöhnung lassen ihm, der früher überall »mitten drinnen« war[8], wenigstens noch einen Anschein von Interessiertheit. Hofmannsthals Dichtungen stellen das Phänomen des Nihilismus in umfassender Weise dar und legen dessen Wurzeln, die bis in die Zeitstruktur hinabreichen, frei. Zugrunde liegt die Antinomie von Sein und Werden, in der einerseits das Werden zur zerrinnenden Jetztfolge verflüchtigt und andrerseits das Sein zum unveränderlichen, zeitlosen Wesen erstarrt ist. Der Chandosbrief und die »Briefe des Zurückgekehrten« sind durch ihre Analyse des Nihilismus eng miteinander verbunden, sie setzen aber den Akzent verschieden: hier steht die Seite des Wesens, des Seins im Vordergrund, dort die Bewegung, das Werden; hier

---

5 P I 44.
6 P II 15.
7 Einen solchen Zustand der Indolenz schildert Hofmannsthal am 4. Mai 1896 in seinem Brief an Leopold von Andrian (S. 63 f.).
8 P II 11.

gilt: was da ist, ist wesenlos und infolgedessen ist es nicht wirklich da, dort: das feststehende Wesen zerrinnt und infolgedessen hat es kein wirkliches Wesen. Beides ließe sich mit dem Begriff »Weltlosigkeit« fassen[9].

In diesem Zustand der Weltlosigkeit widerfährt dem Zurückgekehrten dasselbe wie Chandos, allerdings nicht bei alltäglichen Dingen, sondern bei Bildern van Goghs. Die Dinge auf diesen Bildern, Baum und Stein, Krug und Bauer, werfen ihm ihr innerstes Leben entgegen: »die Wucht ihres Daseins, das wütende, von Unglaublichkeit umstarrte Wunder ihres Daseins fiel meine Seele an« (349), jedes ist, »wie neugeboren aus dem furchtbaren Chaos des Nichtlebens, aus dem Abgrund der Wesenlosigkeit« herausgehoben (350) und verdeckt nun mit seinem Dasein den gräßlichen Schlund, das gähnende Nichts. Der Maler hat auf einen »fürchterlichen Zweifel an der Welt« Antwort gegeben »mit einer Welt« (350). Welt heißt hier nicht nur, daß die einzelnen Dinge des Bildes in ihrer Zusammengehörigkeit gezeigt sind – was die Einheit des Kunstwerks ausmacht –, sondern daß auch der Mensch, der das Bild in sich aufnimmt, mit dazugehört: »In einem Sturm gebaren sich vor meinen Augen, gebaren sich mir zuliebe diese Bäume.« (350) Die Bäume sind für sich da und zugleich für mich, und zwar nicht bloß, damit ich sie betrachte als etwas Vorhandenes. Sie wollen für mich da sein, damit ich mich aus ihnen verstehe, damit ich nicht mehr ins Leere greife und mir selber entstürze ins Weltlose, sondern von ihnen her auf mich zukommen, zu mir selbst kommen kann.

Der erhöhte Augenblick, der den Zurückgekehrten in der Gemäldeausstellung aus der Bodenlosigkeit heraushebt, ist wie bei Chandos ein Wirbel, der in die Gegenwart der Liebe, in die Fülle führt. Im Sturm gebären sich die Dinge vor seinen Augen, und sie bewirken, »daß ich das Gefühl meiner selbst an diese Bilder verlor, und mächtig wieder zurückbekam, und wieder verlor!« (349) So verliert ein Liebender sich an die Geliebte und bekommt sich selbst zurück als ein höheres, als sein eigentliches Selbst, nicht daß er in sich verschlossen bleibe und sich selbst bewahre, sondern nun erst sich selbst hingebe. Es ist ein »Stirb und werde!«, aber nicht im Goetheschen Sinn als Metamorphose aufzufassen. Man hat es hier nicht mit einem organischen Prozeß zu tun – dagegen spricht schon die Gewaltsamkeit jenes van-Gogh-Erlebnisses –, nicht mit der schaffenden Natur, die fort und fort sterben läßt und neu hervorbringt, und nicht

---

9 Vgl. A 16 und 47.

mit dem Menschen als Naturwesen, der, im Kern sich gleichbleibend, immer wieder sich verwandelt, immer wieder Tode und Wiedergeburten erfährt. Hier geht es darum, daß der Mensch aus dem Uneigentlichen ins Eigentliche komme. Auch das ist Wiedergeburt, aber es ist eine einzige und immer wieder dieselbe.

Den Bildern van Goghs sind in den »Briefen des Zurückgekehrten« Dürers Kupferstiche gegenübergestellt. Dem Zurückgekehrten sind diese ganz mit der Kindheit verbunden: sein Vater hat sie ihm in Gebhartsstetten oft gezeigt. Das von Dürer Dargestellte nennt er »überwirklich« (338); es zeigt das aus der Natur herausgerissene Wesenhafte[10]. Wenn der Vater beim Betrachten der Stiche erklärt: »Das ist das alte Deutschland« (339), könnte er ebensogut sagen: das wahre Deutschland. Die Überwirklichkeit, in welche die Dinge entfernt sind, machen dem Knaben die Bilder »vertraut und fremd zugleich«, so daß sie ihm zuwider sind und er sie gleichwohl liebt. (338) Er nennt sie Zauberblätter (338). Auf ihnen sind die Menschen, die Ochsen, die Pferde wie aus Holz geschnitzt: sie sind in ihr zeitloses Wesen hineingebannt. Unbewußt stellt der Knabe zwischen den Bildern und der Wirklichkeit des Gebhartsstettener Lebens eine Verbindung her. Er sieht die Wirklichkeit stets auf dem Hintergrund des Wesentlichen: »es lag in mir, daß ich das Wirkliche an etwas in mir messen mußte, und fast bewußtlos maß ich an jener schreckhaft erhabenen schwarzen Zauberwelt und strich alles an diesem Probierstein, ob es Gold wäre oder ein schlechter gelblicher Glimmer.« (341) Das Wirkliche wird hier also im Hinblick auf Ideen ausgelegt und an den Ideen als den obersten Werten gemessen. Die Idee ist nicht mehr das Wesen, das erscheint, sie steht nun hinter dem Wirklichen, nicht mehr erreichbar, aber doch das Ziel des Strebens: sie ist zum Ideal geworden, »der eine große, nie auszusprechende Hintergedanke, der stetige«. (334) Zwischen Ideal und Wirklichkeit klafft aber noch kein Riss. (340) Die Dinge können daher vor den Richterstuhl der Ideale gebracht werden. Vor ihm vermag zu bestehen, wer auf die Ganzheit des Wesenhaften hinlebt. Es kommt darauf an, daß einer das, was er ist, ganz zu sein sucht. Der Jüngling ist dann wahr, wenn er »grenzenlose Freundschaft, grenzenlose Hoffnung« (328) ist; ein alter Mann, wenn er »jeder Zoll ein großartiger alter Mann« (331) ist; ein Fischer, wenn er »mit ganzer Seele« (324) fischt. In einem Wort Addisons findet der Verfasser der Briefe seinen Leitspruch: »The whole man must move at once.« (323)[11] Die Betonung liegt dabei auf »whole«.

---

10 Vgl. dazu S. 29.
11 Vgl. dazu P III 111, P IV 409.

Nach Europa zurückgekehrt, sucht er vergeblich, die Dinge im Hinblick auf die Idee zu sehen. Zwischen Wirklichkeit und Idee klafft ein Abgrund, der nicht zu überbrücken ist. Was der Zurückgekehrte bei Chinesen und Malaien wie auch bei Amerikanern immer wieder antraf: Ganzheit des Wesens, in Deutschland begegnet er ihr nicht mehr. Die Deutschen haben »ein ›Einerseits‹ und ein ›Andrerseits‹, ihre Geschäfte und ihr Gemüt, ihren Fortschritt und ihre Treue, ihren Idealismus und ihren Realismus« (335). Es ist eine vielgespaltene Welt (337), deren Teile »keinen reinen Klang« geben. Auf sie trifft das Wort zu, das im »Buch der Freunde« steht: »Altkluge Kinder und unreife Greise sind in gewissen Weltzuständen genug da.«[12] Der Zurückgekehrte drückt sich ähnlich aus: »Es ist alles so verwischt, durcheinander hingemischt: in den Jungen wieder steckt etwas von Alten, in den Gesunden etwas von Kranken, in den Vornehmen etwas von recht Unvornehmen.« (331/2)

Nun ist daran ja nicht einfach das schuld, was er sieht, es liegt gleicherweise daran, wie er es sieht. Seine Kritik an den Menschen eines nihilistischen Zeitalters trifft zugleich ihn selbst. Er sieht Zerspaltung, weil er selbst zerklüftet ist. Er findet die Einheit des Wesens nirgends mehr, weil er sie nicht mehr in sich hat. Noch meint er die Wirklichkeit nach Ideen auslegen zu müssen; vor solchem Gericht vermag sie nicht mehr zu bestehen. Die Kritik an der vielgespaltenen Welt erscheint zunächst als berechtigt, dann aber meldet sich im Zurückgekehrten die Frage, ob er vielleicht dieser Welt nicht gerecht werden könne, weil er seinen Blick, wie bei einem Vexierbild, nicht auf das Eigentliche einzustellen vermöge (vgl. 337), und schließlich, vor den Gemälden, gehen ihm die Augen auf: die seltsamen Zustände seines Innern finden eine »gigantische Rechtfertigung« (350). Gerechtfertigt sind die Erfahrungen der Bodenlosigkeit, weil er zuerst ins Leere geraten muß, damit die Fülle einströmen kann, weil er im Äußersten des Selbstverlustes zu sich selbst kommt und nun erst wirklich ein Selbst wird. Er bekommt, in einem neuen Sinn, die Ganzheit des Wesens zurück. Die Bilder, die ihm auf den ersten Blick voll Unruhe sind, so daß er sich erst zurechtfinden muß, um sie überhaupt als Bild, als etwas Einheitliches zu sehen, sind von einer andern Einheit zusammengehalten als diejenigen Dürers. Was ihn trifft, ist nicht die »Harmonie ihres schönen stummen Lebens, wie sie mir vorzeiten manchmal aus alten Bildern wie eine zauberische Atmosphäre entgegenfloß:

---

[12] A 21.

nein, nur die Wucht ihres Daseins.«(349)[13] Die perspektivische Malerei
der alten Meister, »die große Kunst des Hintergrundes«[14], bringt alles in
Harmonie, indem sie die Dinge auf das Unendliche, auf den großen,
nie auszusprechenden Hintergedanken richtet, indem sie über ihnen »das
Herüberwehen des Seelenhaftesten, des Wesenhaftesten und des Ungreifbarsten« (328) spürbar macht und sie erst »in diesem Duft, dem ahnungs-
vollen«[15], ihr verklärtes Leben gewinnen läßt, das »mehr eine Ahnung
als Gegenwart« (328) ist. In den Bildern van Goghs sind die Dinge nicht
auf das Unendliche hin entfernt, sondern ganz nahe, sie werfen sich einem
»gleichsam entgegen« (349), sie ziehen den Betrachter nicht in ihre Tiefe
hinein, sie kommen auf ihn zu; sie verzaubern ihn nicht in sich hinein[16],
sondern geben ihm gewissermaßen einen Stoß und bringen ihn damit ins
Dasein als einen, der ganz *da* ist, der sich »mit hundertfacher Stärke
leben« fühlt (356), dem daher auch gelingt, was er hier und jetzt zu tun
hat (vgl. 351).

---

13 Der Ausdruck »Harmonie« wird dann von Hofmannsthal in neuem Sinn wieder
 eingeführt, nämlich zur Bezeichnung der »Doppelgewichtigkeit« (A 208), in der
 »ein jedes Teil im Gleichgewicht gehalten von einem Gegenteil« (P II 200, vgl.
 auch P II 286). Auch hier kehrt das Alte wieder, aber indem es wiederkehrt, ist
 es nicht mehr das Alte.
14 »Der Tod des Tizian« G 191.
15 G 190. – Schon der achtzehnjährige Hofmannsthal sah mit der Großartigkeit
 dieser Kunst zusammen auch ihr Fragwürdiges; er identifiziert sich nicht mit den
 Tizianschülern, denen die Kunst dazu dient, das Leben mit diesem ins Unendliche
 gerichteten Blick zu entrücken und so zu verklären: »Und was die Ferne weise dir
 verhüllt, ist ekelhaft und trüb und schal.« (G 190) Hofmannsthals Plan war es,
 die Pest einbrechen zu lassen (vgl. Edgar Hederer, Hugo von Hofmannsthal,
 Frankfurt a. M. 1960, S. 112) und damit den im Wegsehen geübten Blick eben
 auf das zu richten, was, angeblich weise, verhüllt ist. In diesem Wechselbezug von
 Wegsehen und Hinsehen, In-die-Ferne-rücken und Hereinbrechen, Verhüllen und
 Entbergen ist bereits das angelegt, was Hofmannsthal viel später einmal mit der
 Konfiguration Goethe-Dostojewski ausdrückt: Goethes geistige Grundhaltung sei
 die Abwehr des Leidens, Dostojewskis ganzer Lebensinhalt dagegen scheine es,
 das Leiden herbeizurufen und sich dem Leiden preiszugeben. »Vielleicht ist dies
 das Greifbarste am europäischen Geistesleben des Augenblickes: das Ringen dieser
 beiden Geister um die Seele der Denkenden und Suchenden – vielleicht ist dieser
 Wirbel die eigentliche Mitte des sturmbewegten flutenden Aspektes, den das
 geistige Europa heute bietet.« (»Blick auf den geistigen Zustand Europas« 1921,
 P IV 78/9) – Wenn man nicht beachtet, daß diese Doppelbewegung auch für den
 unvollendet gebliebenen »Tod des Tizian« geplant war, kommt es zu jenen Ver-
 zeichnungen, die den jungen Hofmannsthal als bloßen Ästheten darstellen.
16 Die Ausdrücke »Zauberbilder« (328), »Zauberblätter« (338), »Zauberwelt« (341)
 machen den Zusammenhang mit der Zauberinsel im »Abenteurer«, mit der Hexe
 in »Der Kaiser und die Hexe« und mit der dämonischen Macht der Bergkönigin
 sichtbar.

Das Wort »The whole man must move at once« ist nun auf neue Weise zu verstehen. Ganz ist der Mensch jetzt durch sein Da-sein. Er hat seine Einheit nicht im Wesen als der Geschlossenheit dessen, *was* er ist. Wenn der Zurückgekehrte davon spricht, wie jeder Baum, jeder Krug, jeder Tisch auf van Goghs Bildern *ein Wesen* sei (350), so gibt er dem Wort »Wesen« einen neuen Sinn: er meint nicht die Washeit, die quidditas, sondern läßt die ursprüngliche Bedeutung »Währen«, »Sein«, »Leben« hervortreten. »Wesen« ist ein Synonym für »Dasein« geworden. Wesentlich sind die Dinge, weil sie zusammen mit dem Menschen, dem zuliebe sie da sind, eine Welt bilden.

Diese Ganzheit des Menschen läßt sich nicht mehr ins Urteil fassen. Über das Wesentliche ist nichts ausgesagt, wenn man urteilt: dieser Mensch ist stark, jener schwach, oder: er ist jeder Zoll ein alter Mann. In derartigen Aussagen ist der Mensch zu einem Vorhandenen gemacht, wird das Eigentliche völlig abgeblendet: die Kopula»ist« hat nicht das geringste Gewicht, so entleert ist in ihr das Wort »Sein«[17]. Als das Ganze seiner Washeit mag der Mensch wohl den andern Menschen erscheinen, sich selbst sieht er nicht so. Hofmannsthal notiert sich 1891 ins Tagebuch: »Wir erscheinen uns selbst als strahlenbrechende Prismen, den andern als Sammellinsen (unser Selbst ist für uns Medium, durch welches wir die Farbe der Dinge zu erkennen glauben, für die andern etwas Einförmiges, Selbstfärbiges: Individualität).«[18] Die Bilder der perspektivischen Malerei machen den sie betrachtenden Menschen zur Individualität, nämlich zu einem Menschen, der alle Dinge in sich selbst, in seinen Augenpunkt zentriert, in seinen Brennpunkt vereinigt und sie zugleich im Hinblick auf die Unendlichkeit sieht, die im Fluchtpunkt abgebildet ist. In den »Briefen des Zurückgekehrten« wird dieses Selbst der Individualität die »Gegenwart der Seele« (333) genannt. Sie ist es, die der Zurückgekehrte nicht mehr finden kann: auf den Gesichtern der Deutschen steht keine Gegenwart der Seele mehr, es ist »ein ewiges Kommen und Wegfliegen wie in einem Taubenschlag, von Stark und Schwach, von Nächstbestem und Weitergeholtem, von Gemeinem und Höherem« (333/4). Der Mensch ist als Seele kein Ganzes mehr, er ist eine »Menagerie von Seelen«: »Das Wesen des Steines ist Schwere, des Sturmes Bewegung, der Pflanze Keimen, des Raubtiers Kampf ... in uns aber ist alles zugleich: Schwere und Bewegung, Mordlust und stilles Keimen, Möwenflug, Eisenklirren,

---

17 Vgl. Martin Heidegger, Einführung in die Metaphysik, Tübingen 1953.
18 A 92.

schwingende Saiten, Blumenseele, Austernseele, Pantherseele . . .«[19]. Was Keats vom Dichter sagt[20], nämlich daß er keine Identität, keine Natur habe, gilt grundsätzlich vom Menschen, ist doch das »Chamäleondasein« nicht nur für den Dichter kennzeichnend, sondern auch für den Schauspieler, der in Hofmannsthals Augen »der symbolische Mensch«, »das unbestimmbare Urwesen« ist[21]. Über dieses Urwesen Mensch läßt er – in einem fiktiven Gespräch, welches eine Aufführung von Bertolt Brechts »Baal« ankündigen soll – den Schauspieler Egon Friedell sich folgendermaßen äußern: »Das Ich als absolute Einheit ist rein phänomenologisch eine der schwerst zu beweisenden Angelegenheiten.«[22] Auch im »Buch der Freunde« ist die Einheit des Ichs in Frage gestellt: »Der Hauptunterschied zwischen den Menschen im Leben und den erdichteten Figuren ist dieser, daß die Dichter sich alle Mühe kosten lassen, den Figuren Zusammenhang und innere Einheit zu geben, während die Lebenden in der Inkohärenz bis ans Äußerste gehen dürfen, da ja die Physis sie zusammenhält.«[23] Die innere Einheit der Person stellt sich somit als Fiktion, als Konstruktion heraus. Das will nun freilich nicht heißen, die Person löse sich auf in dem Sinne, daß von Personsein überhaupt nicht mehr die Rede sein könne. Es gibt ja etwas, was den Menschen zusammenhält, es gibt also eine andere Einheit als das Seelische, welches, da der Mensch nicht *eine* Seele, sondern eine »Menagerie von Seelen« in sich trägt, gar keine Einheit mehr zu konstituieren vermag. Das Personsein läßt sich nicht mehr im Psychischen begründen; Person ist nichts Psychisches. Sie ist keine Substanz, kein in sich Ganzes. Im Zusammenhang mit diesen Problemen spricht Hofmannsthal vom »ermüdeten Persönlichkeitsbegriff«[24], vom »lebensmüden Begriff des europäischen Individuums«[25], und er begreift seine Epoche als eine Zeit, welche vom Individuum, »dieser Ausgeburt des sechzehnten Jahrhunderts, die das neunzehnte großgefüttert hat«[26], erlöst werden wolle[27]. Person als Individualität stirbt, aber in einem neuen Sinn wird die Person wiedergeboren. Was zunächst als etwas Negatives erscheinen wollte, der Mangel an innerer Einheit, erweist sich

---

[19] A 92 (1891).
[20] Vgl. S. 140.
[21] L IV 424.
[22] L IV 422.
[23] A 65/6.
[24] P III 352.
[25] L IV 419.
[26] Ebd.
[27] L IV 418.

als ein Vorzug, als etwas Großes sogar: »Es ist das wahrhaft Großartige an der Gegenwart, daß so viele Vergangenheiten in ihr als lebendige magische Existenzen drinliegen, und das scheint mir das eigentliche Schicksal des Künstlers: sich selber als den Ausdruck einer in weite Vergangenheit zurückführenden Pluralität zu fühlen – neben jener Pluralität in die Breite, jener planetarischen Kontemporaneität, deren Ausdruck bei Whitman so genial ist.«[28] Diese Umwandlung des Persönlichkeitsbegriffs ist schon seit langem im Gang: »Die Sache mit den zwei Seelen in der einen Brust war doch auch schon eine kleine Revolte gegen das dogmatische Ich!«[29] Eine geschichtliche Betrachtung müßte hier vor allem auf Novalis eingehen, der von der Person sagt, sie sei keine Substanz wie die Seele, sondern eine Harmonie, sie sei Geist: »Geist und Person ist Eins.« Die so verstandene Person nennt er »synthetische Person«, und dieser Begriff steht offensichtlich ganz in der Nähe von dem, was Hofmannsthal mit »Pluralität« meint: »Eine ächt *synthetische* Person ist eine Person, die mehrere Personen zugleich ist – ein Genius. Jede Person ist der Keim zu einem *unendlichen Genius.* Sie vermag in mehrere Personen zertheilt, doch auch Eine zu seyn.«[30]

Wie wird nun die Einheit, welche die Pluralität zusammenhält, konstituiert? Da fällt zunächst auf, daß die Pluralität nicht einfach eine Anhäufung des Beliebigen, sondern das Zusammen des Entgegengesetzten ist. Schon im frühen Gedicht »Gedankenspuk« wird das Vielfältige in einer Folge von Gegensatzpaaren dargestellt:

Wir tragen im Innern den Faust, den Titanen,
Und Sganarelle, die Bedientenseele,
Den weinenden Werther – und Voltaire, den Zweifler,
Und des Propheten gellenden Wehruf
Und das Jauchzen schönheittrunkener Griechen.[31]

Dieses Zugleich des mannigfach Entgegengesetzten erzeugt den Wirbel, der den Menschen ins Bodenlose zu stürzen scheint. Aber der Mensch ist, wie Hofmannsthal sagt, durch die Physis zusammengehalten, d. h. von Natur aus, auf Grund seines Daseins, durch das Leben. »Das Leben ist rastlose Vereinigung des Unvereinbaren«, heißt es denn auch einmal

---

[28] »Dritter Brief aus Wien« der »Vienna Letters« für die amerikanische Zeitschrift »The Dial« A 299.
[29] L IV 425.
[30] Novalis, Schriften, hg. von Paul Kluckhohn, Leipzig 1929, Bd. 3, S. 70, Nr. 63.
[31] G 477.

in den Aufzeichnungen[32]. Doch Tier und Pflanze brauchen nicht in dieser Weise zusammengehalten zu werden: sie sind von Natur aus ganz, sie werden als Ganzes hervorgebracht und bleiben in dieser Ganzheit. Der Mensch dagegen verliert die Ganzheit und gewinnt sie nur dadurch zurück, daß er das ins Widersprüchliche Zertrennte wiederum vereinigt. Die »Physis«, welche den Menschen zusammenhält, muß somit anders beschaffen sein als die Natur von Tier und Pflanze. Der von Hofmannsthal gebrauchte Begriff der »Physis« läßt sich vielleicht mit Hilfe des schon mehrfach herangezogenen Gesprächs über das Ich etwas genauer bestimmen. Dort wird gesagt, der Mensch sei nicht in seiner Haut zu Hause[33], es sei vielmehr so, daß er, »Träger potentieller Energien«[34], seelischer Möglichkeiten, anonymer Gewalten[35], durch die Situation umrissen werde, daß »man sozusagen nur durch neue Situationen und Begebenheiten erfährt, ob man eigentlich eng oder weit, energisch oder energielos, ein Mörder oder ein Träumer ist«[36]. Die Situation gehört also mit zur »Physis« des Menschen. Seine Konturen werden in der jeweiligen Situation bestimmt. Daher kommt es, daß er sich nie »so ganz im klaren ist, wo er anfängt und wo er aufhört«[37]. Seinem Vater schreibt Hofmannsthal 1903: »Du weißt ja, daß ich jede Freude, die Ihr erlebt, ebenso wie alles, was Euch verstimmt oder schädigt, eigentlich viel lebhafter spüre, als was mich direkt trifft, und sozusagen mehr in Euch lebe, als in mir selbst, was wieder – da Ihr vielleicht mehr in mir als in Euch lebt – zu einem merkwürdigen Problem Anlaß geben könnte, nämlich herauszubringen wo wir denn dann eigentlich leben«.[38] Sohnschaft, Vaterschaft, Ehe veranschaulichen am besten, was mit Situation als dem für das Personsein Grundlegenden gemeint ist. Der bereits zitierte Brief an Dora Michaelis, in dem sich Hofmannsthal gegen das »übermäßige Geschwätz von Individualitäten« wendet, formuliert dies prägnant: »Wir sind hauptsächlich Männer und Frauen, sind Kinder von Eltern und werden Eltern von

---

32 A 200. – Der Herausgeber der »Aufzeichnungen«, Herbert Steiner, druckt »restlos«. In den Notizen über Bodenhausen findet sich aber in einer ähnlichen Formulierung das überzeugendere Wort »rastlos«: »Die rastlose Vereinigung des Unvereinbaren, die das Leben ist.« (A 257) Es scheint mir daher gerechtfertigt, »restlos« an der oben zitierten Stelle als fehlerhaft zu betrachten.
33 L IV 422.
34 L IV 425.
35 L IV 419.
36 L IV 423.
37 L IV 423, vgl. dazu diese Arbeit S. 199.
38 Br. II, 104/5.

Kindern.«[39] Die Situation wird also durch zusammengehaltene Gegensätze charakterisiert. Aber die Frage, was die Gegensätze zusammenhalte, will nicht zur Ruhe kommen und beschäftigt Hofmannsthal immer wieder. Das Zusammen der Situation ist nicht einfach gegeben, es muß ständig von neuem verwirklicht werden. In den Aufzeichnungen zum Andenken Eberhard von Bodenhausens fragt sich Hofmannsthal, wie sein Freund die Widersprüche ertragen habe, und anwortet: »Vermöge des Übergeordneten, Gemeinsamen, Nicht-Seienden.«[40] Daß der Mensch ein Verhältnis zum Nicht-Seienden haben kann, ist das Entscheidende. Wenn nun das dem einzelnen Seienden Übergeordnete von anderer Art als das Seiende ist, eben ein Nicht-Seiendes, so muß es das Sein genannt werden – oder das Nichts. Damit hat aber die Frage, was das Unvereinbare vereine, was als das Gemeinsame das Widersprüchliche zusammenhalte, in den schärfsten Widerspruch geführt: Sein – Nichts. Oder müßte man am Ende annehmen, daß hier gar kein Widerspruch vorliege, daß Nichts und Sein ein und dasselbe sind und das gesuchte Gemeinsame bilden? Die Einheit wäre dann im Unterschied zur vorgegebenen, natürlichen Ganzheit eine »geglaubte Ganzheit«[41]. Die Schwierigkeit, hier den gemäßen Ausdruck zu finden, ist nicht zufällig, sondern deutet darauf hin, daß es hier um etwas geht, was nicht ins Wort gefaßt werden kann. Hofmannsthal macht dies an der Stelle deutlich, da der Zurückgekehrte schreibt: »Mein Lieber, um dessentwillen, was ich da sagen will, und niemals sagen werde, habe ich Dir diesen ganzen Brief geschrieben!« (349) Der Zurückgekehrte wird es niemals sagen, weil es sich nicht in die Aussage bringen läßt, weil es nicht zum Gegenstand gemacht werden kann, weil es stets vor der Zertrennung in Subjekt und Objekt liegt. Wohl aber läßt sich noch einiges darüber sagen, *wie* der Mensch zusammengehalten wird.

Chandos braucht einen auffallenden Ausdruck, um das, was im erhöhten Augenblick in ihm vorgeht, zu beschreiben: »Ich fühle ein entzückendes, schlechthin unendliches Widerspiel in mir und um mich.«[42] Ein Widerspiel ist ein Hin und Her zwischen Gegensätzlichem. In diesem Widerspiel gibt es »unter den gegeneinanderspielenden Materien keine, in die ich nicht hinüberzufließen vermöchte«[43]. Chandos spielt auf beiden

---

[39] Br. II, 76; vgl. S. 58, Anm. 47.
[40] A 258.
[41] P IV 411.
[42] P II 18.
[43] Ebd.

Seiten mit: er ist Spieler und Gegenspieler zugleich. Das Widerspiel ist somit nicht nur Auseinandersetzung, es hält das Auseinandergesetzte auch zusammen. In ständiger Gegenwendigkeit bringt es das Widereinanderstrebende in seine Einheit. Dies geschieht nicht in der Art, wie eine Sammellinse die Strahlen in einen Punkt zusammenfaßt. Zur Veranschaulichung wäre vielmehr das Auseinander des Spektrums heranzuziehen: das Licht ist in seine Farben zerlegt, aber nicht zerstreut und zerrissen, sondern zusammengehalten. Andauernd kreist Hofmannsthals Denken um das Geheimnis dieses »Füreinander und Gegeneinander« (337). »Von dem Gefühl der Einheit ließ ich nie ab«, erklärt er in »Ad me ipsum« und präzisiert, auch dort, wo Kontraste dargestellt seien, »wie die heroische Elektra und die nur weibliche Chrysothemis, oder der starke Pierre und der schwache Jaffier«, sei es ihm immer darauf angekommen, »daß sie mitsammen eine Einheit bildeten, recht eigentlich *eins* waren«[44].

Die Einheit, die im Unterschied zur Ganzheit, zum In-sich-Gleichen eine unterschiedene Einheit[45] ist, veranlaßt Hofmannsthal, eine Abwandlung des Addisonwortes zu erwägen: »›The whole man must move at once‹ – schön und wahr. Gäbe es nicht für bedeutende produktive Menschen noch eine geheimnisvollere gleichwahre Möglichkeit: Getrennt marschieren und vereinigt schlagen?«[45a]

Hofmannsthal scheint von allem Anfang an, wohl ohne daß es ihm zunächst bewußt ist, in dieser Weise vorzugehen. Läßt er nicht die Figuren des Tiefsinnigen und des Abenteurers getrennt ausrücken und vorrücken, wobei ihre Bewegungen aufeinander abgestimmt bleiben? So sind auch Sein und Werden getrennt und sind doch in unablässigem Widerspiel eine verborgene Einheit. So ist auch der Gegensatz, der in jeder Aussage unausgesprochen mitgedacht wird, mit dieser zusammenzuhalten: Vom Gestern kommt man nie los – Das Gestern geht mich nichts an. Für sich genommen ist jeder Satz eine bloße Halbwahrheit und daher überhaupt keine Wahrheit. Wahrheit ergibt sich erst im Widerspiel. »Das Vielerlei, das Auseinander der Kräfte«, fordere »eine Gabe des Zusammensehens«, heißt es in den »Briefen des Zurückgekehrten« (351). Ähnliche Wendungen finden sich bei Hofmannsthal immer wieder. Er sieht »unsere geheim-

---

44 A 234 (März 1922).
45 Dieser Ausdruck ist der Arbeit von Detlev Lüders über Hölderlin entnommen: Die unterschiedene Einheit, in: Jahrbuch des Freien Deutschen Hochstifts, 1963/4, Tübingen.
45a A 151.

nisvollste Funktion« darin, »schrankenlos in uns das Auseinanderliegende zu verbinden«[46]; vom Dichter sagt er: »In seinen höchsten Stunden braucht er nur zusammenzustellen, und was er nebeneinanderstellt wird harmonisch«[47]; und in seinem Aufsatz »Gärten« lesen wir: »Das Zusammenstellen oder Auseinanderstellen ist alles.«[48] Immer geht es in diesem Widerspiel um das Gesamte, von welchem sich sagen läßt: »Hier knüpft ein Etwas das Nahe und Ferne, das Große und Kleine aneinander, rückt eines durchs andere in sein Licht, verstärkt und dämpft, färbt und entfärbt eins durchs andere, hebt alle Grenzen zwischen dem scheinbar Wichtigen und dem scheinbar Unwichtigen, dem Gemeinen und Ungemeinen auf und schafft das Ensemble aus dem ganzen Material des Vorhandenen, ohne irgendwelche Elemente disparat zu finden.«[49] Die Gegensätze werden dabei nicht in einer Synthese aufgehoben, die ihrerseits wieder zu einer These werden könnte. Sie bleiben bestehen, werden aber in unaufhörlichem Hin und Wider in ihre Einheit gesammelt. Das Widerspiel ist »die rastlose Vereinigung des Unvereinbaren, die das Leben ist«[50].

Um ein solches Widerspiel muß es sich auch handeln, wenn dem Zurückgekehrten vor den Bildern van Goghs zumut ist, als sei er wie doppelt (351). Diese Doppelheit wird verschiedentlich hervorgehoben. Im »ungeheuren Augenblick« sind Ich und Welt, Innen und Außen (355) ein Doppeltes, unterschieden und zusammengehörig, differierend und identisch. Der Zurückgekehrte kann Abgründe und Gipfel, Innen und Außen, eins und alles fühlen, wissen, genießen und ist zugleich Herr über dieses sein Fühlen, Wissen und Genießen, über sein Leben, seinen Verstand, seine Kräfte (351). Es gibt Augenblicke, da haben die Farben Gewalt über ihn, und zugleich hat er Gewalt über die Farben (352, 354). Was sich in diesen Doppelungen ausspricht, ist ein Reflexionsverhältnis: er – sich. Der Mensch ist insofern eins, als er doppelt ist[51]: er ist immer mit sich, er kann

---

46 P II 411.
47 P II 287.
48 P II 206.
49 P II 164/5.
50 A 257.
51 Um diesen Sachverhalt geht es auch Rilke, wenn er von den Frauen, die sich im Spiegel sehen, sagt: »Sie müssen doppelt sein, dann sind sie ganz«, um fortzufahren:
    Oh, tritt, Geliebte, vor das klare Glas,
    auf daß du seist. Daß zwischen dir und dir
    die Spannung sich erneue und das Maß
    für das, was unaussprechlich ist in ihr. (Werke, Bd. II, S. 181).

sich verlieren, er kann zu sich kommen. Seine Selbigkeit ist nicht das Einerlei. In den »Briefen des Zurückgekehrten« ist die Ganzheit, in der man »eins in sich selber« (330) ist, abgehoben von jener Einheit, in der »du mit dir selber eins sein kannst« (357). Ein Selbst ist der Mensch, nicht wenn er *in* sich der gleiche, sondern wenn er *mit* ihm selbst derselbe ist. Bei Martin Heidegger ist zu lesen: »Das Selbe ist nicht das Gleiche. Im Gleichen verschwindet die Verschiedenheit. Im Selben erscheint die Verschiedenheit.«[52]

Die Verschiedenheit tritt als Sich-selber-Fremdsein hervor. Im Gedicht »Vor Tag« erblickt sich der Jüngling als »blassen, übernächtigen Fremden, / Als hätte dieser selbe heute nacht / Den guten Knaben, der er war, ermordet«[53]. Er hat das in sich Ganze des Knaben verloren; gerade dies aber ermöglicht erst, daß er sich nun zu sich selbst verhalten kann: er kann diesen Fremden als ihm zugehörig fassen oder er kann ihn von sich stoßen wollen. Der Wachtmeister in der »Reitergeschichte« reißt in dem Augenblick, da er den ihm entgegenreitenden Wachtmeister als Spiegelbild seiner selbst erkennt, sein Pferd wie sinnlos zurück[54]: er verfehlt die Begegnung mit sich selbst und wird in seiner Dumpfheit zu einem, der sich verliert.

Im Widerspiel ist einer nicht bald das eine, bald das andere, aber es ist auch nicht so, daß die Doppeltheit ineinanderflösse und sich vermischte. Das Hin und Wider spielt sich »im zehntausendsten Teil der Zeit« (351) ab, die es braucht, um davon zu reden. Das Widerspiel hält also das Doppelte in einem *Zugleich* zusammen. Diese Gleichzeitigkeit ist vor allem im Chandosbrief eindringlich dargestellt. Der Todeskampf der Ratten, denen im Keller Gift zu streuen er angeordnet hat, steht Chandos plötzlich vor dem innern Auge und zugleich damit das brennende Karthago. Nicht etwa, daß der Todeskampf der Ratten an den Todeskampf der Karthager zurückdenken läßt, daß die Ratten bloß gleichnishaft, stellvertretend für ein Vergangenes, auf das historische Ereignis als das eigentlich Gemeinte hinweisen. Beide Ereignisse sind zugleich: »es war Gegenwart, die vollste erhabenste Gegenwart.« (16) Aber nicht nur das Vergangene ist mit dem Gegenwärtigen zugleich, sondern auch das Künftige. Indem »in mir die Seele dieses Tieres gegen das ungeheure Verhängnis die Zähne bleckte« (17), wird der Todeskampf auch zum Spiegelbild, in welchem Chandos als Künftiger auf sich selbst

52 Martin Heidegger, Identität und Differenz, Pfullingen 1957, S. 41.
53 G 10.
54 E 70.

zukommt. Er ist sich selber vorweg an jenem Äußersten, da er nichts als Ohnmacht ist; von dieser Grenze her kommt er auf sich zu. Der erhöhte Augenblick ist jene Zeitform, in der die Zukunft nicht später ist als die Gegenwart und das Gewesene nicht früher, in der ich vielmehr schon vom Ende her zurückkomme und zugleich das Gewesene mit mir trage.

Es ist auffallend, daß in den beiden erhöhten Augenblicken, die Chandos als Beispiele näher ausführt, vom Tod die Rede ist: außer den sterbenden Ratten erwähnt er, ausdrücklich als »Spiegelbild meines Selbst« (20), den Redner Crassus, der über den Tod seiner zahmen Muräne Tränen vergoß. Es fällt dies vielleicht erst auf, wenn man das Gegenerlebnis des Zurückgekehrten danebenhält: »In einem Sturm gebaren sich vor meinen Augen, gebaren sich mir zuliebe diese Bäume.« (350) Hier Geburt, dort Tod. Chandos, der in andauernder Trunkenheit durch die ganze Breite des Lebens voranstürmt, und zwar so, daß er immer mitten drinnen ist und also vor sich stets das Grenzenlose hat, dieser Chandos wird an die Grenze hinausgebracht: von dort her kehrt er zu sich selbst zurück und kommt damit erst zu seinem Selbst. Der Zurückgekehrte, der alles auf Erinnerungen zurückbezieht, wird hinter die Erinnerung zurückgeführt ins Anfängliche[55], und von dort aus geht er, ein Wiedergeborener, von neuem ins Leben: er ist erst jetzt eigentlich

---

[55] Daß Hofmannsthal längst mit diesen Gedanken beschäftigt ist, zeigt das Gedicht auf einen ertrunkenen Hund, das er am 22. September 1894 Richard Beer-Hofmann mitteilt:

Als unser Hund im Comersee ertrank
Und wir zusahen und nicht helfen konnten,
Da sahst du lange nach auf der besonnten
Und dunklen Flut der kleinen weißen Leiche,
Die, treibend, ganz zerging in goldner Bleiche,
Dann sagtest du: »Es war am Ende gut,
Daß er jetzt fort ist und für uns der gleiche
In der Erinn'rung dieser Tage ruht:
Denn kläglich häßlich ist ein altes Tier
Und grauenvoll in mancher Abendstunde
Dann später uns, den Jungen, dir und mir:
Denn er wär' alt und wir noch jung gewesen,
Und wie aus eines offnen Grabes Munde,
So hätte Gott geschrien aus diesem Wesen . . .
Mir aber kam ganz anders in den Sinn
Dieselbe Sache, daß der Hund ertrank:
Ich sah die wunderschöne Uferbank,
Wohin ihn spült' das gleitende Gerinn,
Und in den Zweigen süßen, zarten Wind
Und dort zwei Menschen, wie wir beide sind:
Und ihre Schönheit drang in mich hinein
Und dann: die Einigkeit von alledem im Sein. (Br. I, 115/6)

ins Leben hineingekommen. Dabei ist bemerkenswert, daß der Zurückgekehrte im erhöhten Augenblick nicht nur etwas erlebt, was sich in einem
ausdehnungslosen Moment, in einem Zeitquant gewissermaßen, abspielt,
sondern immer auch die Zeit vergehen fühlt und weiß, nun bleiben nur
noch zwanzig Minuten, noch zehn, noch fünf. (351) Der erhöhte Augenblick reißt also den Menschen nicht aus der Zeit heraus in die Zeitlosigkeit; dieser Augenblick ist vielmehr die eigentliche Zeit, »die große
Zeit«[56], die sich aus der uneigentlichen Zeit erhebt, aus jener Zeit nämlich,
in welcher für den Alltagsverstand das Vergangene vergangen, nicht-
mehr-seiend, und das Künftige vorbehalten und bevorstehend, noch-
nicht-seiend, ist. Der erhöhte Augenblick ist die Zeit, als die ich nicht
nur in einem Jetzt bin, sondern auch ein Gewesener *bin* und ineins damit
aus dem Ende der Zeit auf mich zukommend *bin*. Als solchergestalt
Ganzer wird der Mensch aus dem Zugleich des erhöhten Augenblicks in
die gewöhnliche, die uneigentliche Zeit entlassen, welche nun aber nicht
mehr – denn das Eigentliche bleibt unverlierbar nahe – bloß als Zeit im
alltäglichen Sinne erscheint. Nun erst ist er wirklich imstande, das Wort
»The whole man must move at once« wahrzumachen, wobei der Akzent
auf »at once« hinüberwechselt. Er ist nicht in der Weise da, daß er von
sich abwesend ist, zerstreut in träumendes Schweifen oder vertieft in
sinnende Versunkenheit, und nicht so, daß er, Erwartungen vor Augen
oder die Furcht im Rücken, die Gegenwart verzehrt oder verschmäht[57];
nicht so, daß er vorandrängt und sich überstürzt, und nicht so, daß sein
Schritt zögert und stockt. Er ist seiner selbst mächtig, deshalb kann er
sich jeden Augenblick allsogleich regen. Das Addisonwort rückt an das
Wort Kierkegaards heran, das Hofmannsthal ins »Buch der Freunde«
aufgenommen hat: »Was gut sein soll, muß immer ›gleich‹ sein, denn
›gleich‹ ist die göttlichste aller Kategorien und verdient geehrt zu werden,
wie in der Römersprache ›ex templo‹, weil es der Ausgangspunkt des
Göttlichen im Leben ist; was nicht gleich geschieht, ist von Übel.«[58]

Was Hofmannsthal in den »Briefen des Zurückgekehrten«, wie auch
schon im Chandosbrief, darstellt, läßt sich auf das Leitthema zurück-

---

[56] D III 313.
[57] Die gegensätzlichen Verhaltensweisen des Verzehrens und Verschmähens prägen,
wie bei Hofmannsthal verschiedentlich zu beobachten ist, auch die Einstellung zu
Essen und Trinken. Man vergleiche etwa die Abenteurerfiguren Florindo und
Jedermann mit der Variationsreihe der Tiefsinnigen, z. B. mit dem büßend
fastenden Marsilio, mit dem appetitlosen Elis.
[58] A 69. – Die Stelle findet sich in den »Stadien«; vgl. »Buch der Freunde«, mit
Quellennachweisen herausgegeben von Ernst Zinn, Frankfurt a. M. 1965, S. 143.

führen: »Die Welt will einen jeden aus ihm selbst herausreißen und wieder zu ihm selbst bringen.«[59] Der Mensch soll dahin geführt werden, »wohin ein innerer steter Schlaf« ihm selber »den Weg verschließt«. (353) Was hier als ständiger Schlaf bezeichnet wird, läßt sich nunmehr genauer bestimmen: Es ist damit das gemeint, was Kant die apriorische Form der Anschauung genannt hat. Wir sehen das Seiende in der Zeit als einem Nacheinander von Jetztpunkten mit ihrem Später und Früher. Der erhöhte Augenblick leuchtet, eine Falltüre aufsprengend, miteins in diesen Schlaf hinein und zeigt die Dinge in ihrem Zugleich. Hofmannsthal hat eine solche Erfahrung schon 1895 in einer Tagebuchnotiz festgehalten: »Es ist kein Schlaf so starr und tief und in keinen leuchtet der Traum so unreell und traumhaft hinein, wie zuweilen ins Leben das Leben selbst: heute in einem Glas kalten Wassers die aufgelöste Glut von Granatkernen, dann der verschneite Schwarzenberggarten mit seinen wesenlosen Erinnerungen an Mainachmittage, daraus sprach sehr stark dieses große Rätselhafte des Lebens, daß die Dinge für sich sind und doch voll Beziehung aufeinander.«[60] Gegenwart und Erinnerung, Glut und Kälte, Schnee und Maitage, Frucht und Blüte: dies alles ist hier zusammengehalten, aber nicht durch Folge, Übergang, Entwicklung, nicht durch das Organische, sondern durch das Zugleich, in welchem diese Dinge allesamt *sind*.

Ein derartiges Erlebnis ist die Erweckung Rama Krishnas, von welcher der Zurückgekehrte berichtet. Die Erleuchtung kommt über ihn, wie er das Weiß der Reiher im Blau des Himmels erblickt, das Seiende im Sein, das Vorüberziehende in jener Gegenwart, für die es kein Ehemals und kein Dereinst gibt, weil für sie alles allzumal ist. Er sieht das Weiß vom Blau getragen, wie der Zurückgekehrte in van Goghs Bildern die eine Farbe, »ein unglaubliches, stärkstes Blau« (349), alle andern tragen sieht. »Es war nichts als dies: Er ging über Land, zwischen Feldern hin, ein Knabe von sechzehn Jahren, und hob den Blick gegen den Himmel und sah einen Zug weißer Reiher in großer Höhe quer über den Himmel gehen: und nichts als dies, nichts als das Weiß der lebendigen Flügelschlagenden unter dem blauen Himmel, nichts als diese zwei Farben gegeneinander, dies ewige Unnennbare, drang in diesem Augenblick in seine Seele und löste, was verbunden war, und verband, was gelöst war, daß er zusammenfiel wie tot, und als er wieder aufstand, war es nicht mehr derselbe, der hingestürzt war.« (353/4) In Hofmannsthals Tagebuch

[59] A 39.
[60] A 117, vgl. P II 313.

findet sich, unter dem Datum 14. Juni 1895, eine Notiz, die von ähnlicher Erfahrung spricht: »Plötzlich unter einer großen Pappel stehengeblieben und hinaufgeschaut. Das Haltlose in mir, dieser Wirbel, eine ganze durcheinanderfliegende Welt, plötzlich wie mit straff gefangenem Anker an die Ruhe dieses Baumes gebunden, der riesig in das dunkle Blau schweigend hineinwächst. Dieser Baum ist für mein Leben etwas Unverlierbares.«[61] Hofmannsthal hat solche Erfahrungen, die sich mit Rama Krishnas Erweckungserlebnis vergleichen lassen, wenn sie auch nicht von derselben Gewalt und nicht mit derselben Entschlossenheit erfaßt sind, schon als Siebzehnjähriger gemacht. Sie sind es, die ihn zum Dichter haben werden lassen. Wenige Monate vor seinem Tod weist er in einem Brief an Walther Brecht auf diesen geheimen Quell seines Dichtertums hin. Zunächst erwähnt er etliche Gedichte, die schon vor 1891 entstanden, aber alle nicht der tieferen Schicht entsprungen seien. »Sie haben keine Bedeutung. Aus der tiefsten Schicht kam damals etwas Anderes, dann und wann, ein ganz kleiner visionärer Vorgang: daß ich manchmal morgens vor dem Schulgang (aber nicht wenn ich wollte, sondern eben dann und wann) das Wasser, wenn es aus dem Krug in das Waschbecken sprang, als etwas vollkommen Herrliches sehen konnte, aber nicht außerhalb der Natur, sondern ganz natürlich, aber in einer schwer zu beschreibenden Weise erhöht und verherrlicht, sicut nympha.«[62] Wenn Hofmannsthal im Chandosbrief und in den »Briefen des Zurückgekehrten« den erhöhten Augenblick darzustellen unternimmt, beschreibt er nicht etwas, was ihm erst nach der Jahrhundertwende widerfahren wäre, sowenig

---

[61] A 121.

[62] Brief vom 20. Februar 1929, abgedruckt in: Briefwechsel zwischen George und Hofmannsthal, Zweite ergänzte Auflage, München 1953, S. 234. – Eine ähnliche Stelle findet sich in P II 407 (1908): »Aus dem Waschkrug sprang das Wasser mit eigenem Willen wie eine lebendige Nymphe. Die Nacht hatte ihre Kraft in alles hineingeströmt, alles sah wissender aus, nirgendmehr lag Traum, aber überall Liebe und Gegenwart.« Und Carl J. Burckhardt berichtet: »Gerne erzählte er, wie in einem Gebirgsort, als er frühmorgens im kleinen mit Zirbelholz getäfelten Zimmer Wasser ins Becken goß, plötzlich in diesem Fließen des raschen, harten, klaren Gusses das ganze Werk, dem er nachspürte, fertig, gefügt und getönt vor ihm stand.« (Erinnerungen an Hofmannsthal, Basel 1943, S. 25) Hofmannsthal sagt in seinem Vortrag »Der Dichter und diese Zeit«, es gebe »ein Zeichen, das dem dichterischen Gebilde aufgeprägt ist: daß es geboren ist aus der Vision« (P II 297). In dieser Äußerung ist ein Hinweis auf die hier erwähnten visionären Vorgänge enthalten. Vgl. dazu auch den Brief an Leopold von Andrian vom 16. Oktober 1918: »Es haben sich mir in Bezug auf meine Arbeit Möglichkeiten aufgetan, die ich früher nicht geahnt hatte – und die doch an die Träume und Inspirationen meiner frühen Jugend ganz genau anknüpfen.« (S. 291)

er erst damals von einer Krise der Sprachbezweiflung[63] erfaßt wird. Die Scheu vor dem Geheimnis läßt ihn in den frühen Dichtungen eher aussparend als hinweisend reden. Er zeigt gleichsam die Hohlform: Wir leben ein totes Leben, und wenn er Menschen des eigentlichen Lebens darstellt, halten sie ihr Geheimnis fest in sich verwahrt. Aber offenbar liegt es im Wesen des Geheimnisses, daß es nicht verborgen bleiben, sondern sich kundtun will[64]: so im Chandosbrief, vernehmlicher noch in den »Briefen des Zurückgekehrten«, vor allem dort, wo der Zurückgekehrte die Zollbarkasse schildert, die sich in einer »Höhle aus Wasser« (355) durch die hochgehende See arbeitet, ein Gegeneinander und Miteinander von Grau und Braun, von Finsternis und Gischt. Diese Farben zeigen ihm für einen »ungeheuren Augenblick« die ganze Welt: Tod und Leben, Grausen und Wollust, »Vergangenheit, Zukunft, aufschäumend in unerschöpflicher Gegenwart« (355). Er fühlt »eine Fülle, eine fremde, erhabene, entzückende Gegenwart« (354) in sich. Es ist ein Augenblick, in welchem »das Wortlose, das Ewige, das Ungeheure sich hergibt« (355). Gegenwart ist hier nicht der Jetztpunkt, der die Vergangenheit und die Zukunft außerhalb seiner hat, vielmehr umfaßt sie alles Gewesene wie alles Kommende. Ist hier nicht die Rede von Goethes klassischem Augenblick, wie er sich im Gedicht »Vermächtnis« darstellt?

> Genieße mäßig Füll und Segen;
> Vernunft sei überall zugegen,
> Wo Leben sich des Lebens freut.
> Dann ist Vergangenheit beständig,
> Das Künftige voraus lebendig,
> Der Augenblick ist Ewigkeit.[65]

Doch schon die ersten beiden Zeilen dürften darauf hinweisen, daß wir bei Goethe in einer andern Welt sind; Mäßigung, sogar Entsagung gehört zu ihr, so daß man fragen möchte, wie denn da überhaupt von Fülle

---

63 Vgl. P IV 402.
64 Dazu mögen Georges Briefe das Ihre beigetragen haben. Wie nämlich der Briefwechsel 1902 nach dreijährigem Unterbruch wieder in Gang kommt, hält George mit dem Vorwurf nicht zurück, er habe, Freundschaft suchend, bei Hofmannsthal nichts als Ausweichen gefunden, und, während er von den eigenen Vorhaben mit größtmöglicher Offenheit gesprochen habe, nichts als Zurückhaltung zu spüren bekommen (Nr. 54, S. 150), worauf Hofmannsthal nicht nur mit einem sehr persönlichen Brief antwortet, welcher George das Gefühl gibt, zum erstenmal werde ihm ein tieferer Einblick gewährt (Nr. 56, S. 166), sondern dann auch mit dem Chandosbrief, welcher recht eigentlich von Hofmannsthals tiefsten Geheimnissen spricht.
65 Goethes Werke, Artemis-Ausgabe, Bd. I, S. 515. Vgl. dazu Emil Staiger, Die Zeit als Einbildungskraft des Dichters, S. 141.

gesprochen werden könne. Der ganze Unterschied wird aber vielleicht darin am deutlichsten, daß sich zur Erläuterung der vierten und fünften Verszeile beifügen läßt, das Vergangene sei *noch* lebendig, das Künftige *schon* erkennbar[66]. Vergangenes wirkt also nach, Künftiges kündet sich an; der Antrieb hält noch an und hebt auf die Höhe, zugleich ist schon der Abstieg in den Blick gerückt. Bei Hofmannsthals erhöhtem Augenblick wäre es nicht möglich, dieses »Noch« und »Schon« anzubringen. Da ist der Mensch immer auch sich voraus am Ende, von dorther kommt er auf sich selbst zu, und er ist immer auch sich hinterdrein am Anfang, von dort her holt er sich selbst ein. Zukunft und Vergangenheit schäumen anbrandend in der Gegenwärtigkeit des Selbst auf. Goethes Augenblick ist der Scheitelpunkt, in welchem das Leben kulminiert, der Zenith, der am weitesten zurückweist und am weitesten vorausweist, der glückliche Augenblick der Jugend, am reinsten sich darstellend, wenn der Jüngling und die Jungfrau in Liebe zueinander finden und sich zur höchsten Schönheit entfalten. Hier gilt, was Goethe in den Winckelmann-Studien geschrieben: »Das letzte Produkt der sich immer steigernden Natur ist der schöne Mensch. Zwar kann sie ihn nur selten hervorbringen, weil ihren Ideen gar viele Bedingungen widerstreben, und selbst ihrer Allmacht ist es unmöglich, lange im Vollkommnen zu verweilen und dem hervorgebrachten Schönen eine Dauer zu geben. Denn genau genommen kann man sagen, es sei nur ein Augenblick, in welchem der schöne Mensch schön sei.«[67] Hofmannsthals Augenblick ist nicht die Kulmination einer Entwicklung, er kann jederzeit eintreten, und wer auch immer von ihm betroffen wird, ist ein schöner Mensch zu nennen, wie alt er auch sei. Im erhöhten Augenblick bringt sich nicht die Natur zur höchsten Steigerung, in ihm erscheint nicht die Idee als das Eine und Einigende, worin das Leben in sich identisch ist[68]. Was immer man von ihm zu sagen versucht, es ist in jedem Wort dem klassischen Augenblick Goethes entgegengesprochen. Fast möchte es scheinen, als ließe sich überhaupt nur in Verneinungen davon reden, wie ja Hofmannsthal selber sagt, daß in den höchsten Momenten, zu denen sich der Mensch nur in Aufschwüngen zu erheben vermöge, »Vergänglich und Beständig als leere Worte dahinterbleiben«[69]. Aber auf diese via negationis ist man nur so lange verwiesen, als man meint, es gelte sich noch immer an der Idee zu orientieren und

---

[66] Emil Staiger, Goethe II, Zürich 1956, S. 228.
[67] Zitiert nach Emil Staiger, Goethe II, S. 226.
[68] Vgl. Emil Staiger, Goethe II, S. 517.
[69] P III 157.

den Augenblick als den würdigsten Punkt ihrer Erscheinung zu sehen. Wenn man indessen vom Hofmannsthalschen Augenblick reden will, muß man es im Widerspiel tun. Die Gegenwart des erhöhten Augenblicks wird fremd und erhaben genannt, sie entzieht sich aber nicht, sondern gibt sich her, sie schenkt sich und will von einem, der offensteht, empfangen sein. Dazu gehört nun aber als Gegenstück, daß sich »aus dem Innersten des Erlebnisses die umarmende Welle« (357) schlingt, die in sich hineinzieht; sie fordert Hingabe, aber der Hingegebene ist nicht preisgegeben, sondern bekommt sich selber zurück. Neben die Erweckung des Rama Krishna tritt das Farberlebnis des Zurückgekehrten, und damit sind Himmel und Meer, wie schon im »Kleinen Welttheater«, in ihr Mitsammen gebracht[70]. Gegenwart ist das Widerspiel, welches unablässig das Auseinandergesetzte in seine Zusammengehörigkeit sammelt: Vergangenheit und Zukunft, Anfang und Ende, Leben und Tod, Sein und Werden, Himmel und Wasser. Der erhöhte Augenblick offenbart die »rastlose Vereinigung« dessen, was im alltäglichen Verständnis als sich gegenseitig ausschließend und infolgedessen als unvereinbar gilt. Diese Gesammeltheit ist nicht das in sich Ganze, sondern das mit ihm selbst Eine.

Wie sich Hofmannsthal gegen Goethe abgrenzt, ist auch in seinem Balzacaufsatz, der im gleichen Jahr wie die »Briefe des Zurückgekehrten« publiziert wurde, gut zu verfolgen. Hofmannsthal geht davon aus, daß bei Balzac wie bei Goethe, anders als in der Vision Dantes, die Welt nicht statisch, sondern dynamisch erfaßt sei. Aber die Haltung der beiden Dichter gegenüber dieser in fließenden Übergängen sich bewegenden Welt sei verschieden. Von Goethe heißt es: »Es war die Grundgebärde seines geistigen Daseins, sich hier nach der entgegengesetzten Seite zu wenden. Die fließenden Kräfte seiner Natur waren so gewaltig, daß sie ihn zu überwältigen drohten. Er mußte ihnen das Beharrende entgegensetzen, die Natur, die Gesetze, die Ideen. Auf das Dauernde im Wechsel heftete er den Blick der Seele.«[71] Im Gegensatz dazu gibt sich Balzac ganz dem Fließenden hin. In seinen Romanen werden die Reichen arm, die Armen reich; César Birotteau geht nach oben und der Baron Hulot nach unten: »Jeder ist nicht, was er war, und wird, was er nicht ist.«[72] Während es Goethe um das Gesetz, nach dem einer angetreten, zu tun ist, um das Unveränderliche inmitten des Wechselnden also, gibt Balzac »Wahrheiten, die alle nur für einen Augenblick wahr sind und nur an der einen

---

[70] Vgl. S. 71.
[71] P II 392.
[72] P II 391.

Stelle wo sie stehen«[73]. Man sieht, daß Hofmannsthals Ausführungen von der grundsätzlichen Entgegenstellung, die ihn eh und je beschäftigt, geleitet sind: auf der einen Seite die Akzentuierung des im Wechsel Beharrenden, auf der andern Seite die Akzentuierung der im Wechsel sich vollziehenden Auflösung, dort die Hinwendung zum Sein, hier das Sichpreisgeben im Werden. Goethes Gesicht sieht Hofmannsthal als olympische Maske, die betrachtend über seinen Werken throne; Balzacs Gesicht hingegen blicke nur hier und dort aus seinen Werken hervor und zeige »das grandios Faunische«, das einem »Dämon des Lebens« eigne[74].

Hofmannsthal steht weder auf dieser noch auf jener Seite. Einer andern Generation angehörend, hat er Distanz zu Balzac wie zu Goethe, zum Momentanen, zu den »vorübergehenden Verkörperungen einer namenlosen Kraft«[75] wie zum klassischen Augenblick. Zutiefst bezeichnend für ihn ist das Widerspiel, in welchem er das Entgegengesetzte einander zuwendet. In solchem Hinüber und Herüber sammelt er, was der erhöhte Augenblick als vereint offenbart.

---

[73] P II 395.
[74] P II 393.
[75] P II 394.

12*

Augenblicke in Griechenland

Die drei Prosastücke »Das Kloster des heiligen Lukas« (1908), »Der Wanderer« (1912) und »Die Statuen« (1914) halten nicht einfach Impressionen der Griechenlandreise fest, die Hofmannsthal mit Harry Kessler und Aristide Maillol im Jahre 1908 unternommen hat; das Wort »Augenblick« meint auch hier den erhöhten Augenblick, das Heraustreten aus der gewöhnlichen Gegenwart, das Hineingenommensein in eine stärkere Gegenwart. Darin haben diese drei Arbeiten, wiewohl ihrer Entstehung nach durch größere Zeitabstände getrennt, ihren eigentlichen Zusammenhang; sie sind nicht erst nachträglich zusammengefaßt worden, sondern als Triptychon angelegt[1].

Inmitten des dürftigen Landes, das »öde mit der Öde von Jahrtausenden« (7)[2] ist, liegt das Kloster des heiligen Lukas mit seinen Fruchtbäumen und blühenden Hecken, umschwebt von Erdbeer- und Thymiangeruch, umgeben von Vogelgezwitscher und Geläut der Herden: eine Stätte der Unversehrtheit, des Friedens und der Geordnetheit, ein Ort lebendigen Lebens. Paradiesesnähe wird spürbar: sie kündet sich in den Wegen an, die nicht für Wanderer oder Hirten, sondern, mühelos immer gleich hoch über dem Tal laufend, zur Lust angelegt sind (8), sie spricht aus der königlichen Gestalt der Pinie, die uralt ist und doch in ihrer Anmut etwas von ewiger Jugend hat (9), und je tiefer man ins Innere des Klosters gelangt, desto reiner ist die Nähe des Heiligen fühlbar: der Mönch an der Pforte hat etwas Unruhiges, Zudringliches im Blick und

---

1 Zur Entstehung des letzten Stückes vgl. Oswalt von Nostitz, »Helene von Nostitz«, in: »Neue Zürcher Zeitung« Nr. 5402, 13. Dezember 1964: »Hofmannsthal hat lange damit gerungen. Eine Hilfe bedeutete ihm hierbei die Photographie der Statue einer Priesterin, die Helene von Nostitz von ihrer Griechenlandreise mitgebracht hatte und die lange in seinem Arbeitszimmer hing.« – Vgl. dazu Hofmannsthals Brief an Helene von Nostitz: »Das Bild wird mir mehr als irgend etwas in der Welt nützen können den dritten Aufsatz zu schreiben – an dieses unausdeutbare Gesicht sind jetzt schon alle Hoffnungen etwas unausdeutbares Inneres irgendwie doch an den Tag zu bringen, geknüpft.« (21. Dezember 1912, S. 123).

2 »Augenblicke in Griechenland« im Band »Prosa III« S. 7–42.

etwas Gewolltes, Forciertes in den Gebärden; die Mönche im Klosterhof
dagegen sind ganz Ruhe, ganz Gelassenheit, in ihrem Gang ist ein un-
definierbarer Rhythmus, »gleich weit von Hast und von Langsamkeit« (10), sie verschwinden in der Kirchentür, wie ein großes unbelauschtes
Tier, das durch den Wald schreitet, hinter Bäumen unsichtbar wird (10).
Wie anders bewegen sie sich als Cesarino oder Weidenstamm, die in der
Schnelligkeit, in der Hast den Inbegriff des Lebens haben[3], und wie verschieden ist dieses Schreiten von den stockenden, schweren Schritten des
Matrosen Elis[4]. Vom Gang der Mönche ließe sich mit den Worten Rodins
sagen: »Ihre Bewegungen sind richtig. Ich kann das nicht weiter erklären.
Eine falsche Bewegung ist dasselbe was ein falscher Ton in der Musik
ist. Und fast alle Bewegungen, die man sieht, sind falsch.«[5] Nichts hält
in diesen Bewegungen zurück, nichts treibt sie voran. Die Zeit steht hier
weder still, noch zerrinnt sie, »sie ist nicht lang noch kurz, sondern
ὥσπερ θεῖ«, so wie sie läuft[6]. Die Bewegungen der Menschen stimmen hier
mit der Bewegung der Zeit überein. Wer so schreitet, hat nichts an die
Vergangenheit verloren, in nichts wird er von der Zukunft überrascht
werden. Er ist nicht verzehrt von eschatologischer Glut, er ist nicht ver-
hangen mit Träumen vom verlorenen Paradies[7]. Der Psalmengesang in
seiner uralten Melodik gibt diese heile Zeit am reinsten wieder: »Die
Stimmen hoben und senkten sich, es war etwas Endloses, gleich weit von
Klage und von Lust, etwas Feierliches, das von Ewigkeit her und weit
in die Ewigkeit so forttönen mochte.« (10/11) Das Endlose muß unterschieden werden vom Unendlichen. Das Endlose hat keine endliche
Grenze, es verknüpft das Ende mit dem Anfang und ist daher unbegrenzt. Unbegrenzt aber ist, wie Aristoteles im dritten Buch der Physik
sagt, nicht dasjenige, außerhalb dessen nichts ist, sondern gerade dasjenige, außerhalb dessen immer noch etwas ist. Das Unendliche aber ist
dasjenige, außerhalb dessen nichts mehr ist[8]. Als das Endlose weist also
der Gesang im Kloster des heiligen Lukas über sich hinaus. Sich hebend
und sich senkend, tönt er in jedem Augenblick, gleichsam quer zu der als
horizontale Erstreckung vorgestellten Zeit, zur Ewigkeit hin und von
der Ewigkeit her. Der Gesang ist das Widerspiel zwischen Mensch und
Gott. Die Stimme, die aus einem offenen Fenster über dem Hof die

---

3 Vgl. S. 94.
4 Vgl. S. 123.
5 Rodin über birmanische Tänzerinnen. A 147 (1906), vgl. P II 260.
6 A 114.
7 Vgl. dagegen Marsilio und Andrea in »Gestern«.
8 Vgl. dazu Hedwig Conrad-Martius, Der Raum, München 1958, S. 61.

Melodie der Mönche nachsingt, echohaft, fast bewußtlos, klingt so un-
wirklich, daß es scheint, »als sänge dort das Geheimnis selber, ein Wesen-
loses« (11). Wie in den »Briefen des Zurückgekehrten« wird hier das alle
Namen übersteigende Unnennbare das Wesenlose genannt[9]. Es kann
nicht in der Art eines Seienden und somit grundsätzlich nicht vorgestellt
werden: es hat kein Wesen, nichts, was im Wechsel der Erscheinungen
als Beharrend-Unveränderliches bleibt. Das unnennbare Geheimnis ist
nicht von den Gegensätzen Unbewegtheit und Bewegung, stare und
fluere bestimmt. Als das Wesenlose, Gestaltlose ist es allem Seienden als
das Nicht-Seiende transzendent. So kann es denn auch nur eine Täuschung sein, wenn die Klosterbesucher das Geheimnis selbst singen zu
hören vermeinen: sie haben eine Knabenstimme vernommen. Und doch
schließt diese Täuschung die Wahrheit nicht aus, vielmehr ist in ihr
Wahrheit verhüllt und enthüllt zugleich. Jene Stimme mit ihrem Klang
diesseits der Geschlechtertrennung hat insofern getäuscht, als sie das Geheimnis als ein Anwesendes von der Art des Seienden ausgab, und hat
insofern nicht getäuscht, als dieses Anwesende gleichnishaft redete und
so über sich hinauswies. Ja man müßte wohl so weit gehen, zu sagen, die
Besucher seien durch jene Täuschung in die Wahrheit hineingetäuscht
worden: sie haben den Gesang nicht nur als den zu Gott sich aufschwin-
genden Anruf gehört, sondern auch, für eine Weile, als Antwort. Sie
sind in jenes Widerspiel hineingenommen worden, das von den zwischen
Schöpfer und Geschöpf schwebenden Worten vermittelt wird[10].

Im liturgischen Gesang übereignet sich der Mensch der unerschöpflichen Gegenwart, in ihm ist der erhöhte Augenblick nicht nur momentan,
für die Dauer eines Blitzes erhoben, sondern bleibt er erhaben. Wenn
daher der Gesang vollzieht, »was sich seit einem Jahrtausend Abend für
Abend an der gleichen Stätte zur gleichen Stunde vollzieht« (12/13), so
verflacht sich diese Wiederholung nicht in die Schalheit; das Ehrwürdige
bleibt ehrwürdig und ist gerade dadurch das Ehrwürdige, daß es unablässig wiederholt werden kann (vgl. 13). Aus unerschöpflicher Gegenwart hervorgehend, ist das Uralte ständig neu. Die Zeit ist in der täg-
lichen Wiederholung des Selben zur Kreisbewegung geschlossen und ist
damit nicht mehr dahinstürzende Zeit, sondern in jedem Schritt, mit dem
sie sich von ihrem Ausgangspunkt wegbewegt, zugleich zurückkehrende
Zeit. Jedes Neue, das Allerjüngste, ist so auch das Anfängliche.

---

9   P II 353.
10   P I 266.

In der unerschöpflichen Gegenwart ist die Versunkenheit der Zeiten gehoben, Vergangenheit schäumt auf[11]. Auch die Zeit der griechischen Antike ist nicht ins Unerreichliche hinabgestürzt. Delphi und sein Heiligtum, wiewohl in Trümmern liegend, ist nicht einfach vergangen. Als Vergangenheit, die in der Gegenwärtigkeit aufschäumt, ist es nicht fern, sondern nah. »Hier ist es nah. Unter diesen Sternen, in diesem Tal, wo Hirten und Herden schlafen, hier ist es nah, wie nie. Der gleiche Boden, die gleichen Lüfte, das gleiche Tun, das gleiche Ruhn. Ein Unnennbares ist gegenwärtig, nicht entblößt, nicht verschleiert, nicht faßbar, und auch nicht sich entziehend: genug, es ist nahe.« (14) Könnte dies Unnennbare entblößt sein, so wäre es da, vorfindlich wie jegliches Seiende. Wäre es verschleiert, so wäre es auch da, zwar verborgen, aber auffindbar dadurch, daß der Schleier gehoben würde. Es ist nicht verschleiert und nicht entblößt: es ist nicht in der Weise, daß es *da* ist. Das unnennbare Gegenwärtige ist kein Seiendes, es ist das Sein, nicht faßbar, aber nicht darum, weil es sich entzieht, sondern weil es der Unterscheidung von Fassen und Entziehen nicht unterliegt. Es unterliegt aber auch nicht der Aufhebung dieses Unterschieds, sonst wäre es ja in dieser Aufhebung doch wiederum faßbar. So ist das Unnennbare einfach nahe. Die »Zeiten der Patriarchen« (14) sind nahe im Ton, in welchem der Mönch mit dem dienenden Mann wenige Worte wechselt. Dies unscheinbare Gespräch reicht zurück ins Unvordenkliche: »Homer ist noch ungeboren, und solche Worte, in diesem Ton gesprochen, gehen zwischen dem Priester und dem Knecht von Lippe zu Lippe.« (15) Daß diese Worte, so belanglos sie sind, so bar allen gewichtigen Inhalts, wie aus fernster Ferne herübergesprochen tönen und damit die Ferne als die Nähe kundtun: dies macht sie zu einer Botschaft, »die uns durchschauert« (15). Das Ehrwürdigste und das Unscheinbarste, die liturgische Feier und das alltägliche Gespräch, das unverrückbar Gleichbleibende wie das Flüchtige, beides spricht von der Nähe, als die ein Unnennbares gegenwärtig ist und alles, was war und ist und sein wird, in die Fülle der Zeit versammelt.

Das zweite Prosastück, das von der Reise der Klosterbesucher nach Athen berichtet, steht in deutlichem Gegensatz zum ersten: Dem Wohnen in der Nähe des Heiligen wird unbehauste Wanderschaft, der Gelassenheit in unangetastetem Auf-sich-Beruhen (14) gefügter Ordnungen wird das Gehetztsein eines von den Erinnyen verfolgten Gewalttätigen gegenübergestellt. Auch im Satzbau zeigt sich der Unterschied: dort das Ein-

---

11 Vgl. »Die Briefe des Zurückgekehrten« P II 355.

fache, geradezu Simple, öfters an den späten Adalbert Stifter anklingend, hier eine vielfältig gegliederte Syntax, voll Unruhe und Spannungen.

Zunächst wirkt die Ausstrahlung vom Kloster des heiligen Lukas noch ein gutes Stück auf dem Weg vom delphischen Gefild gegen Theben hin nach. Das Gespräch ruft Erinnerungen an Freunde, in der Ferne weilende oder gestorbene, mit seltsamster Deutlichkeit herauf, so daß die Redenden nicht unterscheiden könnten, ob das, was sie erinnern, die Regungen des eigenen Innern sind oder die jener andern, deren Gesichter ihnen vor Augen sind; sie wissen nur, »daß es gelebtes Leben war, und Leben, das irgendwo immer fortlebte, denn es schien alles Gegenwart« (17). Freilich, jetzt *scheint* bloß alles Gegenwart zu sein; im Bezirk des Klosters war Gegenwärtigkeit mächtiger, so daß die fernste Zeit wiederum ins Gegenwärtige gehoben, die Zeitfolge durchbrochen war: »Homer ist noch ungeboren«, und darin zeigte sich die Nähe zur vollen Gegenwärtigkeit, die in der liturgischen Handlung nicht etwa erinnert wird, sondern sich in unerschöpflicher Gegenwart vollzieht, die kein Gegenstand der Dichtung sein kann, weil sie, zum Gegenstand gemacht, schon immer in bloße Erinnerung oder Beschreibung abgesunken wäre[12]. Und doch ist auch in den Erinnerungen, als welche die Freunde herankommen, verweilen und wieder verfließen, diese selbe volle Gegenwärtigkeit am Werk. Für den Menschen, der sich erinnert, gilt, was Hofmannsthal in seinem Vortrag »Der Dichter und diese Zeit« vom Dichter sagt: »In ihm muß und will alles zusammenkommen. Er ist es, der in sich die Elemente der Zeit verknüpft. In ihm oder nirgends ist Gegenwart ... Ihm ist die Gegenwart in einer unbeschreiblichen Weise durchwoben mit Vergangenheit: in den Poren seines Leibes spürt er das Herübergelebte von vergangenen Tagen, von fernen nie gekannten Vätern und Urvätern, verschwundenen Völkern, abgelebten Zeiten.«[13] Der Be-

---

[12] Deshalb hütet sich Hofmannsthal, die Messe in die Dichtung hineinzunehmen: die Klosterbesucher hören den liturgischen Gesang von außen. In diesem Wissen um die Grenzen der Dichtung gibt Hofmannsthal auch das Gespräch der Eheleute auf dem Finazzerhof nicht direkt wieder: Andreas bleibt extra muros. Vgl. dazu diese Arbeit S. 108.

[13] P II 282/3.
In diesem Zusammenhang sei der Lieblingsgedanke erwähnt, mit dem sich Hofmannsthal die »Unvergänglichkeit alles Gewesenen« veranschaulicht: »Dem Stern ein längst gewesenes heute gegenwärtig« (A 122, 1895), »Geschwindigkeit des Lichtes: der Stern, wo man jetzt gerade dem Gastmahl des Heliogabal zusehen kann« (A 97, 1892); »Es gibt Sterne, zu denen in dieser jetzigen Stunde sich die Schwingungen einfinden, die vom Speer ausgingen, mit dem ein römischer Soldat unsern Heiland in die Seiten gestoßen hat. Für diesen Stern ist jenes einfach Gegenwart.« (An Edgar Karg von Bebenburg, 22. August 1895, S. 93.) Vgl. auch: A 40, P II 26, P III 92, D I 423, D IV 139, G 38.

griff der Gegenwart spielt hin und her zwischen der vollsten Gegenwärtigkeit, in der das Einstmals und das Dereinst in einem einzigen ungeheuren Nun steht, und der völlig abgeblendeten Gegenwart des bloßen Jetztpunktes; so ist er im obigen Zitat das erstemal der eigentlichen, das zweitemal der uneigentlichen Gegenwart näher. Damit über der nivellierten Gegenwart die Ahnung einer höheren Gegenwart aufgehe[14], läßt Hofmannsthal in den »Augenblicken in Griechenland« das Tempus ständig zwischen erzählendem Imperfekt und Präsens wechseln. Bald heißt es: »Indem sie vor uns lebten und uns anblickten, waren die kleinsten Umstände und Dinge gegenwärtig, in denen unser Vereintsein mit ihnen sich erfüllt hatte«, bald: »Wir sind wie zwei Geister, die sich zärtlich erinnern, an den Mahlzeiten der sterblichen Menschen teilgenommen zu haben« – wobei in diesem Durcheinandergehen der Zeitformen das Gegenwärtigsein im Imperfekt, das Erinnern im Präsens ausgesagt ist; einmal wird vom Ende der Zeit her zurückgeblickt, so daß das Gegenwärtige schon gewesen ist, dann wieder richtet sich der Blick aus dem Gewesenen voran auf die Gegenwart, die nun gleichsam Zukunft ist. Vergangenes, Künftiges und Gegenwärtiges ist in wechselvolle Spiegelungen gebracht. All das Erinnerte »scheint nur zu leben, indem es uns anblickt: als wäre es unser Gegenblick, um dessenwillen es lebe« (18). Anblick und Gegenblick: hier ereignet sich wiederum das Widerspiel, welches das Wesen des Augenblicks ist, nämlich Verknüpfung, Vereinigung, Sammlung. In diesem Zusammen ist das Erinnerte nicht etwas Feststehendes und Abgeschlossenes, etwas durch das Geschick Vollendetes, wiewohl es dies auch ist, sondern es ist darüber hinaus wiederum »ein endloses Wollen, Möglichkeiten, Bereitsein« (18), ein Offenstehen für ständig erneutes Lebendigwerden in neuen Begegnungen. Das Gewesene ist somit »ein Auf-der-Reise-Sein nach einem unsagbar fernen Ziel« (18). Ja es ist noch mehr als dies: »ein Ferneres noch« kündet sich an, etwas, was noch über jener Auferstehung des Vergangenen ist, die in der Gegenwärtigkeit des Menschen vor sich geht.

Von all den erinnerten Menschen wird nur einer dem Leser vor Augen gebracht: Rimbaud, wie er unstet von Land zu Land zieht, vor jeder Erwähnung seines früheren Dichtertums zurückweicht, sich verkriecht, jede Annäherung mit Hohn erwidert, jede Hand von sich stößt, als ob er aus jeglicher Konfiguration herauszutreten suchte, ohne Gegenblick

---

14 Vgl. P IV 308.

leben wollte, keine Spiegelung duldete[15]. Er läßt an Hofmannsthals
Notiz aus Goethes Tagebüchern denken, daß die durch Reflexe entstehende doppelte Welt allein Lieblichkeit habe und das Nibelungenlied
deshalb so furchtbar sei, weil es eine Dichtung ohne Reflex sei, weil die
Helden wie eherne Wesen nur durch und für sich existierten[16]. Ein solches
ehernes Wesen zu werden scheint Rimbauds Verlangen zu sein, ist er
doch in Hofmannsthals Taggesicht einer, »der mit übermenschlicher Kraft
sein Selbst zusammenkrümmt« (19), der sich also selbst Gewalt antut,
um derart zusammengeballt zu sein[17]. Da darf nun wohl auch jene Notiz
herangezogen werden, in der sich Hofmannsthal über Kriemhilds Leben
nach dem Tode ihres Mannes äußert: daß Siegfrieds Hund seinem Herrn
nachgestorben, sie aber nicht, sei ihr ein ständiger Vorwurf, der sie in
den Tod treiben möchte. »So wird sie gezwungen, ihre Individualität mit
Zähnen und Krallen festzuhalten.« Dies, sich selbst gewissermaßen
krampfhaft festzuhalten, scheine der wahre Inhalt ganzer Schicksale[18].
Was Rimbaud dazu bringt, sein Selbst in äußerster Anstrengung zusammenzukrümmen, wäre dann das in ihm, was eben gerade die Hingabe
dieses Selbst verlangt und, heilig-verflucht, bald in die Selbstverleugnung und barmherzige Liebe ruft[19] und bald in Haltlosigkeit und völlige Auflösung lockt[20]. Rimbauds Haltung ist ganz Abwehr und Drohung.
So sagt denn Hofmannsthal, er habe sein Selbst zusammengekrümmt
»wie einen Bogen, den unbarmherzigsten Pfeil von der Sehne zu schikken« (19). Gegen alles und jedes kann sich diese geängstigte Feindseligkeit wenden, die zu rücksichtslosem Vorgehen bereit ist. Sollte vielleicht
gar mit dem Ausdruck »der unbarmherzigste Pfeil« nicht nur auf die
Treffsicherheit und Wucht des Schusses angespielt sein, sondern auf ein

---

15 Als eine Gestalt fast ohne Konfiguration sieht Hofmannsthal auch Macbeth.
   Wenn er an ihn denkt, ist er »im tiefsten betroffen«, denn alle andern Gestalten
   Shakespeares sind durch das »Einander-Bespiegeln, Einander-Erniedrigen und
   -Erhöhen, Einander-Dämpfen und -Verstärken« in ein »Ensemble« eingeordnet.
   »Mir ist dann, Shakespeare habe ihn mit einer besonderen Furchtbarkeit umgeben, wie eine eisige Todesluft um ihn streichen lassen − einen gräßlichen Anhauch der Hekate −, die rings um die Gestalt alles Lebendige, Leicht-Vermittelnde, mit Menschen Verbindende weggezehrt hat.« (P II 171, 173.)
16 A 80 und 229, vgl. diese Arbeit S. 68.
17 Vgl. dazu »Une saison en enfer«: »Je quitte l'Europe. L'air marin brûlera mes
   poumons; les climats perdus me tanneront. ... Je reviendrai, avec des membres
   de fer, la peau sombre, l'oeil furieux: sur mon masque, on me jugera d'une race
   forte. J'aurai de l'or: je serai oisif et brutal.« (Edition Garnier, Paris 1960,
   S. 215.)
18 A 157/8 (1907).
19 Vgl. »Une saison en enfer«: O mon abnégation, ô ma charité merveilleuse! S. 216.
20 Vgl. ebd.: Satan, farceur, tu veux me dissoudre, avec tes charmes. S. 222.

bestimmtes Ziel, durch welches der Schuß der unbarmherzigste würde? Daß Rimbaud gerade auf dem Weg von Delphi nach Theben, dem »Weg des Ödipus« (17), als Taggesicht erscheint, legt, besonders wenn man sich Hofmannsthals Technik vielfältiger Spiegelung vor Augen hält, den Gedanken nahe, es könnte hier über den Abgrund der Zeiten hinweg ein Reflex des Vatermordes geworfen sein. Wäre dann vielleicht die Feindschaft dieses zusammengekrümmten Selbst gegen Gottvater gerichtet, und zwar, anders als bei Ödipus' Vatermord, mit vollem Wissen und Willen? »Maßlose Auflehnung« (19), »unsagbare Auflehnung« (20), »Trotz« (20): mit solchen Ausdrücken wird die Signatur von Rimbauds Wesen gegeben. Etwas von luziferischem Empörertum liegt in ihm: ein »Himmel und Hölle Aufreißen« (19). Zugleich wird er aber, wie es König Ödipus von sich sagt[21], der genannt, »der am unsäglichsten gelitten hat« (19). Er ist ein Geschlagener, ein Verwundeter, der sich in sein Selbst zusammenkrümmt, weil er versehrt ist. Seine maßlose Auflehnung ist »selbstverhängtes Todesurteil« (19). Die Ambivalenz drückt sich auch darin aus, daß seine Worte bald kalt, bald »wie blutend« (19) sind, daß er einmal wie ein Bruder, dann wieder »eisig fremd« (19) sein kann, daß er »um Geld zu ringen meint, um Geld, um Geld, und gegen den eignen Dämon um ein Ungeheures ringt, ein nicht zu Nennendes« (19/20). Wie so manches in diesen Texten läßt sich auch dieser Satz aus seinem Zusammenhang kaum genügend erhellen. Hofmannsthal gibt Andeutungen, und als einer der belesensten Dichter setzt er, hierin wie in anderm T. S. Eliot ähnlich, Belesenheit voraus. Man ist daher legitimiert, mit Hilfe von Rimbauds Dichtung die Konturen zu verdeutlichen. Was es mit dem Ringen gegen den eigenen Dämon auf sich hat, mag man erahnen, wenn Rimbaud den Ruf hört: »Gagne la mort avec tous tes appétits, et ton égoïsme et tous les péchés capitaux«[22], oder wenn er die Vierge folle sagen läßt: »Je ne suis pas née pour devenir squelette«[23]. Der Dämon weist auf die Hinfälligkeit: daß alles, was ist, zu nichts wird und daher nichts ist und es verdient, zugrunde gerichtet zu werden. Rimbaud ist von der Vergänglichkeit zutiefst versehrt, seine maßlose Auflehnung gilt dem Tod (vgl. 20) und ist deshalb auch gegen Gott gerichtet. Ob der Vergänglichkeit verzweifelnd, verzweifelt er am Ewigen, darin ist er

---

21 Vgl. Sophokles, König Ödipus, V. 1414/5, nach der Übersetzung von Emil Staiger, Zürich 1944:
    Mein Leid ist so, daß keiner
Auf Erden außer mir es tragen kann.
22 »Une saison en enfer« S. 211.
23 Ebd. S. 224.

der, welcher am unsäglichsten leidet. Zusammengekrümmt in sich selbst, will er zum Trotz sich selbst behaupten in allem Elend und mitsamt seinem Elend, ein Mann der Revolte, der ein ständiger Einwand gegen dieses Dasein und gegen Gott sein will, der vorgibt, es sei ihm einzig um Gold zu tun, und damit der Ewigkeit ein anderes Unverwesliches herausfordernd entgegenzusetzen meint[24]. Im Grunde aber, so sieht es Hofmannsthal, ringt er in solcher Idolatrie um ein anderes. Um welches andere könnte er dann ringen, als daß er mit Gott ringt, auf daß er ihn erlöse und segne?

Im Zusammenhang mit dieser Rimbaudgestalt muß man sich an das erinnern, was Hofmannsthal über Balzac geschrieben hat: »Dieser scheinbare Materialist ist ein leidenschaftlicher Ahnender, ein Ekstatiker«, und von seinen Romangestalten heißt es: »In den Tiefen ihres Zynismus, in den Wirbeln ihrer Qualen, in den Abgründen der Entsagung suchen und finden sie Gott, ob sie ihn beim Namen nennen oder nicht.«[25] Vor allem aber ist auf Oscar Wilde hinzuweisen, von dem Hofmannsthal sagt: »Er ging auf seine Katastrophe zu, mit solchen Schritten wie Ödipus, der Sehend-Blinde ... Er reckte die Hände in die Luft, um den Blitz auf sich herabzuziehen ... Unablässig forderte er das Leben heraus. Er insultierte die Wirklichkeit. Und er fühlte, wie das Leben sich duckte, ihn aus dem Dunkel anzuspringen.«[26]

So wie das Taggesicht, in welchem die Gestalt Rimbauds erscheint, Reflexe der Ödipussage enthält, ist Rimbaud im fieberkranken, nach Hause strebenden deutschen Wandergesellen gespiegelt, der den Reisenden »keine tausend Schritte von der Stelle, wo Ödipus seinen Vater erschlagen hat«[27], begegnet. Abgezehrt, elend, wankenden Schrittes, barfuß und in zerrissenen Kleidern, will er grußlos vorüberhasten: »das wandelnde nackte Menschenleben, und ringsum lauerte die ganze Welt wie ein einziger Feind« (25). Er sucht mit seinem Blick die ihm Begegnenden von sich zu scheuchen (27), er will jede Annäherung abweisen, sogar mit erhobenem Knüppel die bedrohend, die ihm helfen wollen (23). Auch er ein Empörer, der ständig die Redensart »das ist verflucht« im Munde führt, »der Gewalttätige eines ganzen Dorfes« (23), nun allerdings schon ganz der letzten Ohnmacht nahe, ein Gefürchteter ehedem, nunmehr

---

[24] Daß Hofmannsthal das Streben nach Geld, nach Gold als verzweifelten Versuch wertet, einen Ewigkeitsersatz zu finden, kann erst im Zusammenhang mit dem Jedermannspiel dargestellt werden. Vgl. S. 223.

[25] P II 394.

[26] P II 135.

[27] Brief an den Vater, ohne Datum, Br. II, Nr. 248, S. 323.

»herabgewüstet zu einem tierhaft umängstigten Wesen». Als würde er gehetzt, flüchtet er in blinder Panik nach vorwärts, heimwärts, hat keine Zeit, sich auszuruhen (22), und um keinen Preis würde er ein Stück des Weges zurückgehen (23). Die Erinnyen sind hinter ihm her. Hofmannsthal hat über dieses zweite Kapitel, das den Titel »Der Wanderer« trägt, als Motto ein griechisches Sprichwort gesetzt: »Es gibt auch Erinnyen bei den Hunden«[28], was sagen will, daß auch für Geringeres als Vater- und Muttermord Erinnyen da seien. In ihnen nur Rachegeister sehen zu wollen wäre eine Vereinfachung. Der Handwerkergeselle hat – wie der kranke Rimbaud – Eile, nach Hause zu kommen. Die Erinnyen haben ihn zur Umkehr gezwungen, sie haben ihn somit davor bewahrt, sich vollends zu verlaufen, sie treiben ihn, wie Hunde ein verirrtes Schaf, zurück[29]. So sind sie nicht nur unheilbringend, sondern auch segensreich, sie sind nicht nur die grollenden Rächerinnen, sondern auch Wohlgesinnte, Eumeniden. Sie sind Verteidigerinnen der Weltordnung und ineins damit schützen sie auch den Frevler vor gänzlicher Verlorenheit. So ergibt sich denn der Wanderer, von seiner Not besiegt, den Grimm von sich tuend, den hilfreichen Weggefährten: der ganz Unbändigkeit war (23), läßt sich auf ein Maultier binden.

Wie sich dann etwas später der Erzähler zum Trinken über einen Bach beugt, blickt ihm das Gesicht eines fremden Mannes entgegen, und gleich darauf sieht er sich als Knaben, wie er am Straßenrand unzählig vielen vorübermarschierenden Soldaten in die ermüdeten, verstaubten Gesichter blickt, von jedem den gesuchten Gegenblick – wohl den Blick aus den Augen seines Vaters – umsonst erhoffend. Für die Spanne eines Augenblicks sieht sich der Erzähler an den Rand der Verlorenheit gestellt, so daß die Frage »Wer bin ich?« (25) den Ton beklemmendster Bangnis hat. Die Antwort ist schon mit der Bangigkeit, in der hier gefragt wird, gegeben: »Ein Nirgendhingehören« (25). Erschütterten Herzens sieht er dann auf der Fahrt durch Böotien die zerklüftete Berglandschaft mit Augen, denen sie sich völlig offenbart: die Welt als steinige Einöde, in die der Mensch ausgesetzt ist.

Der dritte Teil, welcher vom abendlichen Besuch auf der Akropolis berichtet, greift das Thema des zweiten, die Nähe zum Tod, wieder auf: die Antike ist zum Schatten ihrer selbst geworden, um die Säulen des Parthenon spielt »der verzehrende Hauch der Vergänglichkeit«, und ihr

---

[28] Vgl. dazu Corpus paroemiographorum graecorum, Bd. I, hg. von Leutsch und Schneidewin, Hildesheim 1958, S. 397.

[29] Die Erinnyen werden des öftern mit Hunden verglichen oder als Hunde bezeichnet, vgl. z. B. Euripides, Elektra V. 1252 und 1342; Sophokles, Elektra V. 1388.

Dastehen ist »nichts mehr als ein unaufhaltsam lautloser Dahinsturz (28). Selbst die Steine verwesen (27), die Trümmer scheinen auf die ewige Nacht zu warten. (28)

Der späte Besucher begegnet all den Dingen der Antike, ihren Bauten wie ihrer Geschichte wie ihrem Götterglauben, mit der Auflehnung seines ganzen Innern (31). »Daß sie längst dahin waren, darum haßte ich sie, und daß sie so rasch dahingegangen waren.« (29) Von grenzenloser Enttäuschung versehrt, ist das Gefühl bereit, sich in Hohn zu verkehren. Ihre Geschichte: »dieser Wust von Fabel, Unwahrheit, Gewäsch, Verräterei, Furcht, Neid, Worten; das ewige Prahlen darin, die ewige Angst darin, das rasche Vergehen. Schon war ja alles nicht, indem es zu sein glaubte!« (29) – ihr Götterglaube: »Götter, ewige? Schon waren sie dahin, milesische Märchen, eine Dekoration an die Wand gemalt im Hause einer Buhlerin.« (29) Enttäuschung, Auflehnung, Hass, Hohn: ein verwundetes Selbst, wie Rimbaud, hat sich zusammenzukrümmen begonnen. Es scheint nichts Ehrwürdiges zu geben. Wir sind von der Welt des ersten Kapitels aufs weiteste entfernt.

Die Antike ist tot. Wie in den »Briefen des Zurückgekehrten« und wie im Chandosbrief wird nun aber deutlich, daß einer Aussage nur insofern Wahrheit zukommt, als der Aussagende selbst im Ausgesagten enthalten ist. Wer die Antike als tot bezeichnet, spricht als einer, den das Nicht-Leben der Dinge seiner eigenen Nicht-Existenz überführt. »Durch mich starb das Gestorbene nochmals dahin« (30/31), muß sich der Erzähler sagen. Er ist nicht fähig, die Dinge in seine lebendige Gegenwärtigkeit hineinzunehmen, weil er von ihr verlassen ist. Er vermag in ihnen nicht den »Anruf der Ewigkeit« (30) zu hören, er gibt ihnen nicht den Gegenblick, der sie wieder ins Leben brächte. Hier und jetzt hat er die Welt der Antike zu finden und sich ihr ganz hinzugeben gehofft, gerade nun versagt sie sich ihm. Es war ein vergebliches Suchen, ein unmögliches Beginnen (32). Platon, den er vor seinem innern Auge sieht (30), scheint mit seiner Verachtung von Zeit und Ort recht zu haben. War es nicht ein völliger Irrtum, hier oder nirgends das Wesenhafte fassen zu wollen? Der Schlußsatz des ersten Stückes scheint widerrufen: »Stunde, Luft und Ort machen alles.« (15)

Der Versuch, Zeit und Ort hinter sich zu lassen, nämlich in der Lektüre des »Philoktet« sich selbst zu entfliehen (31) und die Antike in der Unversehrtheit eines dichterischen Textes, in ihrem geistigen Raum zu betreten, schlägt indessen fehl. Dem Lesenden sind die Menschen und ihr Handeln über die Massen fremd (31). Während ihm sogar Rimbauds Ringen um Geld durchscheinend zu werden vermochte, so daß er im

Uneigentlichen das tief versteckte Eigentliche erkannte – hier bleibt ihm alles undurchsichtig, und die Handlungen der Menschen sind ihm nichts als ein vergebliches Tun. Es ist überhaupt alles vergeblich, auch der Versuch, Ort und Stunde auszuklammern, von sich abzusehen und sich hinüberzuschwingen in ein übersinnliches Reich der Unveränderlichkeit. Der Fluch der Vergänglichkeit, mit dem er die Dinge behaucht (29), dieses unbeschreibliche Anwehen des ewigen Nichts, des ewigen Nirgends[30], das aus seinem Innern kommt, verwandelt selbst die intakte Dichtung des Sophokles in ein Trümmerfeld.

So findet er schließlich, es sei »vergeblich, ringen zu wollen um das Unerreichliche« (33); er will sich im Museum an den kleinen Kostbarkeiten erfreuen, die, bis jetzt wenigstens, der Gewalt der Zeit widerstanden haben, an Armbändern oder Gehängen aus gehämmertem Gold etwa, und in der Ergötzung des Auges jene Befriedigung erleben, die auf das »Streben nach Unendlichkeit« (33) verzichtet hat. Spiegelungen von Rimbauds Leben sind auch hierin leicht erkennbar: in Spiegelverkehrtheit steht dem Abenteurer der Ästhet gegenüber. Die Hinwendung zur kleinen Kunst der Gebrauchsgegenstände darf nicht als Resignation oder als Sich-genügen-lassen am farbigen Abglanz verstanden werden; man würde damit den Trotz in dieser Haltung übersehen. Da der Ort des Erhabenen, das einst im Tempel leuchtend ins Erscheinen trat, nichts als eine »gespenstische Stätte des Nichtvorhandenen« (32) ist und da auch jenes Sein, welches als das Übersinnliche jenseits von Zeit und Ort west, unbetretbar ist, soll gegen das Unerreichbare jenes Vorhandene gesetzt werden, welches zwar nicht das Ewige ist, aber sich doch in der verändernden Gewalt der Zeit jäh behauptet. Diese Gegenstände haben gewissermaßen ihre eigene – eine diesseitige – Unendlichkeit, so daß die unerreichbare Unendlichkeit entbehrlich scheint. In der Mäanderverzierung stellt sich dieser Gedanke anschaulich dar: sie »bringt das Motiv der Unendlichkeit vor die Seele, aber so unterjocht, daß es unser Inneres nicht gefährdet« (33). Vor dem verzehrenden Anspruch des Unendlichen schützt der Mäander durch die Strenge seiner geometrischen Form, vor dem Vergehen durch die fortlaufende Wiederholbarkeit.

Im Museum widerfährt dem Besucher nun aber, kaum hat er den Saal der archaischen Korenfiguren betreten, etwas völlig Unerwartetes. »In diesem Augenblick geschah mir etwas: ein namenloses Erschrecken: es kam nicht von außen, sondern irgendwoher aus unmeßbaren Fernen eines

---

[30] »Die Briefe des Zurückgekehrten« P II 345.

inneren Abgrundes: es war wie ein Blitz: den Raum, wie er war, viereckig, mit den getünchten Wänden und den Statuen, die dastanden, erfüllte im Augenblick viel stärkeres Licht, als wirklich da war: die Augen der Statuen waren plötzlich auf mich gerichtet und in ihren Gesichtern vollzog sich ein völlig unsägliches Lächeln.« (36) Das namenlose Erschrekken, an das Erweckungserlebnis Rama Krishnas erinnernd[31], läßt erkennen, daß er von einem mysterium tremendum et fascinosum[32] erfaßt und gebannt ist. Er wird sich selbst entrissen und verliert sich an eine »Hingenommenheit« (37). In dieser Hingenommenheit ist er mit den Koren zusammen zu einer Gemeinschaft vereint; ihm ist, sie seien am frühen Morgen eines feierlichen Tages mitsammen unterwegs zu einer glorreichen Opferung: er selbst ist der Priester, der diese Handlung vollziehen wird, und er ist zugleich das Opfer, das dargebracht werden soll. Er opfert sich selbst. An die Stelle der Selbstbehauptung ist die Selbsthingabe getreten. Die sakramentale Opferung stiftet die Gemeinschaft mit der Gottheit. In solcher Gemeinschaft gründet das Zusammenleben der Menschen. Wie aber ist es möglich, daß die Opferung nicht Zudringlichkeit ist, kein Aufreißen des Himmels? (vgl. 19) Gemeinschaft mit Gott läßt sich ja keinerwege bewerkstelligen. Die Hingabe im Opfer könnte nur einen Sinn haben, wenn sie Antwort auf die Hingabe der Gottheit wäre. Davon ist in den »Briefen des Zurückgekehrten« die Rede: die Farben werden dort als eine Sprache bezeichnet, »in der das Wortlose, das Ewige, das Ungeheure sich hergibt«[33]. Im Seienden verschenkt sich das Sein; die Farben sind ein Beispiel dafür. Die Antwort des von dieser Erkenntnis betroffenen Menschen ist die Gegengabe: er gibt sich selbst. Daß Rama Krishna, den Reiherzug über sich erblickend, wie tot hinfällt, wäre nicht zureichend erklärt, wollte man dies bloß als Ausdruck überstarker Bestürzung auffassen; man müßte darin ein solches Opfer sehen. Dabei wäre es nicht richtig, zu sagen, es sei, als ob er gestorben wäre. Er ist, für die Dauer eines Atemzuges, wirklich gestorben. Im »Gespräch über Gedichte« wird auf die Frage, warum das Tieropfer für den Menschen habe einstehen können, die Antwort gegeben: »Er muß, einen Augenblick lang, in dem Tier gestorben sein, nur so konnte das Tier für ihn sterben. Daß das Tier für ihn sterben konnte, wurde ein großes Mysterium, eine große geheimnisvolle Wahrheit. Das Tier starb hinfort den symbolischen Opfer-

---

31 Vgl. S. 174.
32 Wie Rudolf Otto, der sein Hauptwerk »Das Heilige« im Jahr 1917 veröffentlicht hat, gehört Hofmannsthal zu den Wiederentdeckern des Numinosen.
33 P II 355.

tod. Aber alles ruhte darauf, daß auch er in dem Tier gestorben war, einen Augenblick lang. Daß sich sein Dasein, für die Dauer eines Atemzugs, in dem fremden Dasein aufgelöst hatte.«[34] Man sieht an dieser Stelle, wie das ganze Gewicht darauf gelegt ist, daß die Selbsthingabe – für einen Augenblick – wirklich geschieht.

Dieser Augenblick ist eine unmeßbare Frist. In der Hingenommenheit klingt »nichts von den Bedingtheiten der Zeit« an (37): hier gilt kein »Vordem« und »Seitdem«, kein »Damals« und »Dereinst«. Die Hingenommenheit ist ein Heraustreten aus der als kontinuierliche Jetztfolge vorgestellten Zeit: »sie war dauerlos und das, wovon sie erfüllt war, trug sich außerhalb der Zeit zu.« (37) Außerhalb der Zeit: ist dies nicht im Sinne des Platonismus als ein Jenseits der Zeit, nämlich als die Unveränderlichkeit im Reich der Ideen zu verstehen? Von Ideenschau ist aber nirgends die Rede. Was Hofmannsthal als außerhalb der Zeit seiend bezeichnet, ist nicht Zeitlosigkeit als der ausschließende Gegensatz zur Zeit, sondern ist Fülle der Zeit, als ungeheure Gegenwart zwar außerhalb der kärglichen Zeit, aber dergestalt, daß die dürftige Zeit umschlossen ist von der verborgenen Fülle der Zeit, die sich in den erhöhten Augenblicken offenbart. Deshalb kann Hofmannsthal sagen, er sei »hier in der Gewalt der Gegenwart, stärker und in anderer Weise, als es sonst gegeben ist«. (40)

In der augenblicklichen Hingenommenheit ist die Opferung keine ethische Leistung, die ja aus Entschluß und Willen hervorgehen müßte; sie ist etwas Ursprünglicheres, das zur Hingabe im ethischen Sinne erst befähigt. Sie gründet in der unterschiedenen Einheit von Sein und Seiendem, darin, daß sich das Sein hergibt ins Seiende und das Seiende sich wiederum hingibt, in einem Widerspiel also, in das eingeweiht und eingestimmt zu sein den Priesterinnen, wie man sich gern denken möchte, ihr archaisches Lächeln gibt[35]. Eine rätselhafte Notiz Hofmannsthals rückt dem Verständnis näher: »Das Opfer als Selbst-aufgabe. (Diese liegt schon im Übergang vom einen zum andern Moment.)«[36] Die Selbstaufgabe, das Opfer ist in der Zeit begründet. Von einem Moment zum andern geschieht ein solches Opfer. Das Seiende wird unaufhaltsam, von Moment zu Moment, genichtet und ist, von Moment zu Moment, fort-

---

34 P II 104 (1903).
35 Vgl. dazu auch P II 260, wo Hofmannsthal über »die unvergleichliche Tänzerin« Ruth St. Denis schreibt: »In ihren regungslosen Augen ist stets das gleiche geheimnisvolle Lächeln: das Lächeln der Buddhastatue. Ein Lächeln, das nicht von dieser Welt ist. Ein absolut nicht weibliches Lächeln. Ein Lächeln, das irgendwie dem undurchdringlichen Lächeln auf den Bildern des Lionardo verwandt ist.«
36 A 217.

gesetzt neu da. Dabei geht es nicht in die Vergangenheit und kommt es nicht aus der Zukunft; vielmehr geschieht dieses Entschwinden und Heraustreten gewissermaßen quer zu der als Folge vorgestellten Zeit. Die Nichtung erfolgt nicht *in* der werdenden und vergehenden Zeit und vollzieht sich nicht in ein Damals hinein, sondern in jenes hinein, das kein Früher und kein Später, kein »es war« und kein »es wird sein« kennt, das in sich ohne Dauer und daher nicht auszumessen ist. Ebensowenig erfolgt das Hervortreten des Seienden in der Zeit. Zeit *entsteht* durch den Prozeß des andauernden Entschwindens und Heraustretens, und wenn dieser Prozeß aufhören sollte, hört er nicht in der Zeit auf, sondern Zeit hört mit ihm auf. Die Zeit ist somit diskontinuierlich[37]. Ihre Diskontinuität ist allerdings dem alltäglichen Verständnis, das die Zeit zur kontinuierlichen Jetztfolge nivelliert, verborgen; nur im erhöhten Augenblick wird diese Projektionsebene, Zeit als transzendentale Anschauungsform, durchbrochen. In diesem Durchbruch ist für ein Wimperzucken das Universum offen (39), eine unverlierbare Einsicht gewonnen, auch wenn in der Ernüchterung nach der Ekstase dieses Geben und Nehmen wiederum verhüllt ist. Denn wenn ich im nächsten Augenblick bereits nicht mehr der in der Ekstase Hingenommene bin, sondern mir zurückgegeben, »wieder bei mir selber« bin (39), so bin ich doch ein anderer geworden und sehe die Dinge mit neuen Augen. Die Statuen haben nun eine »atemberaubende sinnliche Gegenwart« (38). Sie sind offenbar anders da als bloß vorhanden. Sie haben, so fest sie scheinen, etwas Liquides (39). »Es wäre undenkbar, sich an ihre Oberfläche anschmiegen zu wollen. Diese Oberfläche ist ja gar nicht da – sie entsteht durch ein beständiges Kommen zu ihr, aus unerschöpflichen Tiefen.« (41) Die Statuen sind nicht etwas Vorhandenes, das mit Händen zu greifen wäre; sobald sie zu Vorhandenem gemacht werden, wie das im gewöhnlichen Begreifen geschieht, werden sie in ihrem Eigentlichen verfehlt. In solcher Weise sind für den Kustos die Museumsgegenstände vorhanden; als Sammlungsgut sind sie greifbar und berührbar. Der Kustos fordert denn auch den Besucher auf, den ehrwürdigen Stein ungescheut mit den Händen des Kenners zu berühren (34). Der Kenner schätzt die Dinge nach ihrem Alter, indem er sie in die Chronologie einordnet, nach ihrer Erhaltung, wie gut sie der Gewalt der Zeit widerstanden haben, nach ihren Besonderheiten, ob sie zum Beispiel einer

---

[37] Vgl. zu diesen Problemen Hedwig Conrad-Martius, Die Zeit, München 1954, S. 36. Der Prozeß ständigen Entschwindens und Heraustretens ist keine fortwährende creatio ex nihilo; die Schöpfung sinkt je und je in ihre eigenen potentiellen Seinsgründe zurück und wird aus ihnen heraus immer neu aktualisiert (S. 231).

sogenannt aufsteigenden oder niedergehenden Epoche zugehören, nach ihrer Aussagekraft, ob männlicher Ernst oder dekadente Weichlichkeit von ihnen ausgehe. (35) Mit alledem sind an einem Vorhandenen Eigenschaften festgestellt, die den unterschiedlichsten Wertschätzungen unterliegen können. Hofmannsthal steht nicht als Kenner vor den Statuen, sowenig der Zurückgekehrte als Kenner vor den Bildern van Goghs steht. Er und die Statuen »kommunizieren« (41). In der Kommunikation steht er den Statuen nicht betrachtend gegenüber und versetzt sich auch nicht in sie hinein. Aus einem Verhalten, das durch die Gegensätze Gegenübertreten–Sichhineinversetzen bestimmt ist, kann die Nachahmung hervorgehen, wie sie der Kustos betreibt, indem er seine Barttracht nach dem Vorbild einer archaischen Statue stilisiert. Hofmannsthal hat diese Nachahmung bewußt der Wiederholung, wie er sie im ersten Prosastück darstellt, gegenübergesetzt und sie in ihrer Lächerlichkeit und Widerlichkeit bloßgestellt. Wiederholung ist nur in der Kommunikation möglich. Der mit den Statuen Kommunizierende ist mit ihnen zusammen in ein Gemeinsames hineingenommen. Ihre Gemeinsamkeit beruht darauf, daß sie in derselben Weise da sind, nämlich nicht als Vorhandene, sondern als aus unerschöpflicher Tiefe Kommende. Die Statuen sind nicht einfach als Anwesende gegenwärtig, sie kommen von irgendwoher: »Es ist sonderbar, daß ich sie wieder nicht eigentlich als Gegenwärtige umfasse, sondern daß ich sie mir mit beständigem Staunen irgendwoher rufe, mit einem bänglich süßen Gefühl, wie Erinnerung. In der Tat, ich erinnere mich ihrer.« (40) Steht dies nicht im Widerspruch zur »atemberaubenden sinnlichen Gegenwart« (38) der Statuen? Der Widerspruch ist aber nur scheinbar. Wenn die Statuen je und je aus ihrem Da entschwinden, sind sie nicht nur gegenwärtig, sondern immer auch versunken, so daß sie nur von der Erinnerung eingeholt werden können. Indem der Kommunizierende sich ihrer erinnert, kommen sie aus der Tiefe auf ihn zu. Dabei ist zu beachten, daß Zukunft, Vergangenheit und Gegenwart in einem neuen Sinngefüge stehen. Das Ungewöhnliche dieses Sinngefüges ist es, was das Reden davon so mühsam macht. Man muß das Eingewöhnte abwerfen: »es ist ein grandioses Abwerfen, Teil um Teil, Hülle um Hülle, ins Dunkle.« (40/1) Abgeworfen wird die Vorstellung einer geradlinigen, kontinuierlichen, unendlichen Zeit, die durch den Jetztpunkt in die Bereiche des Zukünftigen und des Vergangenen geschieden wird, die Vorstellung, in der erinnern soviel heißt wie zurückdenken an das, was sich für immer entfernt hat, und gewärtigen soviel wie denken an das, was irgendwann aus der Zukunft eintreffen kann oder wird. Im neuen Sinngefüge der gekrümmten und diskontinuierlichen Zeit ist alles in jedem Augenblick sowohl schon immer vorbei wie auch zugleich herankommend, aber nicht herankommend aus dem Bevorstehenden und nicht vergehend in das Zurückliegende, sondern aus der Jederzeitigkeit kommend und dahin gehend. In jedem Augenblick ist dann Erinnerung und Gewärtigung zugleich, wodurch beide etwas anderes geworden sind als im früheren Sinngefüge; die Zukunft ist, wie Heidegger sagt, nicht später als die Gewesenheit und diese nicht früher als die Gegenwart[38]. Gegenwart ist dann nicht ein Jetzt, welches Zukunft und Vergangenheit außerhalb seiner hat, sondern ist der Augenblick, der immer zugleich Anfang und Ende ist, beides zusammenhaltend, da ja der Augenblick selbst dauerlos und unausmeßbar ist, nämlich reine Gegenwärtigkeit, die kein Fließen von einem Anfang zu einem Ende kennt. Hofmannsthal schreibt 1905: »Über Zukunft kann der nicht reden, der sie irgendwo draußen ahnt: aber in unseren stärksten Stunden ist sie wie in der dämmernden Weite unseres Innern wie ein glühender Stern im Nebel. In uns erzeugt sie sich. Unser Unbewußtes bildet an ihr, nährt sie. Ihr Weben in unseren Tiefen ist ein fortwährendes Ineinander-Verwandeln des scheinbar Fremden: Leben und Tod setzt sie ineinander um. Zuweilen ringt sich aus dieser Tiefe ein Etwas los, eine grundlose Seligkeit, ein unbegreifliches Triumphieren über Tod und Leben durchdringt uns im Aufsteigen und zergeht an der Oberfläche, dort, wo der äußere Spiegel unseres Denkens ist.«[39]

Aus unerschöpflichen Tiefen kommend, bauen sich die Statuen auf; ihre Oberfläche »entsteht durch ein beständiges Kommen zu ihr« (41). Das Liquide ihrer Oberfläche verrät gleichzeitig auch, daß sie irgendwohin wollen (39). Der mit den Statuen Kommunizierende fühlt die Ahnung einer Abreise auch in sich, ein rhythmisches Weiterwerden der Atmosphäre, ein Hinaufgleiten an einem niegesehenen gekrümmten Berg, es ist ihm, als empfange er unsichtbare Glieder, die er traumhaft unwissend bewegt, als trete er in den ewigen lebenden Tempel (39). An der Materie der Statuen ist etwas Sehnsüchtiges (39), in ihren Mienen die Strenge der Erwartung (38). Sehnsucht und Erwartung stehen hier, wie die Erinnerung, quer zur vergehenden Zeit: sie richten sich auf die über der Natur und den Sternen schwebende »unverwelkliche Zeit, die nichts von der schalen Gegenwart weiß«[40]. Eintretend in den ewigen lebenden

---

38 Martin Heidegger, Sein und Zeit, S. 350.
39 P II 184.
40 A 53. – Vermutlich stützt sich Hofmannsthals Auffassung auf Aristoteles, der die irdische Zeit als »Zahl der Bewegung«, aus der äonischen Überzeit hervorgehend und in sie zurückgehend, denkt. Vgl. dazu Hedwig Conrad-Martius, Die Zeit, S. 197.

Tempel, wird die Gestalt zum verklärten Leib. Auf eine ähnliche Verwandlung deutet Hofmannsthal auch an einer Stelle seines Vortrags über »Shakespeares Könige und große Herren« hin; er schildert die Szene, da der Feldherr Brutus unter dem eingeschlafenen Lucius die Laute wegzieht, damit sie nicht verdorben werde, und fährt fort: »In dem Augenblick, da er dies tut, diese kleine Handlung, diese bürgerliche, weibliche kleine Handlung – dies, was einer Frau naheläge zu tun, einer Hausfrau, einer guten Mutter –, in diesem Augenblick, so nahe am Tode (Cäsars Geist steht schon im Finstern da), sehe ich sein Gesicht: es ist ein Gesicht, das er nie vorher hatte, ein zweites wie von innen heraus entstandenes Gesicht, ein Gesicht, in dem sich männliche mit weiblichen Zügen mischen wie in den Totenmasken von Napoleon und von Beethoven. ... Hier, wie Brutus, der Mörder Cäsars, die Laute aufhebt, damit sie nicht zerbrochen wird, hier wie nirgends ist der Wirbel des Daseins und reißt uns in sich.«[41] Ein wie von innen heraus entstandenes Gesicht haben auch die Koren; in ihrem geheimnisvollen Lächeln, welches kein weibliches Lächeln ist[42], drückt sich dasselbe Zugleich von männlichen und weiblichen Zügen aus wie bei Brutus. Die unsichtbaren Glieder, die der Betrachter der Statuen empfängt, sind eine von innen heraus entstehende zweite, die eigentliche Leiblichkeit.

Die Statuen sind in einer endlosen Bewegung: aus der Tiefe kommend, gelangen sie als Oberfläche zu sich und transzendieren sich. Aus ihrer Oberfläche spricht das Unenthüllbare, jenes Irgendwoher und Irgendwohin, und indem es spricht, enthüllt es sich auch, freilich ohne daß es zu einem Enthüllten würde. Die Oberfläche ist »offenbares Geheimnis« (39). Gleicherweise paradox ist im zweiten Kapitel die geheimnisvolle Kraft Leben »Enthüllerin des Unenthüllbaren« genannt (18), und im ersten Stück ist zu lesen: »Ein Unnennbares ist gegenwärtig, nicht entblößt, nicht verschleiert, nicht faßbar, und auch nicht sich entziehend: genug, es ist nahe.« (14) Die paradoxen Formulierungen stellen sich zwangsläufig ein, wenn die Sprache auf jenes Sein hinweisen will, welches nicht der ausschließende Gegensatz zum Werden ist und welches nie zu einem Seienden gemacht werden kann. Weil aber im Seienden das Sein »nahe« ist, muß auch das Seiende in die Paradoxalität hineingenommen werden. So sagt Hofmannsthal von den Statuen: »Sie sind da, und sind unerreichlich.« (41) Insofern sie Oberfläche sind, sind die Statuen da; insofern sie jenes Irgendwoher und Irgendwohin sind, sind sie unerreich-

---

41 P II 169; vgl. dazu den Ausdruck »unsere zweite Wirklichkeit« in P IV 363.
42 Vgl. S. 193.

lich. In dieser Weise ist auch der Mensch da und ist unerreichlich. Dadurch kommuniziert er mit allem Seienden. (41)

In der Kommunikation helfen Mensch und Ding einander, sich aufzubauen: Die Statuen »stünden nicht vor mir, wenn ich ihnen nicht von Ewigkeit zu Ewigkeit hülfe, sich aufbauen«. (42) Indem er die Statuen in seine Gegenwärtigkeit hineinnimmt und sie dadurch »mit einer lebendigen Seele zusammenkommen« läßt[43], so daß sie nun erst leben, baut er auch sich selbst auf. Mensch und Ding, aus unerschöpflichen Tiefen kommend und sich unablässig übersteigend, sind dann in jedem Augenblick, und nicht etwa mit dem Gang der Zeit, unterwegs von Ewigkeit zu Ewigkeit.

In jenem Widerspiel, das im Chandosbrief als Wirbel, der ins Bodenlose zu führen scheint, und als Wirbel, der in die Fülle führt, gezeigt wird, verschiebt sich beim dritten Prosastück der »Augenblicke in Griechenland« der Akzent mehr und mehr auf die Fülle. Der äußerste Ausschlag des Pendels zum Bodenlosen hin ist dort erreicht, wo es von den Parthenonsäulen heißt, ihr Dastehen sei nichts als ein unaufhaltsam lautloser Dahinsturz (28), wo das Gestorbene dadurch, daß der Mensch es mit dem Fluch der Vergänglichkeit behaucht (29), nochmals dahinstirbt (31). Im Akropolismuseum wechselt todbehauchte Verzagtheit mit unsagbarem Aufschwung ab (37), bis die Unzerstörbarkeit Gewißheit wird. Aus dem Dastehen der Statuen spricht schließlich das eine Wort: »Ewig!« (41), und in dieser Gewißheit kann dann gesagt werden, daß das Ewige sich aus dem Menschen seine Ewigkeit aufbaue (42). Das Ewige braucht also den Menschen. Dies muß nicht heißen, daß es auf ihn angewiesen wäre; es will sich aber des Menschen bedienen, um seine Ewigkeit aus sich herauszustellen. Von hier aus ist es nur ein kleiner Schritt bis zur Frage: »Was ist dann noch zwischen der Gottheit und mir?« (42) So wäre der Mensch der Gottheit gleichgesetzt? Er hätte gar, wie kurz vorher zu lesen ist, sich selbst zur Gottheit gemacht? Handelt es sich hier um Selbstvergottung? Der Schluß des Kapitels »Statuen« scheint in Hybris und Blasphemie zu münden. Wie soll man sich da zurechtfinden?

Abgesehen davon, daß die Frage geklärt werden müßte, ob nicht zwischen Gott und Gottheit ein Unterschied bestehe, ob nicht vielleicht mit Gottheit jene Ebenbildlichkeit gemeint sei, in der Gott und Mensch zusammenkommen, ohne daß der Mensch Gott ist – dieser Schluß darf nicht für sich, er muß innerhalb der ganzen Dichtung betrachtet werden. Dabei fällt auf, daß er auf ein genaues Gegenstück zum »Wanderer« angelegt ist. Dem Menschen, der zu einem scheuen, gequälten, »tierhaft

---

43 »Der Dichter und diese Zeit« P II 293.

umängstigten Wesen« herabgewüstet scheint (23), wird der Mensch, der zur Gottheit geworden scheint, entgegengestellt, der Zerstörbarkeit die Unzerstörbarkeit, dem Tod die Unsterblichkeit, dem Gejagtsein zur engsten Enge hin das Sichausweiten ins Weiteste, der Panik die Ekstase, dem drohenden Selbstverlust in der Ichberaubung die willkommene Entselbstung in der Icherweiterung. Die Frage »Wer bin ich?« (25) wird zwischen die äußersten Grenzsituationen gestellt: Bin ich zu nichts als elendiglichem Tod bestimmt, oder bin ich unsterblich und ist nichts zwischen mir und der Gottheit? Es sind dieselben Extreme, die Elis das einemal sagen lassen, den besten Bissen äßen doch die Würmer[44], ein andermal:

Und was mir widerführ, nun sterb ich nicht,
Denn dieser Welt Gesetz ist nicht auf mir.[45]

Und es ist dieselbe Frage, von der Sigismund bewegt ist, wenn er, auf das Kruzifix weisend, sagt: »Ich brings nicht auseinander, mich mit dem und aber mich mit dem Tier, das aufgehangen war an einem queren Holz und ausgenommen und innen voller blutiger Finsternis. Mutter, wo ist mein End und wo ist dem Tier sein End?«[46], oder wenn er sagt: »Es ist alles bald groß bald klein, daß mir schwindelt. Ein Strohhalm wie ein Balken legt sich auf meine Seel, zerquetscht sie. Einen Turm, einen Berg blas ich vor mir hin wie Staub, so – ist meine Seele so stark?«[47] Schon in den Entwürfen zum «Leben ein Traum» aus dem Jahre 1902[48] sind diese beiden Stadien unterschieden: »Das Stadium der Angst und Verkleinerung«, in welchem Sigismund überall nichts als Vergänglichkeit sieht, und »das Stadium der Megalomanie«, der Größenwahn, den er in gehobenen Stunden hat, »zu glauben, daß alles nur aus ihm herausgewachsen ist«[49]. In derselben Antinomik ist der Mensch auch im Gespräch »Über Charaktere im Roman und im Drama« gesehen, wo von »Ekstasen« und »Abspannungen« die Rede ist: »Wie der Geist aus der Flasche Sindbads des Seefahrers, wird er sich ausbreiten wie ein Rauch, wie eine Wolke und wird Länder und Meere beschatten. Und die nächste Stunde wird ihn zusammenpressen in seine Flasche, und, tausend Tode leidend, ein eingefangener Qualm, der sich selber erstickt, wird er seine Grenzen, die unerbittlichen, ihm gesetzten Grenzen, spüren, ein ver-

---

44 G 339.
45 G 369.
46 »Der Turm« D IV 88, vgl. auch 376; ähnlich P II 143/4 und G 486 (1891).
47 D IV 86.
48 Vgl. D III 502.
49 D III 429.

zweifelnder Dämon in einem engen gläsernen Gefängnis, durch dessen unüberwindliche Wände er mit grinsender Qual die Welt draußen liegen sieht, die ganze Welt, über der er vor einer Stunde brütend schwebte, eine Wolke, ein ungeheurer Adler, ein Gott.«[50]

Von diesen verschiedenen Stellen aus betrachtet, zeigt sich, daß der Schluß der »Statuen« ebensowenig wie der Schluß des »Wanderers« als das letzte, gültige Wort aufzufassen ist, wie ja auch weder die These »Das Gestern geht mich nichts an« noch die Antithese »Vom Gestern kommt man nie los« für sich genommen Gültigkeit beanspruchen kann. Panik sowohl wie Ekstase sind Stadien, Durchgänge, Momente, wie dies vor allem die Ekstase deutlich macht, in der sich der Mensch ja nicht zu halten vermag, so daß schon deshalb von Selbstvergottung nicht die Rede sein kann und auch nicht davon, daß kein Unterschied zwischen Mensch und Gottheit sei. Das Gegensätzliche ist vom Leser zusammenzuspannen. Der Mensch, der sich ins Unermeßliche zu verlieren droht, wird zurück-gebracht, wie der zurückgeholt wird, der sich verzweiflungsvoll an sein krampfhaft zusammengeballtes Selbst verlieren möchte. Wenn die beiden Gegensätze nicht voneinander gelöst werden dürfen, sondern in gegen-seitigen Bezug zu setzen sind, indem der eine durch den andern inter-pretiert wird, heißt dies, daß Panik und Ekstase keinem negativen Vorzeichen unterstehen können. Man darf in ihnen nicht, ethisch wertend, Verstöße gegen das wahre Menschsein erblicken oder etwas Krankhaftes, nämlich Depression und Manie, sehen. Vielmehr zeigt sich in ihnen die volle Amplitude des Daseins, welche vom Nichts zum Sein reicht, von der Zerstörbarkeit zur Unzerstörbarkeit, vom unaufhaltsam lautlosen Dahinsturz der Zeit bis zur unverwelklichen Zeit über den Sternen. In dieser Amplitude schwingend, wird der Mensch aus sich herausgerissen, womit erst ermöglicht wird, daß er zu sich selbst kommt[51]. Was in Panik und Ekstase erschlossen wird, ist somit als Ermöglichung, ein Selbst zu sein, aufzufassen. Zu sich selbst kommt der Mensch erst in der ständigen Rückkehr aus jenem Äußersten, in das er durch Erstarrung oder Zusam-menkrümmung, durch Verflüchtigung oder Auflösung geraten ist. Indem er, beides zusammenspannend, die Erstarrung löst und das Flüchtige bindet, wird er dieses Selbst, als welches er gesammeltes Dasein ist, dem Werden nicht entfremdet und nicht dem Sein. Ihm ist dann Heimat ge-geben, wie sie das erste Prosastück zeigt.

---

50 P II 47. – Vgl. dazu »Augenblicke in Griechenland« 42: indem ich ... immer mehr meiner selbst verliere, schwingend wie die Säule erhitzter Luft über einer Brandstätte ...
51 Vgl. A 39.

Ödipus und die Sphinx

Der Chandosbrief, die »Briefe des Zurückgekehrten«, »Augenblicke in Griechenland« wandeln das eine Thema ab: das Leerwerden der Person und ineins damit der Welt. Diese Leere ist die Voraussetzung dafür, daß die Fülle überwältigend einströmen kann. So wird auch die Welt, die sich ins Nichts entzogen hatte, zurückgegeben. Sie zeigt sich in ungekannter Herrlichkeit: sie ist das Seiende, in welchem sich das Sein verschenkt.

Man kann diese Erlebnisse erhöhter Augenblicke – wie es Hofmannsthal ja selbst tut – als mystische Erfahrungen bezeichnen. Es sind allerdings Gegenerlebnisse zur spätmittelalterlichen Mystik, welche den Menschen ganz aus der Welt, aus dem Hier und Jetzt, herauslöste und ihm die Fülle der reinen, weltlosen Innerlichkeit schenkte, so daß Welt zur gegenständlichen Außenwelt wurde[1]. Die Mystik Hofmannsthals löst den als Innerlichkeit gefaßten Personbegriff auf und läßt den solchergestalt leergewordenen Menschen mit der Fülle der Welt in einem neugestifteten Hier und Jetzt einswerden. Das Ich ist nicht mehr Weltlosigkeit, es selbst ist Welt. »Ad me ipsum« spricht denn auch mit Bezug auf Lord Chandos von der »Situation des Mystikers ohne Mystik« und erläutert dies mit dem Zusatz »dazu zuviel ›Weltfrömmigkeit‹«[2].

Vom Leerwerden der Person handeln auch Hofmannsthals griechische Dramen, »Elektra« (1903), »Ödipus und die Sphinx« (1905) und die freie Übersetzung (1906) des »König Ödipus« von Sophokles. »Meine antiken Stücke haben es alle drei mit der Auflösung des Individualbegriffes zu tun.«[3] Bei Ödipus beginnt diese Auflösung damit, daß er vom Zweifel, wer seine Eltern seien, versehrt wird und daß ihm die Pythia weissagt, er werde den Vater erschlagen und die Mutter heiraten. Er kann nicht mehr nach Korinth zurückkehren, er muß sich die Heimat versagen.

---

[1] Vgl. dazu Erwin Kobel, Untersuchungen zum gelebten Raum in der mittelhochdeutschen Dichtung, Zürcher Beiträge zur deutschen Sprach- und Stilgeschichte, hrsg. v. Rudolf Hotzenköcherle und Emil Staiger, Nr. 4, Zürich 1951, S. 108 ff.
[2] A 215.
[3] A 201.

Kindheit und Jugendzeit sind mit einem Mal zu etwas Vergangenem geworden, und zwar zu einem Vergangenen, dessen er sich nun völlig entschlagen zu müssen meint. Damit ist er in jene Zeit gestürzt, welche durch die momentane Gegenwart zerteilt ist in ein entschwundenes Vergangenes und in ein bedrohliches Künftiges. Was früher für ihn ein Ganzes war, so daß Vergangenheit nicht aus dem Künftigen herausgelöst und Gegenwart in allem war, ist nun zertrennt. Er ist aus einem Zustand herausgerissen worden, den er rückblickend »Kindertraum« nennt[4]. Bisher lebte er in der Unschuld, welche die Unwissenheit ist.

> Was weißt du von mir? Was wußte ich selber davon,
> bis die Stunde kam,
> die mich aus meinem Kindertraum nahm?   (296)[5]

In Delphi aber ist er zur Erkenntnis gekommen, daß er eine maßlose Lust, zu töten, und eine ebenso unmäßige Lust, zu umarmen und zu zeugen, in sich hat. Von Vätern und Urvätern ererbt, liegt dies in seinem Blut.

> Waren nicht Rasende unter meinen Ahnen?
> Ließen sie nicht Ströme Bluts vergießen?
> Verschmachteten nicht ganze Völker in ihren Verließen?
> Trieben sie nicht Unzucht mit Göttern und Dämonen?
> Und wenn ihre Begierden schwollen wie Segel unter
>   dem reißenden Sturm,
> konnten da sie ihr eigenes Blut verschonen?   (299/300)

Von der trunkenen »Lust des Zornes« (292) ist er schon einmal erfaßt worden: damals erschlug er Lykos, der die Zweifel an seiner Abstammung geäußert hatte. Beladen mit dieser Blutschuld und mit der ererbten Schuld der Väter, fühlt er den Hass der Götter auf sich. Er sucht sie zu versöhnen, indem er ihnen all das zum Opfer bringt, was sein bisheriges Leben ausgemacht hat, indem er sich von Eltern, Freunden, Dienern abscheidet, Herkommen und Reichtum preisgibt und als ein Unbehauster und Namenloser in die Fremde geht. Wo immer er auch hingelangen mag, die Fremde wird ihm nicht zur Heimat werden können wie jenem Jonier, der in Athen in goldgesäumtem Purpurgewand auftrat und, nach seiner

---

4 Hofmannsthal gebraucht hier den Ausdruck »Kindertraum« für das, was er in »Ad me ipsum« als »Präexistenz« bezeichnet.
5 »Ödipus und die Sphinx« im Band »Dramen II« S. 271–417.

Heimat befragt, antwortete: »Ich bin reich.«[6] Die Fremde soll sein andauerndes Elend sein.

Ein einziges Opfer ist, das mir frommt:
es wird dargebracht ohne Aussetzen,
es wird genährt mit allen meinen Schätzen,
unaufhörlich fließt es hin, wie die Zeit von den Sternen rinnt. (302)

Entblößt von allem Besitz, ist er nichts als das wandelnde nackte Menschenleben; der Wind ist sein Gefährte und das Dunkel sein Haus (306). Er wird auch nicht in den Erinnerungen wohnen können, sondern sich ihrer zu entwöhnen trachten, um nicht in Gedanken zu begehen, was ihm verkündet worden ist.

Aber sein Opfer ist schon zu Beginn fragwürdig. Ödipus ist gewillt, all das, was er war, zu opfern; so hofft er zu genügen (303) und dabei sein Selbst nicht verlieren zu müssen (302). Er ist also nicht willens, sich ganz zu geben. Er bewahrt sich in seinem Elend und mitsamt seinem Elend. Er nimmt das Bewußtsein von der Größe seines Opfers mit sich und hält sich daran fest: »Wo ist ein König, der so opfert?« (303) In einer früheren Fassung war dies noch deutlicher ausgedrückt:

Wie ein verfluchtes Schiff auf totem Meer,
so lag mein Herz im eignen Blut erstickend,
die Füße waren mir von Blei, die Arme
gelähmt, da kamst du mir zurück, mein Zorn,
freundliche Gottheit! Wie du in den Adern
mir Leben wecktest, wie du Zauberkräfte
ins Blut mir flößtest – nein, ich bin kein Tier,
das vor dem Altar liegt und nach dem Messer
des Opferpriesters stiert, nein, ich bin frei,
ich kann hierhin und dorthin, denn ich bin
das Schiff und bin der Wind zugleich, ich bin
das Segel und ich bin der Steuermann,
ich tu, ich lasse, was ich will. (534/5)

Solche Selbstbehauptung in Trotz und Auflehnung ist für die gültige Fassung wohl zurückgenommen, aber nicht ausgemerzt worden; sie ist auf jenes Maß beschnitten, das deutlich macht, wie sehr Ödipus durch die Offenbarungen der Pythia erschüttert ist, und zugleich verstehen läßt, daß er wenig später, da man ihm im Hohlweg zu nahe tritt, in furchtbarem Zorn sich durchsetzen kann.

---

6 »Buch der Freunde« A 25.

Soviel auch von seiner Person abgezogen ist, sie ist noch keineswegs aufgelöst. Der unbehauste Ödipus hofft in seinen Taten wohnen zu dürfen (315/6). Wie für die »Elektra«, wie für den »Jedermann« gilt auch hier die Frage: »Was bleibt vom Menschen übrig, wenn man alles abzieht?« Was hält ihn dann noch in der Welt und bewahrt ihn davor, ins Weltlose zu entstürzen? Hofmannsthal gibt die Antwort: »Das, wodurch sich der Mensch der Welt verbinden kann, ist die Tat oder das Werk.«[7]

Neben das passive Erlebnis der Hingenommenheit in den erhöhten Augenblick, neben das unvermittelte Einströmen der Fülle in die entleerte Person tritt eine andere Möglichkeit: der Mensch kann, nachdem er sich und die Welt verloren hat, durch sein Handeln zu sich selber kommen und damit die Welt zurückgewinnen. Hofmannsthal erkundet beide Wege zur gleichen Zeit, den mystischen und den nicht-mystischen, wie er sie in »Ad me ipsum« nennt[8], und zwar nicht etwa erst mit den Werken, die nach der Jahrhundertwende entstanden sind. Wie die mystischen Erfahrungen schon dem Anfang von Hofmannsthals Schaffen angehören, so ist auch die Frage nach dem Tun schon im Aufsatz über Amiel gestellt: »Comment retrouver le courage de l'action?«[9] Beide Wege gehören offenbar in einer noch näher zu bestimmenden Weise zusammen[10].

Der nicht-mystische Weg sucht »die Tat und das Verhältnis zur Tat«[11] zu ergründen. Nicht schon dadurch, daß irgendetwas getan wird, gelangt einer aus dem toten Leben ins lebendige Leben, wie es denn nicht im mindesten darum geht, Aktivität als einen höhern Wert gegen das Kontemplative auszuspielen. So ist zu fragen: Wie muß die Tat beschaffen sein, in welcher der Mensch wohnen könnte? Woraus geht sie hervor? Wie kann sie überhaupt heraustreten, und wodurch wird sie daran gehindert?

Daß einer durch eine rätselhafte Lähmung daran verhindert werden kann, Taten zu vollbringen, hat Hofmannsthal an der Figur des Kreon gezeigt. Diese Lähmung geht auf ein frühes Erlebnis zurück: Kreon war als Knabe von den Priestern ausersehen worden, am Abend von Laios' Hochzeit die Botschaft zu überbringen, der König solle sich hüten, mit seinem ihm eben vermählten Weib ein Kind zu zeugen. Kreon hatte

---

[7] P III 354.
[8] A 215, 217.
[9] P I 29.
[10] Vgl. S. 244.
[11] P III 354.

also den Auftrag, »aus Kindesmund den giftgen Tod hinein zu träufeln in die Lebenssaat« (323), jede gute Hoffnung zu zerstören, Zukunft zu morden. Dies hat

> sein Herz ihm in der Brust
> in eines Greisen Herz verkehrt und von den Händen
> die Taten abgesengt mit glüher Luft,
> daß sie wie Zunder an die Erde fielen,
> die unvollbrachten. (396)

Der Auftrag der Priester hat den Knaben in seinem tiefsten Grund verstört, sie hat ihn um die Kindheit gebracht, ihn schon zu Beginn des Lebens ans Ende des Lebens gestellt, sie hat die Regungen des Gemüts erstarren lassen, wie dies auch dem Knaben Lorenzo Venier widerfahren ist[12]. Er kann über dieses Kindheitserlebnis nicht hinwegkommen, deshalb gleicht er Elektra, die von alten Dingen so redet, »wie wenn sie gestern geschehen wären«[13]; er bleibt im Geschehenen eingeschlossen, ja das Geschehene vollzieht sich für ihn stets von neuem. Weil er in allem und jedem immer schon das Ende sieht, kann er mit nichts einen Anfang machen. Ihm sind »des Lebens Möglichkeiten abgelebt im voraus« (324). Worauf immer sein Auge fällt, alles wird fahl und welk; mit jedem Blick sieht er Leichen vor sich (336). Die Hinfälligkeit aller Dinge hat diesen Menschen zutiefst verwundet. Wenn alles eitel ist, wozu dann Taten?

> Da ließ ich meine Hände von den Taten.
> Ich wanderte, mich widerte das Land,
> ich ging zu Meer, da war das Meer erschöpft. (324)

Wenn ihm ein jedes Ding der Welt schal geworden ist, so nicht, weil er in der Phantasie die Dinge vorwegnimmt, die, wenn sie dann wirklich sind, nicht halten, was sie zu versprechen schienen. Er nimmt das Ende der Dinge vorweg.

Handelt es sich aber hier nicht um jenes Vorlaufen in den Tod, welches den Menschen auszeichnet und Voraussetzung des eigentlichen Lebens ist? Warum lebt dann Kreon so, daß er lebendigen Leibes schon tot ist? Ein wahrhaft lebendiger Mensch könnte er erst dadurch werden, daß ihm gegeben wäre, vom Ende der Dinge her zurückzukehren. Dann würde er nicht nur im Anfang das Ende, sondern im Ende den Anfang

---

12 Vgl. S. 97.
13 D II 30.

sehen. Die Augen würden ihm geöffnet für das Widerspiel, welches das Entgegengesetzte in rastlosem Herüber und Hinüber einander zuwendet, wogegen er jetzt bloß die einsinnige Bewegung zu erblicken vermag: den fortlaufenden Einsturz jeden Beginnens, den Wirbel ins Bodenlose. Auch hierin erinnert Kreon an Elektra, die das Ende der Zeit vorwegnimmt und es nicht nur als bevorstehend, sondern als schon eingetreten erlebt:

> Vater! dein Tag wird kommen! Von den Sternen
> stürzt alle Zeit herab, so wird das Blut
> aus hundert Kehlen stürzen auf dein Grab!
> So wie aus umgeworfnen Krügen wirds
> aus den gebundnen Mördern fließen ...
>   ... und wir schlachten dir
> die Rosse, die im Hause sind, wir treiben
> sie vor dem Grab zusammen, und sie ahnen
> den Tod und wiehern in die Todesluft.[14]

Eschatologisch lebend, kann sie sich an der Sonne nicht und nicht an den Sternen freuen, alles ist ihr nichts, jeder Tag bloß ein Merkstein, ein Meilenstein auf dem Weg zum Letzten, zum Äußersten[15]. Auch Elektra ist im Handeln gelähmt; sie ist unfähig, die Blutrache, die das Unrecht begleicht, zu vollziehen, nicht nur als Weib ist sie dazu außerstande, sondern auch als Person[16]. Das unaufhörliche Denken an die Ermordung ihres Vaters und das ständige Träumen von der Rache haben ihre Gegenwärtigkeit aufgezehrt, so daß sie nicht die Geistesgegenwart hat, die das Handeln erfordert. Daß sie selbst dann, da ihr die Tat von Orest abgenommen ist und sie höchstens noch zudienen müßte, das Beil vergißt, womit ihr Vater ermordet wurde, beweist das mit aller Deutlichkeit.

Elektra und Kreon lassen an Hamlet denken[17]: sie sind in der Ausführung von Taten gelähmt. Elektra ist die Stimme, welche die Tat fordert, nicht die Tat selbst; sie ist »das hündisch vergossne Blut des Königs Agamemnon«[18], das nach Vergeltung schreit und nur durch Sühne

---

[14] D II 15.
[15] Dies ist schon in der Figur des Marsilio in »Gestern« skizziert.
[16] Vgl. dazu P III 354/5.
[17] Hofmannsthal schreibt Ernst Hladny über den ins Jahr 1901 fallenden Beginn seiner Arbeit am Elektra-Drama: »Die Zeile aus der ›Iphigenie‹ fiel mir ein, wo es heißt: ›Elektra mit ihrer Feuerzunge‹ und im Spazierengehen phantasierte ich über die Figur Elektra, nicht ohne eine gewisse Lust am Gegensatze zu der ›verteufelt humanen‹ Atmosphäre der Iphigenie. Auch die Verwandtschaft mit Hamlet und der Gegensatz zu diesem ging mir durch den Kopf.« (Br. II, 383.)
[18] D II 58.

zum Schweigen gebracht werden kann. Kreon dagegen ist der Unglaube, welcher nicht zu hoffen vermag, daß die geforderte Tat etwas frommen könnte, er ist der Zweifel, der die Seele zerfrißt. Am eindrücklichsten zeigt dies Hofmannsthal in Kreons Versuch, die Sphinx zu besiegen, die unheilbringend im Berggeklüft bei Theben haust. Sein Gang führt ihn nicht einmal zum Untier heran: der Fackelträger stürzt in den Abgrund, Kreon muß auf halbem Weg umkehren. Ist der Fackelträger ausgeglitten? So berichtet es Kreon. Aber dem Knaben, der sein Schwertträger werden will, gibt er eine andere Darstellung:

> Wie er damals vor mir herging,
> so fühlte ich, daß er in seinem Herzen
> nicht glaubte, daß ich siegen würde, hörst du?
> Ich fühlte es an seinem Schritt, ich konnte
> es seinem Rücken ansehn, – da erstach ich ihn. (339)

Ist es wirklich so geschehen, oder will er den Knaben bloß prüfen, will er herausfinden, wie ernst es ihm mit seinem Anliegen ist, ob er sich leicht erschüttern lasse, ob er trotz alledem bei seinem Vorsatz bleibe? Darauf gibt es keine Antwort, Kreon ist unergründlich. Gewiß ist aber, daß er das Entscheidende in der Frage des Glaubens sieht. Er selbst glaubte in seinem Herzen nicht, daß er siegen werde. Hat der Fackelträger dies gespürt und ist er ob diesem Gefühl der Unsicherheit ausgeglitten? Wäre es dann nicht gleichwohl so, daß Kreon ihn hinterrücks ermordet hätte – mit dem Dolch seines Unglaubens? Was ist dann Lüge, was Wahrheit? Beides fließt ineinander. Und hat vielleicht nicht auch die Begehrlichkeit des Knaben, der die Stelle des Fackel- und Schwertträgers einzunehmen wünschte, dazu beigetragen, daß der andere ums Leben gekommen ist? Auch in solchen Erwägungen ergeht sich Kreon. Der Zweifel ist der bodenlose Abgrund. Beirrend greift er in das einfache Gemüt des Knaben, verwirrt die Zutraulichkeit seines jungen Herzens und reißt ihn ins Verhängnis. Im grausamen Spiel, das Kreon mit dem Knaben treibt, ist die Qual dessen, der an den Zweifeln des eigenen Innern leidet, vermischt mit der bösen Lust, einem andern das zuzufügen, was ihm einst selbst angetan worden ist.

Daß Kreon zu Taten unfähig ist, weil er alles Tun für vergeblich hält, läßt sich auch an seinem Verhalten nach dem plötzlichen Tod des Königs Laios ablesen. Kreon nimmt sich vor, die Thronfolge zu beanspruchen und Jokaste zu verdrängen. Er will die Thebaner überzeugen, daß in der Notlage der durch die Sphinx bedrohten Stadt die Herrschaft einer Königin allzu unsichern Schutz gewähre; er steckt ein ganzes Stadtviertel in Brand, die allgemeine Not verschärfend, um dann als Retter auftreten zu können; seine Anhänger bringen unter die Obdachlosen den Ruf: »Kreon wird euch Häuser geben!« (333), und allenthalben fordern gelenkte Kundgebungen die Macht für ihn. So scheint sich Kreon nun doch zum Handeln ermannt zu haben. Kaum sind jedoch diese Unternehmungen in Gang gesetzt, bezeichnet er sie als glatte Künste, erbärmlich mühsam ausgesonnen (334), und bezweifelt ihr Gelingen. Zweifelt er an den Mitteln, die er eingesetzt hat, um sein Ziel zu erreichen? Aber ihm fehlt nicht die Klugheit, die richtigen Mittel auszusinnen; er kann ja geradezu »schaurig klug« genannt werden, wie es Hofmannsthal im Gedicht »Gedankenspuk« von Hamlet sagt[19]. So fehlt es ihm an Kraft, durchzuhalten? Ist er wankelmütig? Daß ihm geträumt hat, ein fremder Mann sei König geworden, hat jedenfalls genügt, ihm das Vertrauen in seine Pläne zu rauben (328). Aber warum haben Träume eine solche Gewalt über sein Gemüt? Weil es von weiblicher Beschaffenheit ist? In einer Welt, welche in den Träumen Weissagung hört, in ihnen gar die Stimme der Götter vernimmt, wäre dies eine unzureichende Erklärung. Der Traum zeigt Kreon, daß die Anstalten, die er getroffen, den Namen Tat nicht verdienen. Sie sind nicht dem Ratschluß der Götter entsprungen, sondern der Eigenmächtigkeit, sie sind keine Taten, sondern bloß Machenschaften. Es liegt nicht an dem, daß Kreon zu wenig klug oder zu wenig willensstark wäre, vielmehr daran, daß Klugheit und Wille vergeblich sind, wenn ihnen nicht eine höhere Macht zu Hilfe kommt. Und sollte auch der Wille des Menschen den Erfolg erzwingen, das letzte Wort ist damit nicht gesprochen. Jederzeit kann das Schicksal diese Taten ins Gegenteil ihrer beabsichtigten Wirkung wenden und zunichte machen:

> Taten lässest
> du fallen und verfaulen auf der Erde
> und höhnest, die mit Taten um dich buhlen! (396)

Taten, die bloß aus dem Ausgesonnenen, aus dem Vorhaben hervorgehen, sind unbegnadet und darum nichts als nichtiges Gemächte, »kraftlose Wünsche« (342, vgl. 335), denen die Kraft nicht deshalb abgeht, weil das Verlangen zu wenig intensiv wäre, sondern weil jedes Verlangen, im Unterschied zum eigentlichen Willen, schwächlich ist. Dies ist die tiefe Einsicht Kreons. Er weiß, daß seine Stunde nicht gekommen ist. Wäre ihm der Kairos nicht versagt, hätte es keiner Machenschaften bedurft:

---

[19] G 477.

Ich läg und schliefe jetzt und aus dem Schlaf
mich wecken kämen sie und legten mir
die Krone auf mein Bett. (341)

Das will nicht sagen, daß er, die Hände im Schoß, in der Untätigkeit
verharren könnte oder möchte; er würde erwachen und wäre bereit und
fähig zu Taten, die aus dem richtigen Augenblick hervorgingen. So aber
ist ihm das Wesentliche entzogen:

Nirgends aus der Luft
schwingt sich ein Helfer mir und wär es nur
ein Fächeln, nur ein Hauch. Wie ausgesogen
das Weltall. (342)

Man ginge am Eigentlichen von Hofmannsthals griechischen Dramen
vorbei, wollte man in ihnen die Darstellung verschiedener Charaktere
sehen. Der Leser wird in eine tiefere Schicht geführt als die der Psychologie. In diesen Werken ist, wie im Jedermannspiel, »der Persönlichkeitsbegriff in Frage gestellt, der die Wurzel des Psychologisch-Dramatischen
ist, – es ist sozusagen auf das Psychologische verzichtet«[20]. Eine Figur
wie Kreon läßt sich nicht erfassen, indem man an ihr diese oder jene
Eigenschaften als Wesensmerkmale feststellt. In ihr ist vielmehr ein
Teil der Struktur menschlichen Daseins enthüllt; zusammen mit andern
Figuren ergibt sich ein umfassendes Bild des Daseins, in dem sich der
Leser oder Zuschauer erkennen kann. Nicht an einzelne Charaktere kann
er sich halten oder sich von ihnen distanzieren; alle Figuren gehen ihn
gleicherweise an. Wenn Hofmannsthal die heroische Elektra der weiblichen Chrysothemis oder im »Geretteten Venedig« den starken Pierre
dem schwachen Jaffier gegenüberstellt, kommt es ihm darauf an, daß
sie zusammen eine Einheit bilden, recht eigentlich eins sind[21]. Wie könnten
sie, als Charaktere betrachtet, diese Einheit sein? Da ist der Mensch
entweder schwach oder stark; das eine schließt das andere aus. Wenn die
Gestalten des Dramas aber keine Charaktere sind, sondern Figuren,
können sie jene Einheit spiegeln, die das Dasein ist, indem es das Gegenstrebige zusammenhält. Dann erscheint der Mensch als stark und schwach
zugleich, seine Stärke ist auch seine Schwäche, und die Schwäche ist die
Stärke. So ist der Figur des Kreon die Figur des Ödipus entgegengesetzt,
um mit ihr eine Einheit darzustellen.

---

[20] P III 354.
[21] A 234.

Dem Jüngling Ödipus geht die Tat leicht von der Hand. Sie entspringt nicht der Überlegung, sondern der momentanen Regung, sie ist raschentschlossen und blitzschnell ausgeführt. Aber sie ist blind. Sie kann durch geringen Anlaß ausgelöst werden und eine unangemessene, fürchterliche Antwort sein. So hat er Lykos auf ein bloßes, zudem in der Trunkenheit geäußertes Wort hin jäh erschlagen; gleich ergeht es im Hohlweg dem Herold, der ihn mit dem Stab wegtreiben will, um seinem König Platz zu schaffen. Wie blind seine Taten sind, erweist sich dann vor allem darin, daß er in König Laios unwissentlich seinen Vater umbringt und dazu noch der Meinung ist: »Leicht wiegt die getane Tat!« (315) Wenn ihn auch für einen Augenblick die Befürchtung befällt, es könnte sein Vater gewesen sein, so fühlt er sich, wie er dem Toten ins fremde Gesicht schaut, doch gleich wieder erleichtert. Trotz der schlimmen Weissagung, die auf seiner Seele lastet, gehört er zu jenen, die leicht weitergehen und hinter sich lassen, was sie vom Rücken her bedrohen könnte. Er ist nicht gesonnen, sich in die Nachdenklichkeit hineinziehen zu lassen. Was sich an seine Fersen heften will, schüttelt er von sich.

> Weh, was ist der Mensch!
> Wer über diesem brütet, stirbt. Hinauf!
> Mir ist, als drängen Taten, tausendfach,
> unzählbar, mit den Sternen aus der Nacht! (394)

Von seinem Auftreten in Theben könnte er sagen: Ich kam, sah und siegte. Ihm gelingt, was keiner vermochte: er befreit die Stadt von dem gräßlichen Ungeheuer. Die Sphinx stürzt sich, wie Ödipus vor ihr erscheint, in den Abgrund. Er vollbringt Taten, ohne sie vollbringen zu müssen; sie fallen ihm in den Schoß. So scheint er »der auserwählte Sohn des Glücks« (405) zu sein. Den Sachverhalt so einfach sehen – wie übrigens Ödipus selbst das alsbald tut – heißt aber ihn verfälschen. Es wird dabei außer acht gelassen, wie sehr sein Gang zur Sphinx, überhaupt sein Tatendrang vom Mut der Verzweiflung getragen ist, der schlecht zum Liebling des Glücks stimmt. Die Begegnung mit der Sphinx läßt denn auch in Ödipus kein sieghaftes Gefühl aufkommen, vielmehr enthüllt sie ihm, wenigstens für Augenblicke, seine Verzweiflung. Die Sphinx redet ihn mit seinem Namen an und erkennt ihn als den, der die tiefen Träume träumt. Auch hier am fremden Ort weiß man also über ihn Bescheid. Die Ahnung geht ihm auf, daß er sich selbst nicht entrinnen, daß er sich nirgends vor dem Grauenvollen bergen kann (398), selbst in den Taten nicht, in denen er doch ein Obdach zu haben hoffte. Seine Taten werden nicht angenommen:

Ich habe meine Tat nicht tuen können:
das Wesen floh vor mir! (403)

Wenn das Untier von ihm weiß, ist dies ein Fingerzeig darauf, daß es
mit ihm Gemeinschaft hat (398), daß sie miteinander verwandt sind.
Ist es nicht deshalb, daß es ihn »mit einer grauenhaften Zärtlichkeit«
(404) anschaut? Und stürzt es sich nicht darum in den Abgrund, weil es
jetzt, da ein noch größeres Ungeheuer erschienen ist, nichts Weiteres mehr
zu tun hat? Ödipus erkennt sich als den Verfluchten (405), den Göttern
verhaßt und von ihnen verworfen. Er hat keinen größeren Wunsch, als
ausgelöscht zu werden, vom Blitzstrahl verkohlt oder vom Felssturz
zermalmt.

Mir graut vor euch, ihr Götter, ich will euch
nicht länger in die Augen schauen, werft
die Finsternis auf mich, werft mir den Tod
übers Gesicht wie einen Mantel, Götter! (399/400)

Aber dies dauert nur Augenblicke, dann erwacht er »wie aus tiefem
Traume« (406), er wirft die erschütternden Erfahrungen von sich und
stürmt trunken voran, dem ihm zu Füßen liegenden Theben entgegen,
kein Blinder mehr, ein Verblendeter jetzt, der aus den Thebanern ein
Geschlecht von Seligen (410) zu machen wähnt, der die Vergessenheit
heilig nennt (414) und der Vergangenheit zuruft: »Vorbei! Vergessend
leben wir!« (415), der seiner künftigen Gattin Jokaste die Worte entlockt:

Wo sind die Götter, wo ist denn der Tod,
mit dem sie immer unser Herz zerdrücken? (416)

Ödipus und Kreon, in denen unschwer Variationen des Abenteurers
und des Tiefsinnigen zu erkennen sind, stehen einander so gegenüber,
daß der eine das Spiegelbild des andern ist: Das Gestern geht mich nichts
an – Vom Gestern kommt man nie los; Der Moment ist alles – Die
Gegenwart ist nichts als ein Schattenbild (vgl. 324); Die Zukunft ist
grenzenlose Weite – Die Zukunft ist das immer schon erreichte Ende.
Der eine will seiner Tat alles verdanken: er betrachtet sich als von ihr
geboren, als »seiner Taten Kind« (412)[22]; dem andern ist die Tat ein
mißgezeugtes und mißschaffenes Wesen: »ich wills erwürgen, eh die

---

[22] Von hier aus betrachtet, erscheint der Mord am Vater und der Inzest mit der
Mutter als Ausdruck der tiefen Neigung Ödipus', sich selbst zu zeugen, sein
eigener Schöpfer zu sein.

Sonne es bescheint.« (335) Der eine ist versucht, sich für den größten aller Menschen, dem alles möglich ist, zu halten (405); der andere sieht sich in der Rolle des geringsten, dem nichts gelingt: in der eines ausgescholtenen Dieners (328).

Bei ihrer zusammengehörigen Gegensätzlichkeit denkt man an das Wort Goethes: »Der Sinn erweitert, aber lähmt; die Tat belebt, aber beschränkt.«[23] Die Dinge werden jedoch bei Hofmannsthal ins Äußerste getrieben und bekommen damit ein anderes Gesicht: Ödipus fühlt sich, wie er nach dem Abenteuer mit der Sphinx zur Stadt hinabstürzt, von einer trunkenen Lebendigkeit erfüllt und seine Einsicht ist so beschränkt, daß von Verblendung gesprochen werden muß. Im Äußersten schlagen aber die Dinge in ihr Gegenteil um: die Belebung ist nur Schein, die Taten beleben nicht, sondern greifen mit Mörderhänden in die Welt hinein[24]. Bei Kreon reicht der Sinn ins Weiteste, bis ans Ende von allem; aber die Erweiterung ist nichtig: die Einsicht blickt in ein leeres, ausgesogenes Weltall und sieht demzufolge nichts. Sinn und Tat, welche für Goethe positive wie negative Seiten haben, so daß zwischen ihnen ein nach der Mitte hin orientierter Ausgleich möglich ist, sind bei Hofmannsthal gänzlich in Frage gestellt. Die Dinge stürzen im Wirbel ein, die Begriffe lösen sich auf. »Das Wesen unserer Epoche«, sagt Hofmannsthal in seiner Rede »Der Dichter und diese Zeit«, »ist Vieldeutigkeit und Unbestimmtheit. Sie kann nur auf Gleitendem ausruhen und ist sich bewußt, daß es Gleitendes ist, wo andere Generationen an das Feste glaubten. Ein leiser chronischer Schwindel vibriert in ihr.«[25] Die Begriffe werden aber in diesem Wirbel nicht nur aufgelöst, sie entstehen wieder in neuem Zusammenhang. »Zwei heilige Arbeiten: das Auflösen und das Bilden von Begriffen«, steht schon im Tagebuch des neunzehnjährigen Hofmannsthal[26]. Die neuen Bezüge, in welche Hofmannsthal Sinn und Tat hineinzubinden gedenkt, sollen »jedem Zwiespalt zwischen Denken und Tuen ein Ende« machen[27]. Diese zweite Arbeit des Bildens von Begriffen ist in Hofmannsthals griechischen Dramen schwieriger nachzuweisen, weil

---

23 Wilhelm Meisters Lehrjahre, 8. Buch, 5. Kapitel, Artemis-Ausgabe Bd. 7, S. 590.
24 Schon im Aufsatz über Amiel ist die Frage aufgeworfen: »Ist denn die Tat nicht Mord?« (P I 29)
25 P II 272.
26 A 104.
27 P I 293. – Bei Grillparzer gibt es eine Stelle, die diesen Zwiespalt in seiner ganzen Schärfe formuliert; Libussa sagt vom deutschen Volk, es sei »blind, wenn es handelt, tatlos, wenn es denkt« (5. Akt). Hofmannsthal hat sich schon als Zwanzigjähriger gegen die Scheidung von Denken und Tun gewandt, vgl. den Briefwechsel mit Leopold von Andrian S. 21.

die geplanten Fortsetzungen nicht verwirklicht worden sind: Hofmannsthal führte weder den von der »Elektra« »untrennbaren zweiten Teil«,
den »Orest in Delphi« aus, diese ihm »sehr liebe Konzeption, die auf
einem ziemlich apokryphen Ausgang des Mythos beruht und von keinem
antiken Tragiker vorgearbeitet ist«[28], noch schrieb er das Schlußstück
der Ödipus-Trilogie, den »Ödipus auf Kolonos«. Man ist daher auf die
Ansätze, wie sie in den vollendeten Dramen erkennbar sind, und auf
Entwürfe angewiesen.

Als König wird sich Ödipus gezwungen sehen, die um viele Jahre
zurückliegende Ermordung des Königs Laios zu untersuchen. Er, der das
Vergangene als abgetan hinter sich zu lassen meinte und vor sich das Unbegrenzte zu haben wähnte, muß »ans Ende von diesen Dingen gehn«,
um sie »vom Anfang an den Tag« zu bringen[29]. Er ist veranlaßt, das
Ende mit dem Anfang zu verknüpfen. Dadurch wird er aus dem Momentanen herausgerissen. Die Enthüllungen zeigen ihm, daß in den Taten,
die er als seinen eigensten Besitz ansah, der Wille der Götter verwirklicht
ist. Indem er sich nun aber nicht der Verantwortung für das Gräßliche
entschlägt und sie den Göttern zuschiebt, sondern die Taten übernimmt
als das ihm Auferlegte, vollbringt er die Tat, die nicht mehr blind ist,
sondern sehend: die Sühne, die damit anhebt, daß er sich die Augen aus-
schlägt, weil sie nie gesehen haben, nicht, was er tat, nicht, was er litt[30].
Sühnend kann er nun erst wirklich in den Taten wohnen, in anderer
Weise allerdings, als er sich vorstellte, nicht wie in funkelnden Palästen
(384) und auch nicht von Tat zu Tat schreitend. Die Tat der Sühne, die
keinen Zwiespalt zwischen Denken und Tun kennt, läßt sich mit einem
Wort, das Hofmannsthal über Orest gesagt hat, erhellen: »Orest duldet
die Tat: darum muß er tun, damit er leide, was er leidet, weil er tat.
Orest tut und leidet die Tat.«[31] Er tut die Tat, aber nicht weil er sie
ersonnen hat, sondern weil sie ihm auferlegt ist: er leidet sie; er leidet die
Tat, aber er ist ihr nicht willenlos preisgegeben, sondern er übernimmt
sie: er tut sie. Wenn Ödipus sagt: »Ich habe meine Taten mehr gelitten
als getan«[32], so gleicht er damit die Einseitigkeit aus, in der er früher

---

[28] An Hans Schlesinger, 10. Oktober 1903, Br. II, S. 132.
[29] König Ödipus, neu übersetzt, D II 427.
[30] Ebd. 480.
[31] P III 355. – Hofmannsthal nimmt damit das Wort eines Orphikers auf, welches
Leopold Andrian seinem »Garten der Erkenntnis« (Berlin 1895, S. 5) als Motto
vorangestellt hat: Καὶ διὰ τοῦτο δρᾷ, ἵνα πάθῃ, ὃ πάσχει, ὅτι ἔδρασεν.
[32] Notizen zum »Ödipus auf Kolonos«, aus dem Nachlaß mitgeteilt von Edgar
Hederer, Hugo von Hofmannsthal, Frankfurt 1960, S. 157.

seine Taten als einzig durch ihn selbst vollbracht anschaute. Dadurch daß nun Tun und Leiden zusammengespannt sind und sich die Waage halten, sind sie etwas anderes, als wenn sie voneinander abgelöst sind und die ausschließende Gegensätzlichkeit von Aktivität und Passivität bezeichnen[33].

Tun und Leiden sind verknüpft mit den Begriffen der Möglichkeit und Notwendigkeit. Dem Jüngling Ödipus wird in Delphi gesagt, was notwendig geschehen werde; aus dieser Notwendigkeit sucht er sich zu lösen; die Taten scheinen Freiheit zu geben, in ihnen hat er seine Möglichkeit, in ihnen will er, sein eigener Schöpfer, sein Geschick selbst schaffen; durch die Begegnung mit der Sphinx wird er auf diesem Weg für Augenblicke zum Stehen gebracht; indem er sich aber losreißt und weitergeht, gerät er dahin, zu wähnen, er habe die Sphinx mit seiner Tat besiegt, er sei der größte aller Menschen, ihm sei alles möglich, kein Vogel falle von der Nestbrut ohne ihn (390). Dem Knaben Kreon wird gezeigt, wie eitel das ist, was der Mensch unternimmt; seither sieht er nur, daß überhaupt alles zwangsläufig zu nichts wird und schon von Anfang an nichtig ist; für ihn gibt es die Möglichkeit nicht mehr. Von dieser Gegenüberstellung her erschließt sich eine späte Tagebuchnotiz: »Das Suchen nach der möglichen – notwendigen Tat. (Die Tat der Pagen Alexanders war Hysterie – die der Elektra geht aus einer Art Besessenheit hervor.)«[34] Möglichkeit und Notwendigkeit sollen also in ihre Einheit gebracht

---

[33] Es ist möglich, daß sich in Hofmannsthals Betonung des Problems von Tun und Leiden Kierkegaardlektüre spiegelt. Hofmannsthal bat am 27. September 1904 Arthur Schnitzler, ihm Kierkegaards »Entweder/Oder« zu schicken, falls er das Buch besitze. Schnitzler konnte ihm diesen Wunsch erfüllen (vgl. Briefwechsel S. 203). Im Kapitel »Der Widerschein des antiken Tragischen in dem modernen Tragischen« des erwähnten Werkes stehen die Sätze: »Möchte das Individuum gleich sich frei regen, es ruhte doch in substantiellen Bestimmungen, in Staat, Familie, im Schicksal. Diese substantielle Bestimmung ist das eigentliche Schicksalsschwangere in der griechischen Tragödie und ihre wahre Eigentümlichkeit. Der Untergang des Helden ist daher keine Folge bloß seiner Handlung, sondern zugleich ein Leiden, wohingegen in der neueren Tragödie der Untergang des Helden eigentlich nicht Leiden ist sondern Tat.« (Zitiert nach der Übersetzung von E. Hirsch, Band I, S. 153/4.) Vgl. dazu auch: »Die tragische Handlung hat stets ein Moment des Leidens an sich und das tragische Leiden ein Moment von Handlung, das Ästhetische liegt in der Relativität. Die Identität eines absoluten Handelns und eines absoluten Leidens geht über die Kräfte des Ästhetischen und gehört dem Metaphysischen zu. In Christi Leben ist diese Identität, denn sein Leiden ist absolut, da es schlechthin freies Handeln ist, und sein Handeln ist absolutes Leiden, da es schlechthinniger Gehorsam ist.« (Ebd. S. 161.)

[34] A 237 (September 1926).

werden[35]. Die Notwendigkeit ist dann nicht mehr der zwangsläufige Prozeß eines Geschehens, dem man unterliegt; dadurch daß zur Notwendigkeit das Mögliche hinzutritt, wird die Verkettung der Ereignisse aufgesprengt: was sich ereignet, geschieht nicht aus Notwendigkeit, sondern durch Freiheit, d. h. es ist nicht etwas, was geschieht, sondern was zu tun ist. Und umgekehrt ist das Mögliche nicht das unerschöpflich Unendliche, das aus sich immer nur Zufälliges in die Wirklichkeit entläßt, so daß man verlockt und getrieben wird, von Taten zu Taten zu schreiten und so unablässig aus diesem Meer von Möglichkeiten zu schöpfen; dadurch daß zur Möglichkeit das Notwendige hinzutritt, ergibt sich eine Eingrenzung: was eine Tat ist, wird nicht aus Willkür vollbracht, sondern indem man sich in die Grenze fügt, d. h. die Tat ist nichts schöpferisch Hervorgebrachtes, sondern ein Erleiden. Die mögliche-notwendige Tat wird getan und erlitten, sie ist Freiheit und Gehorsam zugleich. Sie ist als Tat des Menschen die Tat Gottes und als Tat Gottes die Tat des Menschen.

In diesen Zusammenhang ist das Wort »Tun ist Sichaufgeben«[36] zu stellen. Tun ist eine Opferhandlung. Das Thema des Opfers ist in Hofmannsthals griechischen Dramen vielfältig abgewandelt. Der Knabe, der, während Kreon die Sphinx zu besiegen versucht, sich im Tempel die Adern öffnet, weil ihm das bloße Gebet zu gering scheint, will sich zum Opfer darbringen; seine Tat entspringt wohl einem reinen, gläubigen Herzen, aber sie ist so naiv, daß sie sich nicht die Frage stellt, ob die Götter dieses Opfer wollen. Sein Opfer wird nicht angenommen (337/8). Wie er sich dann später umbringt, damit Kreon ein alle Zweifel

---

[35] Daß Hofmannsthal Möglichkeit und Notwendigkeit vereinigt, ist wohl ebenfalls im Zusammenhang mit seiner Kierkegaardlektüre zu sehen. In den »Philosophischen Brocken« kritisiert Kierkegaard die Hegelsche Definition der Notwendigkeit als der Einheit von Möglichkeit und Wirklichkeit (vgl. die Ausgabe von E. Hirsch, Düsseldorf 1952, S. 70/1). Diese Gedanken sind im Buch »Die Krankheit zum Tode« weiter ausgeführt: »Es ist nämlich nicht so wie die Philosophen erklären, daß Notwendigkeit Einheit von Möglichkeit und Wirklichkeit wäre, nein, Wirklichkeit ist Einheit von Möglichkeit und Notwendigkeit.« (Ausgabe von E. Hirsch, Düsseldorf 1954, S. 33.) »Für das Werden (und das Selbst soll ja frei es selbst werden) sind Möglichkeit und Notwendigkeit gleich wesentlich. Ebenso wie zum Selbst Unendlichkeit und Endlichkeit (ἄπειρον – πέρας) gehören, ebenso auch Möglichkeit und Notwendigkeit. Ein Selbst, das keine Möglichkeit hat, ist verzweifelt, und ebenso ein Selbst, das keine Notwendigkeit hat.« (S. 32) – Die Notiz über das Suchen nach der möglichen-notwendigen Tat (A 237) darf vielleicht als Indiz gewertet werden, daß Hofmannsthal auch die »Krankheit zum Tode« gelesen hat.

[36] A 221, 217.

besiegendes Beispiel unbedingten Glaubens habe, begeht er eine Tat, mit der er sich bloß schminkt (343), den gläubigen Knaben, der er war und nicht mehr ist[37], sich aufschminkt; seine Tat, welche an die aufs höchste getriebene Schauspielerei des Antinous erinnert[38], geht aus der Hysterie hervor; er vergießt sein Blut umsonst (397). Elektra opfert alles, was zu ihrer Person gehört, sogar die Scham, die das Eigenste der Frau ist; aber ihr Opfer geht aus der Besessenheit hervor[39] und ist vergeblich. Der Magier läßt sich bei der Opferhandlung, in der er sich selbst mit dem Opfertier dem Gott hingibt (320)[40], stören und vereitelt damit das sinnvolle Opfer. Kreon kann den Rat des Magiers, zu opfern, nicht befolgen, weil er überhaupt nicht weiß, was er opfern könnte (325/6). Neben all diesen Fällen mißlungenen Opferns stehen als gültige Beispiele die Tat des Orest und die Sühne des Ödipus. Ihr Tun ist Sichaufgeben: sie opfern jenes Selbstische, das sich vom Willen der Götter lösen will, sie verlieren sich und bekommen nun erst sich selbst zurück als jenes Selbst, durch das hindurch das Ewige seinen Willen zur Tat werden läßt[41].

In der möglichen-notwendigen Tat ist das Mögliche dasjenige, was *werden* soll, und das Notwendige ein solches, das unausgesetzt zu *sein* vermag. Es geht darum, durch die Tat zu werden, der man ist. Die Aufzeichnungen zu Reden in Skandinavien (1916), in denen sich verschiedene Äußerungen über die »Elektra« finden, enthalten die Notiz: »Ich erblickte Kierkegaards geistige Miene: Werden was man ist, sich selbst wählen in gottgewollter Selbstwahl.«[42] An derselben Stelle verweist Hofmannsthal auch auf einen Brief Ibsens an Laura Kieler: »Es kommt nicht darauf an, dies oder jenes zu wollen, sondern darauf, das zu wollen, was man unbedingt wollen muß, weil man ist, wer man ist, und nicht anders kann.« Was man unbedingt wollen muß, ist das, was aus dem Geschick hervorgeht, aus dem Wesensgrund, dem »unbewegten Allbewegenden«[43], dem Willen Gottes. So hat Orest den Muttermord, den er als der, der er ist, als Sohn Agamemnons tun mußte, im Gehorsam gegenüber göttlichem Gebot auch gewollt. Solcher Gehorsam war vom Jüngling Ödipus

---

37 Der Schauspielerin Gertrud Eysoldt schrieb Hofmannsthal, der Knabe verliere den Glauben an den Menschen, den er liebt, seine einfache Seele bekomme einen Sprung. (21. September 1905, Br. II, S. 211.)
38 Vgl. S. 22.
39 Vgl. S. 214.
40 Vgl. S. 192/3.
41 Vgl. D III 471.
42 P III 351, vgl. dazu Entweder/Oder, Bd. II, S. 177, Stadien, S. 126.
43 D III 471.

nicht gefordert: was er zu tun genötigt war, konnte er in blindem Handeln tun; aber er kommt in denselben Gehorsam hinein, indem er das Getane übernimmt. Ödipus läßt sich binden durch jenes Etwas, von dem es im »König Ödipus« heißt:

Ein Etwas muß sein, es bindet das Wort,
es bindet die Tat, es bindet die frevelnden Hände.
Wehe, wenn nichts uns bände![44]

Der sich in seinen Taten ungebunden wähnte, muß sich binden lassen, und erst dadurch wird er frei, wie umgekehrt der sich gefesselt wähnte, losgelöst werden müßte und erst dadurch gebunden würde. Es geht um die Vereinigung von Leiden und Tun, von Vorausbestimmtheit und Freiheit, wofür sich Hofmannsthal später ein Wort von Laotse aufschreiben wird: »Nicht-tun und Tun auf geheimnisvolle Weise vereinigt, darin liegt es.«[45]

Indem Ödipus sühnend die mögliche-notwendige Tat tut und von Augenblick zu Augenblick zu tun fortfährt, kommt er, dessen Leben ein totes Leben war, ins Leben hinein. Nun erst, da das, was ihm das Wirkliche war, sich als Wahngebilde herausgestellt hat, gelangt er zur Wirklichkeit. Aber nicht dadurch, daß er die Wahrheit erfährt, kommt er in die Wirklichkeit hinein, sondern indem er die sühnende Tat auf sich nimmt. »Werden was man ist, sich selbst wählen in gottgewollter Selbstwahl«, notiert sich Hofmannsthal, um fortzufahren: »Nicht die Wahrheit wissen, sondern die Wahrheit sein, nicht ausgehen von der Persönlichkeit, sondern hinstreben zu ihr.« Zu sich selber gekommen, ist Ödipus nun auch nicht mehr in der Verzweiflung. Am tiefsten verzweifelt war er, als er von Verzweiflung nichts wußte, sondern sich in seiner Verblendung selig wähnte; wie ihm die Augen aufgetan werden und er verzweifelt, ist er schon wiederum über die Verzweiflung hinaus. Das Schlußstück der Trilogie hätte dies deutlich machen sollen. Ödipus ist »wunderbar durchleuchtet«, in seiner »sehenden Blindheit« ist er von Lob und Preis erfüllt: »Ich segne die Sonne, die ich nicht sehe.«[46] Er ist kein Verfluchter, der dem Leben flucht, er ist kein Verfemter, ins Elend verstoßen. Hat er einst, erschüttert vom Wort der Pythia, gemeint, so allein wie er sei nicht einmal ein Baum, nicht einmal ein Stein, so könnte von ihm nun gesagt werden, daß er zusammen mit Stein und Baum zum

---

44 D II 458.
45 D III 471.
46 Zitiert nach Edgar Hederer, vgl. diese Arbeit S. 213, Anm. 32.

Vaterhaus gehöre; wie eine Präfiguration muten daher die folgenden
Verse aus dem ersten Drama der geplanten Trilogie an:

> ... die Steine liegen doch einer beim andern,
> immer liegen sie an gleicher Stelle, so heimlich ist ihnen,
> so ruhevoll sind ihre Mienen,
> als wäre jeder die Schwelle zu einem Vaterhaus.
> Und die Bäume – hat jeder seine Gefährten,
> sie klimmen zusammen nach oben,
> ich fühle, wie sie ihr Leben loben
> und mit den lebendigen Kronen
> selig sind, daß sie hier wohnen
> seit unzähligen Tagen,
> die Wurzeln tief in den Felsen schlagen,
> sie breiten die zackigen Äste –
> ja, das sind unaufhörliche Feste! (304/5)[47]

Ödipus ist auf Kolonos weder der Unglücklichste noch der auserwählte Sohn des Glücks; er überwindet Glück und Unglück eins durchs
andere und transzendiert diese Kategorien. »Unser Unglück ist so groß,
daß es etwas wie ein Glück in sich hat. Wir verstehen jetzt die ganze
Welt.«[48] Wie ist dieses Verständnis der Welt aufzufassen? Eine andere
Notiz zum »Ödipus auf Kolonos« besagt, daß die Natur, mythisch ge-
faßt, voll erbarmender Arme sei, voll Heilkraft, liebender Schoß und
Grab. Es geht also um mythisches Verstehen der Welt. Eine Stelle aus dem
»Buch der Freunde« führt dies weiter aus: »Im Mythischen ist jedes Ding
durch einen Doppelsinn, der sein Gegensinn ist, getragen: Tod = Leben,
Schlangenkampf = Liebesumarmung. Darum ist im Mythischen alles im
Gleichgewicht.«[49] Ödipus ist zur Erkenntnis dieses Gleichgewichts ge-
langt, er verwirklicht die »Doppelgewichtigkeit«[50], indem er sich als
Sühnenden dem Frevler entgegenhält und indem er umgekehrt das
Gestern, die von Vätern und Urvätern angehäufte Schuld, dem Heute
darwiderhält.

In ein solches Gleichgewicht wäre auch die antagonistische Entgegensetzung zu bringen, die durch Antiope und Jokaste gebildet wird. Die

---

[47] Vgl. dazu, was Hofmannsthal im Prosastück »Das Kloster des heiligen Lukas«
von den Bäumen sagt: P III 8/9.
[48] Zitiert nach Hederer.
[49] A 35.
[50] A 208.

Mutter des Königs Laios, gewissermaßen eine alt gewordene Chrysothemis, sieht die Bestimmung der Frau einzig und allein in der Mutterschaft, so daß ihr nichts so verhaßt ist wie Unfruchtbarkeit; Jokaste
dagegen, hierin Elektra vergleichbar, möchte das Rad der Geburten an-
halten und fleht das Ende der Zeit herbei (352). Der triebhaften, frag-
losen Bejahung des Lebens ist die Verneinung entgegengestellt, die aus
dem Bewußtsein hervorgeht, daß Gebären nur die Verstrickung in Schuld
und Qual endlos fortsetzt. Solche Bejahung will von Verneinung nichts
wissen, solche Verneinung stößt die Bejahung von sich. Könnten sie
zusammengespannt werden, so würde das eine durch das andere überwunden. Die Bejahung spräche ein Dennoch zur Verneinung und würde
erst damit zur wirklichen Bejahung, die sich auch nicht mehr an den
Tod verlieren kann; dank der Verneinung trüge sie ihre Grenze mit sich
und wäre davor geschützt, sich ans Leben zu verlieren. In ihrer Gleichgewichtigkeit hätten sie sich verwandelt: aus dem Antagonismus von
Glückhaftigkeit und Unglückseligkeit wäre jenes Zusammen entstanden,
welches Hofmannsthal »heiter-ernst« nennt[51].

In solche Umgestaltung hätte Hofmannsthals »Ödipus auf Kolonos«
hineinleuchten sollen. »Hineinschauen in ein tiefes Bild: ein Festspiel,
den Autos vergleichbar: Natur den menschlichen Schmerz in sich auf-
nehmend, das Schmerzenskind umgestaltend: immer wo sie mythisch gefaßt wird, ist sie voll erbarmender Arme, voll Heilkraft, liebender Schoß
und Grab.«[52] Die heilende Natur: damit kann nicht gemeint sein, daß sie
Vergessen gibt und wieder aufleben läßt, daß sie also, nach einem Wort
Jokastes, gradhin leben[53] läßt. Und wenn von der Natur gesagt wird,
sie sei Schoß und Grab, so kann dies auch nicht bloß heißen, daß sie das
Hervorgebrachte immer wieder verschlinge; dergestalt wäre sie ja ein
Ungeheuer, das den Hunger am eigenen Kinde stillt. Die Natur wird aber
ganz anders gesehen: sie ist voll Liebe und Erbarmen. Der Doppelsinn
des Mythischen weist auf das, worin all das Gegensätzliche: Leben und
Tod, Jugend und Alter, Weh und Wahn, umklammernde Begierde und
wegstoßender Haß gehalten ist. In solche Tiefen, »ins Innere der Welt«
(371), blickt der Seher Teiresias:

---

[51] A 52.
[52] Zitiert nach Hederer. – Von dieser Stelle her fällt ein Licht auf den schwer-
verständlichen Schluß der »Briefe des Zurückgekehrten« (P II 357).
[53] D II 463.

O heiliges Blut!
Sie wissen nicht, was für ein Strom du bist,
sie tauchen nie in deine Lebenstiefen,
wo Weh und Wahn erstorben sind, wo Liebe
und Haß nicht wohnen, Hunger nicht und Durst,
nicht Alter und nicht Tod.   (374)

Die Nähe einer heilen Welt wird spürbar. In einer Vision, von deren
Größe er überwältigt wird, sieht Teiresias aus dem Schlund des Grausens
den Glanz einer andern Welt hervorbrechen: »aus Qualen ohne Maß
erhebt ein Halbgott sich!« (377) Soll man diese Stelle auf den sühnenden
und »wunderbar durchleuchteten« Ödipus beziehen? Oder darf sich bei
Worten wie jenen vom heiligen Blut und vom hervorbrechenden Glanz
ein anderer Bezug einstellen? Weist die Gewalt des Gesichts auf das
Kommen Christi? In diesem Gedanken wird man dadurch bestärkt, daß
sich Hofmannsthal seinen »Ödipus auf Kolonos« den christlichen Myste-
rienspielen vergleichbar dachte, etwa den am Fronleichnamstag aufge-
führten Autos sacramentales. Während sich die Mysterienspiele zwischen
Geburt und Wiederkunft Christi hineinspannen, hatte Hofmannsthal
offenbar im Sinn, seine griechischen Spiele auf den christlichen Äon hin-
zuordnen und mit dem Einblick ins Innere der Welt die Schöpfung, die
voll Erbarmen und Heilkraft ist, als Präfiguration der Offenbarung in
Christus zu zeigen. Hofmannsthal rückte seine griechischen Dramen in
die Nähe des Alten Testamentes. An Ernst Hladny schrieb er: »Ein Element werden Sie nicht übersehen haben: den Ton des Alten Testamentes,
insbesondere der Propheten und des Hohen Liedes. Ich halte den Ton
des Alten Testamentes für eine der Brücken – vielleicht die stärkste – um
dem Stil antiker Sujets beizukommen.«[54] Durch diese Annäherung an die
Welt des Alten Testamentes wird die Antike mit dem Heilsgeschehen in
Zusammenhang gebracht. Es geht in den griechischen Stücken Hofmannsthals um das Heil des Menschen. Im Heil sind die Kategorien Glück und
Unglück wie alle andern Entgegensetzungen zusammengespannt, im
Gleichgewicht gehalten und damit überwunden. Wenn Hofmannsthal
Stoffe der Antike aufnimmt, ist es ihm nicht darum zu tun, sich in die
Vergangenheit zurückzuversetzen und die Dinge aus ihrer Zeit zu deu-
ten, noch das Vergangene als Glied einer Entwicklung aufzufassen, auch
nicht darum, aus dem Vergangenen das Geschichtliche zu verflüchtigen
und die zeitlose Idee des Menschen zu gewinnen. Er setzt die Dinge mit

---

54 Br. II, S. 384.

der Jederzeitlichkeit in Bezug, er läßt in den Ereignissen die Nähe der Ewigkeit, im Seienden die Nähe des Seins ahnen. Er will aus dem Furchtbaren das Versöhnende herausleuchten lassen und damit das Furchtbare in seiner Vorläufigkeit zeigen, aber nicht in jener Vorläufigkeit, die mit der Zeit das Endgültige erreicht, sondern in jener, die jederzeit quer zur Zeit in die Fülle der Zeit reicht, – eine Versöhnung also, die nicht nach etwas Furchtbarem, sondern mit dem Furchtbaren versöhnt. Über die »Elektra« schrieb er Hans Schlesinger: »Mir wäre das Stück selbst in seiner fast krampfhaften Eingeschlossenheit, seiner gräßlichen Lichtlosigkeit ganz unerträglich, wenn ich nicht daneben immer als innerlich untrennbaren zweiten Teil den ›Orest in Delphi‹ im Geiste sehen würde.«[55] Warum aber hat Hofmannsthal diesen zweiten Teil sowenig ausgeführt wie das Schlußstück der Ödipustrilogie? Darüber lassen sich freilich nur Vermutungen anstellen, aber man kann darauf hinweisen, daß sich Hofmannsthal schon damals mit dem Jedermannstoff und mit Calderon beschäftigt hat. So darf man vielleicht annehmen, daß er das, was er darstellen wollte, doch besser in Stücken, die auf das christliche Mysterienspiel zurückgriffen, sagen konnte.

---

[55] 10. November 1903, Br. II, S. 132.

Jedermann

Das Jedermannspiel, begonnen 1903, aber erst 1911 vollendet, ist in der Welt des Bürgertums angesiedelt; die mythische Zeit der griechischen Dramen ist weit in die Ferne gerückt. Dennoch bestehen auffallende Ähnlichkeiten mit dem Ödipusstück. Auch Jedermann meint in seinen Taten zu wohnen, und wenn sie ihm auch nicht gerade funkelnde Paläste sind, so doch stattliches Haus, Landsitz und Meierhöfe. Im Besitz hat er sein Ansehen, im Besitz tritt sein Wesen in Erscheinung. Er sieht sich als das wohlgeratene Kind seiner Taten. Tüchtigkeit bestimmt in seiner Welt das Geschick. Der Gang des Spiels bringt indes Jedermann zur Erkenntnis, daß er in der Verblendung gelebt hat:

War so verblendet mein Gesicht!
O weh, was sind wir für Wesen dann,
Wenn solches uns geschehen kann!   (76)[1]

Seine Augen haben nicht gesehen:

O könnt ich sie ausreißen beid,
Mir wär im Dunklen nit so bang,
Als da sie mich zu bittrem Leid
Falsch han geführt mein Leben lang!   (77)

Nicht nur an Ödipus, auch an Kreon läßt Jedermann denken, dann nämlich, wie ihm ist, als sei ihm kein Mensch zugetan, als verschaffe ihm sein Geld allein die Anhänglichkeit jener, die sich um ihn drängen, als habe er sie alle gekauft (38)[2], wie er, an den Tod gemahnt, die Lebenden als Tote sieht (37), wie er »aller Dinge End« (65) erkennt und ihm in der elenden Gestalt der Werke die Eitelkeit des Tuns vor Augen tritt, wie er an dem Punkt steht, da er sich verloren gibt und nicht für sich zu hoffen wagt. Was in den Figuren des Ödipus und des Kreon nebeneinandergestellt ist, wird im Jedermannspiel als ein Nacheinander im Er-

---

[1] »Jedermann« im Band »Dramen III« S. 7–93.
[2] Vgl. dazu D II 326, 338, 339.

leben der Hauptfigur gezeigt. Thema ist das Leben, das kein lebendiges, sondern ein totes Leben ist, voll Verzweiflung, auch wenn es vor lauter Glück nichts von Verzweiflung weiß. Das Spiel will vor Augen führen,

Wie unsere Tag und Werk auf Erden
Vergänglich sind und hinfällig gar. (9)

Vergänglichkeit und Hinfälligkeit sind jedoch keine letzten Worte. »Dahinter aber liegt noch viel.« (9)

Das Pseudoleben, wie es das Jedermannspiel darstellt, wird vom Geld getragen. Das Geld gilt als ein lebendiges Wesen: es arbeitet (16), es zeugt und gebiert, es vermehrt sich, es trägt Früchte. Seine Lebendigkeit ist zudem nicht einmal die des Momentanen, sondern eine höhere. Seine Dauer ist nicht die der vergänglichen Dinge, die im Entstehen schon vergehen; in ihm ist gleichsam das Vergangene beständig. Gold west unverweslich: es währt, und es hat sein Wesen in der Währung. Mit Hilfe des Geldes kann der Mensch Vergangenheit ins Unvergängliche verwandeln. Indem er das Vergangene nicht hinter sich bringt, sondern es ständig mit sich führt und äufnet, ist er auch imstande, den Bereich der Möglichkeiten, sein Vermögen, ständig zu erweitern. Ausgreifendste Pläne lassen sich verwirklichen, jeder Wunsch wird erfüllbar, »gewünscht ist schon getan« (14). Künftiges ist gewissermaßen voraus lebendig. Im Reichtum gelangt das Leben in seine Fülle und wird zu wunderbarer Leichtigkeit und Beweglichkeit. Wer »Fortunati Säckel« (14) in der Hand hat, bringt alles spielend vor sich (68).

Das Geld ist Pseudoewigkeit. In den Notizen zur Rede »Die Idee Europa« hält Hofmannsthal fest, daß sich der Mensch in den Vorkriegsjahren, die durch »maximale Zuspitzung und Ausbreitung des Verlangens nach Geld«[3] gekennzeichnet gewesen seien, zu fragen begonnen habe, ob dem Geld nicht die Kraft eigne, »sich an Stelle Gottes zu setzen«. Dabei »tat sich ein seltsamer Gedanke auf, der abschreckend durch die Blasphemie und verlockend durch die Folgerichtigkeit war: der Gottesgedanke hat sein tieferes Wesen darin, daß alle Mannigfaltigkeit und Gegensätze der Welt in ihm zur Einheit gelangen, er ist die Ausgleichung aller Fremdheiten und Unversöhntheiten des Seins: daher umschwebt ihn Friede, Sicherheit, allumfassender Reichtum«[4]. Im Geld scheinen also die Antinomien des Daseins gelöst: was gewesen ist, wird sein; was sein wird, ist auch schon erfüllt; Vergangenheit und Zukunft gehen in eine

---

[3] P III 378.
[4] Ebd. – Hofmannsthal braucht hier den Ausdruck »Sein« im Sinne von »Dasein«

einzige Gegenwart über; das Sein ist ein Werden und das Werden ein Sein; was der Mensch will, ist auch schon getan; die Möglichkeit ist Wirklichkeit. Das Geld ist »der Knoten des Daseins«[5], die Verknüpfung des Unvereinbaren; die Juden, sagt Hofmannsthal, hätten das Wesen des Geldes am tiefsten erfaßt, denn sie seien »seit Jahrtausenden gewöhnt, in *einem* höchsten Wesen Schnittpunkt aller einzelnen Interessen zu sehen«[6]. Das Geld ist als das Seiendste des Seienden die höhere Wirklichkeit, das summum bonum. Jedermann findet denn auch, daß durch die Erfindung des Geldes »unsere ganze Welt in ein höher Ansehen gestellt« worden sei (22). Das Geld schafft die Erde zum Paradies um: nicht nur daß es Lusthaus und Lustgarten hervorbringt, den »ungequälten Ort« (26), der mit seinen Wasserspielen auch in der Sommerhitze immer frisch ist, der in der Abend- und Morgenkühle hingegen gelind wirkt – es erlöst den Menschen auch von Hader, Bitternis und Klage und läßt ihn allezeit fröhlich sein (12), es gibt Klugheit: »viel Geld macht klug« (17), es schenkt Gerechtigkeit, denn es »kennt kein Ansehen der Person« (20), es verleiht Allmacht, denn es gibt nichts, was sich um Geld nicht kaufen läßt (22), nichts, was an Gewalt darüber stünde (23). Muß man vom Geld nicht sagen, es sei das Ein und Alles? (69) Es ist die göttliche Macht, die den Menschen nach ihrem Bilde zur »kleinen Gottheit« (22) geschaffen hat. Der Reiche führt das Schuldbuch, darin die andern in seiner Schuld stehen, während er ohne Schuld ist; er ist voll Güte und Erbarmen, indem er von seinem Reichtum ausleiht (24); er setzt den Tag und die Frist (20) und fordert Rechenschaft, ist aber voll »Langmut und Geduld« (24) und muß sich bei alledem noch verlästern lassen. Das Gold verbürgt dem Menschen seine Gottähnlichkeit.

Das Ewigkeitsgefühl, das der Besitz verleiht, ist jedoch leicht verstimmbar. Der Anblick der Not scheucht es aus seiner Ruhe auf (24). Jedermann kann es nur dadurch zu bewahren suchen, daß er sich unwissend stellt und zu vergessen versteht. So hält er sich die Armen vom Leibe, indem er sie mit Spenden lässig abfertigt und sich im übrigen durch den sozialen Kreis abschirmt, so verschließt er die Augen vor der eignen Schuld, in die er als Fronherr seiner Schuldner verstrickt ist, so will er nicht an den Tod denken, der zwar am Ende irgendwann schon eintreten wird, für ihn als Vierzigjährigen aber noch in der Ferne steht. Das verschiedengestaltige Nichtwissenwollen macht deutlich, daß Jedermanns Erwerbstüchtigkeit angetrieben ist von der heimlichen Bedrohung

---

5 P III 377.
6 P III 378/9.

durch das Nichts. Das Anhäufen von Besitz betreibt eine ständige Beruhigung und Sicherung des Daseins.

Die ganze Nichtigkeit der Pseudoewigkeit wird angesichts des Todes entlarvt. Schon das Vorgefühl des Sterbens, nämlich »eine unbestimmte, aber gräßliche Angst«[7], deckt sie auf; im Bühnengeschehen wird sie dann vor allem durch die Entblößung sichtbar, in welcher dem Sterbenden Stück um Stück genommen wird, was ihm angehörte und das Persönliche ausmachte[8], bis er nackt, wie er zur Welt gekommen, von dannen geht. Mit dieser Entkleidung tritt auch die Unfreiheit hervor, die als Freiheit verkleidet war: er saß nicht in seinem Besitz, er war von ihm besessen; nicht er gebot über Reichtümer, das Geld regierte in seiner Seele; er war nicht ein freier Herr und niemand untertan, sondern ein »leibeigner Knecht und Sklav« (71). Indem hier die wahren Verhältnisse zum Vorschein kommen und die Verkehrtheit als solche zu erkennen ist, werden auch die andern Verdrehungen enthüllt: was Jedermann Fröhlichkeit nannte, ist Verzweiflung, was er finstere Gedanken nannte: des Todes eingedenk sein, ist hell und licht (vgl. 28).

Mit der Umdrehung des Verkehrten kommt eine Wende in Gang, deren Ziel nicht erreicht ist, wenn das, was auf dem Kopf gestanden hat, auf die Füße gestellt ist. Jedermanns Leben hatte zum Grundsatz: Das Geld ist göttlichen Wesens. Im Laufe des Spiels stürzt dieses Fundament ein. Das Geld ist kein göttlich Ding, sondern ein verfluchtes, ein teuflisches. Aber auch aus dieser Gegenposition dreht die Wendung heraus. Die Dinge gestalten sich von Grund auf um.

Die Verwandlung setzt damit ein, daß Jedermann, von unbegreiflicher Angst ergriffen, Stimmen hört, die aus der Ferne laut seinen Namen rufen. Es ist nicht etwa der Tod, der fragend nach Jedermann sucht, als ob er nicht recht wüßte, wo er ihn finden könnte. In der Inszenierung Max Reinhardts, wie sie Hofmannsthal in seinem Aufsatz »Das alte Spiel von Jedermann« beschreibt, sitzt der Tod, noch bevor der angstvoll zur Seite getretene Jedermann die Rufe hört, auf dem leeren Stuhl an der Tafel. So muß es der Ruf des Gewissens sein, den Jedermann vernimmt. Und zwar erreicht ihn diese Stimme erst jetzt, da der Tod nahe ist, da das Bollwerk der Lebenssicherungen versagt und das Nichts eindringt. Sie gibt keine Anweisungen, keine Gebote und Verbote; sie ruft ihn beim Namen, sie ruft den Menschen auf zu ihm selbst[9], sie will ihn aus der

---

7 Das alte Spiel von Jedermann, P III 127.
8 Vgl. P III 354.
9 Vgl. Martin Heidegger, Sein und Zeit, S. 273.

Verlorenheit seines Daseins in das eigentliche Dasein holen. Das Drohende in ihrem Ton[10] weist auf die Dringlichkeit: viel Zeit steht Jedermann nicht mehr zur Verfügung. Er hätte diesen Anruf schon in der Begegnung mit der Mutter vernehmen können, aber er hörte ihn nicht, weil er nicht hören wollte. Wenn er ihn jetzt, im Angesicht des Todes, doch vernimmt, ist dies ein Zeichen dafür, daß er sich heranrufen lassen will. Das eigentliche Selbst ist in ihm erwacht und ruft ihn zu sich.

In den Szenen, da er vergeblich ein Geleit auf den Weg des Todes sucht, führt er sich selbst die Vergeblichkeit überhaupt all seines Tuns vor Augen: in dieser Art hat er sich zeitlebens um etwas Sinnloses gemüht und damit nichts getan als seine Zeit vertan. Er hat töricht das Leben versäumt. Der sich in niemandes Schuld wähnte, sieht seine Schuld und ist erst jetzt auch imstande, schuldig zu sein. Er möchte das Leben wiederholen können und in der Wiederholung anders leben. Reue erfüllt ihn:

> Zurück! und kann nit! Noch einmal!
> Und kommt nit wieder! Graus und Qual!
> Hie wird kein zweites Mal gelebt! (77/8)

Daß die Wiederholung nicht möglich ist, ist die Ohnmacht der Reue; daß der Reuevolle das Gewesene indessen in der Reue wiederholt, ist ihre Kraft. Ihre brennende Glut ist das reinigende Feuer, in welchem der Mensch umgeschaffen wird (90). Diese Verwandlung vermag freilich nicht, das Geschehene rückgängig zu machen und das Vertane zurückzubringen: die Werke bleiben schwach und krank (78); aber sie macht bereit für den Glauben, daß auch die Erneuerung des Gewesenen möglich ist, ja daß sie in der Ewigkeit schon geschehen ist und ständig geschieht. Die Ewigkeit kennt kein Nichtwiedergutzumachendes und kein Unwiederbringliches, weil in ihr die Zeit nicht einsinnig ist. Sie ist die volle Gegenwärtigkeit, daher kennt sie auch nichts Ausstehendes: das Künftige ist in ihr schon eingetreten.

Die Ewigkeit ist dem Gläubigen in Christus geoffenbart. Christi Opfertod hat nicht nur Geschehenes gesühnt, sondern »Jedermannes Schuldigkeit vorausbezahlt in Ewigkeit« (89); seine Auferstehung hat den Tod und damit eines jeden Menschen Tod besiegt. Die Gemeinschaft mit der Ewigkeit, voreinst im Mysterium des Tieropfers gegeben[11], vollzieht sich nun im Glauben, der Christi Opfertod und Auferstehung nachvollzieht:

---

10 Vgl. P III 128.
11 Vgl. S. 192/3.

der Mensch stirbt nun nicht mehr für die Spanne eines Augenblicks im Tier und ist damit der Gottheit versöhnt, er stirbt in Christus und gelangt durch ihn ins wahre Leben. Der Glaube ist eine Handlung, eine Tat, mit welcher der ins Heil gerufene Mensch sich selbst als zum Heil bestimmt wählt. Weil der Glaube eine Tat ist, kommt nun die Gestalt der Werke zu Kräften. Indem sich Jedermann zum Glauben entschließt, ist ihm, als wäre er neugeboren (82). »In einem Nu« (89) ist alles neu geworden. Dieses Nu – der erhöhte, der eigentliche Augenblick, den der Teufel zu verhöhnen sucht, indem er ihn ein »Augenzwinkern« (89) nennt – ist der Gegensatz zum »Hie und Nun«, zur Gefangenschaft in der Zeit (90). Jedermann ist in ein solches Hie und Nun gebunden, solang er meint:

Bin jung im Herzen und wohlgesund
Und will mich freuen meine Stund,
Es wird die andere Zeit schon kommen,
Wo Buß und Einkehr mir wird frommen. (29)

Alles zu seiner Zeit: dies ist hier der Leitspruch. Es ist eine Zeit des Jungseins und eine Zeit des Altseins, eine Zeit des Blühens und eine solche des Verblühens. Man soll nichts übereilen, man muß die Dinge reifen lassen, jedes hat sein zeitliches Gesetz. Diese durchgängige Orientierung am Leitfaden der Natur – Natur, wie sie vom Entwicklungsgedanken her ausgelegt ist – wird der Kritik unterworfen. Jedermann ist, wie Claudio, ein Tor, ein Narr (67), er führt sich auf, als verfüge er über die Zeit, als sei er Herr der Zeiten und überblicke sie. Weil er stets Zeit vor sich zu haben und sie berechnen zu können meint, hat er stets die Ausflucht bereit: »Ist halt noch allweil die Zeit nit da« (31), »Auch morgen ist halt noch ein Tag« (32). Nun wird dem zeitlichen Gesetz, wonach alles in der Folge seinen Platz hat, die Jederzeitlichkeit entgegengesetzt: Einkehr und Buße haben nicht ihre Zeit, sie sind allstund; der Tod steht nicht in der Ferne, sondern ist stets nah; es gibt nicht bald Anlaß zur Freude und bald zur Betrübnis, es besteht Grund, auch als Betrübter allezeit fröhlich zu sein. Das Hie und Nun wird aus seiner Gebundenheit in der zeitlichen Folge gelöst und neu gebunden an die Fülle der Zeit, wodurch in einem andern Sinn wiederum ein zeitliches Hie und Nun gegeben ist. Der Mensch wird nicht aus der Zeit herausgerissen, sein Wesen wird nicht in die Zeitlosigkeit gesetzt, er soll in die Zeit hineingebracht werden, in die eigentliche Zeit, die das wahre Leben ist. Diese eigentliche Zeit beginnt nicht erst mit dem Tod. Das Jedermannspiel lehrt nicht die Welt verachten und predigt nicht Weltflucht. Es handelt von der Verwandlung aller Dinge durch den Glauben. Als ein Beispiel solchergestalt verwandelten Lebens zeigt Hofmannsthal in seinem Spiel die Mutter, als Modell dieser Verwandlung nennt er auch hier die Ehe,

> Wodurch, was also dich ergetzt,
> Verwandelt wird und kehret sich um
> Aus Wollust in ein Heiligtum! (31)

In solcher Verwandlung kehren alle Dinge wieder, aber indem sie wiederkehren, sind sie verwandelt. Man könnte sie mit den gleichen Worten sagen, wie Jedermann sie braucht, und sie hätten doch einen ganz andern Sinn. Von seiner Ehefrau wie von einer Mätresse kann einer sagen:

> Ist recht ein paradiesisch Gut,
> Was ihre Lieb mir bereiten tut. (25)

Im Glauben wie im Unglauben kann er sprechen:

> Daß ich mir wahrlich machen mag
> So heut wie morgen fröhliche Tag. (12)

Die Zuversicht wie die Ausflucht spricht: »Auch morgen ist halt noch ein Tag« (32) oder »Ist halt noch allweil die Zeit nit da«. Der jederzeit Bereite, der stets Zeit hat, wie auch der Ungeduldige, der nie Zeit hat (13, 27), findet, was gut sein solle, müsse immer sogleich sein, und was nicht gleich geschehe, sei von Übel[12]. Wahrheit kann nicht vom Menschen, von Ort und Stunde abgelöst und in die Zeitlosigkeit versetzt werden; entscheidend ist, wer da spricht. »Nicht die Wahrheit wissen, sondern die Wahrheit sein.«[13]

Wie es nicht darum geht, die Welt zu fliehen, sondern in der eigentlichen Weise da zu sein, kann es auch nicht an dem sein, die irdischen Güter zu verdammen, vielmehr sollen sie in der rechten Art in Besitz genommen werden. Das Geld ist ein Dämon, eine Macht also, welche ebensowohl Gutes als Böses in sich trägt[14]. Zweideutigkeit ist sein Wesen: Mammon ist »eine Zwergs- und doch Riesengestalt«[15]. Ob er hilfreich oder verderblich ist, hängt davon ab, wie man sich zu ihm verhält. Er kann der Diener seines Herrn oder der Herr seines Herrn sein[16]; er kann auch dem, der nichts besitzt, ein und alles sein oder geringes bedeuten.

---

12 Vgl. A 69.
13 Vgl. S. 217.
14 Zum Begriff »Dämon« vgl. »Der Dichter und diese Zeit« P II 293.
15 P III 130.
16 P III 116.

Das Mittelalter, so skizziert Hofmannsthal die geschichtlich unterschiedliche Einstellung zum Geld, suchte seine Gefährlichkeit zu bannen, indem es durch kanonisches Verbot den Geldzins verwarf[17]; die Neuzeit sah »mit einem anderen freieren gütigeren Blick« auf das Geld, so daß Novalis fragen konnte: »Ist nicht das Geld zum Beleben da?«[18], aber ein Jahrhundert später ist die Haltung dem Geld gegenüber wieder anders geworden: »Das Verhältnis zu diesem Dämon hat sich wiederum verdunkelt und verworren.«[19] Die Menschen sind von einer allgemeinen Geldgier erfaßt, geradezu als von einer »geistigen Krankheit«[20]. Da aber der geistigen Krankheit »eine geistige Wachheit« entspreche, erhofft er sich »eine Kontrolle auch dieses Phänomens«.

Dank der geistigen Wachheit können Art und Ursache der Erkrankung erhellt werden. »Was wir besitzen sollten, das besitzt uns, und was das Mittel aller Mittel ist, das Geld, wird uns in dämonischer Verkehrtheit zum Zweck der Zwecke.«[21] In dieser Verkehrtheit verdient man also Geld, um damit noch mehr Geld zu verdienen. Das Geld ist nicht nur Mittel, sondern auch Zweck, Endzweck sogar. Wer sich so zum Geld verhält, gleicht dem Wanderer, der den Horizont erwandern will. Das ins Auge gefaßte Ziel wird, sobald es erreicht ist, wieder zum Ausgangspunkt. Der Zweck ist immer wieder bloß Mittel, so daß kein Ziel erreicht werden kann. Daß die Geldmittel überhaupt zu Zwecken werden konnten, die wiederum bloß Mittel sind, sieht Hofmannsthal darin begründet, daß ja wirklich »im letzten Grund auch die Zwecke nur Mittel« sind[22]. Da die mit der Zeit erreichten Zwecke immer wieder zu Mitteln werden, gibt es also überhaupt keinen Endzweck, es sei denn, er liege jenseits der einsinnigen Zeit. Das Jedermannspiel bringt denn auch die verzehrende Geschäftigkeit im Gelderwerb damit zusammen, daß die Transzendenz geleugnet wird, daß die Menschen »des geistlichen Auges« erblindet sind (10). In einer solchen Zeit kann das Geld zur »ultima ratio«[23] werden. Man hält es für erwiesen, »daß Gold das *Letzte* ist«, daß »absolute Freiheit nur im Geld« ist, man »glaubt an das Gold« und liebt es »über alles«, man betet es an, wie es in den Entwürfen zur »Danae« heißt[24].

17 P III 379.
18 P III 115/6.
19 P III 116.
20 P III 378.
21 P III 115.
22 P III 378.
23 P III 378, vgl. L III 385.
24 L III 381 ff.

Der Mensch, der das Geld zum Horizont hat, wird ein ruheloser Wanderer. Darin ist Jedermann mit Don Juan verwandt[25], mit Hofmannsthals Abenteurerfiguren[26], etwa mit Florindo, von dem Cristina sagt, er sei einer, der immer auf Reisen sein müsse[27]. Während aber hinter den Abenteurerfiguren die mythische Gestalt des Hermes steht[28], müßte wohl hinter Jedermann die Sagengestalt des Ahasver gesehen werden, der an kein Ziel gelangen kann, nirgends ruhen und nie sterben kann. Sein ewiges Leben ist der ewige Tod. Der verblendete Jedermann setzt alles daran, sich in solchermaßen pervertierter Ewigkeit, in der einsinnigen Zeit als einer Unendlichkeit einzurichten. Der Tod bringt ihn aber zum Stehen und erlöst ihn aus der Gefangenschaft unaufhörlichen Wanderns. Es ist nicht nur so, daß Jedermann sterben muß, er darf auch sterben, wiewohl es ein arg Ding ist, zu sterben (29). Ein Dürfen ist es aber doch wiederum nur dann, wenn er an die Auferstehung zu glauben vermag. »O, was läge am ganzen Leben, wenns kein End nähme? Was läge am Leben, wenn es nicht ewig wäre?«

---

25 Im Aufsatz »Festspiele in Salzburg« stellt Hofmannsthal sein Spiel neben die Oper Mozarts, P III 449.
26 Vgl. das Zitat aus der Prosafassung des »Jedermann« S. 13/4.
27 L I 257.
28 Vgl. S. 96.

Das Salzburger Große Welttheater

Wenn Hofmannsthals dichterisches Werk vorwiegend aus Bühnen-
stücken besteht, hängt dies damit zusammen, daß er das Eigentliche des
Menschen im Tun sieht. Die Stelle, die er 1896 aus der Poetik des
Aristoteles zitiert, macht das deutlich: »Auch das Leben ist (wie das
Drama) auf das Tuen gestellt, und das Lebensziel ist ein Tuen, nicht eine
Beschaffenheit. Die Charaktere begründen die Verschiedenheit, das Tuen
aber Glück oder Unglück.«[1] Zwei Grundsätze lassen sich daraus für Hof-
mannsthals Schaffen ableiten: Einmal ist das Drama das sprachliche
Medium, in welchem das Tun darstellbar ist; und zweitens kann in dieser
Darstellung die Tat nicht auf die Beschaffenheit der Charaktere zurück-
geführt werden. In Shakespeares Dramen gehen, nach der Auffassung
Hofmannsthals, die Handlungen aus den Charakteren hervor; daß der
Mensch ein bestimmtes Wesen mit diesen oder jenen Eigenschaften habe,
ist aber für Hofmannsthal zu einer bloßen Annahme geworden, die er
zudem nicht mehr zu teilen vermag. Im fiktiven Gespräch über »Charaktere im Roman und im Drama« läßt er Balzac begründen, warum er
Romane und keine Dramen schreibe: »Ich glaube vielleicht nicht, daß es
Charaktere gibt. Shakespeare hat das geglaubt. Er war ein Dramatiker.«[2]
Für den Romancier des Realismus sind die Menschen »nichts als das Lack-
muspapier, das rot oder blau reagiert. Das Lebende, das Große, das Wirkliche sind die Säuren: die Mächte, die Schicksale«[3]. Was der Mensch tut,
wird mithin nicht mehr auf seinen Charakter zurückgeführt, sondern auf
das Kraftfeld, dem er unterworfen ist. Der Mensch handelt nicht, er reagiert; er lebt nicht, er wird gelebt. Das hintergründig den Menschen Be-
herrschende ist das Wirkende, das Wirkliche, das selbst nicht in Erscheinung treten kann, aber im Romanexperiment nachweisbar ist: »Die Macht
des Erotischen für den, welcher der Sklave der Liebe ist. Die Macht der
Schwäche für den Schwachen. Die Macht des Ruhmes über den Ehr-
geizigen. Nein, nicht *der* Liebe, *der* Schwäche, *des* Ruhmes: seiner ihn

---

[1] P I 236.
[2] P II 43.
[3] P II 44.

umstrickenden Liebe, seiner individuellen Schwäche, seines besonderen Ruhmes. Das, was ich meine, nannte Napoleon seinen Stern: das war es, was ihn zwang, nach Rußland zu gehen; was ihn zwang, dem Begriff ›Europa‹ eine solche Wichtigkeit beizulegen, daß er nicht ruhen konnte, bis er ›Europa‹ zu seinen Füßen liegen hatte.«[4] Hofmannsthal legt den Menschen wieder anders aus: für ihn ist er kein von Kräften gewirktes Individuelles mehr. Das Jedermannspiel entkleidet den von der Macht »Geld« gelebten Menschen all dessen, was als seine Machtsphäre seine Persönlichkeit ausmacht. Eine angstvolle Frage begleitet diese Auflösung des Individualbegriffes, die Frage, ob es ein Letztes, Unauflösliches, Bleibendes gebe[5]: »Was bleibt vom Menschen übrig, wenn man alles abzieht?«[6] Was vom Menschen bleibt, wenn alles von ihm abgezogen wird, dieses weiter nicht Zurückführbare ist die Tat, und zwar die mögliche-notwendige Tat. Um dies im Drama darzustellen, muß Hofmannsthal hinter das Psychologisch-Dramatische zurückgreifen. Im griechischen Drama und im spätmittelalterlichen Mysterienspiel, in dessen Tradition ja auch Calderons »Welttheater« steht, findet er den Rückhalt für die eigenen Möglichkeiten des Dramatischen. Sein Drama will die Tat als Lebensziel zeigen. Seine Menschen suchen und finden die Tat, wie zum Beispiel in »Cristinas Heimreise« der Kapitän, auf welchen Hofmannsthals Wort bezogen werden kann: »Seinem ungeborenen Sohn eine Mutter suchen, heißt die Tat suchen, in der man seine Kraft hergeben und lebendig werden kann.«[7] Oder sie versäumen es, die Tat zu suchen, wie Weidenstamm, wie Florindo, oder sie haben, wie Kreon, den Glauben, daß die Tat möglich ist, verloren und sind zum Handeln unfähig geworden, oder sie lassen sich, wie Jedermann, durch Handeln nicht im Sinne von Tun, sondern im Sinne von Handeltreiben[8] bestimmen, oder sie suchen die Tat und können nicht zu ihr finden, wie Elektra, die ihr Leben weder als Mutter[9] auf das Tun stellen kann noch als Priesterin, als »Besiegerin und Sühnerin des Verhängnisses«[10], noch als Ausführende des Racheaktes, weshalb das Leben schließlich »ihr entstürzen muß«[11]. Die Einsicht, daß das Eigentliche des Menschen die Tat sei, liegt allen Dramen

---

4 P II 44/5.
5 Vgl. P III 356.
6 P III 354.
7 P I 238.
8 Vgl. P III 377: »Das Zweifelhafte der Taten. Charakteristisch, daß in der deutschen Sprache ›handeln‹ einerseits ›tun‹ bedeutet, andrerseits ›Handel treiben‹.«
9 P III 354.
10 P III 355.
11 A 131.

Hofmannsthals zugrunde; ausdrücklich zum Thema erhoben aber ist die Tat nochmals in seinem 1922 uraufgeführten »Salzburger Großen Welttheater«.

Wie Calderon stellt Hofmannsthal das Leben der Menschen unter das Wort: »Tuet Recht! Gott über euch!« (263)[12] Das rechte Tun ist die Wahl des Guten. »Wahl ist ihnen gegeben zwischen Gut und Böse, das ist ihre Kreaturschaft, in die ich sie gestellt habe« (260), läßt Hofmannsthal den Herrn des Spiels sagen. Daß der Mensch wählen kann, ist seine Vollkommenheit, die ihn über alle andere Kreatur erhebt; ihm allein hat Gott von »der höchsten Freiheit einen Funken« (260) gegeben, damit er sich entscheide. Daß der Mensch zwischen Gut und Böse wählen muß und nicht schon immer und für immer das Gute gewählt hat wie der Engel, dies ist seine Unvollkommenheit; von der höchsten Freiheit ist nur ein Funke in ihm. Die Tat, welche die Wahl, die Entscheidung ist, gründet in der Freiheit, deshalb ist sie nicht ableitbar, weder aus Charaktereigenschaften noch aus einem Kräftespiel. Sie ist das Ursprüngliche.

Dieser Bereich der freien Tat ist der Figur der Welt verschlossen, weil nichts von Freiheit in sie gelegt ist; sie vermag daher im Menschen nichts anderes zu sehen als ein Wesen von der Art der Tiere, und zwar nicht etwa ein höheres Tier, sondern ein dem Leben schlecht angepaßtes und somit minderwertiges (258). Freiheit erscheint ihr unter dem negativen Aspekt, daß der Mensch nicht in der Natürlichkeit ein fragloses Genügen finden will: begehrte er nichts, »als meine Herrlichkeiten zu genießen, und sänke, wo ihm der Atem ausgeht, in mich wieder hin, da geschähe ihm wohl.« (258) Der Tat steht das Genießen, wie es die Erde auffaßt, gegenüber, nämlich als unmittelbares Einssein mit dem Leben, was etwas anderes ist als der Genuß, dem der Genüßling zugetan ist, und etwas anderes als Genießen, wie es die Freiheit ermöglicht.

Während die Welt die Freiheit aus Unverstand verspottet, verhöhnt der Widersacher sie mit der Schärfe des Verstandes: Wie kann man von Freiheit sprechen wollen, wenn dem einen Menschen dieses, dem andern jenes Los zufällt, der eine beispielsweise als Kind reicher Eltern, der andere bettelarm zur Welt kommt? Wo bleibt die Freiheit, wenn nicht nur die Rollen schon vor der Geburt verteilt sind, sondern überhaupt das ganze Leben des Menschen in der göttlichen Vorsehung vorausbestimmt ist? Wie sollte es möglich sein, daß der Mensch in seinem Tun vorbestimmt und zugleich frei ist? Vor dem Forum der Logik vermag der Widerspruch zwischen Prädestination und Freiheit nicht zu bestehen.

---

12 »Das Salzburger Große Welttheater« im Band »Dramen III« S. 251–335.

Als Doktor der Logik (259) dürfte es der Widersacher, besonders mit Hilfe Avicennas (258)[13], leicht haben, den Menschen von der Unverträglichkeit zweier kontradiktorisch entgegengesetzter Aussagen zu überzeugen. Der Widersacher sucht auf die Entscheidungsfreiheit des Menschen einzuwirken, indem er sie von Anfang an in eine ganz bestimmte Richtung drängt: er stellt die Dinge so dar, als ob es sich um die Wahl zwischen Freiheit und Prädestination handelte. Und auch diese Alternative will er beeinflussen: die Lösung des Widerspruchs soll auf Kosten der Vorsehung erfolgen, deshalb unterwirft er diese einem Werturteil und diffamiert sie als Willkür. »Ich protestiere gegen Vergewaltigung! Es ist eh und immer geklagt worden, daß eine blinde tyrannische Gewalt hat geschaltet über die Menschen schon im Mutterleib – von zweien Zwillingen, ungeboren beide, unschuldig beide, zum voraus den Jakob begnadet, den Esau verworfen! Soll das so weitergehen und in unserer erleuchteten Zeit dergleichen Willkür fortrasen?« (270) Die zeitgemäße Forderung geht dahin, die verschiedenartigen Ungleichheiten zu beseitigen und einen gleichförmigen Glückszustand zu organisieren. Als Advokat des Menschen erhebt der Widersacher »Anspruch auf natürliche Gleichheit des Schicksals« (270). Mit der Einführung dieser Gleichheit kann sich der Mensch, so wäre der Schluß zu ziehen, erst wirkliche Freiheit versprechen. Man kann der Argumentation des Widersachers nicht beikommen, solange man meint, Wahrheit sei hier in der Weise verdreht, daß sie durch Umkehrung zu erreichen ist: Der Mensch hat keine Ansprüche zu stellen, er soll mit seinem Los zufrieden sein. Dieser Meinung läßt sich ja mit ebensolcher Berechtigung entgegenhalten: Dem Vater gegenüber haben die Kinder durchaus Anspruch auf gleiche Behandlung. Die Verdrehung des Widersachers ist in der Tiefe versteckt. Sie liegt in der Voraussetzung, die Wahrheit lasse sich in die Aussage bringen und feststellen. Die Verdrehung ist also schon dort bewerkstelligt, wo man sagt: Dieser ist glücklich, jener unglücklich. Die in die Aussage versetzte und nunmehr feststellbare Wahrheit ist dem Gegensatz von Richtigkeit und Falschheit unterstellt. Jetzt kann nur noch gelten: Wenn einer glücklich ist, ist er nicht unglücklich; wenn es mir schlecht ergeht, geht es mir nicht gut. Wie aber, wenn es demjenigen, dem es übel ergeht,

---

[13] Es ist auffallend, daß sich der Widersacher in seiner logischen Argumentation auf den arabischen Philosophen und nicht auf Aristoteles stützen will. Hofmannsthal betrachtet offenbar Aristoteles nicht als Begründer des traditionellen Wahrheitsverständnisses, welches die Wahrheit in die Aussage setzt und sie als Übereinstimmung von Erkennen und Gegenstand definiert.

dadurch daß es ihm übel ergeht, gerade gut erginge? Eine solche paradoxe Aussage ist für die Logik unannehmbar. Die Logik hat es von vornherein auf Eindeutigkeit angelegt, Gegensätzliches als solches gesondert und gegenseitig ausgeschlossen: Prädestination – Freiheit, Glück – Unglück, Ungleichheit – Gleichheit. Ließe sich der Mensch auf dieser Ebene die Wahl vorgeben, hätte der Widersacher sein Spiel schon gewonnen. Prädestination ohne Freiheit müßte zu Fatalismus führen, Freiheit ohne Prädestination zu Willkür, Unglück ohne Glück zur Verzweiflung, Glück ohne Unglück zu Überheblichkeit, Ungleichheit ohne Gleichheit zu Ungerechtigkeit, Gleichheit ohne Ungleichheit zu Öde. So oder so, immer hätte der Mensch das Eigentliche verfehlt: er hätte die Freiheit verwirkt, gerade auch und vor allem in der vom Widersacher postulierten Gleichheit, weil in ihr keine Freiheit von etwas und keine Freiheit zu etwas möglich wäre. Aber wäre denn in dieser Gleichheit nicht eben jene höchste Freiheit erreicht, welche schon immer und für immer gewählt hat? Wie kommt es, daß die Wahrheitsverdrehung des Widersachers der Wahrheit so täuschend ähnlich sieht? Die Logik verdankt ihre Eindeutigkeit und Klarheit und damit ihre Evidenz dem Umstand, daß sie von der Zeit abstrahiert. In ihr ist kein Platz für das Werden. Ihre Wahrheit ist ewig. Aber es ist die »Ewigkeit« der Zeitlosigkeit, jenes Sein, welches das Werden außerhalb seiner hat. Indem der Widersacher die Logik zum höchsten Prinzip erhebt und das Leben ihr unterwirft, will er die Ewigkeit durch Zeitlosigkeit, d. h. durch eine Pseudoewigkeit ersetzen und proklamiert als Ziel des Menschen die Gleichförmigkeit, in welcher mit der Einebnung aller Unterschiede die Zeit zum Verschwinden gebracht werden soll.

In den Figuren des Widersachers und der Frau Welt erscheint wiederum, nunmehr in mythischer Gestaltung, die Antinomie von Sein und Werden, in die sich der Mensch hineingestellt sieht. Beide wollen als dämonische Mächte über den Menschen verfügen. Frau Welt möchte ihn ganz in ihr Werden einbetten, der Widersacher ihn völlig im zeitlosen Sein gefangennehmen. Über den Erfolg dieser doppelten Versuchung enthält das Vorspiel bereits einen Fingerzeig. Frau Welt wird keine Möglichkeit haben, den Bettler zu verlocken, um so stärker wird die Verführung des Widersachers auf ihn wirken. Wenn der Bettler sagt: »Es darf nicht so gehandelt werden wie an Esau« (271), scheint er einzustimmen in den Protest des Widersachers gegen die blinde tyrannische Gewalt, welche dem einen ihre Gunst zuwendet, den andern verwirft. Er scheint bereits unter den Einfluß des Widersachers geraten zu sein, und doch ist dem nicht so. Den Bettler »schaudert zu erkennen die Finsternis, in der Adams Kinder hausen« (271). Er stellt sich in den Zusammenhang von Sündenfall und Heilsgeschichte, der Widersacher hingegen will gerade diesen Zusammenhang auflösen. Der Bettler sucht in seinem Protest die Versöhnung mit Gott, der Widersacher will mit seinem Protest zum Abfall von Gott bewegen. So ist vorauszusehen, daß der Bettler sich von den versucherischen Möglichkeiten befreien und zum Eigentlichen freiwerden wird. Er wird der Freiheit würdig sein: »Wer Freiheit hat«, sagt der Engel, »und ist ihrer würdig, der fragt: wozu habe ich Freiheit? und ruht nicht, bis er erkennt, welche Frucht sie bringe. Die Frucht aber der Freiheit ist eine: das Rechte zu tun.« (272)

Was ist nun aber unter der rechten Tat, unter dem Guten zu verstehen? Der Engel erläutert es so: »Du sollst deinen Nächsten lieben wie dich selbst, und aber deinen Gott, den sollst du lieben über alles. – Somit ist gewiesen, was das Spiel enthalten soll, und es ist das gleiche, als der Titel in sich begreift: Tuet Recht! Gott über euch!« (264) Freiheit und Liebe gehören also zusammen, wie übrigens auch die Etymologie bezeugt.[14] Freiheit ist dann Freiheit, wenn sie die Freiheit zur Liebe ist. Im Grunde sind beide dasselbe. Mit Freiheit ist nicht die Möglichkeit gemeint, dieses zu tun und jenes zu lassen, einen Beruf nach Wunsch zu ergreifen oder ihn zu wechseln, dahin und dorthin zu ziehen; sie richtet sich nicht auf das Verschiedenartigste, sondern auf das eine; zu ihrem Wesen gehört nicht Zerstreuung, sondern Sammlung. Sie ruht darin, daß im Grunde von allem Liebe liegt, daß aus der Liebe kommt, was auch immer einem zustoße, daß Gott nicht ein willkürlich waltender Tyrann ist, der seine Lieblinge hat und andere nicht mag, sondern daß er die Liebe ist. Mit welchem Los einer auch bedacht wird, er kann zu sich sagen: »So bist du gewählt« (273); er ist nicht abgewiesen und zurückgestoßen, sondern erwählt. Die Wahl zwischen Gut und Böse, die dem Menschen gegeben ist, kann ein Ja oder ein Nein zur Wahl sein, die ihn gewählt hat. Das Gute, das Rechte, das der Mensch tun kann, ist, daß er in gottgewollter Selbstwahl sich selbst wählt[15]. Damit ist er in die Wahrheit hineingekommen, und all sein Tun wird auch im einzelnen das Gute sein, vorausgesetzt, daß er die Wahl, die er nicht ein für allemal, sondern immer wieder zu treffen hat, unausgesetzt im eigentlichen Sinne vorzunehmen vermöchte.

Sichselberwählen ist gleichbedeutend damit, daß der Mensch sich selbst lieben kann. Solche echte Selbstliebe, die nicht mit Egoismus verwechselt werden darf, ist vielleicht nur im Durchgang durch den Selbsthaß zu

---

14 Vgl. got. frijōn: lieben, ahd. frīa: Weib, schweiz. frī: lieb, dazu nhd. freien.
15 Vgl. S. 216.

erreichen. So lehnt ja auch der Bettler sich selbst zunächst ab: »Lieber ungeboren dahin! Tot sein und bleiben!« (267) Pascal spricht daher das Verhältnis des Menschen zu sich paradox aus: »Qu'il se haïsse, qu'il s'aime.«[16] Es ist diese vom Egoismus unterschiedene Selbstliebe gemeint, wenn Hofmannsthal im »Buch der Freunde« sagt: »Ohne die Selbstliebe ist kein Leben möglich, auch nicht der leiseste Entschluß, nichts als Verzweiflung und Starrheit.«[17] Die ursprüngliche Selbstliebe, Übereinstimmung mit sich selbst, wie sie jeder Kreatur mitgegeben ist, scheidet sich im Menschen in die beiden Wege der Selbstliebe und des Selbsthasses. Wer an dieser Gabelung diesen oder jenen Weg einschlägt, »vergeht sich« in der »Ich-Sucht«[18] oder gerät ins »Schiefe«, dem »partieller Selbsthaß« zugrunde liegt[19], wenn nicht ins Verkehrte völligen Selbsthasses. Die eigentliche Wahl aber entscheidet sich für einen Weg, der auf eine andere Ebene führt, für den weglosen Weg ins Höhere, den wahren Weg, auf dem das Auseinanderstreben der beiden Wege überwunden ist in der coincidentia oppositorum, in der Einheit von Gottes Liebe, so daß der Mensch in der Liebe Gottes sowohl sich selbst wie auch den Nächsten liebt und sogar noch die Abwege als etwas anderes als bloße Irrwege, nämlich auch als Wege Gottes zu erkennen vermag: »Selbstliebe und Selbsthaß sind die tiefsten von den irdischen produktiven Kräften.«[20] Es braucht für diesen weglosen Weg einen »letzten Mut«; wer ihn aufbringt, bekommt »die glorreiche und doch demütige Selbstliebe«, »die herrliche Tugend, von der ewige Jugend sich ergießt in jede Faser«[21].

In diese Zusammenhänge gehören auch Hofmannsthals verstreute Äußerungen zum Narzißmythos. Aus seinen Bemerkungen geht hervor, daß der Narzißmus nicht einfach Selbstbespiegelung und Selbstgefälligkeit, also eine Form der Selbstischheit ist. Das androgyne Wesen des Narziß deutet darauf hin, daß sich in ihm der Mensch in ursprünglicher Ganzheit, diesseits der Geschlechtertrennung, darstellt, in jenem In-sich-Sein, dem er entfremdet wird, damit er auf höherer Ebene das Getrennte wieder vereine[22]. Narziß ist ganz Seele: »Psyche, die jüngling-mädchenhafte, die nichts erlebt hat als ihr eigenes rätselhaftes Auf-der-Welt-

---

[16] Vgl. Hugo Friedrich, Pascals Paradox, Das Sprachbild einer Denkform, in: Zeitschrift für romanische Philologie, 1936, S. 367.
[17] A 17.
[18] A 21.
[19] A 22.
[20] A 30.
[21] D IV 44, vgl. E 262: »hohe Selbstliebe«.
[22] Vgl. S. 171.

Sein, die aus unergründlichen Augen bange schaut.«[23] In sich ruhend, ist sie damit beschäftigt, daß ihr die Möglichkeit gegeben ist, sich zu sich selbst zu verhalten. »Die Seele ist unerschöpflich, weil sie zugleich Beobachter und Objekt ist; das ist ein Thema, das man nicht ausschreiben und nicht aussprechen, weil nicht ausdenken kann.«[24] Die Angst, die der Seele aus den Augen schaut, muß wohl aus der Unwissenheit, in der sie nichts außer sich und ihrem Fremdsein kennt, gedeutet werden und aus der Ungewißheit, »von wo sie komme und wohin sie gehe«[25]; es ist, als ob sie ahnte, daß sie sich selbst entrissen werden könnte, und nichts davon wüßte, daß sie auf diesem Wege erst wirklich zu sich selbst kommen könnte, und deshalb am liebsten in sich versänke. Ein Schaudern vor den »unsäglich schauerlichen Gefilden des Daseins«[26] erfüllt sie, wie es ja auch der Bettler im Augenblick, da er ins Dasein treten soll, kennt. Über das »Reden unserer Seele mit sich selbst«[27] hat Hofmannsthal 1895 an Edgar Karg von Bebenburg geschrieben: »Wenn man sich in sich selber verliebt und über dem Anstarren des Spiegelbildes ins Wasser fällt und ertrinkt, wie es vom Narciß heißt, so ist man glaub ich den besten Weg gefallen, wie kleine Kinder, die träumen sie fallen durch den Ärmel im Paletot ihres Vaters in das Märchenland hinein, zwischen dem gläsernen Berg und dem Froschkönig seinem Brunnen. ›In sich selber verliebt‹, ich mein halt ins Leben, oder wohl auch in Gott, wie man will.«[28]

Im Bettler des »Salzburger Welttheaters« ist die Seele dargestellt, die sich nicht in sich selbst fallen läßt, sondern ihr selbst entfremdet wird und sich im Entschluß, mit einem »Ich will« (274), das Entfremdete zu eigen macht. Dieser Entschluß enthält den Glauben, daß alles, auch das Ärgste noch, von Liebe durchwaltet ist. In der Entschlossenheit sind Glaube und Wille eins[29]. Von diesem Glauben sagt Hofmannsthal: »Durch Glauben wird Leben erst zum Leben.«[30] Denn Glaube ist nicht bloß Beschluß zu handeln, nicht erst Vorbereitung zum Tun, er ist selbst die Tat. Das »Salzburger Welttheater« faßt dies in den einen Satz: »Die Tat allein ist

---

23 P I 195.
24 P I 8.
25 P I 195.
26 Ebd.
27 18. Juni 1895, Briefwechsel S. 82.
28 Ebd. S. 83.
29 Vgl. »Der Turm« D IV 32, auch A 16, L IV 411. – Im zweiten Band von F. Raymond et P. Janet, Les Obsessions et la Psychasthénie, Paris 1908, hat sich Hofmannsthal auf Seite 299 notiert: »Glaubenskraft identisch mit Willenskraft«. (Vgl. Michael Hamburger, Hofmannsthals Bibliothek, S. 26.)
30 A 49.

Schöpfung über der Schöpfung.« (272) Die so verstandene Tat, des Menschen »ungeheures Vorrecht« (272), schafft in ihrer Glaubenskraft die Schöpfung unausgesetzt um, indem sie die Welt aus der entstehend-vergehenden Zeit heraushebt und damit »Trägerin der Ewigkeit« wird[31], indem sie die Wirklichkeit überwindet und in ihre »zweite Wirklichkeit«[32] bringt. Als dergestalt Handelnder ist der Mensch nicht seelisch, sondern geistig bestimmt. »Geist ist überwundene Wirklichkeit«[33], sagt Hofmannsthal. Und diese überwundene Wirklichkeit ist die eigentliche Wirklichkeit: »Wirklichkeit ist geistige Schöpfung.«[34]

In diesem Sinne ist das, was zu tun ist, für alle Menschen ein und dasselbe. Unterschiedlich ist die Aufgabe, in der die Tat gefordert wird.

Der Herrscher steht »in der Mitte« (275); er hat im Knotenpunkt des Daseins die Gegensätze, die ständig in Zwietracht auseinanderzufallen drohen, zu verknüpfen, sie zusammenzuhalten und für ihr Einvernehmen zu sorgen. In der Mitte stehend, befindet er sich im »Wirbel, der inmitten dieser Welt« ist (279), in jenem Wirbel also, der sowohl ins Bodenlose wie in die Fülle führt und durch diesen Bezug zum Nichts und zum Sein den Rang des Seienden offenkundig macht. Im Wissen um das Eine, das über allem Seienden ist, hat der Herrscher »das Hohe hoch, das Niedre niedrig« zu halten (275).

In der Figur der Schönheit spiegelt sich die Schöpfung in ihrer Herrlichkeit und erkennt sich selbst als die »aufgetane Pracht« (276), als die Erscheinung, in der das Wesen hervortritt, als »reizende Ferne, zauberhafte Nähe« (276), als das Seiende, in das sich das Sein überall verschenkt und in welchem es gegenwärtig ist. Die Schönheit trägt in ihrer Gestalt »Gottes Siegel« offen einher (276) und verkündet seine Macht.

Die Weisheit bedenkt das Ende aller Dinge und spürt in einem jeden schon zum voraus den Todeshauch (276), deshalb sieht sie im Scheinen des Schönen den schönen Schein, die Vergänglichkeit, und weist auf eine andere Herrlichkeit hin, in welcher Werden und Vergehen aufgehoben sind: sie kehrt sich von der Welt ab und stellt sich in die Ewigkeit (279).

Der Bauer ist eingefügt in die verläßliche Wiederkehr des Tages- und Jahresablaufes, der ihn mit ständiger Notwendigkeit in Anspruch nimmt und ihm dafür all das zuwendet, wessen der Mensch bedarf; so hat der

---

[31] Hofmannsthal braucht diesen Ausdruck von den Koren, die er als Priesterinnen beim Vollbringen ihres Handelns sieht. Vgl. »Augenblicke in Griechenland« P III 41.
[32] Vgl. dazu S. 197.
[33] A 44.
[34] P IV 315.

Bauer seinen festen Stand (283) im beschränkten Umkreis des Zuhandenen und Besorgbaren, der sein Heimwesen ausmacht.

Welche Rolle die verschiedenen Figuren auch zu spielen haben, in ihrem Tun sind sie mit dem sie übersteigenden Höheren verbunden. Ihr Versagen besteht darin, daß sie sich herauslösen und aufspreizen, daß sie sich von der Macht zur Selbstsucht, von der Schönheit zur Selbstgefälligkeit, von der Arbeitswilligkeit zur Selbstzufriedenheit verleiten lassen; auch der Weisheit droht in ihrer Distanziertheit eine Versuchung: die Selbstgerechtigkeit.

Von den bisher erwähnten Figuren, die allen Zeiten angehören, hebt sich der Reiche ab: er vertritt den Menschen der technisch-industriellen Welt des 19. und 20. Jahrhunderts. Er weiß »die neuen Wege« (281) und versteht die Kräfte zur »Einheit eines großen Ziels« (281) zusammenzustraffen. Sein Wesen ist Dynamik. Es erfüllt sich in der Umgestaltung des Bestehenden, im Bau von Eisenbahntunnels, Elektrizitätswerken, Schiffahrtskanälen (280). Immer anderes und Neues trachtet sein unternehmender Geist, der keine Grenzen anerkennt, hervorzubringen:

> Genug? das ist ein niederträchtiges Wort,
> Mit dem die Faulen ihre Faulheit nennen. (281)

Er sieht in allem ein Werden und nichts als fortlaufendes Werden: Fortschritt. Hofmannsthal stellt hier dar, was er als »das Stigma Europas« bezeichnet: »Über dem Werden das Sein, über der Scheinfreiheit das Gesetz verloren zu haben.«[35] Werden, wie es hier gemeint ist, darf nicht verwechselt werden mit dem, was Goethe darunter verstanden hat. Hofmannsthal notiert sich für seine Reden in Skandinavien: »Goethes Idee des Werdens schloß eine Idee des Müssens ein, und seine Idee der Form schloß eine Idee des Gesetzes ein. Seine Sittlichkeit ist aus religiös erfaßtem Natursinn abgeleitet. Gesetzesbegriff und Schicksals- und Charakterbegriff nach Analogie des Verhältnisses Keim–Blüte–Frucht.«[36] Im Werden, das der reiche Mann des »Welttheaters« repräsentiert, ist kein Sein als Entelechie, als Gesetz, als Typus, als Idee transparent, es ist ein losgebundenes, ein entfesseltes Werden. Aber ist es nicht wenigstens gebunden durch das große Ziel, dem es entgegenstrebt? Worin besteht dieses Ziel? Der Reiche ist damit beschäftigt, Machtmittel bereitzustellen und einzusetzen, um noch größere Machtmittel zur Verfügung zu haben.

---

[35] P III 380.
[36] P III 363/4.

Er sucht »die Mittel, nicht das Ziel des Daseins«[37] und macht zum »Zweck der Zwecke«, was »Mittel aller Mittel« sein sollte, genau wie Jedermann[38]. Das Werden hat also außerhalb seiner gar kein Ziel, es führt immer wieder in sich selbst zurück, um in ständiger Steigerung Macht auf Macht zu häufen. Es ist ein Werden, welches sich das Gesetz selber gibt. In der unaufhörlichen Steigerung des menschlichen Vermögens werden die Völker der industrialisierten Länder die Gesetzlichkeit erkennen und sich ihr unterstellen.

> Die Nachbarn, von so hoher Kraft bezwungen,
> Sie stimmen ein in ihren Zungen,
> Wo nicht, so werde, was doch werden muß,
> Zu ihrem Heile ihnen aufgedrungen! (280)

Was sich dergestalt über die ganze Erde ausbreiten wird, ist der Wille zu unbedingter Herrschaft. Der Mensch der kommenden Zeiten wird nichts über sich anerkennen, er wird endlich mündig sein und die geschichtliche Entwicklung in seinen Griff bekommen haben, er wird als sein eigener Herr sich alles erschließen und verfügbar machen. Aus solchem Geist redet der Reiche zum König, und es wird ihm das Kanzleramt eintragen, wenn er sagt:

> Der Gott der neuen Zeiten heißt Verkehr,
> Ihm sei dein Reich zum Tempel umgebaut. (280)

Stillschweigend ist vorausgesetzt, daß der alte Gott tot ist; der Reiche wird denn auch zur Weisheit sagen, sie brüste sich in ihrer Einsamkeit, »durch die hindurch ein totes Lichtlein blinkt« (323): die Weisheit gibt sich dem Licht eines erloschenen Sterns hin. Der zu seinem eigenen Herrn gewordene Mensch, dieser »ungeheure Mann« (322), will auch Herr über das Menschentum sein und über das Wesen des Menschen verfügen, indem er bestimmt, was der Mensch ist. Dies zeigt sich nicht erst darin, daß er die Rangordnung der Werte bestimmt, sondern daß er es unternimmt, alles nach Werten abzuschätzen, die Dinge überhaupt der Kategorie wertvoll-wertlos zu unterstellen. So unterwirft er auch die Zeit seinem Wertdenken:

> ... jede Stunde, da Ware schneller rollt,
> Schafft neuen Wert, ist bares Gold. (280)

---

[37] P III 380.
[38] P III 115, vgl. S. 229.

Zeit ist Geld, für die einen in Gold gemünzt, für andere in Kupfer. Zeit ist zu einer Ware geworden, in deren Besitz man sich setzen kann oder die man verkaufen kann, die man hat oder auch nicht hat. Sie ist zu einem Seienden von der Art des Vorhandenen und Zuhandenen gemacht und damit verfügbar geworden. Wie die Zeit als Wert bestimmt und in ihrem Wert eingeschätzt wird, so auch das Wesen des Menschen. In seinen Auswirkungen wird dies erst nach dem Tod des Herrschers sichtbar, da der Reiche, sich im Besitz der vollen Macht wähnend, die Weisheit eine Närrin nennt und zu ihr sagt:

> daß du und deinesgleichen,
> Daß ihr besteht in schützenden Bereichen,
> Es ist von mir mit großem Sinn geduldet,
> Was Geist ist, was euch hebet übers Tier,
> Ist meines Tuens Blüte, mir geschuldet.   (323)

Weisheit wird noch eine Zeitlang geduldet, die Umwertung zur Narrheit ist schon vorgenommen, was Geist ist, wird bald der bestimmen, der sich als der Gläubiger des Geistes weiß und verkündet: »Es ist nichts außer mir!« (323)

Wenn »die Sitten von heute und ehedem als *relativ* enthüllt, alles als ein Werden gefaßt, Wissenschaft, Kunst und Sittlichkeit selber in Frage gestellt« sind[39], stellt die Dichtung – Hofmannsthal hat es schon 1916 im Rückblick auf sein Jedermannspiel und auf seine griechischen Dramen gesagt – »die Frage nach dem Sein gegenüber dem Werden; denn um das geht es, daß in einer Welt, in welcher alles in ein Werden gefaßt wird, der Dichter nach dem Sein fragen muß, nach der Bahn, dem Gesetz, dem Bleibenden, dem, was die heiligen Bücher der Chinesen mit dem Worte Tao bezeichnen«[40]. Übereinstimmung von Sein und Werden sieht Hofmannsthal in den reifsten Figuren Goethes aufs schönste verwirklicht[41], aber der Gesetzes-, Schicksals- und Charakterbegriff, den Hofmannsthal zu gewinnen sucht, kann nicht mehr nach »Analogie des Verhältnisses Keim–Blüte–Frucht« gebildet werden. Was Goethe unter »Persönlichkeit« begriff, ist »verbraucht, entwertet, flau geworden, journalistisch, trivial, bequem geworden«[42]. Deshalb gilt für Hofmannsthal: »nicht aus-

---

39   P III 376.
40   P III 356.
41   Vgl. P III 364.
42   P III 352.

gehen von der Persönlichkeit, sondern hinstreben zu ihr«[43], nämlich zu einem wiedergewonnenen, neuen, »geläuterten Begriff der Persönlichkeit«[44]. »Alles wird darauf ankommen, wie wir als Generation den Begriff der Persönlichkeit erfassen: ob als Willkürzentrum oder anders.«[45] Daß das Wesen der wiedergewonnenen Persönlichkeit in der Tat, wie sie Hofmannsthal verstanden haben will, gründet, dies ist in der Figur des Bettlers am anschaulichsten dargestellt. »Das Neue«, erklärt Hofmannsthal, »ist die Gestalt des Bettlers.«[46]

Der Bettler tritt ins Spiel als der unglückliche Mensch, der um alles gebracht worden ist: seine Frau ist ihm erschlagen und seine Heimstätte niedergebrannt worden, seine vier Kinder sind bald hernach verhungert. Dieses Unglück, so meint er, wäre ihm nicht widerfahren, hätte er nicht, als Sohn eines Waldbauern in ärmlichste Verhältnisse hineingeboren, in unsicherm und unwirtlichem Grenzland leben müssen. In der Empörung über die durch nichts zu rechtfertigende Kraßheit der sozialen Unterschiede ruft er nach einem »neuen Weltstand« (293), nach einer ungeheuren revolutionären Umgestaltung. Die wortgewandte gleisnerische Verteidigung der etablierten Ordnung durch den Reichen spannt den Willen zur Tat aufs äußerste, die Hartherzigkeit des Bauern gegenüber holzsuchenden Witwen löst die Tat aus, die »das Gebäude einer tausendjährigen Weltordnung«[47] zum Einsturz bringen soll. Aber in dem Moment, da er die Axt zu furchtbarem Schlag erhoben hat, geschieht es, daß sich sein Gesicht ungeheuer verändert (309). Er ist, wie es Hofmannsthal auch in andern Figuren immer wieder dargestellt hat, in einen erhöhten Augenblick hineingerissen, der nicht in der Kontinuität der Zeitfolge steht, so daß es keine Antwort gibt auf die nachträgliche Frage: »War dies zuvor? War dies nachher?« (310) In diesem erhöhten Augenblick wird die Tat vollbracht, nicht jene Tat, die man in ihrem ursächlichen Zusammenhang hat entstehen sehen und die zu tun der Bettler im Begriffe war, die als Untat den Namen »Tat« gar nicht verdient hätte, sondern jene andere Tat, in der er zu sich selbst findet und sich selbst ergreift, wie er gewählt worden ist. Ein Wort, das Hofmannsthal über den Naturforscher Robert Lieben gesagt hat, gilt auch für den Bettler des »Salzburger Welttheaters«: »Er hatte sich mit dem Unendlichen berührt, in einer grenzenlos wandel-

---

[43] P III 351.
[44] P III 367.
[45] P III 358.
[46] A 202.
[47] A 297.

baren, aber unzerstörbaren Realität sich selber gefunden.«[48] Was im Vorspiel, gleichnishaft die Prädestination darstellend, präfiguriert ist, ereignet sich nun in der konkreten Situation des Lebens. Die Wahl, die
den Menschen ein für allemal gewählt hat, wählt ihn zugleich auch von
Augenblick zu Augenblick. So sagt Hofmannsthal im »Schwierigen«:
»Es gibt halt auch eine Notwendigkeit, die wählt uns von Augenblick zu
Augenblick.«[49] Der Mensch ist somit auch unausgesetzt, von Augenblick
zu Augenblick, vor die Wahl gestellt. Er ist in seinem Handeln nicht
durch Kausalität determiniert. »Auf eine Überwindung des Kausalreiches
läuft diese wie jede religiöse Auffassung hinaus«, notiert sich Hofmannsthal, »wird das Gesetz ins Individuum, das Individuum ins Gesetz hineingenommen, so ist wahrhaft das Kausalreich überwunden.«[50]

Der Augenblick, der die Kausalkette durchbricht, kennt keinen Unterschied zwischen Beschluß und Ausführung, zwischen Denken und Handeln, zwischen Sinn und Tat: »Im Augenblick ist alles, der Rat und die
Tat.«[51] Hier gilt, daß der Sinn den Menschen aufs äußerste erweitert
und daß zugleich die Tat ihn aufs stärkste belebt[52]; beides ist ein und
dasselbe, das Denken ist ein Handeln. Deshalb hat der Augenblick die
Macht, den Menschen zu verwandeln, völlig umzugestalten, so daß aus
einem Saulus ein Paulus wird (310). Die Verwandlung ist – der Hinweis
auf Isaak (310) macht dies besonders deutlich – mit dem Geheimnis der
Opferung und Wiedergeburt, der Hingabe und Rückgabe verbunden[53].
Die Opferbereitschaft der Weisheit und das Hervorbrechen des »jähen
Himmelsscheins« (311) sind einander zugeordnet. Wie der Bettler gegen
alle und alles die Axt erhoben hat, erhebt die Weisheit ihre Hände zum
Gebet, »nicht für ihre eigene Rettung, an die sie nicht mehr glaubt, noch
für die Rettung der Welt, von deren Würdigkeit gerettet zu werden sie

---

48 P III 152 (1913). – Hofmannsthal nimmt hier eine Formulierung Kierkegaards aus
    dem »Begriff Angst« auf: »Sollen hingegen Zeit und Ewigkeit einander berühren,
    so muß es in der Zeit sein, und nun stehen wir beim Augenblick.« (S. 88) »Der
    Augenblick ist jenes Zweideutige, darin Zeit und Ewigkeit einander berühren.«
    (S. 90)
49 L II 245. – Der Zusammenhang mit Kierkegaard ist hier schon dadurch bezeugt,
    daß sich in Hofmannsthals Exemplar der »Stadien« Aufzeichnungen zum »Schwie-
    rigen« gefunden haben; vgl. Michael Hamburger, Hofmannsthals Bibliothek,
    S. 71.
50 P III 365.
51 Die Frau ohne Schatten (Erzählung) E 436/7. – Ähnlich sagt Hofmannsthal von
    Prinz Eugen: »Sein Sehen aber war zugleich auch schon Wollen, sein Wollen war
    Tun.« P III 308.
52 Vgl. S. 212.
53 Vgl. S. 193/4.

nicht überzeugt ist, sondern für ihn, gerade für ihn, den Zerstörer, und das im gleichen Augenblick, wo er das Werkzeug des Todes direkt über ihrem eigenen Haupt schwingt und im Begriff ist, es niedersausen zu lassen«[54]. Für die beklemmende Frist eines angehaltenen Atemzuges, während ein Durchblick auf das Anbrechen des Jüngsten Tages aufgetan ist, bleibt alles in der Schwebe. Indem die Weisheit für den Bettler betet, geschieht nun aber der vollkommene Umschwung in ihm. Der Hingabe in der Bereitschaft zum Opfertod antwortet die Gnade, die das Furchtbare abwendet und das Leben wiederum von einem Augenblick zum andern weiterrücken läßt. Ein solches Stocken und Weiterrücken der Zeit wird auch im Gedicht »Vor Tag« spürbar:

> Nun hat der Himmel mit der Erde
> Ein stumm beklemmend Zwiegespräch. Dann geht
> Ein Schauer durch den schweren, alten Leib:
> Sie rüstet sich, den neuen Tag zu leben.[55]

Jederzeit ist das Ende möglich. Schon das Vorspiel weist darauf hin, wenn die Erde in ihrem heimlichen Verlangen, »alle Elemente glühend« zu erleben, zu Gott spricht: »Ich bin zu lange ein zahmes Weib gewesen, laß mich wieder los von der Kette, und ich will ein Schauspiel geben, darüber der Mond erschrecken soll!« (256) Aus solchem Untergrund herauf kommt auch »die Drohung des Chaos an die geordnete Welt«, die nach einem Wort Hofmannsthals in der Figur des Bettlers dargestellt ist[56]. Aber einmal mehr geht das Leben weiter, und für die Schönheit wie für den König, für den Reichen wie für den Bauern nimmt es seinen gewohnten Lauf; der Bettler hingegen ist auf eine andere Ebene gekommen. Vor der Verwandlung stand er als der Besitzlose auf derselben Ebene wie die Besitzenden:

> Ihr habt, und ich hab nicht – das ist die Red,
> Das ist der Streit und das, um was es geht!
> Ihr habt das Weib und habt das Kind,
> Und habt das Haus, den Hof und auch das Ingesind,
> Ihr habt das Feld und habt die Kuh,
> Und habt das Kleid und auch den Schuh,
> Und habt ein warm satt Blut im Leib,

---

[54] A 297/8.
[55] G 10.
[56] A 296.

Und habt die Zeit und noch den Zeitvertreib,
Ihr habt den Tag und habt als zweiten Tag die Nacht
Mit Fackeln, Kerzen, Glanz und Pracht.   (290)

Auf dieser Ebene ist alles, »das ganze Erdenwesen« (290), zu etwas gemacht, das man entweder besitzt oder nicht besitzt. Vom Menschen wird
gesagt, daß er hat oder nicht hat; er wird nicht betrachtet als einer, der
ist, der da ist. Er hat die Zeit, nicht: er ist zeitlich; er hat ein Weib, nicht:
er ist Ehemann; er hat Kinder, nicht: er ist Vater. Aus dieser Ebene, auf
der alles verfügbar gemacht ist, gelangt der Bettler auf eine andere Ebene,
auf welcher er mit jeglichem Seienden in das Sein einbezogen ist, in
jenes ungeheure Ist, welches alles, was ist und gewesen ist und künftig ist,
umschließt.

Durch die Verwandlung ist der Bettler »auf eine andere Ebene gekommen, eine Ebene, wo die Verteilung der Macht und der Glücksgüter
ihm als eine gleichgiltige Sache erscheint«[57]. Das will nicht heißen, es
komme nicht darauf an, wie der Besitz verteilt sei. Hofmannsthals Dichtung formuliert keine von der Person abgelösten, allgemeingültigen
Wahrheiten, keine Sentenzen, wie man ihnen etwa im Werk Schillers
immer wieder begegnet. Schiller ging es, so sagt Hofmannsthal, um die
»Tatwerdung der nackten Idee«[58]. Die Tat entspringt bei Schiller somit
verbindlich formulierbaren Einsichten in die Idee, in die jenseits von
Raum und Zeit gedachte Wahrheit; Gelingen und Scheitern bei der Verwirklichung der Idee ist der Inhalt seiner Dichtung. Hofmannsthal steht
in einem Gegensatz zur Epoche Schillers: »Damals Tatwerdung der
nackten Idee, jetzt Geburt der Idee aus der nackten Tat.« Das nicht weiter
Ableitbare ist nun die Tat, jenes Zusammen von Wählen und Gewählt-
sein, welches im Augenblick gegeben ist. Was aber ist dann unter »Idee«
zu verstehen? Offenbar ist sie etwas anderes als die »nackte Idee«. Hofmannsthal sagt, er wolle nicht wie Kant »hinter das Persönliche zurückgehen, um ›Wahrheit‹ zu finden«[59], in Kants Kritizismus, der auf ganze
Generationen von gewaltiger Wirkung gewesen sei, habe das »Weltlose
der Deutschen seinen abstrakten Ausdruck« gefunden[60]. Weltlosigkeit
kennzeichnet das »Dasein« dessen, der als reiner, aus der Leiblichkeit
herausgelöster Geist seinen Stuhl in die obern Sterne setzt, seine Heimat

---

[57] A 298.
[58] P III 357.
[59] P III 365.
[60] A 47.

246

in der Idee als einem Jenseits der Erscheinungen haben will und daher in der hiesigen Welt ein Fremdling ist. Hofmannsthal ist es um anderes zu tun; das Wort »Weltfrömmigkeit«, das er für Lord Chandos braucht[61], zeigt seine Gegenwendung ebenso wie das Gedicht »Ein Traum von großer Magie«, wo er dem Geist einen Widerpart, Magier genannt, zugesellt und von ihm sagt: er »lebt in mir wie ich in meiner Hand«[62]. Die Idee, die Hofmannsthal ins Auge faßt, ist nicht etwas hinter den Dingen Liegendes, sie ist ein Bild der Welt, der »Grundverhältnisse des Daseins«[63]. Diese Grundverhältnisse des Daseins lassen sich am besten anhand eines Wortes, das der Bettler spricht, aufzeigen:

Ich ward hineingestellt,
Als Gegenspieler diesen zugesellt:
Denn dies ist Gottes Spiel,
Wir heißen es die Welt. (313)

Dem Bettler sind die Augen geöffnet worden für das Ganze, daß nämlich die Welt das Auseinander und Zusammen von Gegensätzen ist. Deshalb kann er sich als Gegenspieler begreifen: er hat in diesem Ganzen seinen Part, er ist als Gegenspieler den andern zugeordnet, nicht etwa von ihnen abgesondert. Weil er aber seine Rolle als Teil des Ganzen sieht, geht er in ihr nicht auf: er ist mehr als seine Rolle.

Ich bin bei Gott, in aller Dinge Mitt!
Doch in dem Spiel bin ich der Bettler halt. (313)

Der Bettler steht als Gegenspieler exzentrisch, zugleich steht er wie der König in der Mitte (275), also dort, wo sich das Gegensätzliche und Unvereinbare verknüpft. Mitte meint hier keineswegs den Ort maßvoll gemilderter Gegensätzlichkeit oder gar der Gegensatzlosigkeit, vielmehr den Punkt, an welchem die Gegensätze in aller Schärfe unvermittelt aneinanderstoßen. Sie ist ein Wirbel, in welchem man in gähnende Leere, ins Chaos, stürzen oder in der Fülle schweben kann, ein »Wirbel ohne Gnade«, wie der Reiche meint (327), »ein Abgrund, über den sichs herrlich lehnet«, wie der Bettler sagt (314). Das »Salzburger Welttheater« berührt hier jene Dinge, die Hofmannsthal zutiefst beschäftigen: daß eigentliches Dasein über der Abgrundtiefe sicher zu schweben vermöge, über dem

---

61 Vgl. S. 201.
62 G 21.
63 P IV 127.

Bodenlosen hingespannt oder über ihm aufgebaut sei. So heißt es in der »Frau ohne Schatten«:

Ihr Gatten, die ihr liebend euch in Armen liegt,
ihr seid die Brücke, überm Abgrund ausgespannt.[64]

Und im Ariadne-Brief schreibt Hofmannsthal, wer leben wolle, müsse vergessen können, dennoch beruhe alle menschliche Würde auf dem Nichtvergessen: »Dies ist einer von den abgrundtiefen Widersprüchen, über denen das Dasein aufgebaut ist, wie der delphische Tempel über seinem bodenlosen Erdspalt. Man hat mir nachgewiesen, daß ich mein ganzes Leben lang über das ewige Geheimnis dieses Widerspruches mich zu erstaunen nicht aufhöre.«[65] Auch das Kunstwerk ist in diese Zusammenhänge gerückt, wenn Hofmannsthal sagt, in den Gemälden van Goghs sei ein gräßlicher Schlund verdeckt[66], und im »Gespräch über Gedichte« erklärt: »Wovon unsere Seele sich nährt, das ist das Gedicht, in welchem, wie im Sommerabendwind, der über die frischgemähten Wiesen streicht, zugleich ein Hauch von Tod und Leben zu uns herschwebt, eine Ahnung des Blühens, ein Schauder des Verwesens, ein Jetzt, ein Hier und zugleich ein Jenseits, ein ungeheures Jenseits.«[67] Dem Wort ist eine Doppelfunktion eigen. Es sondert in Gegensätzliches und öffnet damit die Abgründe zwischen dem Widersprüchlichen. »Alle Worte sind Wirbel, die in mir rotierend mich ins Grundlose hinabschauen lassen. Ich bin ein Tümpel mit Wirbeln drin.«[68] Die Sonderung in Entgegengesetztes ist aber auch eine ordnende Gliederung, in der das Gegensätzliche aufeinander bezogen bleibt. Weil das Wort den Abgrund aufreißt und immer auch schon überbrückt, kann Hofmannsthal voll Zuversicht sagen: »In uns ist Abgrund genug, daß wir wissen, wie wir das Getrennte zusammenbringen.«[69] Die Idee, von deren Geburt er spricht, kann also im Wort erblickt werden, welches das Getrennte auseinanderhält und so als Getrenntes überhaupt sichtbar macht und es zugleich in seine Einheit hineinhält, welches ein Hier und Jetzt und damit auch ein Dort und Einst stiftet, zugleich aber mit einem ungeheuren Jenseits verbindet. Das Wort »Du sollst deinen Nächsten lieben wie dich selbst, und aber deinen Gott, den sollst du lieben über alles« deckt die Grundverhältnisse des Daseins

---

[64] D III 180.
[65] P III 138.
[66] P II 350.
[67] P II 110.
[68] D III 428.
[69] P IV 289.

auf. In der Wahrheit dieses Wortes ist der Mensch mit seinem Dasein schon immer drin, sie ist ihm aber eigentümlich verschüttet, so daß er erst zu ihr hinfinden und zum eigentlichen Dasein kommen muß. Es geht dabei nicht darum, die Wahrheit zu wissen, sondern die Wahrheit zu sein[70]. Hofmannsthal braucht hierfür in »Ad me ipsum« den Begriff »Existenz«, den er mit einer Reihe gleichbedeutender Ausdrücke umschreibt: »das Eigentliche«, »höheres Leben«, »wahrhaftes Leben«, »richtige Schicksalserfüllung«[71].

Da der Bezug zum ungeheuren Jenseits aus jedem Hier und Jetzt erfolgt und davon nicht zu lösen ist, besteht die Gesetzlichkeit, die Hofmannsthal sucht, um sie dem Relativismus entgegenzusetzen[72], nicht aus »absoluten, von einem überweltlichen Gott ein für allemal aufgestellten Forderungen an das übernatürliche Ich«[73]. Die Gesetze sind, wie dies Hofmannsthal schon in Goethes »Wahlverwandtschaften« dargestellt findet, »bis zu einem vorher nicht gekannten Grad individuell«[74]. Jeder Mensch hat in seinem konkreten Hier und Jetzt sein eigenes Gesetz. Wenn der Bettler seinen Weg darin sieht, daß er im Wald das Leben eines Einsiedlers führt, so heißt dies nicht, daß Hofmannsthal damit etwas für andere Menschen Vorbildliches zeigen wolle. Der Bettler kann in der Einsamkeit des Waldes seine Bestimmung sehen, weil ihm die ganze Familie entrissen worden ist und weil er als Sohn eines Waldbauern dort heimisch sein kann:

Als wie von Ewigkeit
Ist mir der Wald bereit,
Da ich ein schuldlos Kind
Auf moosigem Stein gelegen. (312)

Im Wald ist ihm das Gewesene wiedergegeben, so daß er bei sich selbst sein kann.

Ich bin so voller Freuden
Und will in Wald, daß ich umblitzt von Ewigkeit
Mich beieinander halt, an keinen Hauch der Zeit
Die innre Himmelsfülle zu vergeuden![75] (312)

---

70 Vgl. S. 217.
71 A 214, 225, 228.
72 Vgl. S. 242.
73 P III 364.
74 P III 362.
75 Diese Stelle verbietet es, in bezug auf den Bettler von Entsagung zu reden, wie es Grete Schaeder tut, vgl. Hugo von Hofmannsthals Weg zur Tragödie, DVjs. 23, 1949, S. 334.

Es hat den Anschein, der Bettler werde als Einsiedler, von Welt und Zeit abgeschieden, in reiner Innerlichkeit leben wollen, aber er nimmt, auf den Rat der Weisheit, die Axt mit sich in den Wald. Er wird nicht in sich versunken sein, sondern den Wald hegen und pflegen, wie der Gärtner für seinen Garten sorgt. Wenn jeweils die Zeit des Bäumefällens beginnt, wird der Schlag seiner Axt weithin vernehmbar sein:

> Und wie die Glocke tön ihr voller satter Schlag
> Ins Dorf und melde Herbst und friedereichen Tag.   (315)

So sind Ewigkeit und Zeit keineswegs zertrennt. Was Kierkegaard vom Ehemann sagt, läßt sich auch auf den Bettler beziehen: »Er löst das große Rätsel, in der Ewigkeit zu leben und dennoch die Stubenuhr schlagen zu hören, so daß deren Schlag ihm die Ewigkeit nicht verkürzt, sondern verlängert, ein Widerspruch, der ebenso tief, aber weit herrlicher ist als der, welcher in der bekannten Situation enthalten ist, die wir einer mittelalterlichen Erzählung verdanken: ein Unglücklicher wachte in der Hölle auf und rief: ›was ist die Uhr‹, und der Teufel erwidert: ›eine Ewigkeit‹.«[76] Der Bettler ist über jene Zeitvorstellung hinausgekommen, welche die Zeit als Folge von entstehenden, vorhandenen und vergehenden Jetztpunkten auffaßt; er lebt im Augenblick, der alles Gewesene wie auch das Künftige enthält, und zwar als ein einziges Zugleich. Über der Zeit des Nacheinanders, welche die Magd der Erde ist (315), kennt er eine andere Zeit:

> Mir hat die Sternenuhr die große Zeit geschlagen,
> Nun weck ich selber mich, entzünd in mir den Sinn,
> Davon um Mitternacht der finstre Wald wird tagen.   (313/4)

Die große Zeit: ihm ist für sie der Sinn aufgetan worden wie einem, der am hellen Tag aus der Tiefe des Brunnenschachts die Sterne sieht. Er ist im Wald umblitzt von Ewigkeit, weil ihm mit dem Spiel von Licht und Schatten Tag und Nacht zugleich gegeben ist[77]. Damit ist dort, wo der Bettler ist, »für wahr und ganz ein neuer Weltstand« (313) geworden, welcher den Weltstand nach dem Jüngsten Tag präfiguriert. Der Bettler hat sich keineswegs aus der Welt zurückgezogen, er ist vielmehr jetzt erst wirklich da, an seinem Platz, wo er immer einen Nächsten hat, sei es Pflanze oder Tier, mit denen er redet, die mit ihm reden (329). Er könnte sagen, was Hofmannsthal im »Buch der Freunde« geschrieben hat: »Alles

---

76 Entweder/Oder Bd. II, S. 147, übersetzt von E. Hirsch.
77 Vgl. S. 76.

ist das Geschenk jedes einzelnen, eine Welt umspannenden Augenblickes.«[78] Sein Dasein ist das Gegenstück zur Figur des Vorwitzes, auf
die sich folgende Notiz beziehen läßt: »... eine Figur zeigen, die weder
gut noch böse ist, – aber *überall war*. Nichts hat sie *gelebt,* ist bei den
Hungernden wie bei den Prassenden *dabei* gewesen, bei den Gemarterten
wie bei den Marterern, bei den Anarchisten wie bei den Gaunern dabei-
gesessen.«[79] Für den Neugierigen ist alles bloß im Moment, er ist überall
und nirgends und deshalb nie an seinem Ort[80], während vom Weisen,
vom Gläubigen gesagt werden kann, er sei, wo immer er ist, also »auch
im Leid«, »wahrhaft an seinem Ort«[81]. Der Bettler hat erreicht, wonach
ihn verlangt hat: »Da bleiben, da! und wieder still und ständig
sein!« (301) Er gibt die Antwort auf die Frage, die sich Hofmannsthal
1919 im Tagebuch stellt: »Was heißt dies: ›wir sind da‹?«[82] Dasein, Ständigsein ist nicht nur etwas anderes als die Mobilität, welche der Reiche
preist (280), sondern auch etwas anderes als das Dahocken (281) des
Bauern. Der Bauer und der Reiche bilden eine Antinomie; der eine sagt:
»Verflucht, wer hockt an seinem niedren Ort« (281), der andere:

Tät eins nit hocken, wo's hinghört,
Na könnts euch anschaun ...   (281)

In dem, was sie sagen, ist Wahrheit sowohl verdeckt wie enthüllt: Der
eine ist dort, wo er ist, zwar an seinem Ort, aber indem er nach nichts
Höherem verlangt, ist er nicht wahrhaft an seinem Ort; den andern verlangt nach etwas Höherem, weshalb er den gegebenen Ort verachtet,
aber indem er nicht nach dem Eigentlichen verlangt, kommt er nicht an
seinen Ort. Beide sind in ihrem Dasein nicht bei sich selbst: der eine ist
stets bei dem, was ihm als das Handgreifliche verfügbar ist, der andere
ist stets bei dem, was noch aussteht und noch nicht zu einem Zuhandenen

---

[78] A 26. – Es ist nicht richtig, vom Bettler zu sagen, er schlage nicht den Weg ins
Soziale ein, er verzichte auf die Verknüpfung mit dem Leben, er erkaufe die
Gottschau mit Weltlosigkeit. (So William H. Rey, Tragik und Verklärung des
Geistes in Hofmannsthals »Der Turm«, Euphorion 47, 1953, S. 165.) Wie es
sich mit der angeblichen Weltlosigkeit verhält, geht schon aus den Worten vom
»neuen Weltstand« mit aller Deutlichkeit hervor; daß der sterbende Bettler
niederkniet, um den »lieben Erdengrund« (329) zu küssen, macht das vollends
anschaulich.
[79] A 202.
[80] Heidegger spricht von der Aufenthaltslosigkeit der Neugier, vgl. Sein und Zeit,
S. 346 f.
[81] A 48.
[82] A 190.

gemacht ist. In seinem Ständigsein hat der Bettler seinen Stand, aber er steht nicht in der Art des Bauern »recht fest« (283) inmitten dessen, was ihm Beständigkeit gibt, denn solche Beständigkeit ist dem Bettler längst zerbrochen; er wird jedoch auch nicht umgetrieben wie der Reiche, denn er ist immer schon am Ende von allem Noch-nicht und dort zum Stehen gekommen.

Man ist zu sagen versucht, der Bettler sei zwar nicht vorbildlich in dem, was er sei, nämlich als Eremit, hingegen darin, daß er das eigentliche Dasein verwirkliche. Aber damit wäre der Sachverhalt verfälscht. Eine solche Trennung ist ein Unding. Man kann das eigentliche Dasein nicht abstrakt nehmen. Der Bettler ist als Eremit zu sich selbst gekommen, und in diesem seinem Selbst ist ihm das Ständigsein gegeben. Wo es um das eigene Selbsteinkönnen geht, kann niemand einem andern Vorbild sein. Das Selbst ist nicht als Typus darstellbar. Es unterliegt keiner allgemeingültigen Gesetzlichkeit. Was ihm Gesetz ist, ist die Notwendigkeit, von der er als Selbst gewählt ist und von Augenblick zu Augenblick gewählt wird. Die Figuren Hofmannsthals sind nicht im Blick auf die Idee des Menschen gebildet, so daß sich der Zuschauer etwa mit einer in ihrer Idealität gezeichneten Gestalt identifizieren oder sich nach einer über den einzelnen Gestalten schwebenden Idealität ausrichten könnte. Sie sind auch nicht allegorische Darstellungen von Eigenschaften, die einer hat oder nicht hat. Sie sind Aspekte des Daseins, und als solche jedem Menschen eigen. Die Weisheit ist das Dasein, insofern es sich stets den Tod vor Augen hält; die Schönheit ist das Dasein, insofern es in den Erscheinungen das Wunderbare erkennt, in der Hand beispielsweise ein »wunderbar Gebilde« (277) sieht; der Bauer repräsentiert den Menschen als Leiblichkeit, die immer des Zuhandenen bedarf; die Neugierde ist das in uns, wofür alles bloß vorhanden ist; der Reiche ist der Wille zur Macht, der alles umgestalten und sich in seiner selbstgemachten Welt sicher einrichten will. Diese Figuren stellen gleichsam die Pluralität der Person vor[83], die in der Figur des Herrschers ihre Selbigkeit hat: der König ist der hohe Herr, der »den dumpfen Widerstreit« (320) zu beherrschen, den Streit des Gegenstrebigen auszutragen und zur Einheit zu ordnen hat. Seine Krone ist das Zeichen des Geistes, jenes Lichts, dessen Scheinen über allem bloß Scheinhaften ist:

---

[83] Vgl. S. 165/6.

Du Reif, du schienst ein Teil des Hauptes selbst zu sein,
Nun lösest du dich leicht und wahrest deinen Schein.
O Schein, o edler Schein, Schein über allem Schein!
Wer sich zu dir erschwäng, dem wärst du wahres Sein. (320)

Die Figur des Bettlers macht den Weg sichtbar, der zum Selbst führt, zur
Mitte aller Dinge, zu eben dem Ort, der dem König zusteht. Als Selbst
ist der Bettler geistig bestimmt und nicht mehr nur seelisch, deshalb ist
für ihn das Dasein auch kein unsäglich schauerliches Gefilde mehr wie für
die aus bangen Augen schauende Seele, die nicht weiß, wo sie gestern
war, und nicht weiß, wo sie heute hingeht (285)[84]. Er ist voller Freuden.
Wo er früher in bodenlose Leere zu blicken meinte, ist Fülle.

Das »Salzburger Große Welttheater« will den Zuschauer zu seinem
Selbst aufrufen. Wird er aber auf diese Weise angesprochen, so ist er nicht
mehr bloß Zuschauer, sondern Hauptperson des dramatischen Geschehens. Durch die Figur des Vorwitzes wird die Neugier unbeteiligten Zu-
schauens ironisiert und damit der Theaterbesucher aus dem bloßen Betrachten herausreflektiert. Andrerseits wird dadurch, daß die Spielsitua-
tion ständig hervorgehoben und die Illusion durchbrochen wird, der
Zuschauer daran gehindert, sich in das Bühnengeschehen oder in einzelne
Gestalten hineinzuträumen. Der Zuschauer soll für sein eigenes Handeln
frei werden.

---

[84] Vgl. S. 237/8.

Der Rosenkavalier

Mit dem »Jedermann« und dem »Salzburger Welttheater« wendet sich Hofmannsthal nicht nur an das gebildete Publikum der obern Gesellschaftsschichten, sondern auch an die Menge[1], an die Masse, genauer: er richtet sich an das Volk, und »wer den Begriff des Volkes vor der Seele hat, weist diese Trennung zurück«[2]. Die Theateraufführung will eine Gemeinschaft stiften, und zwar nicht in erster Linie durch Vermittlung eines gemeinsamen Theatererlebnisses, sondern dadurch, daß sie den einzelnen zu seinem Selbstseinkönnen aufruft, in welchem er die Einheit des Gesamten erkennt und seinen Part im Gesamten übernimmt. Der Mensch soll nicht durch die Bindungen innerhalb eines gesellschaftlichen Kreises oder durch das Fehlen solcher Bindung bestimmt sein; die Verfestigung soll aufgelöst und das Amorphe gebunden, die sogenannte Gesellschaft wie die sogenannte Masse zum Volk umgestaltet werden. In solcher Umgestaltung sieht Hofmannsthal den Sinn seines Handelns als Theaterdichter. Es geht ihm dabei um die Vereinigung »von Alt und Neu«, »Naiv und Reflektierend«, »von Eigenbrötlerisch und Sozial, von Katholisch und Humanistisch, von Städtisch und Bäuerlich«[3]; in diesem Vereinigen wird ihm »die österreichische Idee« sichtbar, wie sie schon durch Grillparzers Werk hervorgebracht worden ist.

Der Begriff des Volkes steht Hofmannsthal schon früh vor der Seele. Zunächst äußert sich dies als Sehnsucht nach einfachem Leben und einfachen Worten; der Monolog Claudios ist das eindrücklichste Beispiel dafür[4]. In seinen griechischen Stücken unternimmt Hofmannsthal den Versuch, Dichtung dem Volk näherzubringen, den Elektrastoff »aus einem Gegenstand des Bildungsinteresses zu einem Gegenstand der Emotion«, den sophokleischen »Ödipus« durch eine Übertragung in die Sprache seiner Zeit »für eine große Zahl von Zeitgenossen, auch der ein-

---

1 Vgl. den Aufsatz »Das Spiel vor der Menge« P III 60.
2 P IV 89.
3 P III 342.
4 »Der Tor und der Tod« G 201.

facheren Schichten, existent« zu machen[5]. Mit dem »Jedermann« greift er die Tradition des in den Alpenländern lebendig gebliebenen Volksspiels auf, welches, wie das Oberammergauer Passionsspiel zeigt, ungewöhnlich viele Menschen anzusprechen vermag. »Man handelt, indem man vor eine Menge tritt, denn man will auf sie wirken«, sagt Hofmannsthal in bezug auf die Salzburger Freilichtaufführung des »Jedermann«, »beruft man eine außergewöhnliche Menge, so liegt ein verstärkter Akzent auf diesem Handeln.«[6] Daß Hofmannsthal Opernlibretti geschrieben hat, darf in diesen Zusammenhang gestellt werden. Zur Oper können, vor allem dank der Musik, breite Schichten des Volkes Zugang finden. Schon in seinem ersten Libretto, dem 1909/1910 entstandenen »Rosenkavalier«, ist Hofmannsthal eine vollkommene, wohl nur in der »Arabella« wieder erreichte Vereinigung des Einfachen mit dem Subtilen gelungen, so daß das Werk einem jeden, ob anspruchsvoll oder anspruchslos, etwas gibt. An Richard Strauss schreibt er: »Ihr Bedenken, die Arbeit könnte *zu fein* sein, macht mich nicht ängstlich. Der Gang der Handlung ist ja auch für das naivste Publikum simpel und verständlich: ein dicker, älterer, anmaßender Freier, vom Vater begünstigt, wird von einem hübschen jungen ausgestochen – das ist ja das non plus ultra an Einfachheit. Die Ausführung aber muß, glaub ich, so sein, wie sie ist, nämlich völlig abgehend vom Trivialen und Konventionellen, denn der wirkliche und dauernde Erfolg setzt sich zusammen aus der Wirkung auf die groben *und* feinen Elemente des Publikums, und die letzteren schaffen das Prestige, ohne das man ebenso verloren ist, wie ohne Populärwirkung.«[7] Hofmannsthals Erfindungskraft war geleitet vom »Wunsch, ein halb imaginäres, halb reales Ganzes entstehen zu lassen, dies Wien von 1740, eine ganze Stadt mit ihren Ständen, die sich gegeneinander abheben und miteinander mischen«, »mit der geahnten Nähe des großen Hofes«, »mit der immer gefühlten Nähe des Volkselementes«[8].

Dieses Gegeneinander und Miteinander, dieses Ganze, um das es Hofmannsthal immer zu tun ist, kann in der Oper besonders rein dargestellt werden, weil sie die Stilisierung verlangt. Hofmannsthal ist sich denn auch wohl bewußt, worin seine »Qualität als Librettist« besteht: »daß ich es auf Kontraste, und über den Kontrasten auf Harmonie des

5 P III 61.
6 P III 62.
7 12. Mai 1909, S. 60.
8 P IV 428/9.

Ganzen anzulegen weiß.«[9] Was Hofmannsthal dazu geführt hat, für die Oper zu arbeiten, ist nicht nur sein Wille zu breiterer Wirkung, sondern ebensosehr seine Einsicht in die Antinomien des Daseins, die es ihm ermöglicht, reinlich abgegrenzte und daher einprägsame Figuren zu umreißen und sie, weil sie einander schon von ihrer Struktur her als Entsprechungen zugewendet sind, in eine genaue Einheit zu fügen. Das »Ungeschriebene Nachwort zum ›Rosenkavalier‹« zeigt dies besonders deutlich: »Die Marschallin ist nicht für sich da, und nicht der Ochs. Sie stehen gegeneinander und gehören doch zueinander, der Knabe Oktavian ist dazwischen und verbindet sie. Sophie steht gegen die Marschallin, das Mädchen gegen die Frau, und wieder tritt Oktavian dazwischen und trennt sie und hält sie zusammen.«[10]

Ochs von Lerchenau steht in der Reihe von Hofmannsthals Abenteurerfiguren dem Baron Weidenstamm am nächsten, an den er nicht nur altersmäßig, sondern auch mit seiner »Mischung aus Pompösem und Gemeinem«[11] erinnert, aber das Faunische, dessen Darstellung nur in der Oper möglich, nur in Verbindung mit Musik zu wagen ist, sowie die falstaffische Nuance im Faunischen[12], das Behagliche, bringen eine neue Gestalt hervor. Das Tierhafte, auf das schon sein Name anspielt[13], geistert überall durch seine Reden und wird in vielfältiger Gestalt, in Pferd und Esel, Schwein und Huhn, Luchs und Maikäfer, gegenwärtig. Zwischen dem Tierwesen und dem Menschenwesen sieht er den engsten Zusammenhang: Tier und Mensch sind in ihrer Zeugungskraft einander gleich, mit dem Unterschied freilich – und dies setzt den Rang –, daß der Mensch keinen Brunstzeiten unterworfen ist:

Dafür ist man kein Auerhahn und kein Hirsch,
sondern ist man der Herr der Schöpfung,
daß man nicht nach dem Kalender forciert ist.[14]   (284)

Der höchste Wunsch des Ochs von Lerchenau ist: »Wollt ich könnt sein wie Jupiter selig in tausend Gestalten.« (285) Etwas vom griechisch-

---

9   An Strauss, 15. Juni 1911, S. 130.
10 P III 43.
11 P IV 429.
12 An Strauss, 2. Januar 1911, S. 108.
13 In der ersten Niederschrift heißt der Buffo nach Molière noch Pourceaugnac, Herr von Schweinichen also (vgl. Willi Schuh, Die Entstehung des »Rosenkavalier«, in: Trivium, 1951, H. 2, S. 72). – Im Lieblingsausspruch des Ochs »Ich hab halt ja ein lerchenauisch Glück!« (325, vgl. 327, 351) wirkt diese ursprüngliche Namengebung nach. Hofmannsthal schreibt nämlich seinem Komponisten, daß darin »als sehr derber Unterton: ›ein *sauisch* Glück!‹ anklingen mag«. (26. Juli 1909, S. 75.)
14 »Der Rosenkavalier« im Band »Lustspiele I« S. 261–397.

römischen Göttervater mag er in sich spüren, wenn er eine Magd besucht und in ihr »ein solches Staunen, gar nicht Begreifenkönnen« darüber weckt,

> daß sich der Herr, der gnädige Herr!
> herabgelassen gar zu ihrer Niedrigkeit. (286)

Und den Göttern ähnlich kommt er sich vor in seinem Gefühl, alterslos, ewig jung zu sein. Er lebt im Moment, ohne im Momentanen das Vergängliche zu spüren, also gleichsam in einem dauerhaften Moment, der kaum etwas von Vergangenheit und Zukunft weiß. Daher gehört die Kategorie »Glück« zu ihm: er sieht sich als den Liebling des Glücks. Aber in alledem ist Ochs von Lerchenau eine komische Figur, weil die Diskrepanz zwischen Anspruch und Wirklichkeit weit auseinanderklafft. Er ist »eines hochadeligen Hauses blühender Sproß« (295), aber wie sehr er heruntergekommen ist, wird in seiner Dienerschaft augenfällig. Er vertraut auf sein Glück, aber das Glück verläßt ihn, so daß er sich peinlich bloßgestellt sieht. Was früher als das Faunische dem Bereich des Göttlichen angehörte, ist ins Niedere und Gemeine trivialisiert; dennoch bleibt ein Abglanz des Früheren bewahrt und leuchtet in der Musik wieder auf: »ihr ist der Ochs nicht abscheulich – sie spürt, was hinter ihm ist.«[15]

Die Marschallin steht insofern ihrem Vetter Ochs gegenüber, als sie in allem Vergänglichkeit spürt.

> Mir ist zumut,
> daß ich die Schwäche von allem Zeitlichen recht spüren muß,
> bis in mein Herz hinein:
> wie man nichts halten soll,
> wie man nichts packen kann,
> wie alles zerlauft zwischen den Fingern,
> alles sich auflöst, wonach wir greifen,
> alles zergeht, wie Dunst und Traum. (304)

Bis in ihr Herz hinein, selbst in der Liebe, fühlt sie – schmerzlichster Widerspruch –, daß alles gleitet und vorüberrinnt. In jedem Moment ihrer Liebschaft mit dem siebzehnjährigen Octavian, der wohl um die zwanzig Jahre jünger ist als sie, erlebt sie das Beseligende, daß die Liebe über allen Unterschied des Alters siegt:

---

[15] P III 45.

17 Kobel, Hofmannsthal

Die Zeit im Grund, Quin-quin, die Zeit,
die ändert doch nichts an den Sachen.   (306)

Und in jedem Moment ist ihr bewußt, daß ihre Liebschaft keine Dauer
hat: heut oder morgen, über kurz oder lang wird er sie um einer andern
willen, die jünger und unverheiratet ist, aufgeben. Daß ihr das Verrinnen
der Zeit so schmerzlich bewußt ist, läßt sich nicht einfach damit begründen, daß sie und der Jüngling an Jahren mißgepaart sind, und nicht einmal damit, daß sie, wie die Schönheit des »Salzburger Welttheaters«, im
Spiegel die Spuren des Alterns auf ihrem Gesicht entdeckt und ihre
Jugend entschwinden sieht. Der tiefere Grund liegt darin, daß sie in einer
Ehe lebt, die keine wahre Ehe ist. Als ein junges Ding wie Sophie hat
man sie einst frisch aus dem Kloster »in den heiligen Ehestand komman-
diert« (301). Ihre Ehe ist ohne Liebe geschlossen, und sie ist auch nicht
zu einem heiligen Ehestand geworden. Schuld daran ist die Untreue des
Feldmarschalls: er ist ein Mann wie Ochs von Lerchenau (vgl. 303). Aber
auch die Marschallin hat ihre Aventüren (vgl. 268), und damit vergeht
sie sich ebenfalls an der Ehe. Für sie und ihren Gatten gilt das Wort nicht,
in das die Oper ausklingt:

beieinand für alle Zeit
und Ewigkeit!   (397)

Da für die Marschallin die Zeit nicht mit der Ewigkeit verbunden ist,
hat sie sich in ein bloßes Zerrinnen verkehrt:

Die Zeit, die ist ein sonderbares Ding.
Wenn man so hinlebt, ist sie rein gar nichts.
Aber dann auf einmal,
da spürt man nichts als sie:
sie ist um uns herum, sie ist auch in uns drinnen.
In den Gesichtern rieselt sie, im Spiegel da rieselt sie,
in meinen Schläfen fließt sie.
Und zwischen mir und dir da fließt sie wieder.
Lautlos, wie eine Sanduhr.   (306)

Octavian, zu dem die Worte gesprochen sind, lebt so dahin, daß die Zeit
rein nichts ist. Deshalb ist für ihn der Altersunterschied zwischen der
Marschallin und ihm gar nicht existent, sowenig wie in seiner aufs
Geratewohl gehegten Neigung etwas Künftiges zum Vorschein kommen
kann. Der ehelichen Liebe ist in einem gewissen Sinn die Zeit auch rein
nichts, wie das Gespräch von Romanas Eltern im Andreas-Fragment aufs

schönste zeigt: »Da habe er aber jetzt ein altes Weib an ihr, wo schon die Tochter einem fremden Mann nachgehe, da müsse er sich bald schämen, zu ihr zu sein wie ein Liebhaber. – Nein, da bewahre Gott, ihm sei sie alleweil die gleiche, nein vielmehr immer die Liebere und keine Stund noch hätte es ihn gereut diese achtzehn Jahre.«[16] Die Zeit ist aber hier nur insofern nichts, als sie der Liebe rein nichts anzuhaben vermag; sie ist keineswegs rein nichts, da sie ja von Stunde zu Stunde die Liebe nicht nur ihrer selbst gewiß sein, sondern stärker und stärker werden läßt.

Die Marschallin muß seit langem das Verzehrende der Zeit spüren, seit dem Zeitpunkt nämlich, da sie durch den Betrug ihres Mannes aus der Unmittelbarkeit der Jugend herausgerissen worden ist. Sie hat sich in den Leichtsinn zu retten versucht, wie es der frivole Zeitgeist ihrem Gesellschaftskreis nahelegt. Dennoch ist ihr Vetter Ochs im Unrecht, wenn er sie, da er ihrem Verhältnis mit Octavian auf den Sprung kommt, als seinesgleichen meint ansehen zu dürfen. Ginge es in ihrer Liaison nur darum, sich auszuleben oder sich schadlos zu halten, wie könnte die Marschallin jene »manchmal fast demütige Einfachheit« haben, von der Hofmannsthal spricht?[17] So muß ihre Liebschaft noch andere Hintergründe haben. Man kann darauf hinweisen, daß die Marschallin, weil sie nicht alt zu werden versteht, die Zeit aufhalten und in der Liebe des Jünglings das Gefühl des eigenen Jungseins wahren möchte, daß sie vielleicht gar nachzuholen suche, was ihr, der so früh Verheirateten, in der Jugend versagt geblieben, daß wohl auch die Muttergefühle einer Frau, die offenbar keine Kinder hat, mit im Spiele seien, und mit alledem ist sicher Richtiges getroffen. Aber man wird darob nicht übersehen dürfen, daß ihre Liebschaft einen Bezug auf ihre Ehe hat. Ihr Mann ist ihr nicht gleichgültig geworden. Wie Octavian im Gefühl des Triumphes über den abwesenden Gatten frohlockt, weist sie ihn sogleich zurecht, und dies nicht nur, weil sie solche Herzlosigkeit an ihrem Geliebten nicht sehen mag. Sie hat von ihrem Mann geträumt, er sei plötzlich da, und ist vor Schreck erwacht, und wie nun beim Frühstück herrisch Einlaß verlangt wird, glaubt sie, der Traum erfülle sich. Sie scheint von einer Entdeckung durch ihren Gatten Schlimmes zu befürchten. Aber was hätte sie denn eigentlich von einem treulosen Gatten zu gewärtigen? So muß man wohl sagen, sie stelle sich ihren Mann zornig vor, sie wünsche, daß sie ihn fürchten müsse, weil sie ihm dann nicht gleichgültig wäre[18]. Im Grunde

---

[16] E 174.
[17] P IV 429.
[18] Ein analoger Fall findet sich im »Abenteurer«, vgl. S. 104.

17*

genommen sucht sie immer noch die Liebe des Mannes, mit dem sie ver-
ehelicht worden ist, und wiewohl es einen ironischen Klang hat, wenn sie
vom »heiligen Ehestand« spricht, ist es ihr heimliches Leiden[19], daß ihre
Ehe keine ist und daß auch ihr Glaube, es könne doch alles noch gut werden, längst versehrt ist und sich, je älter sie wird, desto mühsamer am
Leben hält. Ein Gefühl verzweifelter Vergeblichkeit, das sie tief in sich
zu verstecken sucht, ist in ihr aufgekommen und bricht dann und wann
hervor:

> Manchmal steh ich auf, mitten in der Nacht,
> und laß die Uhren alle stehen. (307)

So glaubt man in allem, was die Marschallin sagt und tut, den Hintergrund ihrer Ehe zu erahnen; die Konturen sind freilich, da es eine Oper
ist und viel Ungesagtes der Musik überlassen bleibt, mit wenigen Strichen
gegeben. Die unglückliche Ehe bildet die dunkle Folie, auf der sich die
Heirat Sophies und Octavians abhebt, sie spiegelt aber auch das mögliche Geschick Sophies als Frau des Ochs von Lerchenau, wie sich umgekehrt das Schicksal der jungen Fürstin Marie Theres darin nachzeichnet,
wie der Vater Sophies über seine Tochter zu verfügen gedenkt. In Anlehnung an Hofmannsthals Wort über das »Salzburger Welttheater«, der
innerste Kern sei Verherrlichung der innern Freiheit[20], könnte man sagen,
beim »Rosenkavalier« sei der innerste Kern die Verherrlichung der Ehe.
Auch die Liebschaft ist nicht losgelöst von der Ehe zu betrachten, vielmehr ist sie ein Entwurf auf die Ehe hin. Wenn Hofmannsthal im »Buch
der Freunde« erklärt: »Liebschaft ist ébauche der Ehe«[21], will das nicht
heißen, daß eine Liebschaft daraufhin angelegt sei, zur Ehe zu werden,
vielmehr ist und bleibt jede Liebschaft ein Entwurf der Ehe; soll eine Ehe
werden, muß die Liebschaft verwandelt werden durch etwas, was nicht
in der Liebschaft liegt: es gibt keinen kontinuierlichen Übergang von der
Liebschaft zur Ehe. Dementsprechend ist Octavians Liaison mit der Marschallin nicht deshalb ein bloßer Entwurf, weil sie nicht weiterführt und
nicht weiterführen kann, sondern weil sie in sich die Ehe nur skizzenhaft
enthält, wie sich etwa in seiner Hingabe zeigt: es bleibt in der Liebschaft
dabei, daß ihm »Hören und Sehen vergeht«, daß »das Ich vergeht in dem

---

19 Die Ironie muß geradezu als Symptom eines verborgenen Leidens betrachtet
   werden; deshalb kann Hofmannsthal im »Bergwerk« auch von der »Ironie
   tiefsten Schmerzes« sprechen (vgl. diese Arbeit S. 122). Über die Zusammengehörigkeit von Frivolität und Schwermut vgl. zudem S. 127.
20 Brief an Richard Strauss, 4. September 1922, S. 482.
21 A 30.

Du« (264); das Ich wird ihm nicht zurückgegeben, er kommt nicht zu sich selbst, sondern gerät in der Entzückung außer sich. Hofmannsthal sagt deshalb, Liebschaft sei ébauche der Ehe »nach der mystischen Seite«. Nicht auf Zeit und Ewigkeit hat sie ihre Sache gestellt; ihr Überschwang entführt in die Zeitlosigkeit. Auch für die Marschallin ist die Liebschaft ein Entwurf auf die Ehe hin, auf ihre Ehe mit dem Feldmarschall, ein Suchen dessen, was hätte sein können, ein Zurückgehen ins Medium der Möglichkeit. Aber die Möglichkeit hat für sie die Form des Irrealis. Es ist, als hätte sie durch diese Liebschaft in die Tiefe stiller Verzweiflung geführt werden sollen, damit ihr zum Bewußtsein komme, daß sich nichts halten lasse, daß man sich an nichts klammern könne, sondern die Hände öffnen müsse. Sie geht durch eine Verwandlung, die es ihr möglich macht, die Vergeblichkeit auf sich zu nehmen, was sie bisher nicht vermocht hat. Sie tut ein Gelübde, es »mit einem ganz gefaßten Herzen« (391) zu ertragen, wenn sich Octavian von ihr abwende, und selbst seine Liebe zu einer andern noch liebzuhaben (393). So wird sie nun auch die Lieblosigkeit ihres Mannes und das Altwerden mit einem gefaßten Herzen ertragen. Das Leben ertragen: dies ist ihre Kategorie, wie das Getragenwerden, das Glück, die Kategorie des Ochs von Lerchenau ist. Daß sie es ertragen muß, ist ihre Schwäche, daß sie es ertragen will und kann, ihre Stärke.

> Aber wie kann das wirklich sein,
> daß ich die kleine Resi war
> und daß ich auch einmal die alte Frau sein werd!...
> Die alte Frau, die alte Marschallin!
> »Siehgst es, da geht s', die alte Fürstin Resi!«
> Wie kann denn das geschehen?
> Wie macht denn das der liebe Gott?
> Wo ich doch immer die gleiche bin.
> Und wenn ers schon so machen muß,
> warum laßt er mich denn zuschaun dabei,
> mit gar so klarem Sinn? Warum versteckt ers nicht vor mir?
> Das alles ist geheim, so viel geheim.
> Und man ist dazu da, daß mans erträgt.
> Und in dem »Wie« da liegt der ganze Unterschied —   (302)

Die Marschallin ist — zu der Zeit, da sie der Zuschauer kennenlernt — im Begriff, darüber hinauszukommen, daß sie das Auferlegte bloß unwillig und voll Beklemmung trägt. So sagt sie denn von der Zeit:

Allein man muß sich auch vor ihr nicht fürchten.
Auch sie ist ein Geschöpf des Vaters,
der uns alle geschaffen hat.   (307)

Man spürt dabei, wie sie sich zur Tapferkeit aufraffen muß, aber man
meint auch schon zu ahnen, daß sie die Erdenlast nicht bloß mit einem
gefaßten Herzen tragen wird, resigniert sich ins Unvermeidliche schik-
kend, sondern schließlich wohl auch mit einem frohen Herzen und eine
der wunderbaren alten Frauen sein wird, wie sie Hofmannsthal in seinem Werk immer wieder darstellt. Man kann sich denken, daß die alte
Fürstin ähnlich aussehen wird wie die Weisheit des »Salzburger Welttheaters«, zu der die Schönheit sagt:

Und du, wie schön bist du, wie leuchten deine Mienen,
Von wo sind sie mit diesem Glanz beschienen,
Wo nimmst du dieses nicht mehr irdische Lächeln,
Was sinds für Lüfte, die um deine Stirne fächeln?
Und doch! auch du! gealtert, doch nur wie der Edelstein,
Der alternd aushaucht eingesognen Schein.[22]

Der Weg, den die Marschallin gehen wird, ist dadurch angedeutet, daß
sie den alten und gelähmten Onkel Greifenklau besuchen und mit ihm
essen will, weil das den alten Mann freuen wird. Sie findet von der
Liebschaft hinüber zur Freundschaft, von der ja auch schon sehr viel in
ihrer Beziehung zu Octavian ist. Die Freundschaft wird im »Buch der
Freunde« ebenfalls als ébauche der Ehe bezeichnet, nicht ihrer mystischen,
sondern »ihrer geistigen Seite nach«[23]. So entwirft Hofmannsthals »Rosenkavalier« die Ehe nach ihren verschiedenen Richtungen und schafft
im Faunisch-Naturhaften der Zeugung, im Mystischen auflösender Hingabe, im Geistigen unwandelbarer Freundschaft den Raum, den sie, alles
in sich vereinigend, einnimmt. Die Oper zeigt aber nicht nur Entwürfe
auf die Ehe hin, sondern in der Begegnung Sophies und Octavians die
Möglichkeit der Ehe selbst.

Die Begegnung geschieht im erhöhten Augenblick, von welchem Octavian sagt:

Das ist ein seliger, seliger Augenblick,
den will ich nie vergessen bis an meinen Tod.   (315)

---

22 D III 317.
23 A 30.

Was Octavian hier »selig« nennt, ist nicht die gleiche Seligkeit, die er mit der Marschallin fühlte (263), nicht das Hinschwinden und Aufgehen des liebestrunkenen Ich im Du, und es ist eine andere Seligkeit als jene, von der Lerchenau, sinnliche Beglückung meinend, spricht (286). Es ist die Seligkeit, die mit der Ewigkeit zu tun hat, nicht mit einer von der Zeit losgelösten Ewigkeit, sondern mit der Ewigkeit, die der Zeit verbunden ist, mit der Fülle der Zeit. Nach Hofmannsthals Vorschlag sollte Sophie im Duett mit Octavian die Verse singen:

Ist Zeit und Ewigkeit zugleich bei mir
in *einem* seligen seligen Augenblick.[24]

In der Vertonung durch Richard Strauss ist die Stelle leicht gekürzt, wodurch sie etwas an Deutlichkeit eingebüßt hat, im wesentlichen jedoch nicht angetastet ist: »Ist Zeit und Ewigkeit in einem sel'gen Augenblick.«[25] Dieser Augenblick umfaßt als Fülle der Zeit alle Gewesenheit und alle Zukunft:

Wo war ich schon einmal
und war so selig?
Dahin muß ich zurück! und wärs mein Tod.   (314/5)

Die Ehe wird dieses Zurückkommen in das Ursprüngliche und die Wiederholung des Ursprünglichen sein: ein Zu-sich-selbst-Kommen, in welchem Octavian und Sophie bei sich und bei einander sein können für alle Zeit und Ewigkeit. Aus dem Buben Octavian, dem in der Liebschaft Hören und Sehen verging (264), ist ein Mann geworden:

Wär ich kein Mann, die Sinne möchten mir vergehn.
Aber ich halt sie fest, ich halt sie fest.   (315)

Und wenn er dann Sophies Hände mit seinen beiden Händen fassen wird (391), faßt er sie anders als die Hände der Marschallin, zu der er gesagt hat:

Wie jetzt meine Hand zu deiner Hand kommt,
das Zudirwollen, das Dichumklammern,
das bin ich, das will zu dir.   (264)

---

24 Vgl. Willi Schuh, a. a. O. S. 82.
25 Der Rosenkavalier, Komödie für Musik, London 1943, S. 59.

Dieses Zudirwollen, als welches sein Ich sich regte, war kein eigentliches Wollen, es kam nicht aus der Willenskraft, welche das gleiche wie die Glaubenskraft ist[26], nicht aus dem Entschluß wie jenes andere Erfassen, welches das von der Notwendigkeit Gewählte ergreift[27] und das Ich zum Selbst umgestaltet.

Freilich wird Octavian, wie auch Sophie, aus der Gewißheit und Entschlossenheit des erhöhten Augenblicks wieder in jene Zeit entlassen, in welcher das Eigentliche immer wieder aus dem Rückfall ins Uneigentliche gewonnen werden, der Verwirrung, Unschlüssigkeit und Zweifelssucht abgerungen und von Augenblick zu Augenblick neu verwirklicht werden muß. In dieser Zeitigungsform kommt in Octavian auch wiederum der Bub zum Vorschein, mitsamt der Möglichkeit, daß aus ihm ein Don Juan wird, und Sophie ist wieder »ein recht hübsches gutes Dutzendmädchen«, welches »über einem Untergrund von naiver Persönlichkeit und Ausdrucksweise immerfort Anempfundenes von sich gibt«[28]. Das will nicht besagen, daß Sophie ein unbedeutendes Mädchen sei, denn in ihrem Alter – sie ist fast noch ein Kind – kann sie gar nicht unter die Kategorie bedeutend/unbedeutend gestellt werden; sie ist irgendwer, die »erste beste«[29] und muß erst zur Person werden, sie muß, da sie noch in der Unmittelbarkeit lebt und daher Unbestimmtheit ist, durch etwas bestimmt werden: »Ich aber brauch erst einen Mann, daß ich was bin.« (317) Aber bedeutend muß sie nicht werden, sie muß sie selbst werden, und das geschieht für sie in der Heirat mit Octavian. Wenn man daher feststellen mag, daß Octavian in der Marschallin eine bedeutende Persönlichkeit mit ungewöhnlicher Ausstrahlung zugunsten eines unbedeutenden Wesens aufgibt, geht man am Entscheidenden vorbei. Denn im Hinblick auf die Ehe kommt es auf die Unterscheidung bedeutend/unbedeutend überhaupt nicht an. Jeder kann des Höchsten teilhaftig werden, welches durch die Ehe – aber auch außerhalb der Ehe, wie im »Salzburger Welttheater« gezeigt wird – erreichbar ist, nämlich jenes Höchsten, das Hofmannsthal Existenz nennt[30].

Existenz ist streng genommen nicht mitteilbar. Sie kann nicht in die Aussage, in die Rede der Personen eines Schauspiels gebracht werden. Aber gerade das Hineinkommen in die Existenz ist ja das Wesentliche, worum es der Dichtung Hofmannsthals zu tun ist. Also muß der Dichter

---

26 Vgl. S. 238.
27 Vgl. S. 215.
28 An Strauss, 12. Juli 1910, S. 95.
29 Ebd.
30 Vgl. S. 249.

es dennoch irgendwie mitteilen. Im »Salzburger Welttheater« tut er es so, daß er im Bettler eine plötzliche Wandlung sich vollziehen läßt. Der Zuschauer widerstrebt vielleicht an diesem Punkt; so schreibt Richard Strauss: »Ihr Bettler spielt seine Figur nicht richtig zu Ende, sondern wird gerade im entscheidenden Moment von Hofmannsthal erleuchtet.«[31] In diesem Widerstand zeigen sich nicht nur Grenzen des Verständnisses, sondern auch die Grenzen dessen, was Dichtung darstellen kann. Hofmannsthal ist sich dieser Grenzen durchaus bewußt: er sagt im »Dritten Brief aus Wien«, die Wandlung des Bettlers liege »allerdings außerhalb des Gebietes des eigentlich dramatisch Möglichen«, sie darzustellen habe »nicht in einem gewöhnlichen Theaterstück, sondern nur in einem Mysterium gewagt werden« können[32].

Von hier aus fällt auf Hofmannsthals Neigung zur Oper ein neues Licht. In der Oper ist er nicht ausschließlich auf Rede und Gegenrede angewiesen, deren Dialektik, wie er einmal sagt, das Ich aus der Existenz dränge[33]. Der Dichter hat andere Kunstmittel, »die geheimsten, kostbarsten, wenigst bekannten – die einzig wirksamen. Er ist zu allem fähig, wenn er darauf verzichtet, daß seine Figuren durch direkte Mitteilung ihre Existenz beglaubigen sollen.« »Er kann vermöge der Erfindung seiner Handlung etwas übermitteln, ohne es mitzuteilen. Er kann etwas im Zuhörer leben machen, ohne daß der Zuhörer ahnt, auf welchem Wege ihm dies zugekommen ist.« In diesem Zusammenhang hat Hofmannsthal das für einen Dichter so überraschende und für ihn selbst so bezeichnende Wort geschrieben: »Ich scheue die Worte; sie bringen uns um das Beste –.«[34] Das Beste liegt nicht in der Rede, im Mitteilbaren, nicht in den einzelnen Figuren, also weder in der resignierenden Trauer der Marschallin noch in der vitalen Behaglichkeit ihres Vetters Ochs, weder in seinem Jetzt-Jetzt noch in ihrem Vorbei-Vorbei, weder in der im Moment versteckten Ewigkeit noch in der ganz aus der Zeit herausgestellten Ewigkeit, nicht in seinem resoluten Zupacken und nicht in ihrem Loslassen und Freigeben, nicht in seinem Wort, der Mensch sei nicht durch zeitliches Gesetz forciert, und nicht in ihrem Wort, alles habe sein zeitliches Gesetz (305). »Was das Beste ist«, heißt es im Nachwort zum »Rosenkavalier«, »liegt zwischen ihnen: es ist augenblicklich und ewig.«[35] Dies gilt es im Zuhörer lebendig zu machen, und zwar durch

---

31 An Hofmannsthal, 12. September 1922, S. 483.
32 A 298.
33 P IV 458.
34 P IV 457.
35 P III 44.

indirekte Mitteilung, durch die Konfiguration, den Zusammenklang der Entgegenstellungen, »durch Ähnlichkeit der Gestalten, durch Analogien der Situation«, durch »die Kunstmittel des Musikers« also, die zugleich »die Kunstmittel des lyrischen Dramas« sind[36]. Wort und Musik sind einander in der Weise zugeordnet, daß sie gerade dank ihrer Verschiedenheit eins sein können[37]. Im Libretto soll »der Musik so vorgewaltet sein, daß sie nichts braucht, als in das Bette einzuströmen und Erde und Himmel im Strömen abzuspiegeln«[38]. Die Musik, »diese wunderbare, sinnlich-geistige Kunst«[39], die alles zu verbinden, »die Eintracht des Lebendigen sich ergießen zu lassen« vermag[40], übermittelt das im Wort gelichtete Auseinander von Zeit und Ewigkeit in seinem Zugleich. Und durch die ihr gegebene, dem Schauspiel hingegen versagte Möglichkeit des Duetts kann sie Worte wie jenes »Beieinand für alle Zeit und Ewigkeit« und jenes andere »Ist Zeit und Ewigkeit zugleich bei mir« erst zu ihrem eigentlichen Leuchten bringen.

In dem so verstandenen Wesen der Musik ist Hofmannsthals Schaffen als Librettist zutiefst begründet. Er selbst hat, mit einem Blick auf Daponte und Schikaneder, Calzabigi und Corneille, darüber gesagt: »Man macht sich kaum eine Vorstellung, wie notwendig *ich* zu dieser Form komme.«[41]

---

36 P IV 459.
37 Vgl. S. 112/3.
38 An Strauss, 15. Mai 1911, S. 116.
39 An Strauss, 25. Juli 1914, S. 284.
40 P III 45.
41 P IV 441.

Die Frau ohne Schatten

Der Musik sei Ochs von Lerchenau nicht abscheulich, sagt Hofmannsthal, sein Faunsgesicht und das Knabengesicht Octavians seien für sie nur
wechselweise vorgebundene Masken, aus denen das gleiche Auge blicke,
und die Trauer der Marschallin sei ihr ebenso süßer Wohllaut wie
Sophiens kindliche Freude[1]. Ein solches »unendlich liebevoll« Verbinden-
des, als welches er hier das Wesen der Musik anspricht, sieht er auch in
der Welt des Märchens walten. Über »Tausendundeine Nacht« schreibt
er 1907: »Es sind Märchen über Märchen, und sie gehen bis ans Fratzenhafte, ans Absurde; es sind Abenteuer und Schwänke, und sie gehen bis
ins Groteske, ins Gemeine; es sind Wechselreden, geflochten aus Rätseln
und Parabeln, aus Gleichnissen, bis ins Ermüdende: aber in der Luft
dieses Ganzen ist das Fratzenhafte nicht fratzenhaft, das Unzüchtige nicht
gemein, das Breite nicht ermüdend, und das Ganze ist nichts als wundervoll: eine unvergleichliche, eine vollkommene, eine erhabene Sinnlichkeit hält das Ganze zusammen.«[2] Was Hofmannsthal an dieser Stelle
Sinnlichkeit nennt, ist nicht der ausschließende Gegensatz zu Geistigkeit,
vielmehr ist im Märchen alles Sinnliche geistig und alle Geistigkeit sinn-
lich: »Hier ist die kühnste Geistigkeit und vollkommenste Sinnlichkeit in
eins verwoben.«[3] Mit der so verstandenen Sinnlichkeit verhält es sich also
nicht dergestalt, daß sie an »eine verborgene höhere Bedeutung«, »an
einen transzendentalen Sinn«[4] denken läßt. Sie bildet nicht als Welt der
Erscheinungen den Gegensatz zum Reich der Ideen. In diesen Märchen-
dichtungen ist »keine Hindeutung auf Höheres« gewollt: »Es wird nicht
der Mund groß aufgetan, um eine höhere Welt herbeizurufen, es ist nur
wie ein Atmen durch die Poren, aber wir atmen durch die Poren dieser
naiv poetischen Sprache die Luft einer uralt-heiligen Welt, die von Engeln
und Dämonen durchschwebt wird und in der die Tiere des Waldes und

---

1 P III 45.
2 P II 312/3.
3 P II 312.
4 P II 315.

der Wüste ehrwürdig sind wie Erzväter und Könige.«[5] Es ist das sprachliche Gewebe der morgenländischen Dichtung, ja es ist überhaupt das »geheime Weben der Sprache«[6], welches den Bezug zur uralt-heiligen Welt schafft, die keine vergangene, sondern eine zwar verdeckte und verschüttete, aber jederzeit mögliche Welt ist. Wie weit sich die Sprache auch von dem »urtümlichen Weltzustand« entfernen mag, sie hat doch immer Worte und Wendungen von solcher Anschaulichkeit zur Verfügung, daß sie den »modernen Zustand an jenen uralten tausendfach zu knüpfen« vermag[7]. Das Uralt-Heilige: die Märchendichtung, in der auch schon alles aus uralten Wurzeln abgeleitet ist[8], hat es in der vollkommenen Sinnlichkeit, die zugleich kühnste Geistigkeit ist, zurückgewonnen. In einer Tagebuchnotiz des Jahres 1906 spricht Hofmannsthal davon, daß er sich »über das chemische Verhältnis, in welchem die vollkommene Sinnlichkeit zum Grausigen steht«, klarwerden wolle, und er nimmt auch gleich das mögliche Ergebnis solchen Nachdenkens vorweg: »Mir ahnt, daß sie es auflöst.«[9] Ähnlich schreibt Hofmannsthal über die Märchensammlung »Tausendundeine Nacht«: »In diesem Buche ist kein Platz für Grausen: das ungeheuerste Leben erfüllt es durch und durch. Die ungeheuerste Sinnlichkeit ist hier Element.«[10] Er wundert sich, daß er es früher voll Unheimlichkeit hat finden können; jetzt ist es ihm ein unsäglich fröhliches Buch, in welchem auch noch das böse Geschehen von unendlicher Heiterkeit umgeben sei[11]. »Eine Gegenwart Gottes liegt auf allen diesen sinnlichen Dingen, die unbeschreiblich ist. Es ist über dieser Wirrnis von Menschlichem, Tierischem und Dämonischem immer das strahlende Sonnenzelt ausgespannt oder der heilige Sternenhimmel.«[12]

Wenn Hofmannsthal, der im Sinnlich-Geistigen das Wesen der Märchendichtung sieht und die Musik eine wunderbare, sinnlich-geistige Kunst nennt[13], Musik und Märchen zusammenzubringen trachtet und für sein Opernlibretto »Die Frau ohne Schatten« ein Märchen erfindet, läßt er sich von Gesetzen leiten, die im Element der Musik und in der Wesens-

---

[5] P II 316/7.
[6] P II 314.
[7] P II 316.
[8] P II 314.
[9] A 152. – In diesem Zusammenhang sei eine Notiz über Kierkegaard erwähnt, offenbar 1905 aufgezeichnet: »Es gibt keine größere, alles durchdringendere Sinnlichkeit als die Kierkegaards.« (A 141)
[10] P II 313.
[11] P II 319.
[12] P II 317.
[13] Vgl. S. 266.

art des Märchens begründet sind. Sowenig der »Rosenkavalier« einfach den »Figaro« nachahmt, so lehnt sich Hofmannsthal auch in der »Frau ohne Schatten« nicht einfach an die »Zauberflöte« an. In der Oper, die als hochstilisierte Form gegen die Versuchung gefeit ist, das sogenannte Wirkliche wiedergeben zu wollen, hat das Märchen mit all seinem Wundersamen nicht nur ein Refugium, sondern die Möglichkeit neuer Entfaltung: die Tiere reden, und die Stimmen der Ungeborenen sind vernehmbar, der Mensch kann zu Stein werden und wiederum aus seinem Lebendigbegrabensein auferstehen. Was die Oper in solchen prägnanten Situationen zeigt, ist nicht bloß Verkörperung eines Unsinnlichen, nicht nur Veranschaulichung, sondern ein ursprünglicheres Phänomen: das Ineinsverwobensein des Sinnlichen und Geistigen. Über Hofmannsthals Oper »Die Frau ohne Schatten« liegt dieselbe Atmosphäre wie über den Märchen aus »Tausendundeiner Nacht«: hier wie dort gilt, daß die Welt durchsetzt ist »von einer unendlichen Heiterkeit, einer leidenschaftlichen, kindlichen, unauslöschlichen Heiterkeit, die alles durcheinanderschlingt, alles zueinanderbringt, den Kalifen zum armen Fischer, den Dämon zum Hökerweib, die Schönste der Schönen zum buckligen Bettler«[14], daß wir uns »aus der höchsten in die niedrigste Welt« bewegen, »vom Kalifen zum Barbier, vom armseligen Fischer zum fürstlichen Kaufherrn, und es ist *eine* Menschlichkeit, die uns umgibt«[15]. Hier wie dort ist »Buntheit und Tiefsinn«, und »es ist kein Sinn in uns, der sich nicht regen müßte, vom obersten bis zum tiefsten«[16]. Man versteht, daß Hofmannsthal an Strauss schrieb: »›Die Frau ohne Schatten‹ könnte, denke ich manchmal, die schönste aller existierenden Opern werden.«[17]

Die Buntheit der Welt ist im Gegeneinander und Miteinander der beiden Ehepaare, des kaiserlichen und des bürgerlichen niedersten Standes, eingefangen. Die Kaiserin, eine Tochter des Geisterkönigs, ist seit einem Jahr vermählt; seither steht sie »zwischen zwei Welten, von der einen nicht entlassen, von der andern nicht aufgenommen«[18], sie gehört noch nicht völlig zu den Menschen. Sie ist der Mensch, der noch nicht eigentlich ins Leben hineingekommen ist: wohl hat sie menschliche Gestalt, sie wirft aber keinen Schatten. »Durch ihren Leib / wandelt das Licht, / als wäre sie gläsern.« (150)[19] Sie ist fast noch ein Kind, und man könnte von ihr

---

14 P II 319.
15 P II 313.
16 P II 312.
17 15. Juni 1911, S. 130.
18 D III 480.
19 »Die Frau ohne Schatten« im Band »Dramen III« S. 147–242.

sagen, sie habe die Schönheit der Kinder, »bei denen die Seele noch nicht tief und schwer in der ὕλη steckt«[20]. Sie erinnert an »Psyche, die jüngling-mädchenhafte, die nichts erlebt hat als ihr eigenes rätselhaftes Auf-der-Welt-Sein«[21]; vom Leben der Menschen weiß sie noch nichts, weder von Mühsal und Not, Dumpfheit und Gemeinheit noch etwas davon, wie sie einander herzlich nah sein können[22]. Über die Hauptfigur der Oper, wie die erste Szene sie zeigt, sagt Hofmannsthal: »Von der dreifachen Natur der Kaiserin, die am Dasein von Tier, Mensch und Geist Anteil hat, kommen in diesem Teil nur das Tierhafte und das Geisterhafte, beide zusammen das Fremdsein ausmachend, in Erscheinung: in der Mitte klafft die Lücke, das Menschliche fehlt: dieses zu gewinnen, ist der Sinn des ganzen Stückes.«[23] Daß ihr das Menschliche fehlt, will keineswegs besagen, daß sie unmenschlich sei, sowenig das Tierhafte das im ab-schätzigen Sinn Tierische meint. Das Tierhafte in Verbindung mit dem Geisterhaften stellt das Wesen des jungen Menschen dar.

Vor ihrer Heirat hat die Tochter des Geisterkönigs die Gabe, Tier-gestalt anzunehmen, sich bald in einen Fisch, bald in einen Vogel oder in eine Gazelle zu verwandeln. Als weiße Gazelle, die keinen Schatten wirft, sieht sie der Kaiser auf der Jagd. Hofmannsthal vergleicht ver-schiedentlich den jungen Menschen einem Reh. Er läßt Weidenstamm von Vittoria sagen: »Wenn sie kam, abends oder in der Früh, schlanker als ein Knabe! sie war in den großen alten Mantel gewickelt, dann warf sie ihn hinter sich und trat hervor wie ein Reh aus dem Wald.«[24] Ähnlich hat Bacchus, den Hofmannsthal in »Ariadne auf Naxos« als fast knaben-haft und schüchtern aufgefaßt sehen will[25], etwas Rehhaftes an sich, wie aus einem Entwurf zur Oper hervorgeht:

Man denkt: ein junges Reh,
Das sich erschrickt und stutzt im Morgenwind.[26]

Anmut und Scheu, ein Heraustreten und Dastehen, ein Sichentziehen und Verbergen, etwas Leichtes und Ungreifbares, Schwebendes und Unbe-grenztes, vermischt mit Angst und Sehnsucht: all dies findet im Reh-haften seinen Ausdruck. Dieses Gazellenwesen ist in der Art, wie Kinder

---

20 A 117.
21 Vgl. S. 237/8.
22 Vgl. »Der Tor und der Tod« G 201.
23 An Strauss, 28. Dezember 1913, S. 255.
24 D I 166.
25 An Strauss, 28. Mai 1911, S. 126.
26 L III 374.

gehen, spürbar: »Es liegt die Erwartung unbegrenzter Möglichkeiten darin.«[27] Und etwas davon klingt auch in den Worten an, mit denen Arabella das Mädchentum bezeichnet: «versteckt und in der Schwebe sein«[28]. In ihrer Unbestimmtheit und Unbegrenztheit bildet die Tochter des Geisterkönigs den Gegensatz zu den durch das Schicksal eingeschränkten Menschen: zum Einäugigen, Einarmigen, Buckligen, den Brüdern Baraks, die auch einmal Kinder waren und »blanke Augen, gerade Arme, einen glatten Rücken« (165) hatten.

Wie der Kaiser die weiße Gazelle schließlich erjagt und sein Speer sie ritzt, springt die Tochter des Geisterkönigs als junges schönes Weib aus der Tiergestalt: aus dem Mädchen ist eine Frau geworden. Seit sie sein Weib ist, hat sie ihre Verwandlungsfähigkeit verloren, aber sie träumt sich gerne wieder zurück. »Ungewiesen seinen Weg finden wie die Schlange an der Erde und wie der Weih in der Luft ist Seligkeit.«[29] Im Traum ist es ihr noch möglich, wellenhaft aus einer Gestalt in die andere zu gleiten[30]. »Etwas Leichtes, Fließendes, Gehauchtes« solle die Musik, wie Hofmannsthal an Strauss schreibt, der ersten Szene geben, dann stimme sie mit dem Geist der Dichtung überein[31].

Seit der Kaiser die erjagt hat, die ihn unablässig an sich herangelockt[32] und gleichzeitig sich ihm entzogen, geht er Tag für Tag auf die Jagd: er sucht dieselbe Erregung, die ihn damals angesichts der weißen Gazelle befallen hat, er verläßt seine Frau frühmorgens und rückt sie in die Ferne, um ihr wieder neu, gleichsam als einer Fremden, nachzuspüren und sie zu seiner Beute zu machen:

Und was ich erjage
mit Falke und Hund,
und was mir fällt
von Pfeil und Speer:
es ist anstatt ihrer!
Denn meiner Seele
und meinen Augen
und meinen Händen

---

27 A 150.
28 L IV 28.
29 E 311/2. – Auch im folgenden wird die Märchenerzählung, die ursprünglich als Einführung in die Oper gedacht war, häufig herangezogen.
30 Vgl. dazu A 197.
31 28. Dezember 1913, S. 255.
32 E 310.

und meinem Herzen
ist sie die Beute
aller Beuten
ohn Ende! (154/5)

Der Kaiser ist und bleibt »ein Jäger und ein Verliebter« (151), ein Abenteurer also, freilich ein solcher, der nicht die vielen Verschiedenen begehrt, sondern sein Weib immer wieder erobert, indem er sie immer
wieder in ihr vielgestaltiges Mädchenwesen zurückverwandelt. Und auch
die Kaiserin möchte, wie die Märchenerzählung ausführt, immer wieder
das flüchtige Wild sein und »jeden Tag in einer anderen Gestalt« ihm
in die Hände fallen (E 309). Der Kaiser und die Kaiserin wiederholen
seit einem Jahr dieses eine Erlebnis: sie sucht auf seinem Antlitz den
»jähen Übergang von der tödlichen Drohung des Jägers zu der sanften
Beseligung des Liebenden« (E 310), er auf dem ihren die Verwandlung
von Todesfurcht in Hingabe.

Der Kaiser erinnert an die Hauptfigur im lyrischen Drama »Der
Kaiser und die Hexe«: dieser Kaiser, auch er ein Jäger, hat seine Frau
ebenfalls in ihrem Mädchenwesen festgehalten, das ihn als altersloses
Phantom umschwebt, so daß man sagen könnte, er betrüge fortwährend
seine Frau mit seiner Frau. Hofmannsthal hat später erklärt, er habe
damals die Tragweite des Stoffes, was es »mit der Schuld *für die Frau*«
auf sich habe, nicht erkannt[33]. In der »Frau ohne Schatten« hingegen ist
vielfältig deutlich gemacht, wie sehr sich der Kaiser an seiner Gemahlin
vergeht. Er hat den Knoten ihres Herzens nicht gelöst (158), daher wird
sie auch nicht Mutter; er läßt sie nicht wirklich zur Frau werden und
in die Zeit hineinkommen, daher bleibt sie ohne Schatten; er hält sie in
den Flitterwochen fest, im Übergang von der Jungfrau zum Weib, umgibt
sie mit Mauern (E 383) und hütet sie mit dem Argwohn des Verliebten;
sein ständiges Erjagen und Erobern, die Aufregung der Jagd und die
Stillung der Erregtheit, ist eine »eifersüchtige genießende Liebe«[34], gar
nicht eigentlich Liebe zu nennen, sondern Leidenschaft, kurz: er ist schuld,
daß seine Ehe keine Ehe ist, sondern bloß Liebschaft[35]. Wie schwer diese
Schuld wiegt, ist daran zu ermessen, daß er versteinen muß, »lebendig
begraben im eigenen Leib« (234).

Das Unheil ließe sich abwenden, wenn die Kaiserin rechtzeitig zu
ihrem Schatten käme. Sie ist willens, den Schatten zu gewinnen, koste

---

33 A 237.
34 D III 479.
35 Vgl. S. 260/1.

es, was es wolle. Wem der Schatten feil ist und wie er zu erhandeln wäre, darüber weiß die Amme Bescheid. Die Kaiserin nimmt den Weg der Erniederung auf sich: ärmlich gekleidet und unkenntlich gemacht, begibt sie sich in die Stadt hinab, setzt sich all dem Gewühl, Lärm und Gestank aus und dem quälenden Anblick der Häßlichkeit und wird die Magd einer verdrossenen jungen Färbersfrau.

Hofmannsthal hatte ursprünglich im Sinn, dem kaiserlichen Paar die Figuren Arlekin und Smeraldine entgegenzustellen[36]. Smeraldine sollte ein Weib sein, das schön bleibt, das also nicht altern will. Diesen Zug behielt Hofmannsthal bei, als er diese beiden Typen aus der Commedia dell' arte durch die Färbersleute, Figuren des Wiener Volksstücks, ersetzte. Im Gegensatz zur Kaiserin, die in die Zeitlichkeit hineinfinden will, möchte die Färberin der Zeit entfliehen. Sie ist bereit, ihren Schatten herzugeben und damit auf Mutterschaft zu verzichten, da ihr dafür »dauernde Jugendherrlichkeit für ungemessene Zeit« (172) und »Macht ohne Schranken über die Männer« (171) versprochen wird. Die Amme macht ihr den Wunsch nach Kindern verächtlich:

Soll dein Leib eine Heerstraße werden
und deine Schlankheit ein zerstampfter Weg?
Und sollen deine Brüste welken
und ihre Herrlichkeit schnell dahin sein? (174/5)

In blasphemischer Verkehrung nennt sie die, welche die Mutterschaft abtut und die Kinder als unerwünscht verschmäht, eine »Benedeite« (172), eine »Gepriesene unter den Frauen« (175) und preist das Wohlleben der Hetäre als das wahre Leben und die Wollust als die Ewigkeit, die dem Tod den Stachel nimmt:

Wer teilhaftig ist der Wonne,
der fürchtet auch den Tod nicht,
denn er hat gekostet von der Ewigkeit. (196)

Solchen Einflüsterungen ist Baraks Frau zugänglich, weil sie tief unzufrieden ist, geradezu in der Unfreudigkeit lebt, in einer stillen Verzweiflung, wie sie Hofmannsthal an Elis dargestellt hat[37]. Ihr Herz ist leer (182), Gram zehrt an ihr (189), sie trägt Bitternis im Mund (189). In der Märchenerzählung sind dazu gleichsam Regieanweisungen ge-

---

36 Vgl. »Zur Entstehungsgeschichte der ›Frau ohne Schatten‹« P III 451, dazu A 162.
37 Vgl. S. 123.

geben: sie geht träge durchs Zimmer, stößt mit schleppendem Fuß einen Steinmörser um, schiebt mit den Füßen, was schief liegt, gerade und blickt an ihrem Mann vorbei ins Leere, als wäre er nicht da. (E 323/4)

Diesem Daseinsekel sucht sie zu entrinnen, indem sie in Träumereien ausschweift und das Wirkliche mit dem »unerschöpflichen Schwall von Möglichkeiten« überflutet[38]. Sie spielt mit dem Gedanken, ihren Mann zu verlassen, und tut es doch nicht. Sie ist gelähmt von der Vergeblichkeit, sie kann für sich nichts erhoffen, auch nicht das, was ihr die Amme versprochen hat. »Du bist hereingekommen zur bösen Stunde, du hast mir ins Ohr geflüstert vom Freudenleben, das auf mich wartet, das war deine schwärzeste Lüge, denn es kommt nichts für mich, als was schon gewesen ist. Ich bin eine angepflöckte Ziege, ich kann blöken Tag und Nacht, es achtet niemand darauf, treibt mich der Hunger, so nehme ich mit meinem Munde Nahrung in mich, und so lebe ich einen Tag um den andern, und das geht so fort, bis ich dein runzliges Kinn habe und deine rinnenden Augen, ich Unglückselige.« (E 342/3) So lebt sie in jähen Stimmungsschwankungen dahin, in einem Auf und Ab von Ausschweifung in wachen Träumen und Mattigkeit, von Erregtheit und Lethargie, von Phantastik und Leere, eine launische, bizarre Frau[39], von zwiespältigen Gefühlen beherrscht, voller Hohn und doch stets den Tränen nah, die Mutterschaft schmähend und zugleich entbehrend.

Voller Gegensätzlichkeit ist auch ihr Verhältnis zu ihrem Mann: sie höhnt ihn und droht, sie werde ihm davonlaufen, dennoch will sie, daß er sie daran hindere:

Du sollst nicht schlafen am hellen Tag!
Sollst wahren dein Haus
vor Dieben und Räubern
und meiner achten! (197/8)

Barak ist eine ähnliche Gestalt wie der Bauer im »Salzburger Großen Welttheater«: er ist »fleißig wie keiner«[40], er geht ganz im Besorgen seines Gewerbes und in der Fürsorge für die Seinen auf und verläßt sich auf das, was er mit seiner Schaffenswilligkeit zustande bringt. In seinem auf die Erfordernisse des Alltags beschränkten Sinn ist er nie von Sinnlosigkeit verstört worden; was immer ihm das Leben aufbürdet, er trägt

---

[38] »Der goldene Apfel« E 53; die Thematik dieses Fragments steht den Bühnenstücken »Der Kaiser und die Hexe« und »Die Frau ohne Schatten« sehr nahe.
[39] An Strauss, 20. März 1911, S. 113.
[40] D III 480.

es mit einer Selbstverständlichkeit, die etwas von der dumpfen Gutmütigkeit eines Maultiers hat. Wenn man sein geduldiges und unermüdliches, sein einfaches, aber stumpfes Wesen, dem Einfühlungsgabe und Zartsinn abgehen, neben die komplizierte, bizarre Natur seiner Frau hält, ist man geneigt, von Unverträglichkeit der Charaktere zu sprechen. Doch Hofmannsthal zweifelt daran, daß der Mensch eine bestimmte Natur mit diesen oder jenen Eigenschaften habe[41]. Was sich als Charaktereigenschaft ausnimmt, gründet nicht in einem feststehenden Wesen, sondern in der Art des In-der-Welt-Seins. Baraks Welt ist die Zuhandenheit, in der alles seine Begründung findet und seinen Zweck hat. Er ist dazu da, daß er die Bedürfnisse der Seinen stillt (166); er schleppt die Ware selber zum Markt, um sich den Esel zu ersparen (178); er hat als Vierzigjähriger die um zwanzig Jahre Jüngere geheiratet, »weil er auf langes Leben, Kinder und Reichtum gehofft« hat (E 400). Seine Frau gehört, zusammen mit allem Hausrat, zu dem, was zur Verfügung steht und der Pflege bedarf, soll es seinen Dienst tun können. Darum kommt sie sich gekauft, gehegt und gefüttert vor, damit sie ihm zu Willen sei (167), und fühlt sich zutiefst verletzt. Das wird besonders deutlich, wie sie ihn höhnend parodiert:

Bin ich doch der Herr im Haus!
Hab es halt, so ist es mein,
Haus und Herd und Bette und Weib!   (193)

In der Erzählung hat Hofmannsthal tiefer in die Hintergründe ihrer Versehrtheit hineinleuchten können, als dies in der Oper, die zur Konzentration auf prägnante Situationen zwingt, möglich ist[42]. Da zeigt sich, daß ihrer Ehe die Notwendigkeit fehlt, die Gewißheit, daß Barak der Richtige ist. »Wie komme ich zu ihm und wie kommt er zu mir? Das sage mir einer!« (E 397) Sie hat Barak geheiratet, weil es die Mutter, die offenbar schon damals auf den Tod krank war, so haben wollte. Sie leidet darunter, daß sie nicht die Kraft hat, ihren Mann so zu lieben, wie es einer Ehefrau zukommt und wie sie es gelobt hat. »›O meine Mutter‹, rief sie und seufzte laut auf. ›O meine Mutter‹, sagte sie für sich, ›welche Kräfte hast du mir zugemutet, da du mir auferlegtest, den, welchen du mir zugeführt hast, auf immer lieben zu können!‹« (E 403) Daß nichts »auf immer« ist, daß alles widerruflich ist: darin gründet ihre

---

[41] Vgl. S. 165/6.
[42] Hofmannsthal schrieb an Strauss: »Die Hauptschwierigkeit ist die: ich darf im Konzentrieren nicht über eine gewisse Grenze herausgehen, sonst verarme ich den Stoff.« 3. Juni 1913, S. 233.

Verzweiflung. Sie ist gleichsam in die Widerruflichkeit hineingehext. Sie schmäht fortlaufend ihren Mann, aber im stillen nimmt sie die Schmähungen zurück. So steht die Widerruflichkeit in einem eigentümlichen Zwielicht. Sie ist ein Segen, wie es Barak in seinem schönen Wort ausdrückt:

> Aus einem jungen Mund
> gehen harte Worte
> und trotzige Reden,
> aber sie sind gesegnet
> mit dem Segen der Widerruflichkeit.   (168, ähnlich 188)

Daß ihre Reden aber überhaupt auf Widerruflichkeit angewiesen sind, ist der Unsegen der Widerruflichkeit. Auf die Färberin, diese »bizarre Frau mit einer sehr guten Seele im Grund«[43], dürfen mit Fug Hofmannsthals Aufzeichnungen, die im Zusammenhang mit dem Drama »Der Kaiser und die Hexe« stehen, bezogen werden; von der seelischen Situation des jungen, innerlich ungefestigten Menschen heißt es da: »Es handelt sich um ein Zu-viel im Reden, ein Übertreiben – und in diesem Zu-viel ist eine Spaltung – ein Teil des Ich begeht was der andere nicht will – es ist dies Quer-hindurch-schauen durch die übertriebene bizarre witzige Rede, die der ›Zweite‹ in uns hält (Clemens Brentano). Er überläßt manchmal ›seine Worte‹ (sagt er selbst) ›ihrer inneren lebendigen Selbständigkeit und die Rede wirtschaftet dann auf ihre eigene Hand munter drauf los, während meine Seele in der Angst, Trauer und Sehnsucht liegt‹.«[44] Es ist das Ich des noch nicht zu sich selbst gekommenen Menschen, welches in dieser Art drauflosredet, während sein verborgenes Selbst sich ängstigt. Von diesem Reden sagen in der Märchenerzählung die Ungeborenen: »Alle Reden unserer Mutter geschehen in der Zeit, darum sind sie widerruflich«, und stellen dem eine andere Rede gegenüber: die »wird geschehen im Augenblick und sie wird unwiderruflich sein« (E 436).

Baraks Frau ist von der entstehend-vergehenden Zeit, die immer wieder zurücknimmt, was sie hervorbringt, versehrt; ihrem Mann dagegen, der sich in einer Welt von lauter greifbaren Dingen bewegt, bleibt der ständige Entzug und Verlust fast ganz verdeckt, so sehr ist sein Blick auf das Vorhandene und zu Schaffende gerichtet. Beide werden

---

[43] An Strauss, 20. März 1911, S. 113.

[44] A 230. – Der Unterschied zur Färberin ist dadurch gegeben, daß ihre Rede wohl spitz (188), aber nicht witzig, sondern hart, trotzig und höhnend ist.

276

aus ihrer Form der Zeitigung herausgerissen und in den Augenblick, der die Fülle der Zeit ist, hineingebracht und kommen damit ins eigentliche Leben hinein.

Als hätte die Färberin mit ihren frevelhaften Herausforderungen den Blitz, wie sie es im tiefsten auch gewollt, auf sich gezogen, bricht die plötzlich entfesselte Eifersuchtsraserei ihres Mannes auf sie herein. Im Moment, da er zum tödlichen Schwertstreich ausholt, »geht in ihr eine ungeheure Veränderung vor« (210). Sie trägt sich, ähnlich der Weisheit im »Salzburger Welttheater«, dem Tod entgegen, »leichenbleich, aber verklärt, mit einem Ausdruck, wie sie ihn nie zuvor gehabt hat« (210). Von diesem entscheidenden Augenblick sagt die Erzählung: »Seine und seines Weibes Blicke trafen sich für die Dauer eines Blitzes und verschlangen sich ineinander, wie sie sich nie verschlungen hatten. Er sah, was alle Umarmungen seiner ehelichen Nächte, deren er siebenhundert mit seiner Frau verbracht hatte, ihm nicht gezeigt hatten; denn sie waren dumpf gewesen und ohne Auge. Er sah das Weib und die Jungfrau in einem, die mit Händen nicht zu greifen war und in allen Umschlingungen unberührt blieb.« (E 416) Ihm, dem Zugriffig-Täppischen, für den es immer nur Greifbares gegeben hat, sind die Augen aufgegangen für das Ungreifbare, für jenes in ihr, das er nicht zu nehmen vermöchte, auch wenn sie es hergeben wollte[45]. Er sieht zum erstenmal in einem Seienden nicht das Vorhandene und Zuhandene, sondern das ungreifbare Sein, und die »Herrlichkeit und Unbegreiflichkeit des Anblicks« erschüttert ihn zutiefst, daß er einem Kind gleicht, dem das Weinen nahe ist (E 416). »Das undurchdringliche Geheimnis des Anblicks« hat ihn »wie ein Blitz von der Schwere seines Blutes« gereinigt (E 416). Wie Barak seine Frau zum erstenmal anders als mit begehrendem und besitzendem Blick ansieht (vgl. E 417), geschieht das, wonach sie sich träumerisch gesehnt hat:

Von wo der Strand
nie betreten wurde,
beträte ihn einer
von dort her,
dem wehrte keine Mauer
und kein Riegel.   · (195)

So wie er in ihr die Jungfrau und das Weib in einem sieht, sieht sie in ihm den Mann und das Kind, Macht und Ohnmacht in einem: »Sie erschrak über den ungeheuren Zwiespalt mit einem süßen Schrecken und

---

45 Vgl. »Der goldene Apfel« E 39.

öffnete sich ganz, diese Zweiheit in sich zu vereinen; ihre Knie gaben nach in jungfräulichem Schreck und ihr Herz umfaßte den Gewaltigen mit mütterlicher Zartheit.«[46] (E 417) Alle Gegensätze sind erschlossen, aber auch umgriffen: das Mädchenhafte und das Weibliche, das Jungfräuliche und das Mütterliche, Kindsein und Erwachsensein, Mann und Frau. »In diesem Augenblick waren sie wahrhaft Mann und Frau.« (E 417)

Für die Kaiserin ist der entscheidende Augenblick da, wie sie angesichts ihres versteinerten Gatten vor die Wahl gestellt ist, entweder den Schatten der Färberin anzunehmen und damit ihren Mann zu befreien oder um Baraks und seines Weibes willen auf den Schatten zu verzichten. Sie faßt den Entschluß, lieber ihrem Mann nachzusterben (236), als über das Färberpaar Verderben zu bringen. In diesem Augenblick, da sie schon »den Tod ihr eigenes Herz überkriechen« fühlt (E 446), wird ihr, wie jener Mutter vor Salomos Richterstuhl[47], zurückgegeben, was sie dahingegeben: das Leben strömt ihr zurück, und zugleich kehrt der Versteinerte ins Leben zurück. Als Zurückkehrende, die den Tod in sich aufgenommen haben, kommen sie ins wahre Leben hinein. War der Tochter des Geisterkönigs vor ihrer Heirat der Tod noch ganz verdeckt gewesen, so daß sie von der Zeit nichts wußte: jetzt hat sie ihren Schatten bekommen und gehört zu jenen, die mit dem Schattenwerfen »der Erde ihr Dasein heimzahlen« (E 314), die nicht bloß wissen, daß sie irgendwann einmal sterben müssen, sondern stets Sterbende, ja vom Gestorbensein Zurückgekehrte sind. Vom Kaiser sagt die Erzählung, in den tiefsten Tiefen seines Blickes bleibe »der erlebte Tod als ein dunkler Glanz früher Weisheit« (E 447). Leben und Tod sind fortan in einem Zugleich zusammengehalten, so daß eins durch das andere überwunden[48] und damit verwandelt wird. So leuchtet denn auch aus den Augen des Kaisers, über dem dunklen Glanz in der Tiefe, »unerschöpfliches Leben« (E 447). Das kaiserliche Ehepaar hat die uneigentliche Wiederholung verliebten Sich-Suchens und Sich-Findens überwunden, desgleichen der Färber die bloße Wiederkehr ständigen Besorgens und seine Frau das Einerlei, worin sie das Gefühl hat, »es kommt nichts für mich, als was schon

---

46 In Kierkegaards »Entweder/Oder« findet sich eine Stelle von auffallender Ähnlichkeit. Vom Menschen, der in der Liebe die Einheit von Freiheit und Notwendigkeit erfahren hat, sagt Kierkegaard: »Es ist in ihm ein Zusammenklingen von allem, was ansonst gesondert ist, er ist in einem und dem gleichen Augenblick jünger und älter als gewöhnlich, er ist Mann und doch Jüngling, ja beinahe Kind, er ist stark und doch so schwach.« (Bd. II, S. 46.) Vgl. dazu auch L I 248.

47 Vgl. D III 485, A 162.

48 Vgl. A 52.

278

gewesen ist« (E 342). Sie sind in die eigentliche Wiederholung hinein-
gelangt, in der sie erst sie selbst werden und ihre Ehe eine Ehe wird.

Das Zugleich von Leben und Tod, ihre gegenseitige Überwindung
und Verwandlung: dies hat Hofmannsthal schon in »Ariadne auf Naxos«
zum Thema einer Oper gemacht. Was er dem Komponisten über Ariadne
und Bacchus schreibt, ist der erhellendste Kommentar zu dieser Verwandlung, dem »Wunder aller Wunder«[49]: »Sie gibt sich ihm, denn sie nimmt
ihn für den Tod: er ist Tod und Leben zugleich, die ungeheueren Tiefen
der eigenen Natur enthüllt er ihr, macht sie selber zur Zauberin, zur
Magierin, die die arme kleine Ariadne verwandelt hat, zaubert ihr in
dieser Welt das Jenseits hervor, bewahrt sie und verwandelt sie zugleich.«[50] Die Verwandlung bringt die Welt hervor »als ein Diesseits
und Jenseits zugleich«[51], somit nicht als Welt, für die es kein Jenseits
gibt – dann wäre sie auch kein Diesseits –, und auch nicht als diesseitige
Welt, außerhalb welcher es ein Jenseits gibt. Das Jenseitige ist nach dieser
Verwandlung nicht nur das Künftige, das auf das Leben folgt, und nicht
das, was vor dem Leben gewesen ist, es ist Gegenwärtigkeit, nicht Ferne,
sondern Nähe. Als Diesseits und Jenseits zugleich zeigt sich die Welt im
Augenblick. Das Wasser, das aus dem Krug ins Becken springt, der
Schwimmkäfer in der Gießkanne, Gemälde, Statuen, alle Dinge sind
dann aus dürftigem Dasein in ein Dasein der Fülle gehoben[52]. Nicht, daß
sich etwas an den Dingen, an ihrer Substanz verändert hätte oder daß
sie bloß einen andern Anschein gewonnen hätten. Sie sind »bewahrt«,
und doch sind sie »verwandelt«, das Seiende ist und bleibt Seiendes, aber
nun ist an ihm offenkundig geworden, daß es in das dem Seienden
Jenseitige, ins Sein einbezogen ist.

Auf das Jenseitige weist Hofmannsthal in der »Frau ohne Schatten«
vor allem mit den Stimmen der Ungeborenen hin. Wie wichtig ihm ist,
was er mit den Ungeborenen sagen will, geht schon daraus hervor, daß
er ihnen in der Erzählung viele Seiten widmet und daß er aus dem
Libretto als einzige Verse die der Ungeborenen in die Erzählung hinüber-
nimmt. Den Ungeborenen ist auch das Tiefste in den Mund gelegt, so
jenes Wort »Im Augenblick ist alles, der Rat und die Tat« (E 436/7)
und dieses: »Ich sehe nicht, was ist, und nicht, was nicht ist, sondern was
immer ist« (E 368), oder jenes andere, welches davon handelt, daß im
Augenblick vereinigt ist, was da ist und was nicht da ist (E 434).

---

49 P III 139.
50 An Strauss, Mitte Juli 1911, S. 134.
51 P III 139.
52 Vgl. S. 152, 160, 191/2.

Die Ungeborenen zeigen in ihrer Gegenwärtigkeit das Jenseitige im Diesseits, wie es andrerseits die Dichtung mit all den Gegenläufigkeiten der Handlung darauf angelegt hat, das Diesseits mit dem Jenseits zu verbinden. Wenn der arglose Barak argwöhnisch wird, der stets behagliche Ruhige außer sich gerät, wenn er, der die Frau als seinen selbstverständlichen Besitz betrachtet, dahin kommt, daß er sie suchen muß (228), wenn der schweifende Kaiser zu Stein wird, wenn er, der alles erjagen und erobern wollte, sich in völliger Hilflosigkeit alles schenken lassen muß, so geht es darum, alle Gegensätzlichkeit zusammenzuschauen: denjenigen, der seine Frau stets als die zu Erobernde sieht und nicht an ihr Muttertum denkt, mit jenem, dem die Frau dazu da ist, daß sie ihm Kinder bringt; denjenigen, der auf seine Rechte als Gatte pocht und sich das äußerste Recht – seine Frau zu töten – anmaßt, schließlich aber alles von der verzeihenden Gnade erwarten muß, mit derjenigen, die ihrem Mann, weil ihr Sinn auf »die Tiefe und das Geheimnis« (199) gerichtet ist, überhaupt kein Recht zugestehen will und ihre Schlafstelle von der seinen trennt, dann ihm jedoch alle Rechte, selbst das äußerste (211), einräumt.

In diesem Hinüber und Herüber des Gegenstrebigen macht die Dichtung das Ganze spürbar, in welchem das Frevelhafte nicht nur frevelhaft und Schuld nicht nur quälend ist, sondern alles dazu beiträgt, den Menschen ins wahre Leben zu bringen. Das Ganze hat jene Heiterkeit und Fröhlichkeit, die Hofmannsthal an den Märchen preist. Worin sie ihren Grund hat, sagt der Ariadnebrief: »Durch das Dasein hin ist Liebe verbreitet.«[53]

Die Auflösung aller Erdenschwere in Heiterkeit, die Erhöhung »aus ewigem Tode zu ewigem Leben« (222) ist in keiner Einzelheit besser zu fassen als an jener Stelle, da Barak, wachgerüttelt von seiner Frau, aus der Betäubung, in die er durch den Schlaftrunk der Amme versetzt worden, aufwacht und sagt:

Meine Hände sind, als ob sie gebunden wären,
und mein Herz, als läge ein Stein darauf,
und auf meiner Seele ein Stück der ewigen Nacht.
Gepriesen, der die Finsternis nicht kennt
und dessen Auge niemals zufällt,
Einer unter allen! (204/5)

---

53 P III 139.

Hofmannsthal hat hier eine Stelle aus »Tausendundeiner Nacht«, aus der Geschichte von Allischar und der treuen Summurud, in sein Libretto aufgenommen, einen »Augenblick, den ich nicht für irgendeine erhabene Stelle unserer ehrwürdigsten Bücher tauschen möchte«[54]: den Liebenden überfällt, wie er die Geliebte befreien will, »so ungelegen als unwiderstehlich, als hätte das Geschick aus dem Dunkel ihn lähmend angehaucht, ein bleierner Schlaf. ›Sitzend im Dunkel der Mauer, unter dem Fenster‹, heißt es, ›schlief er ein. Ruhm und Preis Ihm, den niemals Schlummer befällt‹.« Und Hofmannsthal fügt bei: »Ich weiß nicht, welchen Zug aus Homer oder Dante ich neben diese Zeilen stellen möchte: so aus dem Nichts in ein wirres Abenteuer hinein das Gefühl Gottes aufgehen zu lassen wie den Mond, wenn er über den Rand des Himmels heraufkommt und in das Menschenleben hineinblickt.«[55]

---

[54] P II 317.
[55] P II 318.

Cristinas Heimreise

In den Komödien steht dem Dichter weder die verbindende Macht der Musik noch die durcheinanderschlingende Macht des Märchens helfend bei. Er scheint ganz auf Rede und Gegenrede verwiesen zu sein, auf den zweckhaften Dialog, der sich auf der dialektischen Ebene bewegt. Auf das Reden wird denn auch in »Cristinas Heimreise« ständig angespielt. Da wird etwas verabredet und dann wider die Abrede gehandelt (112)[1]; die eine Person redet sich etwas ein und die andere will es ihr ausreden (107): bald wird etwas »mit deutlichen Worten gesagt« (246), bald soll etwas »in einer schweigenden Weise« (169) ausgedrückt werden; einem drängenden »So reden Sie doch!« (195) steht anderswo ein abschneidendes »Halt 's Maul!« (178) gegenüber; der sich vorgenommen hat: »Heute . . . bring ich es vor!« (228) bekommt zu hören: »Wenn mancher nur manches ungesagt ließe.« (235) Zahlreiche Stellen dieser Art, von denen die meisten in ihrer Beiläufigkeit unbemerkt passieren mögen, machen mit sanfter Beharrlichkeit darauf aufmerksam, daß es nicht nur um das Was und Wie des Redens, sondern um das Reden selbst geht, um die Sprache, welche das Menschenwesen kennzeichnet. »Reden ist Menschheit«, wird Hofmannsthal im »Turm« sagen[2], wobei das Reden nicht nur den Vollzug des Sprechens meint, sondern auch das Nicht-Sprechen einschließt, Schweigen wie Verstummen, das Nichtsprechenwollen oder Nichtsprechendürfen wie das Nichtredenkönnen. In der vielfältigsten Weise umspielt die Komödie »Cristinas Heimreise« dieses Reden: sie bringt zur Sprache, wie das Wort bestimmte Absichten verfolgen oder auch gedankenlos über die Zunge springen kann (119), wie man mit Worten aneinander vorbeireden und sich ohne Worte verstehen kann (137), oder wie man das Schweigen mißverstehen kann (242); es ist die Rede von Dingen, die nicht der Rede wert sind (130), und von solchen, von denen gar nicht die Rede sein kann (126). Mit derartigen Mitteln der Kontra-

---

[1] »Cristinas Heimreise« im Band »Lustspiele I« S. 79–260.
[2] D IV 83.

282

stierung wird das Selbstverständliche, daß der Mensch redend Mensch ist, aus seiner Geläufigkeit herausgehoben; am deutlichsten aber wird Sprache als solche durch die Verfremdung zum Bewußtsein gebracht, die sie im Mund des radebrechenden Mischlings erfährt.

Rede und Gegenrede sind in dieser Komödie nicht nur das Vehikel des Dramatischen, sondern das Sprechen selbst mit seiner Möglichkeit des Verstehens und Mißverstehens wird als Problem zum Thema gemacht. Im Zentrum steht somit das, was Hofmannsthal an der französischen Sprache so hoch schätzt[3] und an der deutschen so schmerzlich vermißt[4]: das Gesellige der Sprache. Die deutsche Sprache »isoliert mehr, als sie verbindet«[5], sie gibt dem Einzelnen nicht dasselbe Zusammensein mit der Nation wie die französische, sondern zertrennt in regionale Geltungsbereiche der Dialekte[6], zerklüftet in den Gegensatz von Gebildeten und Ungebildeten[7] und schließt nicht »in tausend Wendungen und Schwebungen« der Rede die fortwirkende Gegenwart der Toten ein, wie das Französische es tut[8]. »Kein Zusammenhang in der Ebene der Gleichzeitigkeit, kein Zusammenhang in der Tiefe der Geschlechterfolge«[9], so lautet Hofmannsthals Urteil, das die Dinge auf die Spitze treibt, um ihren Umschwung herbeizuführen. Kein Zusammenhang des Sinnlichen und Geistigen: auch dies mag Hofmannsthal auf der Zunge liegen, wenn er bedenkt, »wie die hohe Sprache bei uns aufsteigt ins unheimlich Geistige, kaum mehr von den Sinnen Beglänzte, und wie der Sprachsinn dann müde hinabsinkt ins Gemeine, oder sich in den Dialekt zurückschmiegen muß, um nur wieder die Erde zu fühlen – und dazwischen ein Abgrund.«[10]

Der Komödiendichter ist aber auf ein Dazwischen, das über den Abgrund trägt, angewiesen, auf eine mittlere Sprache, die der deutsche Dichter also erst finden muß, denn die Gebrauchssprache, die im Deutschen die gesellige Sprache vertritt, ist »voller zerriebener Eitelkeiten,

---

3 Vgl. »Reise im nördlichen Afrika« P IV 256 f. und »Das Schrifttum als geistiger Raum der Nation« P IV 392 f. – Diese in den Jahren 1925 und 1927 aufgeschriebenen Bemerkungen zur Sprache sind keine späten Erkenntnisse Hofmannsthals, sondern ein »Wiedererleben von etwas oft Gedachtem und Gewußtem« (P IV 259); sie dürfen daher durchaus auf die Zeit, da er Komödien zu schreiben begann, bezogen werden.
4 Vgl. P IV 261, 395, dazu »Wert und Ehre deutscher Sprache« P IV 433 f.
5 P IV 262.
6 P IV 433.
7 P IV 391.
8 P IV 256/7, vgl. 261, 438.
9 P IV 395.
10 P IV 259.

falscher Titanismen, voller Schwächen, die sich für Stärken ausgeben möchten«, und fällt bald der Verwahrlosung, bald der Pedanterie oder der Eigenbrötelei und Affektation anheim[11]. So hat Hofmannsthal seine »Komödie für Musik«, den »Rosenkavalier«, in einer »imaginären Sprache« geschrieben, »durch welche jede Person zugleich sich selber und ihre soziale Stufe malt«, durch welche somit »die Geselligkeit der Figuren untereinander« entsteht[12]. Wie beglückt er auch die Möglichkeit ergriff, der ungeselligen deutschen Sprache die Musik zu Hilfe kommen zu lassen, so mühte er sich doch unablässig um eine Sprache, die im Spannungsfeld des Auseinander und Zusammen ein Gleichgewicht zu halten und damit, in spielender Leichtigkeit, die Komödie allein zu tragen vermöchte. »Cristinas Heimreise« wurde ein Stück für die Sprechbühne, obwohl Strauss den Dichter wiederholt bat, die aus Casanovas Memoiren geschöpfte Episode einem Opernlibretto zugrunde zu legen[13].

Es liegt nun nahe, zu glauben, die Art, wie er Florindo sprechen läßt, sei das, was Hofmannsthal mit der Geselligkeit der Sprache meine. Florindo versteht es ja vorzüglich, mit allen Leuten zu reden, bei allen das richtige Wort zu treffen, zu allen leichten Zugang zu finden, rede er nun mit einem Abbate oder einem Kapitän, mit einer Gräfin oder dem Küchenmädchen, das den Salat macht, kurz: er ist eine gesellige Natur. Hofmannsthal aber umschreibt die Geselligkeit der Sprache dahin, daß sie das ständige Zusammensein mit den gegenwärtig Lebenden und den lebenden Toten, dem Versammeltsein in einem Saal vergleichbar[14], gewährt, daß sie also das Wohnen in einem Haus ist, und wenn man nun Florindos unbehaustes Schweifen bedenkt, wird man sorgfältig zwischen Geselligkeit und Geselligkeit unterscheiden müssen. Es ist daher zunächst genauer nach der Eigentümlichkeit von Florindos Sprache zu fragen. Bezeichnend ist, was Antonia zu ihm sagt: »Du machst einen taumelig mit Reden.« (108)

---

11 P IV 434/5. – Das Fehlen einer geselligen Sprache erklärt zu einem guten Teil die Tatsache, daß es nur wenige deutsche Komödien gibt, und ist auch verantwortlich für die besonderen Schwierigkeiten, die Hofmannsthal bei der Arbeit immer wieder hemmten. Vgl. dazu A 59: »Es ist hart, sich mit einer herrschenden Gesellschaft herumzuschlagen, aber härter, eine nicht vorhandene postulieren zu müssen.«

12 P IV 429/30.

13 Vgl. vor allem die vom Juni bis November 1908 gewechselten Briefe, S. 37–52. Der schwierige Weg zur Komödie läßt sich in den Ausgaben von Martin Stern abschreiten: H. v. H., Florindo, Frankfurt a. M. 1963; H. v. H., Silvia im »Stern«, Bern–Stuttgart o. J.
Dazu: Martin Stern, Hofmannsthals verbergendes Enthüllen. Seine Schaffensweise in den vier Fassungen der Florindo/Cristina-Komödie, in: DVjs. 33, 1959.

14 P IV 256, 261.

Dabei geht das Betörende nicht eigentlich, wie in Hofmannsthals lyrischen Versdramen, vom ungewöhnlichen Wohllaut einer überaus schmiegsamen Sprache aus; die Prosakomödie vertraut in dieser Hinsicht auf die Ausstrahlung des Schauspielers und auf das Timbre seiner Stimme. Florindos Begabung, Vorsätze zunichte zu machen, einen im Standpunkt zu beirren, vom angetretenen Weg abzubringen, so daß einem eben taumelig zumut wird, gründet in seiner munteren Art, seiner Spontaneität, seiner der momentanen Regung entspringenden Lebendigkeit, dem élan vital. Sein Reden überredet dazu, sich ganz dem Moment zu überlassen. Wie Andrea in »Gestern« will er vom Gewesenen nichts wissen, denn er fühlt sich nicht mehr der von damals und sieht im Festhaltenwollen nichts als »Verkrampfung« und »Wüten gegen die eigene Seele« (107); auch das Künftige läßt er sich nichts angehen, er findet es »ebenso töricht, auf Jahre hinaus Haß zu versprechen als Liebe« (»Florindo und die Unbekannte« 32); das momentan Anwesende ist ihm alles: »Wenn es *da* ist, *daß* es da ist! Darüber wollen wir uns miteinander erstaunen! Daß es uns würdigt, einander zum Werkzeug der ungeheuersten Bezauberung zu werden!« (»Florindo und die Unbekannte« 42, vgl. 107) So steht sein Reden in einer eigentümlichen Spannung zur Sprache, die ja dadurch gekennzeichnet ist, daß sie nicht nur um die Nähe des Momentanen weiß, sondern alles Ferne, das Dereinst wie das Einstmals, in sich zu versammeln vermag. In Florindos Reden ist nichts von Gesammeltheit und Besonnenheit, es ist ein Fließen, das einen irgendwohin entführt, wie es Cristina geschieht: »Ich weiß kein Wort von allem, was Sie geredet haben. Ich habe Sie immer nur angeschaut.« (141) Es ist gar nicht eigentlich Sprache, wenn er redet, sondern ein Sprach- und Namenloses, das der Sprache gar nicht bedürftig scheint, sondern sich reiner als Gebärde ausdrückt: »Indem er nur ins Zimmer tritt«, übt Florindo eine Macht aus (»Die Begegnung mit Carlo« 68); indem er, einem Einfall folgend, ins abfahrende Boot springt (145), ist er unwiderstehlich. Seine Worte intendieren das Wortlose; Worte sind ihm nichts Gültiges, sondern etwas Vorläufiges, Nachträgliches, Uneigentliches, bloße Aufschriften (136), nicht »innerer Gehalt« (135), nicht die »Essenz«, »das Ding selber« (136), vielmehr etwas bloß Äußerliches, im Grunde genommen Unwesentliches, und darum geht er auch mit dem Wort leichtfertig um. Es ist ihm um die »namenlose Bezauberung« (107) zu tun, und im Namen dieses Namenlosen redet er: er beschwört den »Geist der Natur« (»Florindo und die Unbekannte« 42). Vollends deutlich wird dies durch den Gegensatz zu Cristina, die nicht von namenloser Bezauberung spricht, sondern dem, was sie meint, einen Namen gibt, nämlich »ordentliche Trauung in der Kirche, mit Zeugen und allem, wie es sich schickt«. (137) Die beiden sind miteinander ironisch verbunden: durch das Nichtverstehen[15], sie verstehen einander weder ohne Worte, wie Florindo glauben möchte, noch mit Worten, wie Cristina meint: sie sagen beide »Mann und Frau«, sie reden vom »letzten Ziel« (137) und verstehen darunter ganz Verschiedenes. Dieses Nichtverstehen kontrastiert einerseits mit dem Einverständnis zwischen Florindo und den drei Töchtern des Musikers Romeo, welches weder den Anspruch auf Treue noch den Vorwurf der Untreue erhebt, anderseits mit jenem völlig andersartigen Einverständnis, in welchem Cristina und der Kapitän sich finden werden. So geht das Spiel in ständigem Wechsel auf verschiedenen Ebenen vor sich.

Sonderbar mutet es nun an, daß Florindo im Gespräch mit dem Kapitän, kurz bevor er sich zu Cristina ins Zimmer schleicht, seine zahllosen galanten Abenteuer als schamlos, bubenhaft und niederträchtig verurteilt (176) und ihnen die »Glückseligkeit unverbrüchlicher Treue«, die Ehe als das, was das Leben lebenswert macht, gegenüberstellt (177). Wohl mag er damit die Absicht verfolgen, Cristina, die er anderntags wieder loswerden will, dem Kapitän zuzuspielen, damit er sie heirate; ein Vergleich mit den Entwürfen und mit der als Quelle benützten Erzählung Casanovas stützt diese Deutung. Dennoch: Florindo vermöchte die Leute nicht zu bezaubern, wenn das Berechnende bei ihm der vorherrschende Zug wäre. Sein Lob der Ehe trägt einen andern Akzent als den der Absichtlichkeit. Florindo ist noch ganz erfüllt vom Zusammensein mit Cristina während des Nachtessens. »Namenlos. Ich war so unermeßlich glücklich diese halbe Stunde, daß ich sie nicht einmal begehrt habe. Die Musik war genug – der Blick des Mädchens vor sich hin, wenn die Töne zärtlich wurden. Das Gefühl ihrer Gegenwart. Es gibt etwas, das mehr ist als Umarmungen.« (173) Es ist indessen merkwürdig, daß er von diesem Glücksgefühl schon in der Vergangenheitsform spricht, so daß das nachfolgende »Mir ist unsagbar wohl zumute« nicht mehr ganz glaubhaft ist. Offenbar kann er sein Glücksgefühl nicht einmal in die Liebschaft hinübernehmen. Es ist bereits im Begriff zu zerrinnen, wenn er sich anschickt, mit Cristina die Nacht zu verbringen, so daß er sich selbst nicht mehr völlig versteht. »Was habe ich bei Weibern gesucht? Ich frage Sie! Sagen Sie mir um alles in der Welt, was habe ich gesucht? Ich schäme mich. Es kann natürlich sein, daß ich dieses *eine* ahnungslos gesucht habe.«

---

[15] Vgl. zu dieser Formulierung: Hofmannsthal an Strauss über Ariadne und Zerbinetta, Juli 1911, S. 134.

(175) Ahnungslos ist er aber längst nicht mehr. Was früher, da er Octavians Alter hatte, Liebschaft gewesen sein mochte, welche ébauche der Ehe nach der mystischen Seite hin war[16], ist ihm in routinemäßige Wiederholung abgesunken. Etwas Ursprüngliches begegnet ihm nur noch zu Beginn der Verliebtheit: da ihn eine Stimme wie die »Stimme eines Engels« anrührt (120), da ihn ein Blick trifft, als wäre er »aus einer andern Welt« (211). Wenn Florindo die Ehe preist, kommt dieses Lob aus einer verschütteten Tiefe, aus dem Wissen, daß es ein Mysterium ist, wenn Mann und Frau beieinander zu bleiben vermögen (vgl. die gekürzte Fassung 429), und es berührt ihn mit echtem Schmerz, daß er von dieser »Glückseligkeit unverbrüchlicher Treue« ausgeschlossen ist. Aber er ist unverheiratet, weil ihm die Entschlossenheit fehlt, deshalb hat sein Schmerz die Weichlichkeit einer bloßen Aufwallung und haben seine Worte einen falschen Klang, einen Ton klischeehafter Rhetorik, die im Kontrast zu den einfachen Worten Cristinas steht: »Gut ist die Ehe. In ihr ist alles geheiligt. Das ist kein leeres Wort. Das ist Wahrheit. Es führens viele im Munde, aber wers einmal begriffen hat, der verstehts.« (240) Florindos Verhältnis zum Wort hat sich seltsam umgedreht: wenn er von Heirat und Ehe spricht, ist er nicht mehr den Worten voraus als ein Entzückter, der sagen kann: »Worte sind gut, aber es gibt was Besseres« (138), vielmehr bleibt er hinter dem Wort zurück, und jetzt trifft auch Cristinas damalige Replik, die an Florindo vorbeigeredet war, ins Schwarze: »Das verstehe ich schon, daß es was anderes ist, ob man was tut oder davon redet.« (138) Bald reicht das Wort nicht an das, wovon Florindo bewegt ist, bald reicht er nicht an das Wort. Er ist nie beim Wort, das Wort nicht bei ihm: in dieser Entzweiung schwankt er zwischen Entzücken und Leere, zwischen »erwählten und verworfenen Stunden« (»Florindo und die Unbekannte« 42). Das Gespräch mit dem Kapitän zeigt ihn in einem solchen Übergang.

Während Florindo durch die Gegensätzlichkeit von Wort und Ding, von Reden und Tun charakterisiert ist, weiß Pedro, der Mischling aus Java, kaum etwas von solchem Auseinander. Weil ihm das Wort ganz im Ding steckt, so daß er keinen Unterschied zwischen Zeichen und Bezeichnetem kennt[17], glaubt er alles wortwörtlich nehmen zu können. Daß das Wort, weil es vielschichtig ist und je nach Tonfall und Zusammenhang unterschiedliche Nuancen hat, der Auslegung bedarf, kommt ihm nicht

---

16 Vgl. S. 261.
17 Weil für Pedro Wort und Ding identisch sind, kann er auch mit der bannenden Kraft des Wortes den bösen Geist aus Cristina austreiben wollen: vgl. 244–247.

bei, und es wird schwerlich etwas nützen, wenn der Kapitän ihn zu belehren sucht: »Meinst du, wir Europäer brauchen einander alles wörtlich in die Zähne zu schleudern wie ihr in eurer gottverdammten Affen- und Tigersprache? Hier bei uns liegt das Feinste und Schönste zwischen den Wörtern.« (109/10) Für Pedro ist das Reden immer auch schon ein Tun; er ist in allem von einer arglosen Beflissenheit, von einer Gutwilligkeit, die es verbietet, von Absichtlichkeit zu reden, wenn er auch fortwährend Absichten kundtut. Er kann es nicht begreifen, daß er immer wieder Konfusionen anrichtet, wo doch alles einfach ist und von selbst gehen müßte, sowenig er versteht, wie man belustigt sein kann, wenn er sagt: »Ich bin vielmals in Erwartung.« (93) Im Gegensatz zu seiner Simplizität vereinfacht der Hausknecht die Dinge böswillig und bringt sie auf ihre angebliche Eindeutigkeit. Er nimmt die Leute beim Wort, wenn sie, in der Meinung, die Post fahre um halb sechs, früh um vier Uhr geweckt sein wollen, und macht sie nicht darauf aufmerksam, daß die Abfahrtszeit, wie immer an Donnerstagen, zwei Stunden später ist; er wird anderntags schnöde die Aufschrift auf dem Brett vorweisen. (181) So wie er das Wort aus dem Sinngefüge herauslöst und dem Buchstaben nach auffaßt, reduziert er alles und jedes: den Namen auf die Nummer (166, 219), den Ruf auf den Pfiff (187), das Tun auf die Fron (183, 185); das Leben ist ihm nichts als ein »ewiges Ankommen und Wiederabfahren« (185), die Menschen sind ihm nichts als »Gesindel« (185), er schaut ihnen nie ins Gesicht, genug, daß er in ihrem vertretenen Schuhwerk »den Abdruck ihrer läppischen Existenzen« (185) in die Hand nehmen muß.

Man könnte die Sprache einem Haus vergleichen und sagen, der Hausknecht habe sich im Kellergeschoß eingerichtet, durch dessen Fenster er immer nur die Füße Vorübergehender sehe; für Pedro sei es ein fremdes Haus, in dem er sich herumtreibe, unbeholfen, aber völlig unbefangen und daher drollig, und es sei ihm nur deshalb nicht unheimlich zumute, weil er der väterlichen Freundschaft des Kapitäns, seiner Fürsorge, Anleitung, Zurechtweisung und Nachsicht gewiß sein dürfe; Florindo aber bewege sich in diesem Haus wie in einem Hotel: denn er bedient sich der Sprache, verfügt über sie und handhabt sie, und dies ist nur möglich, weil sie ihm nicht zugehörig, sondern seltsam weggerückt ist, weil er in ihr nicht wohnt, sondern sich immer bloß vorübergehend darin aufhält.

Neben Florindos Beweglichkeit und Gewandtheit kommt sich der Kapitän schwerfällig vor, so daß er »den muntern Burschen« sogar beneidenswert findet (110, 111, 169, 170); aber sein Sinn steht doch nach ganz anderem als nach Beweglichkeit: ihm ist darum zu tun, seinen

»Stand zu finden« (245, vgl. 210), ja er hat ihn eigentlich schon gefunden, indem er ihn zu suchen begonnen hat. Da bleiben und ständig sein[18]: dort, wo er seine Kindheit verbracht und wo er begraben sein will, glaubt er das möglich. Indem er Anfang und Ende des Lebens zusammenschließt, gewinnt er seinen Stand. Er läßt das Vergangene nicht als vergangen hinter sich, er verdeckt sich nicht das Künftige[19], er lebt nicht »aus der Hand in den Mund« (164). In dauernder Dankbarkeit denkt er daran, wie ihm Pedro in schlimmster Zeit beigestanden hat (106); für immer will er dafür gut zu ihm sein (111). Es ist ihm stets im Sinn, wie er als Knabe in einem herrschaftlichen Fischwasser Schleien gefangen hat und beinahe vom Flurhüter erwischt und zuschanden geprügelt worden wäre; dieses Fischwasser gedenkt er nun an sich zu bringen und daselbst aus eigenem Recht zu fischen (208/9). Er hat sich vorgenommen zu heiraten und denkt dabei an eine, die ihm seinerzeit, vor dreißig Jahren, gefallen hat: vielleicht daß sie nun Witwe ist oder eine Nichte hat, die ihr ähnlich ist (209). Cristina erinnert ihn an seine Mutter: »So trug sich meine selige Mutter, mit solchen silbernen Nadeln im Haar. Das Mädchen vergesse ich nicht, und wenn ich sie bis an mein Totenbett nicht wiedersehe.« (117) An all diesen Einzelheiten zeigt sich das eine: daß der Kapitän das Gewesene und das Kommende zusammenfaßt und ins Gegenwärtige versammelt. In diesem Zugleich hat er seinen Stand, seine Heimat (210) gewonnen.

Es ist die Sprache, die diese Gegenwart gewährt: sie vergegenwärtigt, wie Hofmannsthal sagt, »das was nicht mehr ist, das was noch nicht ist, das was sein könnte«[20], und nur weil dem Kapitän in der Sprache das Heimatliche erschlossen ist, kann er im Land seiner Väter, wo er ein Kind gewesen ist und wo er begraben sein will, wo die Frauen, wie es seine Mutter tat, ihr Haar mit silbernen Nadeln aufstecken, seine Heimat sehen. Diese gesammelte Gegenwart, in der das Ewige das Gegenwärtige ist[21], ist eine andere Gegenwart als jener flüchtige Augenblick, in welchem Florindo lebt. Der Kapitän und Florindo sind als Gegenfiguren in den Gegensatz zweier völlig verschiedener Weisen der Gegenwärtigkeit hineingespannt, wie er in einem von Hofmannsthal zitierten Wort Kierkegaards dargestellt wird: »Der Augenblick bezeichnet das Gegenwärtige

---

18 Vgl. S. 251/2.
19 Es fällt auf, wie der Kapitän ständig seines Todes eingedenk ist: vgl. 117, 118.
20 P IV 439.
21 P IV 438, Kierkegaardzitat, vgl. »Der Begriff Angst«, übersetzt von Emanuel Hirsch, Düsseldorf 1952, S. 88.

als ein solches, das keine Vergangenheit hat und keine Zukunft. Darin liegt ja eben die Unvollkommenheit des sinnlichen Lebens. Das Ewige bezeichnet auch das Gegenwärtige, das kein Vergangenes und kein Zukünftiges hat, und dies ist des Ewigen Vollkommenheit.«[22] An dieses Zitat schließt Hofmannsthal die Bemerkung an: »Nur mit dieser wahren Gegenwart hat die Sprache zu tun.« Jeder Mensch ist also vermöge der Sprache mit der wahren Gegenwart verbunden, auch Florindo, wiewohl ihm »das Scheinbild des Augenblicks, der keine Vergangenheit und keine Zukunft hat«[23], diese wahre Gegenwart verdeckt. Weit tiefer als Florindo ist der Hausknecht in dieses Scheinbild hineingebannt: ihm erscheint die Zeit fast gänzlich »als ewiger Gleichklang sinnlos wiederholter Takte«[24], weshalb sich das Menschliche in ihm auf die Form der Revolte reduziert hat, eines Aufbegehrens freilich, das durch Lakaientum geschwächt ist. Er ist weit entfernt von der notwendig-möglichen Tat, die in sich Gehorsam und Freiheit vereint[25]; seine Art zu gehorchen ist das Kuschen, seine Freiheit das Maulen. Ein kalter Anhauch des ewigen Nichts weht einen aus dem verkümmerten Menschenwesen dieser Figur an. Ihr rückt Florindo im Lauf der Komödie näher, indem er das Gute, das er weiß, nicht ergreift, sondern sich weiter damit abgibt, die Frauen eine nach der andern so schnell wie möglich auf den Punkt zu bringen, wo sie einander gleichen wie ein Ei dem andern (176/7), indem er, statt seinen Stand zu gewinnen, unaufhörlich unterwegs sein will, so daß ausgetretene Schuhe mehr und mehr zu seiner Signatur werden. Die Richtung, in der sich Florindo bewegt, ist durch ein Wort des Kapitäns angegeben: »Sie sind des Teufels, Herr, das ist, was Sie sind!« (424, 425) Der Teufel ist die Parodie auf das wahre Gegenwärtige: das völlig leere Gegenwärtige des Jetzt, die Abstraktion vom Ewigen, der ewige Gleichklang sinnlos wiederholter Takte. Auf den Gegensatz dazu weist das häufig wiederkehrende, aber nicht immer nur gedankenlos dahingesprochene »In Gottes Namen« der Cristina, und auch die stehende Redewendung des Kapitäns »Verdamm mich Gott« deutet darauf hin: die beiden stellen ihr Leben unter das Geheiß dessen, der als der Ewige das Gegenwärtige ist, und sie werden ihr Verlöbnis besiegeln, indem sie

---

22 P IV 438, vgl. »Der Begriff Angst«, S. 88. – Kierkegaard führt an dieser Stelle seinen eigenen Begriff des Augenblicks ein als Gegenstück zu dem im angeführten Zitat gemeinten Augenblick, der in seiner Abstraktion vom Ewigen nichts als eine Parodie auf das Gegenwärtige ist.
23 P IV 438.
24 Ebd.
25 Vgl. S. 214/5.

scherzend-ernst ihre Redensarten vertauschen. (260) Gottwärts gerichtet durch den in der Taufe verliehenen Namen (vgl. 95, 154), kann der Mensch zum Namen aller Namen kommen: Liebster, den zum erstenmal zu hören der Kapitän vor Glück fast erschrickt; teufelwärts kommt der Mensch um seinen Namen: der Hausknecht, dem anstelle von Namen Nummern stehen, und Florindo, der im Namen des Namenlosen verführerisch redet, lassen es ahnen[26]. Daß Hofmannsthal die Sprache in der Spannung dieser Gegensätzlichkeit sieht, bezeugt auch sein Wort: »Die romantischen Denker nannten die Natur den chaoswärts gesehenen Menschen – ist nicht die Sprache der Mensch, gottwärts gesehen?«[27] In dieser Spannweite bewegt sich Hofmannsthals Komödie; das wird immer wieder deutlich gemacht, so wenn Pasca von Pedro meint: »Der leibhaftige Teufel ist es« (115) und andrerseits der Kapitän sagt, in Pedro habe sich ihm »der lebendige Herrgott leibhaftig geoffenbart« (106) – ein Musterbeispiel dafür, wie im Dialog der Komödie die Wahrheit verborgen und im Ganzen der Komödie doch wiederum enthüllt ist[28].

Wenn Hofmannsthal sagt »Reden ist Menschheit«[29], so ist nicht bloß das genannt, was dem Menschen im Unterschied zum Tier eigentümlich ist, er meint damit das Wesen des Menschen gottwärts gesehen. Wie dies aufzufassen ist, steht in der Vorrede zur Anthologie »Wert und Ehre deutscher Sprache« zu lesen, wo Hofmannsthal, dem Wesen der Sprache nachdenkend, schreibt: »Das was nicht mehr ist, das was noch nicht ist, das was sein könnte; aber vor allem das was niemals war, das schlechthin Unmögliche und darum über alles Wirkliche, dies auszusprechen ist ihre Sache.«[30] Das in seinem zweiten Teil rätselhaft scheinende Wort erschließt sich aus dem Zusammenhang: Hofmannsthal sagt vorher, die Sprache habe es mit der wahren Gegenwart zu tun. Somit ist das, was niemals war, das Ist. Und das schlechthin Unmögliche ist das, was nicht das bloß Mögliche ist, was daher auch über dessen Gegensatz, das Wirkliche, erhaben ist; es ist die Wirklichkeit über dem Wirklichen, d. h. über

---

26 Auch Weidenstamm, der Personen und Orte verwechselt (D I 213/4), ist in diesem Zusammenhang zu sehen.
27 A 292.
28 Für die indirekte Mitteilung, wie die Komödie sie liebt, die gern die Tiefe an der Oberfläche versteckt, gibt es in »Cristinas Heimreise« ein besonders sprechendes Beispiel: Nicht nur auf Gott und seine Inkarnation in Christus wird darin hingewiesen, sondern auch auf den Heiligen Geist. Cristina sagt nämlich von Florindo, der für jede Frau das Wort »Wie schön sie ist« im Munde führt, er könne alleweil »nur ein Sprüchel, wie der Ministrant das Et cum spiritu tuo« (258).
29 Vgl. S. 282.
30 P IV 439, vgl. E 247: »Das Unmögliche ist das eigentliche Gebiet der Poesie.«

dem entstehend-vergehenden Momentanen; es ist »das schlechthin Wider-sprechende«[31], daß Vergangenheit und Gegenwart eins sind[32]. Die Sprache ist »das uns gegebene Werkzeug, aus dem Schein zu der Wirklichkeit zu gelangen«[33]. Von daher läßt sich der Auftrag der Dichtung, wie ihn Hofmannsthal sieht, bestimmen: es muß ihr darum zu tun sein, »die Sprache in uns auszuprägen«[34], d. h. uns instand zu setzen, das in der entstehend-vergehenden Zeit Zertrennte in das Zugleich der Fülle der Zeit zu versammeln. Die Dichtung versucht dies zu erreichen, indem sie mit ihrem Geflecht jedes einzelne in ein Ganzes einbezieht und im Ganzen die Abstufungen von der Fülle bis ins Entleerte fühlbar macht, aber auch in den Verkümmerungen noch deutlich werden läßt, daß der Mensch durch die Sprache stets in das Ganze hineingehalten ist. In diesem Ganzen gibt es keine Vergeblichkeit und Sinnlosigkeit, so daß selbst im Widersinnigen der Sinn, im Zufälligen die Notwendigkeit ahnbar wird. An der Verführung Cristinas kann dies am besten nachgewiesen werden.

Die Dorfschöne, der kein Bursche ihrer ländlichen Welt gut genug ist, weil sie sich zu etwas Besserem geboren fühlt, ist auf den reichlich absurden Gedanken gekommen, in der Stadt, in Venedig, einen Bräutigam zu suchen: dieser Zug von Eitelkeit, Hochmut und Vorwitz in ihrem sonst naiven Wesen macht sie der Verführung zugänglich[35]. Wollte man nun den Sinn der Komödie darin sehen, daß mit der schlimmen Erfahrung, die Cristina machen muß, Untugenden gezüchtigt werden, so hätte man die Dinge simplifizierend auf eine moralische Ebene projiziert; ebenso aber würde das Stück mißverstanden, wenn man es auf den Boden bloßer Natürlichkeit stellte und der Auffassung wäre, Florindo habe Cristina für die Ehe reif gemacht, indem er ihr ein Erlebnis von bisher ungekannter Seligkeit geschenkt habe[36]. Cristina ist nicht den Töchtern

---

31 P IV 282.
32 P III 281.
33 P IV 439.
34 A 85.
35 Dagegen Richard Alewyn: daß es Florindo gelingt, »sie zu verführen, liegt daran, daß sie beide gleich aufrichtig und unschuldig sind« (»Über Hugo von Hofmannsthal« S. 115).
36 Mit den Kategorien »Wachsen«, »Erblühen«, »Reifen«, mit denen auch »Verwelken« zu nennen wäre, sucht Alewyn die Vorgänge zu fassen (vgl. »Über Hugo von Hofmannsthal« S. 115–117). Es sind dies die Kategorien, unter denen Florindo das Leben sieht: »Wie dafür das Geschöpf dort aufgeblüht ist« (103) oder »Welche unendliche Verschiedenheit in den Frauen! Und das auszukosten sind uns fünfzehn, wenns hoch kommt zwanzig Jahre gegeben« (253). Eine Ehe kommt aber nicht dadurch zustande, daß man ihr entgegenreift. Sie hat es mit dem Unverwelklichen zu tun, deshalb wird sie auch ein Mysterium genannt. In solchem

des Musikers zu vergleichen, die Florindo, weil er sie auf den Weg der Leichtlebigkeit gebracht oder sie auf diesem Weg ein Stück begleitet hat, ihrer »immerwährenden Liebe versichern« (215) – was die Parodie auf die wahre Liebe ist –, und sie ist auch nicht Antonia zu vergleichen, die sagen kann: »Die dich erhört, die ist schon betrogen. Aber die dich hat, der ist wohl.« (107) Cristina ist im Innersten verstört durch das schlechthin Widersinnige, daß die Liebe, die doch für alle Zeit und Ewigkeit gilt, durch Betrug und Verrat zu nichts geworden sein soll. Sie ist verstockt (248), in sich verschlossen: die sich gerne sehen ließ, versteckt sich in sich selbst, die sich hoch trug, versinkt in der Scham, die sich munter umtat, will mutterseelenallein in ihrem Winkel sitzen und von nichts mehr wissen (247). War sie schon versehrt, als sie in Venedig einen Mann suchen ging, so ist sie nun eine zutiefst Verwundete: sie ist, Ariadne in Gestalt eines Dorfmädchens, in ihrem Schmerz erstarrt, sie hat mit allem abgeschlossen und kann für sich nichts mehr erhoffen. Erst in der Tiefe dieses widersinnigen Geschehnisses geht eine Ahnung des Sinnes auf: daß Cristina aus der Gefangenschaft ihrer Verstocktheit erlöst werden und erst als Befreite und Zurückkehrende ins wahre Leben heimfinden kann; daß der Kapitän als einer, der Gefangenschaft und Verzweiflung erfahren und dem sich »der lebendige Herrgott leibhaftig geoffenbart« hat (106), der Mann ist, der sie zu freien vermag; daß das Leben immer erst zum wahren Leben wird, wenn es aus der Versehrtheit heil geworden ist. Das Licht des Heilenden ist nicht nur über den Schluß des Stücks ausgebreitet, es erhellt auch Cristinas Weg, und zwar nicht erst nachträglich, sondern als lichte Atmosphäre der Komödie von allem Anfang an, wenngleich sich erst am Schluß voll erkennen läßt, daß der Richtige schon auf dem Weg zu ihr ist, bevor sie an den Falschen gerät, daß der Falsche ihr die Augen für falsch und richtig öffnen muß, damit sie sehe, was kein Mann, sondern die Parodie auf einen Mann ist, und sich zu dem Mann entschließen könne, der nicht nur ein ganzer Mann, sondern der ihr bestimmte Mann ist. Vorwitz und Verstocktheit zeigen sich nun als die Wege dessen, der alles nach seinem Sinn zu lenken weiß. Florindo wird dadurch nicht gerechtfertigt, sein Frevel an der Liebe nicht im mindesten

---

Zusammenhang muß von Offenbarung und Entschluß die Rede sein, von dem, was Hofmannsthal immer wieder als das Geheimnis des Augenblicks dargestellt hat. Auf dieses Geheimnis wird auch in der Komödie »Cristinas Heimreise« verschiedentlich angespielt: wie der Kapitän Cristina zum erstenmal begegnet (117), wie Pedro im Traum Pasca sieht (115, 117, 161), wie Cristina aus ihrer Verstocktheit gelöst wird (248).

geheiligt[37]: in ahasverischer Ruhelosigkeit, ständig unterwegs und nicht wissend wohin, gibt er sich den Winden und der Nacht preis. Was am Anfang der Komödie einen verführerischen Glanz hatte, ist am Schluß armselig geworden, was als Lebendigkeit erschien, hat sich als Zerrbild des wahren Lebens erwiesen. Über der Uneigentlichkeit aber ist das Eigentliche heller und heller aufgegangen: über der Kuppelei die Ehe, über dem Schein die Wirklichkeit, über dem Moment der Augenblick, über dem Gleichklang sinnlos wiederholter Takte die Wiederholung in der Fülle der Zeit. Und durch das Hin und Wider der Reden mit ihrer Mischung von Wahrem und Unwahrem hindurch hat die Komödie das Wort vernehmbar gemacht, das die eigentliche Geselligkeit, bleibendes Beieinandersein, stiftet.

---

[37] Man darf Florindo auch keineswegs als Ehestifter bezeichnen. Wer die Ehen stiftet, ist klar genug durch den Pfarrer angedeutet (vgl. 134; dazu, was in der gekürzten Fassung Pasca sagt: »Daß es vorwitzig ist, wenn eines meint, es müßte gar so mit eigenem Verstand sich den richtigen Lebensgefährten herausfinden« 430).

Der Schwierige

Jemanden verstehen oder mißverstehen, sich mit jemandem verstehen oder nicht verstehen, dies ist auch in der Komödie »Der Schwierige« das vielfältig abgewandelte Leitthema. Es erscheint in den verschiedensten Nuancierungen: als triviale Lächerlichkeit, wenn man sich am Telephon nicht recht verständigen kann, als drastische Komik, wenn sich der berühmte, auf Bewunderung erpichte Professor mit einem Fakultätskollegen ähnlichen Namens verwechselt sieht, als Mischung von Tragischem und Komischem, wenn ein Ehemann seine Frau mit ganzer Seele liebt, sie jedoch von ihm nichts mehr wissen will. Das Thema ist durch Entgegensetzungen und Umkehrungen geführt: da ist der junge Mensch, der immer alles zu verstehen meint, der für alles und jedes gleich eine Erklärung zur Hand hat und dabei herzlich wenig begreift; da ist der ältere Mensch, der längst nicht mehr glaubt, daß sich alles verstehen und begreifen lasse, und der dabei ein tiefes Verständnis hat. Das Thema kommt auch in reduktionsstufigen Variationen vor: das Verstehen kann bei der einen Person fast nur ein Spüren und Wittern sein, bloß für die momentane Situation wach, bei einer andern dagegen fast ausschließlich intellektuelle Verständigkeit ohne Gespür für die konkrete Situation, für Ort und Stunde. Oder es ist in eigentümlichen Verschiebungen gezeigt: einer kann gescheite Bemerkungen machen, nur ist es nicht gescheit, sie zu machen, und wiederum kann einer Unrichtiges sagen und es ist doch richtig, es zu sagen. In unerschöpflichem Reichtum ist die komplexe Thematik entfaltet, so daß man immer von neuem überrascht wird. Bald ist die Erkenntnis Voraussetzung, daß man sich versteht: so verstehen sich Neuhoff und der berühmte Mann, weil sie sich in ihrem Verkanntsein erkannt haben und einig wissen; bald ist das Sich-miteinander-Verstehen Ermöglichung der Erkenntnis: so kann Helene Hans Karl kennen wollen, wie er ist, weil sie sich miteinander verstehen (300)[1]. Fortwährende Widerlegung scheint zum Prinzip erhoben zu sein. Die Hauptfigur, Hans Karl

---

[1] »Der Schwierige« im Band »Lustspiele II« S. 145–314.

Bühl, behauptet »von einer Sache auf der Welt« durchdrungen zu sein: »daß es unmöglich ist, den Mund aufzumachen, ohne die heillosesten Konfusionen anzurichten!« (312) Aber wie er dies in voller Überzeugung äußert, hat er sich schon selbst dementiert: er hat sich ja eben verlobt, und seine Verlobung mit Helene Altenwyl ist inmitten vieler Wirrungen alles andere als eine Konfusion. Hans Karl hat vor nichts eine solche Abneigung wie vor einer Soiree, wie vor der Konversation mit ihrem Knäuel von Mißverständnissen. Er möchte am liebsten allein sein, weil er sich und die Welt schweigend am besten versteht, – aber er läßt sich immer wieder ins Gespräch ziehen. Umgekehrt fühlt sich Edine nie so wohl, wie wenn sie Konversation machen kann: sie versteht sich und die Welt offensichtlich am besten, wenn Worte »alles Wirkliche verflachen und im Geschwätz beruhigen« (216), wenn sie auch noch das, was bloß erschwiegen und nicht erfragt werden kann – z. B. wie man sich das Nirwana vorzustellen habe –, ins Gespräch zu bringen Gelegenheit hat (288). Daß sie aber ausgerechnet auf solche Themen verfällt und sich nicht einfach an den Klatsch hält, scheint auf etwas in ihr hinzudeuten, was gerade dem bloßen Reden entreißen möchte.

Was aber hält dieses bunte Vielerlei zusammen? Wie ist all das Verschiedenartige einander zugeordnet? Das wird erst sichtbar, wenn die Arten des Verstehens, wie sie sich in dieser Komödie darstellen, genauer ins Auge gefaßt werden.

Stani glaubt die Menschen zu verstehen, indem er sie seinem Urteil unterwirft. Er teilt dabei stets in zwei Kategorien (182) und wendet somit unkritisch den Schematismus der Sprache an, die in rechts und links, oben und unten, früher und später gliedert. Die Frauen unterliegen seiner Meinung nach den Kategorien: die Geliebte und die Frau, die man heiratet (182); Hechingen gehört in die Gruppe »der instinktlose Mensch« (187), und als »uneleganter, schwerfälliger Kerl« (187) ist er das Gegenteil von Onkel Kari; dieser wiederum steht als der große Herr, der mühelos das darstellt, was er ist, im Gegensatz zu Neuhoff mit seiner »jämmerlichen Bemühung, ein Genre zu kopieren, das eben nicht sein Genre ist« (189). Auf Grund solcher Scheidungen ergibt sich ein folgerichtiges, eindeutiges Handeln: der eine Mensch ist unannehmbar, der andere ist bewundernswert; mit Antoinette kann man eine Liaison haben, Helene ist die Frau, die zu heiraten er sich vornimmt, denn sie ist erstens ein Jahr jünger als er, zweitens ausgezeichneter Herkunft, drittens elegant, viertens reich und was für weitere Gründe sich noch herzählen lassen. (207/8) In diesem Vorgehen versteht er sich selbst als denjenigen, der »immer alles in der Hand« behält (184), klare Entschlüsse faßt und sie unverzüglich verwirklicht. Er sieht sich als Realisten, indem er sich gegen den Idealismus seines Onkels abgrenzt, dessen Gedanken auf das Vollkommene, aber nicht Realisierbare gehen (207). Er ist in seiner Art, die Dinge zu sehen und mit ihnen umzugehen, unbeirrt, von keinen Zweifeln heimgesucht, sondern absolut zufrieden mit sich: »Wenn ich das nicht wäre, so hätte ich mich doch anders benommen.« (184) Den Kommentar zur Figur des Stani könnte man einem Entwurf zu »Cristinas Heimreise« entnehmen: »Die Logik, mein Herr, ist sicher die feinste und bestechendste Erfindung des menschlichen Gehirns und man vermöchte ihr wirklich nichts entgegenzusetzen – woferne nur das, was wir in den Begriffen so reinlich und handlich scheiden, auch in der Wirklichkeit geschieden wäre. Da haben Sie mich nun in die Enge getrieben mit Ihren Gegensätzen Ordnung und Unordnung. ... Aber ich sage Ihnen, die Ordnung und die Unordnung in den menschlichen Dingen sind nicht geschieden und sie lassen sich nicht die eine rechts, die andere links auseinanderstellen.«[2]

Stani praktiziert das in der Sprache angelegte Verfahren, sich die Welt handlich zu machen, um sie in den Griff zu bekommen. Die derart zurechtgemachte Welt nennt er zwar die Realität, daß er aber die Wirklichkeit gerade verfehlt, zeigt sich in seiner Auffassung der Menschen: er übersetzt das Individuum immer in den Typus. Hans Karl versucht ihn darauf aufmerksam zu machen; er wirft, nachdem der Neffe Antoinette in die Kategorie »Geliebte« eingewiesen hat, die Bemerkung ein: »Das ist ihr Genre, natürlich«, fügt aber den Vorbehalt hinzu: »Wenn man die Menschen so einteilen will.« (182) Aber Stani, der, von keinerlei Sprachbezweiflung angerührt, das Konkrete immer unter einen allgemeinen Begriff subsumiert, hört hier keinen Einwand heraus, wie er ja überhaupt nicht zuhören kann; er ist ohne weiteres imstande, sogar mit Bezug auf Helene zu sagen, »bei diesem Genre von Frauen« bringe es die Ehe mit sich, daß sie den Mann »mit der Zeit adorieren« (208). Durch das ganze Gespräch zwischen Hans Karl und Stani zieht sich ein Riss und hält die beiden, die auf ganz verschiedene Weise in der Welt zu Hause sind, auseinander, und zwar dergestalt, daß Stani, der an

---

2 L I 410/411. – In den Notizen zum Andreas-Roman findet sich das Wort von Novalis: »Den Satz des Widerspruchs zu vernichten, ist vielleicht die höchste Aufgabe der höheren Logik.« (E 267) Daß Hofmannsthal dieses Wort nicht etwa dahin versteht, es seien aller Willkür die Schleusen zu öffnen, läßt sich besonders klar an einer Stelle seines Lessing-Aufsatzes ablesen. Als ein Merkmal Lessingschen Wesens nennt er dort »die Vereinigung der Logik mit etwas Höherem, schwer zu Benennendem – das, was seine Logik so wenig trocken erscheinen läßt« (P IV 481).

seinem Onkel jede Nuance zu verstehen glaubt (204), ihn überhaupt nicht versteht und dabei das Nichtverstehen gar nie gewahr wird, während umgekehrt Hans Karl die Diskrepanz zwischen seiner und Stanis Welt immer vor Augen hat und dabei die Welt seines Gesprächspartners sehr wohl erfaßt. Selbst dort, wo sie sich einig sind, im Lob Helenes, reden sie aneinander vorbei, etwa wenn der Neffe sagt: »Sie ist reich« und der Onkel erwidert: »Und vor allem so hübsch«, oder wenn auf die Feststellung »Sie ist gescheit wie der Tag« die Entgegnung folgt: »Ich hab ihre Konversation so gern« (208). Am klarsten aber tritt ihre Verschiedenheit an Stellen hervor, die eine völlige Übereinstimmung ihrer Meinung zu zeigen scheinen:

Stani: »Sie hat die besten Manieren von der Welt.«
Hans Karl: »Sie ist so delizios artig, wie sonst nur alte Frauen sind.«
(208)

Einerlei Rede, und doch ganz und gar nicht einerlei Rede! Stani sieht in Helene das Genre Frau mit guten Manieren und bestimmt ihre Einzigartigkeit als Reinheit des Typus: in Helene tritt das Ideal in Erscheinung. Für Hans Karl aber hat diese zwanzigjährige Dame eine Artigkeit, wie sie sonst nur alten Frauen eigen ist: er sieht das Einzigartige als das Singuläre.

In einer durch das Urteil zurechtgelegten Welt bewegt sich auch Neuhoff. Daß dieser Norddeutsche dem Wiener Stani auf die Nerven geht, erklärt sich gewiß zu einem Teil aus der Verschiedenheit des Herkommens, ebensowohl aber auch aus ihrer Gleichartigkeit: dasselbe Bewußtsein der Überlegenheit, Willenskraft, Männlichkeit, dieselbe Selbstgefälligkeit, mit der sie sich selbst gern reden hören. Freilich sind bei Neuhoff alle diese Züge schärfer ausgeprägt: was sich bei Stani als Mitteilungsbedürfnis ausnimmt, ist hier Aufdringlichkeit; was man ihm als jugendliche Herzlosigkeit verzeihen mag, ist bei Neuhoff schlechtweg Unverschämtheit; was als Selbstverliebtheit bei dem einen nicht ohne Charme ist, bei dem andern ist es penetrante Eitelkeit. Es ist seine Jugend, die Stani um so vieles sympathischer wirken läßt als Neuhoff. Man merkt seinem Willen, die Dinge nach den Kategorien links und rechts zu scheiden, das Bedürfnis nach Ordnung an, hinter dem das ganze Wirrsal der Jugend spürbar ist, und man kann sich freuen an Stanis Entdeckerfreude, die gewahr wird, daß sich die Welt so schön ordnen läßt; zudem ist bei ihm noch vieles dem Zugriff seines einteilenden, rechnenden Denkens entzogen, so daß er einer echten Verehrung für seinen Onkel fähig ist. Er hat noch längst nicht alles ins Manipulierbare übersetzt. Daß er sich gegen Neuhoff acharniert und damit auch gegen sich selbst, weist auf eine tiefere Schicht seines Wesens, die noch nicht – wie bei jenem – verschüttet ist.

Hans Karl Bühl stellt sich kaum je den Menschen urteilend gegenüber. Er weicht, wenn er um seine Meinung angegangen wird, gerne aus. Wie Stani sein Urteil über Neuhoff hören will, spielt er den Ball zurück mit den Worten: »Das deinige scheint ja fix und fertig zu sein« (196); seiner Schwester entzieht er sich in einem ähnlichen Fall besonders elegant: er habe sich soeben im Zirkus die Späße des dummen August angeschaut und dies sei keine Vorbereitung darauf, etwas Gescheites zu sagen (216); ein andermal, befragt, ob Hechingen nicht ein kompletter Dummkopf sei, antwortet er ihr unumwunden: »Weißt du, Crescence, darüber hab ich gar kein Urteil. Mir kommt bei Konversationen auf die Länge alles sogenannte Gescheite dumm und noch eher das Dumme gescheit vor –« (160). Das mag für die, welche stets urteilen zu müssen glauben, so aussehen, als habe er keine eigene Meinung oder wolle er sich wenigstens nicht festlegen. So meint ja der neue Diener rasch herausgefunden zu haben, daß man mit ihm machen könne, was man wolle (214), und Neuhoff nennt ihn einen schlaffen und zweideutigen Menschen, der sich halb verschenke und sich halb zurückbehalte (255). Seine Art, sich des Urteilens zu enthalten, trägt wesentlich dazu bei, daß er als unentschlossen erscheint. Und mit einer gewissen Koketterie bestärkt er die Leute, die ihn für einen entschlußlosen Menschen halten, in ihrem Glauben: »Wenns dir gleich gewesen wäre, hätte ich mich eventuell später entschlossen und vom Kasino aus eventuell abtelephoniert. Du weißt, ich binde mich so ungern« (151), gibt er seiner Schwester auf die Frage, ob er zu Altenwyls komme, zur Antwort – dabei hat er vor zwei Stunden abtelephoniert. Freilich, nachdem er sich zuerst entschlossen hat, nicht hinzugehen, entschließt er sich, doch hinzugehen, und liefert damit, wie in andern ähnlichen Fällen, den Beweis eines dauernden »Wiegelwagels« (152), so daß ein sarkastischer Mensch wie der Hausknecht in »Cristinas Heimreise« sagen könnte, der Graf Bühl sei immer entschlossen, er wisse nur nicht zu was[3]. Aber in diesem Eindruck, man habe es mit einem unentschlossenen Menschen zu tun, wird man unsicher angesichts der Tatsache, daß Hans Karl den neuen Diener, bevor dieser seine Stelle recht angetreten hat, ohne Umstände entläßt, und daß er sich im Krieg als Hauptmann durch ungewöhnlichen Mut ausgezeichnet und damit die Achtung und Liebe seiner Soldaten gewonnen hat. Und schließlich macht

---

[3] L I 219.

der Ausgang der Komödie vollends offenkundig, daß Hans Karl, indem er sich fürs ganze Leben bindet, keineswegs unentschlossen ist, sowenig wie Helene oder Hechingen, wogegen die, welche stets zu diesem oder jenem entschlossen sind, in ihrer sogenannten Entschlossenheit zu komischen Figuren werden. Aber wie steht es nun eigentlich? Ist Hans Karls Unentschlossenheit nur Schein, oder ist er wirklich unentschlossen und wird im Verlauf der Soiree ein entschlossener Mensch?

Hans Karl bezeichnet es als seine Schwäche, daß er so selten das Definitive vor sich sehe (251). Vor allem seine offenbar recht zahlreichen Liebschaften haben ihm dies bewußt gemacht; er hat diese Frauen alle »wahrhaft geliebt« und sie alle, weil sie ihm nach kurzer Zeit gleichgültig geworden, wieder im Stich gelassen (300/01). Das Definitive nicht sehen heißt der Zufälligkeit ausgeliefert und damit dem »Grausen« (243) preisgegeben sein: »Es ist nicht zum Ausdenken, wie zufällig wir alle sind, und wie uns der Zufall zueinanderjagt und auseinanderjagt, und wie jeder mit jedem hausen könnte, wenn der Zufall es wollte.« (243) Das Definitive dagegen, »das Bleibende und das Gültige« (243) ist in der Ehe gegeben. Die Ehe ist nicht vom Zufall gestiftet, sondern von der Notwendigkeit. Diese heilige Wahrheit, sagt Hans Karl, müsse er schon immer gewußt haben, aber erst im Krieg sei sie für ihn ganz deutlich geworden: »Es gibt einen Zufall, der macht scheinbar alles mit uns, wie er will – aber mitten in dem Hierhin- und Dorthingeworfenwerden und der Stumpfheit und Todesangst, da spüren wir und wissen es auch, es gibt halt auch eine Notwendigkeit, die wählt uns von Augenblick zu Augenblick.« (245)[4]

Wenn nun aber Hans Karl seit dem Krieg um die Notwendigkeit weiß, die den Menschen von Augenblick zu Augenblick wählt, wie kann es dann sein, daß er immer noch das Definitive selten zu sehen behauptet? Er ist ja keineswegs mehr der gleiche wie in der Zeit vor dem Kriege, vieles ist für ihn draußen im Feld anders geworden (242). Sein Wiegel-Wagel, »dieses Unleidliche, Sprunghafte, Entschlußlose« (152), müßte, falls es sich nicht um pure Koketterie handelt, andere Hintergründe haben als früher und könnte nicht mehr Ausdruck eines der Zufälligkeit überlassenen Lebens sein. Diese Hintergründe werden im Gespräch mit Helene

---

4 Vgl. S. 244, 214/5. — Schon eine der frühesten Tagebuchaufzeichnungen zeigt Hofmannsthal mit diesem Thema beschäftigt. Er schreibt unter dem 31. Mai 1891, die Wirksamkeit des Zufalls, der Tyche, sei jetzt der herrschende Gedanke bei ihm. »Ich sehe aber von weitem schon den Ausweg aus dieser Epoche schimmern, das Jenseits, wo sich der Zufall als Notwendigkeit darstellt, die überindividuelle Darstellung.« (A 92)

erkennbar. Hans Karl erzählt von seiner zweiten Verwundung, die er erlitt, als er verschüttet wurde: »Das war nur ein Moment, dreißig Sekunden sollen es gewesen sein, aber nach innen hat das ein anderes Maß. Für mich wars eine ganze Lebenszeit, die ich gelebt hab, und in diesem Stück Leben, da waren Sie meine Frau.« (263) Es ist das Erlebnis des erhöhten Augenblicks, wie es in den Werken Hofmannsthals immer wieder an entscheidender Stelle vorkommt. In diesem Augenblick sind ihm die Augen aufgegangen, daß Helene die ihm bestimmte Frau ist; er hat das Definitive nicht bloß im allgemeinen als Gültigkeit und Heiligkeit der Ehe, sondern in ganz konkreter Gestalt, in seiner Ehe mit Helene, erkannt. Warum hat er sich dann aber nicht entschlossen um Helene bemüht, zumal ihm wohl ebensowenig wie seiner Schwester verborgen geblieben ist, daß Helene seit ihrem fünfzehnten Lebensjahr in ihn verliebt ist? Wäre dies mit Entschlußlosigkeit im üblichen Sinn zu erklären, so gäbe Hans Karl eine jämmerliche Figur ab, die es nicht verdiente, Helene doch noch zu bekommen.

Daß es sich um etwas Geheimnisvolleres handeln muß, geht schon daraus hervor, daß Hans Karl, indem er sich ihr eröffnet und von jenem Augenblick erzählt, von Helene Abschied nimmt. Er erklärt ihr seine Liebe und sagt ihr gleichzeitig für immer adieu: »Da muß man ja sehr zu jemandem gehören und doch nicht ganz zu ihm gehören dürfen.« (263) An dieser Stelle beginnt man zu erkennen, was Hans Karl zu einem solchen Menschen macht, daß er der »Schwierige« genannt werden kann. Jemandem mit ganzer Seele zugetan sein und ihm doch, wiewohl die Liebe erwidert wird, nicht angehören dürfen: es ist das Thema, das Hofmannsthal schon dem »Bergwerk« zugrunde gelegt hat und nun wieder aufgreift, um es, aller Düsternis der Kriegsereignisse zum Trotz, in ganz anderer, in einer lichten Atmosphäre zu gestalten, wobei der dunkle Untergrund in mancherlei Abschattungen sichtbar bleibt. Was Hans Karl von Helene trennt, ist freilich nicht dasselbe wie das, was zwischen den Liebenden im »Bergwerk« steht. »Es hat mir in einem ausgewählten Augenblick«, sagt Hans Karl, auf den erhöhten Augenblick während der Verschüttung anspielend, zu Helene, »ganz eingeprägt werden sollen, wie das Glück ausschaut, das ich mir verscherzt habe. Wodurch ich mirs verscherzt habe, das wissen Sie ja so gut wie ich«, und fügt erklärend noch bei: »Indem ich halt, solange noch Zeit war, nicht erkannt habe, worin das Einzige liegen könnte, worauf es ankäm.« (264/5) Er kennt ja Helene seit langem, dennoch hat er sich während der Rekonvaleszenz nach seiner ersten Verwundung in eine Liaison mit Antoinette verstrickt; seither heißt es in der Gesellschaft, Antoinette werde sich scheiden lassen und

Hans Karl heiraten. Wie ihm, bei der zweiten Verwundung, die Augen aufgetan werden, fühlt er sich der Liebe Helenes unwürdig, und zwar in einem doppelten Sinn: er hat zu spät erkannt, was ihm Helene bedeutet, und er hat sich an der Ehe vergangen. Wie könnte er, der die Ehe in ihrer Heiligkeit und Reinheit (265) begriffen hat, Helene jetzt noch angehören dürfen? Er weiß, daß sie die Frau ist, die er lieb hat, ein für allemal, und liebbehalten wird für immer, geschehe, was da wolle, die für ihn immer die ist, die sie ist, »die Schönste, die Liebste, die Eine, die Einzige« (vgl. 244/5) – und weiß zugleich, daß er auf sie verzichten muß, genauer: ihr nicht etwa bloß entsagen, sondern sie hingeben muß, als ein Opfer, weil er nur so dieser Liebe würdig sein kann. Indem er Helene adieu sagt, trennt er sich nicht von seiner Liebe zu ihr, sondern wahrt sie in ihrer ewigen Gültigkeit. Seit den vielen Tagen und Nächten im Feldspital führt er dieses tief innerliche Gespräch über Verfehlung und Versöhnung, Schuld und Sühne, das ihn zum einsamen Menschen hat werden lassen. Wem könnte er, was in ihm vorgeht, verständlich machen? Man spräche von Hypochondrien (152, 184), man dächte, er sei ein ausgesprochener Dummkopf, ähnlich wie man dies, in umgekehrtem Sinn, von Hechingen denkt: Antoinettes Mann ist ein Dummkopf, weil er, eine Art von Don Quijote, an seiner Liebe festhält und die untreue Frau nicht gehen lassen will; Hans Karl ist ein Dummkopf, weil er an seiner Liebe festhält und die geliebte Frau nicht heiratet. Wie sollte ihn jemand verstehen können, da er sich doch selber nicht immer versteht und sich selbst viel schlechter versteht, wenn er redet, als wenn er still ist? (261) Sogar indem er darüber mit Helene spricht, läuft er Gefahr, sich selber unverständlich zu werden, und in der Tat wird er dann das, was ihm »mit einer unbeschreiblichen Klarheit und Reinheit« (265) vor Augen gewesen, als »rein persönliche Einbildungen, Halluzinationen, sozusagen« (295) bezeichnen. Es ist, als ginge das, was im Unausgesprochenen im richtigen Medium ist, in ein falsches über, sobald es ausgesprochen wird. In Hofmannsthals Tagebuch steht zu lesen: »Das Individuum ist unaussprechlich. Was sich ausspricht, geht schon ins Allgemeine über, ist nicht mehr im strengen Sinne individuell. Sprache und Individuum heben sich gegenseitig auf.«[5] Im strengen Sinn individuell ist das, was in Hans Karl vorgeht: sein Verzicht auf Helene ist ein Opfer, das weder der Allgemein-

---

[5] A 194, August 1921. Diese Notiz formuliert die Antinomie der Einsamkeit und der Gemeinschaft, von der in »Ad me ipsum« die Rede ist, vgl. A 228. Die vorliegende Arbeit kann diese Problematik nur am Rand berühren.

heit noch einem bestimmten Menschen dargebracht wird und somit keinen ethischen Sinn hat, sondern etwas rein Persönliches ist, eine Sache zwischen Hans Karl und Gott, etwas Religiöses, das sich nicht ohne Verfälschung ins menschliche Gespräch übersetzen läßt, weil es im Widerspruch zum Allgemeinen steht. Man darf daher nicht meinen, es sei jetzt, da darüber geredet werde, verständlich geworden und damit sei auch das Wort »individuum est ineffabile« widerlegt. Man müßte Hans Karl sein, um ihn und sein Tun zu verstehen.

Warum aber sagt Hans Karl überhaupt Helene, wie sehr er ihr zugetan sei und daß er ihr dennoch nicht ganz gehören dürfe? Täte er es mit dem Hintergedanken, sie auf Umwegen doch noch zu gewinnen, so hieße das nichts anderes, als daß es ihm mit dem Verzicht nie ernst gewesen wäre. Hans Karl muß durchaus entschlossen gewesen sein, seine Liebe in sich zu verschließen; mit dieser Verschlossenheit hängt es zusammen, daß man, wie Crescence sagt, nicht weiß, woran man mit ihm ist (204), daß es, wie Helene sagt, unmöglich ist, sein letztes Wort zu finden, welches bei andern so leicht zu finden ist, daß seine Art etwas von einem Versteckenspiel hat (255). Stillschweigend auf Helene zu verzichten wird aber in dem Moment unmöglich, da er sich klarmacht, daß ihr Interesse für ihn seit ihrer Jugendschwärmerei keineswegs schwächer geworden ist und daß die allgemeine Auffassung besteht, auch er interessiere sich für sie. Er muß sie also von sich lösen, und das kann er nur tun, indem er sie das gewahr werden läßt, was sie beide verbindet, und ihr zugleich zu verstehen gibt, daß diese Verbindung nicht sein kann. Dabei kommt ihm der Auftrag seiner Schwester, er möge sich bei Helene für Stani verwenden, zu Hilfe. Indem er sich nicht einfach zurückzieht, sondern ihr einen andern zum Bräutigam wünscht, wird sein Verzicht zum Opfer. Sein Tun verliert den Charakter der Resignation und gewinnt den Zug der Bejahung.

So scheint es kaum möglich, in Hans Karl einen unentschlossenen Menschen zu sehen. Was sich wie Unentschlossenheit ausnimmt, geht aus schmerzlicher Entschlossenheit hervor und ist begründet in der Unmöglichkeit, sich verständlich zu machen, in der Schwierigkeit, sich selber zu verstehen und das eigene Handeln nicht als Anfechtung zu mißdeuten, im Willen, die Menschen nicht dem Urteil zu unterwerfen, sondern sie in ihrem unaussprechlichen Individuellen und Inkommensurablen zu achten. Dennoch gibt es bei Hans Karl Unentschlossenheit, nur nicht dort, wo seine Freunde sie zu sehen glauben. Unentschlossenheit ist im Spiel, wie Hans Karl nach dem Abschied von Helene die Soiree bei den Altenwyls verläßt, wenig später jedoch wieder zurückkommt. Wie dieses Verhalten zu erklären und zu werten ist, läßt sich am besten von der Handlungsweise Helenes her bestimmen. Denn in dieser Figur hat der Dichter am reinsten dargestellt, was wahre Entschlossenheit sei. Helene hat sich nach Hans Karls Weggehen in ein Zimmer eingeschlossen, man vernimmt, daß sie weint; dann sieht man sie im Mantel, entschlossen, allein in die Nacht hinauszugehen und Hans Karl zu suchen. Hofmannsthal hat das Unerhörte dieses Entschlusses mit verschiedenen Mitteln deutlich gemacht. Er hat die Artigkeit, die ausgezeichneten Manieren Helenes hervorgehoben: um so eindrücklicher stellt sich die Freiheit ihres Handelns dar; er hat klargemacht, daß eine Frau bei Hans Karl ausgespielt hat, wenn sie ihm nachläuft: das Wagnis ihrer Entscheidung ist unermeßlich; er zeigt in der kurzen Szene, da sich Helene vom Kammerdiener verabschiedet, das Definitive ihres Schrittes: sie gedenkt nicht mehr nach Hause zurückzukehren, es sei denn mit Hans Karl. Was sie zu tun im Begriff ist, schlägt aller Konvention, Klugheit und Vernunft ins Gesicht. Es ist absurd. Helene nennt es »das Unmögliche« (298). Ihr Entschluß ist das Wagnis des Glaubens, der das Unmögliche vor Augen hat und dennoch die Möglichkeit glaubt. Von hier aus gesehen erscheint Hans Karls Entschlossenheit zum Opfer trotz ihrem Ernst, trotz ihrer Vorbehaltlosigkeit als vorläufig, als uneigentlich. Es fehlt ihr der Glaube, der zu glauben vermöchte, Helene könne ihm, wiewohl er sie verscherzt habe, dennoch gegeben werden. Und wie er nun unter einem wenig stichhaltigen Vorwand zurückkommt und alsbald zugeben muß, er verstehe sein Zurückkommen selber nicht, kann das nur als Erwachen jener Glaubenskraft gedeutet werden, die bei Helene ins volle Licht gerückt ist. Helene ist es denn auch, die seinem Verhalten eine tiefere Deutung zu geben vermag: was ihn zurückgebracht habe, nennt sie seinen »eigentlichen tieferen Willen«, das »eigene Selbst« (297). Unter diesem Blickpunkt enthüllt sich das, was seine Entschlossenheit schien, in paradoxer Umkehrung als Unentschlossenheit, d. h. als Unfähigkeit, den Glaubenssprung zu wagen, die Unentschlossenheit dagegen, die ihn zurückbringt, als ein erstes Sichregen der wahren, eigentlichen Entschlossenheit, die der Glaube ist.

Der Begriff der Entschlossenheit ist das punctum saliens, der Herzpunkt von Hofmannsthals Komödie »Der Schwierige«. Entschlossenheit in ihrer Eigentlichkeit wird an Helene sichtbar gemacht, als der unbedingte Wille zum Äußersten, Letzten, als die Kraft, die sich auf das Endgültige, Unwiderrufliche einläßt, als die Beherztheit, die alles auf sich zu nehmen gesonnen ist, und wenn es den Tod bedeuten sollte[6]. Eine solche Entschlossenheit hat auch Adolf Hechingen; das zeigt sich darin, daß er wie keiner sonst – so berichtet Hans Karl – im Krieg sich vis-à-vis dem Tod eine Ruhe bewahrt hat, die »beinahe eine Art Behaglichkeit« war (160), und daß er mit unbeirrbarer Treue an der Liebe zu seiner ungetreuen Frau festhält. Entschlossenheit ist keine Eigenschaft, die jemand hat oder nicht hat; sie ist eine Weise des In-der-Welt-Seins, und zwar das eigentliche Dasein, das jeder Mensch zu verwirklichen bestimmt ist. Man kann diese Entschlossenheit Charakter nennen, wenn man darunter das versteht, was Goethe in dem von Hofmannsthal zitierten Wort meint: »Man bedenkt nicht, daß der Charakter sich nur durchaus aufs Praktische beziehe. Nur in dem, was der Mensch tut, zu tun fortfährt, worauf er beharrt, darin zeigt er Charakter.«[7] Hans Karl kommt erst am Schluß des Stücks zu dieser Entschlossenheit. Sie ist vorerst noch als sein Selbst, als sein tieferer Wille in ihm versteckt, ihm selbst verborgen und tritt erst damit heraus, daß er zu glauben vermag, Helene sei ihm hier und jetzt bestimmt, es könne ihm alles Vergangene verziehen werden (vgl. 310), er sei ihrer würdig geworden und müsse sich vor ihr nicht schämen (301). Durch diesen Glauben wird alles neu. Die anfängliche Unentschlossenheit ergibt sich daraus, daß Hans Karl, durch die Resignation aus dem Hier und Jetzt hinausgeführt, das Hier und Jetzt noch nicht wieder zu ergreifen, nicht in die Zeit zu gelangen vermag. Von dieser seiner wahren Schwierigkeit spricht er, wenn er sagt: »Mich interessiert nichts auf der Welt so sehr, als wie man von einer Sache zur andern kommt.« (183) Wenn Helene von seinem Mißtrauen spricht, von seiner Furcht vor dem eigenen Selbst (297), darf man dies nicht als Mangel an Selbstvertrauen im üblichen Sinn verstehen; es muß genauestens unterschieden werden zwischen dem gewöhnlichen Selbstvertrauen, an welchem es Stani so wenig gebricht, daß dieser Vorzug der Jugend zugleich sein größter Fehler ist, und jenem andern Selbstvertrauen, welches nicht angeboren noch anerzogen ist, welches vielmehr in der Entschiedenheit des Glaubens ruht und »einen so ruhig in einem selber« (301) macht, so daß es für dieses schwebende Ruhen im Selbst, dieses Frei-

---

6 Emil Staiger vergleicht Helenes Anweisungen, bevor sie das Haus verläßt, mit den Anordnungen, wie der Mensch sie in jener Einsamkeit, »die schon dem Ewigen erschlossen ist«, vor dem Tod, trifft. Vgl. »Der Schwierige«, in: Meisterwerke deutscher Sprache, 2. A., Zürich 1948, S. 255.
7 »Buch der Freunde« A 17, dazu die Ausgabe von Ernst Zinn, Anm. S. 104.

gegebensein und doch Gehaltenwerden kein schöneres Wort gibt als Gelassenheit[8]. Was Helene Mißtrauen nennt, geht notwendig dieser Entschiedenheit voraus; bevor Helene entschlossen ist, Hans Karl nachzugehen, muß sie, wie es ihr Weinen hinter verschlossener Tür anzeigt, durch denselben Mangel an Vertrauen hindurch[9]; darum weiß sie auch so gut Bescheid über das, was in Hans Karl vorgeht.

In der Figur Stanis ist die Pseudoentschlossenheit dargestellt. Auf dem Weg von Hans Karls Wohnung in den zweiten Stock hinauf entschließt er sich, Helene zu heiraten (204). Jeder Entschluß ist bei ihm plötzlich da, »auf eins, zwei«. Stani hat durchaus recht, wenn er diese Plötzlichkeit rechtfertigt mit den Worten: »Das ist doch genau das, worauf es ankommt« (205) – und er ist durchaus im Unrecht, denn er hat gar keinen Entschluß gefaßt, sondern einen Einfall, eine bloße Idee gehabt. Er sagt es selbst: »Die Idee ist mir plötzlich gekommen.« (204) Hofmannsthal hat Stani Worte Kierkegaards in den Mund gelegt: »Der Entschluß muß aus dem Moment hervorgehen. Gleich oder gar nicht, das ist meine Devise!« (183)[10] Aber diese Worte sind, indem Stani sie sagt, zur Karikatur geworden: Kierkegaard hat den Augenblick im Sinn, Stani meint den Moment[11]. Stani ist nicht wirklich entschlossen, er nimmt sich bloß etwas vor, er hat einen Vorsatz, ein Projekt. Von der höheren Notwendigkeit, die den Menschen von Augenblick zu Augenblick wählt, und von der Freiheit, in der der Mensch von Augenblick zu Augenblick sich selbst wählt, ist hier nichts zu erkennen. Stani anerkennt nur das, was er »statuiert« (206), und ist unbeirrbar in der Überzeugung, daß er stets aus Notwendigkeit handle: »Was ich tue, ist eben notwendig, sonst würde ich es nicht tun.« (185) Er ist nicht entschlossen, »er adoriert den Entschluß« (152), er liebt nicht Helene, er liebt den Entschluß, sie zu lieben[12].

---

8 Vgl. P III 98: »Was ist Gelassenheit anderes als Freiheit der Seele?«

9 Helenes Resignation ist in der für die Komödie charakteristischen indirekten Art durch Stanis Mißverständnis wiedergegeben: sie habe beschlossen, auf ihn, Stani, zu verzichten, und wenn ihr das Herz brechen sollte (291).

10 Vgl. dazu das Kierkegaardzitat im »Buch der Freunde« A 69, diese Arbeit S. 173, ferner Michael Hamburger, a. a. O., S. 72.

11 Vgl. hierzu das Kierkegaardzitat in »Wert und Ehre deutscher Sprache« P IV 438 und diese Arbeit S. 289/90.

12 In der freien Bearbeitung von Molières »Bürger als Edelmann« sagt Lucile zu Cleonte: »Ich glaube, daß Sie Ihren Entschluß lieben, mich zu der Ihrigen zu machen.« L III 289.

Antoinette scheint am weitesten von der Entschlossenheit entfernt zu sein. Sie ist ein Spiel von jedem Druck der Luft, abhängig von den Launen eines jeden Moments, sagt sie doch selbst: »Ich hab einmal nur das, was ich im Moment hab, und was ich nicht hab, will ich vergessen« (200), und ganz ähnlich: »Der Moment ist ja alles. Ich kann nur im Moment leben« (249). Und doch dementiert sie sich selbst: die Tage, die sie vor zweieinhalb Jahren mit Hans Karl verbracht hat, sind ihr »das einzige wirklich Schöne« in ihrem Leben, und die Erinnerung daran will sie sich nicht heruntersetzen lassen (241), und wie sie hier die Erinnerung hervorhebt, betont sie an anderer Stelle das Künftige: »Wir leben halt nicht nur wie die gewissen Fliegen vom Morgen bis zur Nacht. Wir sind halt am nächsten Tag auch noch da.« (243) In ihrem Wesen ist etwas Schwankendes, Unruhiges, Nervöses und Bizarres: unausgeglichene Spannungen zwischen dem rein Momentanen und dem, was über den Moment hinaus ist. Sie ist dem Zufälligen ausgesetzt, aber sie ist darin schon geängstigt, während Stani noch keine Ahnung hat, wie zufällig das ist, was er für notwendig hält. Hans Karl sieht dies alles auf ihrem Gesicht ausgedrückt: »Ja, es ist ein charmantes, liebes Gesicht, aber es steht immer ein und derselbe stumme Vorwurf in ihm eingegraben: Warum habts ihr mich alle dem fürchterlichen Zufall überlassen? Und das gibt ihrer kleinen Maske etwas so Hilfloses, Verzweifeltes, daß man Angst um sie haben könnte.« (261) Während Stani von der Verzweiflung, vom Grausen des Zufälligen noch ganz unberührt ist – und eben darum in einem gewissen Sinn am tiefsten in der Verzweiflung steckt –, spricht aus Antoinette die Verzweiflung stumm beredt. Deshalb ist es vielleicht möglich, daß sie in der Liebe ihres Gatten die höhere Notwendigkeit, für die Hans Karl ihr die Augen zu öffnen versucht, doch noch zu erkennen vermag; ein Zeichen dafür ist die Art, wie sie nach dem Gespräch mit Hans Karl ihrem Mann begegnet: sie schaut ihn irgendwie anders an als bisher, aufmerksamer (283), und sein Gespräch läßt sie nicht gleichgültig, sondern macht sie geradezu schwindlig (284). Freilich bleibt hier alles offen.

Merkwürdig mutet es an, daß Helene das Leben im Momentanen lobt und Antoinette als Vorbild sieht: »Aber die Antoinette ist doch da. Sie existiert doch so ganz für den Moment. So müssen doch Frauen sein, der Moment ist ja alles. Was soll denn die Welt mit einer Person anfangen, wie ich bin? Für mich ist ja der Moment gar nicht da, ich stehe da und sehe die Lampen dort brennen, und in mir sehe ich sie schon ausgelöscht. Und ich spreche mit Ihnen, wir sind ganz allein in einem Zimmer, aber in mir ist das jetzt schon vorbei: wie wenn irgendein

gleichgültiger Mensch hereingekommen wäre und uns gestört hätte.«
(261)[13] Helene steht, so jung sie ist, am Ende der Zeit, außerhalb des
Lebens. Die unerwiderte Liebe zu Hans Karl mag sie dahin gebracht
haben: weil sie unerwidert blieb, war sie vorbei, ehe sie hatte beginnen
können. So ist Helene durch die Sehnsucht bestimmt, ins Leben, in die
Zeit hineinzukommen. Im Grunde genommen meint sie, wenn sie Moment sagt, nicht jenes Jetzt, in welchem Antoinette ihr Leben zu haben
wähnt, sondern den Augenblick; nur weiß sie das zu jenem Zeitpunkt
noch nicht. Mit ihrer großen Entscheidung wird sie den Augenblick erfahren und, weil sie allem Abschied voraus gewesen ist, im eigentlichen
Sinne ganz für den Moment dasein können. Damit erweist sich Helenes
Antizipation des Endes als notwendig[14], als Ermöglichung der Rückkehr
und Wiederholung. Im Wesen der Liebe selbst liegt es, daß sie alle Stunden bis ans Ende vorwegnimmt, daß sie mit dem Verlust anfängt und
nun erst alles geschenkt bekommt. In Helene – wie in Hans Karl – hat
Hofmannsthal dargestellt, was ein Satz in den Aufzeichnungen zum
Andreasroman so ausdrückt: »Liebe ist Vorwegnahme des Endes im Anfang, daher Sieg über das Vergehen, über die Zeit, also über den Tod.«[15]
    Die Komödie »Der Schwierige« spielt zwischen den Gegensätzen der
Uneigentlichkeit und Eigentlichkeit hin und her. Ein und dasselbe Wort,
wie Moment, Notwendigkeit, Entschluß, kann im Sinn der Alltags-
sprache, der Konversation, die alles Wirkliche verflacht (vgl. 216), oder
im hohen Sinne gebraucht werden. Hofmannsthal hat diese Niveau-
unterschiede des Wortes an einer Stelle besonders deutlich gemacht. Auf
Hans Karls Frage: »Sie kennen meine Kusine seit dem letzten Winter?«
antwortet Neuhoff: »Kennen – wenn man das Wort von einem solchen
Wesen brauchen darf. In gewissen Augenblicken gewahrt man erst, wie
doppelsinnig das Wort ist: es bezeichnet das Oberflächlichste von der
Welt und zugleich das tiefste Geheimnis des Daseins zwischen Mensch
und Mensch.« (190) Das gleiche wird am Wort »begehren« gezeigt, wenn
Helene zu Hans Karl sagt: »Begehren ist Ihre Natur. Aber nicht: das –
oder das – sondern von einem Wesen: – alles – für immer! Es hätte eine

---

13 An dieser Stelle ist es vielleicht am greifbarsten, daß Helene von Nostitz das Bild
    der weiblichen Hauptperson im »Schwierigen« bestimmt hat. Vgl. ihren Brief an
    Hofmannsthal vom 15. Dezember 1912: »Ich hatte, besonders wie ich ganz jung
    war, etwas so Fernes in mir, daß ich sehr oft kaum eine Gegenwart realisierte.«
    (S. 123) Vgl. dazu den Brief Hofmannsthals vom 15. Mai 1907 (S. 37) und das
    Vorwort des Herausgebers (S. 11).
14 Vgl. dazu auch das Kapitel über das »Bergwerk« S. 132/3.
15 E 299. – Derselbe Gedanke ist in Kierkegaards »Wiederholung« S. 9/10 ausge-
    sprochen.

die Kraft haben müssen, Sie zu zwingen, daß Sie von ihr immer mehr und mehr begehrt hätten. Bei der wären Sie dann geblieben.« (301)

Zwischen Uneigentlichkeit und Eigentlichkeit bewegt sich auch der Begriff »Verstehen«. Wenn Stani sagt, Hechingen sei ein uneleganter, schwerfälliger Kerl, so mag diese Aussage durchaus zutreffen, aber Stani befindet sich damit, gleichgültig ob das Ausgesagte richtig oder falsch ist, in einem völlig verflachten Verstehen. Eigentliches Verstehen wird an Hans Karls dreimaligem »Ich habe ihn gern« (187/8) deutlich: er versteht sich mit ihm. Sich mit jemandem verstehen ist ein ursprünglicheres und umfassenderes Phänomen als jemanden oder etwas verstehen. In Stanis Art zu verstehen ist das Miteinander, das jedem Verstehen vorausgesetzt ist, abgeblendet auf die Beziehung eines Subjekts zu einem Objekt: er versteht sich als herausgelöst und gegenüberstehend, als denjenigen, der die Dinge in der Hand hat, und die andern versteht er als das Gegenständliche, mit dem man umgeht, das man handhaben kann. Das eigentliche Sich-mit-jemandem-Verstehen dagegen gibt den andern wie sich selber frei zu ihm selbst, läßt beide zu sich selbst kommen. So sagt Helene zu Hans Karl: »Sie sind, wie Sie sind, und ich will kennen, wie Sie sind.« (300) Nicht weil Helene erkannt hätte: so und so ist Hans Karl, und infolgedessen passen wir zusammen, versteht sie sich mit ihm, sondern weil sie sich mit ihm versteht, will sie ihn kennen. Das Sich-mit-jemandem-Verstehen beruht nicht auf Kenntnissen; es verhält sich umgekehrt: auf Grund des Sich-mit-jemandem-Verstehens ist ein Kennen erst möglich. Kennen heißt nun aber nicht: wissen, ob Hans Karl diese oder jene Eigenheiten habe, es heißt ihn darin erfahren, daß er von ihr alles für immer begehrt (vgl. 301), so wie sie von ihm für immer alles begehrt, wobei sie gar nicht weiß, ob er »jemand wahrhaft liebhaben« kann (299), vielmehr dies zu glauben entschlossen ist. Auf diesem Glauben, nicht auf einem Wissen beruht das Sich-miteinander-Verstehen. Indem sie sich miteinander verstehen, erkennen sie sich und einander in ihrer Gültigkeit, in der höheren Notwendigkeit ihres Füreinanderbestimmtseins. Als Notwendigkeit erweist sich aber die Notwendigkeit nur dadurch, daß Helene und Hans Karl fortfahren, sich als die füreinander Bestimmten zu glauben. Glauben, verstehen, erkennen sind nichts Kontemplatives, sondern ein Tun. Von diesem Tun gilt, daß es ein für allemal getan wird und zugleich immer wieder von neuem. »Das ganze Leben ist ein ewiges Wiederanfangen«, läßt Hofmannsthal Hechingen sagen; dieses Wort meint nicht, das Leben sei eben Stückwerk, sondern vielmehr, das Leben halte sich als wahres Leben ständig im Anfänglichen, in welchem, nach einem Wort Hans Karls, die Ewigkeit liegt (242).

In der ganzen Spannweite von uneigentlich und eigentlich spielt auch der Begriff »Absicht«. Es scheint zunächst, als ob den absichtsvollen Menschen wie Neuhoff oder Vinzenz die von keinerlei Absichten geleiteten wie Hans Karl und Helene entgegengestellt seien; aber auch Hans Karl verfolgt bestimmte Absichten, wenn er die Soiree besucht, und auch Helene, im Begriff, das Haus zu verlassen, hat eine Absicht. Die Dinge lassen sich nicht auf diesen einfachen Nenner bringen. Der Mensch ist ja nur als Kind absichtslos und kann als Erwachsener nicht absichtslos sein wollen. Was Hans Karl über Furlani, den dummen August, und über die Equilibristen und Jongleure sagt, beleuchtet das komplexe Problem der Absichtlichkeit und Absichtslosigkeit. »Was der Furlani macht, ist noch um eine ganze Stufe höher, als was alle andern tun. Alle andern lassen sich von einer Absicht leiten und schauen nicht rechts und nicht links, ja, sie atmen kaum, bis sie ihre Absicht erreicht haben: darin besteht eben ihr Trick. Er aber tut scheinbar nichts mit Absicht – er geht immer auf die Absicht der andern ein.« (221) Wenn Furlani nur scheinbar nichts mit Absicht tut, so tut er es offenbar doch auch mit Absicht, allerdings mit einer ganz anders gerichteten Absichtlichkeit. Er balanciert einen Blumentopf auf der Nase und »wirft ihn hinunter aus purer Begeisterung und Seligkeit darüber, daß er ihn so schön balancieren kann! Er glaubt, wenn mans ganz schön machen tät, müßts von selber gehen.« (221) Er macht also deutlich, daß das, was der Jongleur mit fabelhaft angespanntem Willen (221) zustande bringt, ohne Willenskraft, von selbst, spielend vonstatten gehen müßte. Er drückt jenen naiven, kindlichen Glauben aus, der alles für möglich hält, weil es das Unmögliche für ihn gar nicht gibt. Inmitten einer absichtsvollen Welt stellt Furlani die Kindlichkeit des reinen Toren dar, dessen Reinheit sich gerade darin erweist, daß er sich nie widerlegt fühlt und sich nie eines »Besseren« belehren läßt, sondern an seinem Glauben unbeirrt festhält. Doch Furlani weist nicht nur in die Kindheit zurück. Seine Naivität ist ja nicht ursprünglich, sondern gespielt, gewollt: sie ist das Resultat einer Anspannung, die doppelt so groß ist wie die des Jongleurs (vgl. 222). Er intendiert das Unmögliche, indem es seine Absicht ist, alle Absichtlichkeit zu übersteigen. So wird der Zuschauer die Naivität Furlanis nicht naiv nehmen, sondern sie als Spiegelbild, als indirekten Ausdruck für etwas anderes auffassen. Durch Furlanis naiven Glauben, daß alles möglich sei, weil es für ihn das Unmögliche noch gar nicht gibt, wird eine andere Form des Glaubens anvisiert: der Glaube, daß alles möglich sei, obwohl es unmöglich ist. In Furlanis Späßen liegt nicht nur ein Zug von

Melancholie, von Sehnsucht nach dem verlorenen Paradies, sie vermitteln dem Zuschauer auch die Spannkraft des Dennoch, die in der Absurdität steckt.

Die Figuren der Komödie stehen alle in einem Bezug zum Jongleur oder zu Furlani. Die einen suchen mit ganzer Anspannung ihre Absichten zu erreichen – und erreichen überhaupt nichts, bleiben somit weit hinter dem Jongleur zurück. Hechingen hat mit Furlani offenkundige Ähnlichkeit, wogegen Hans Karls Verhältnis zu ihm komplizierter ist. Während seine Schwester Crescence gar keinen Sinn für die Späße eines Clowns hat (212), ist er Furlanis hingegebenster Zuschauer, aber als solcher ausgeschlossen von dem, was Furlani repräsentiert. Hans Karl meint nicht, wenn mans ganz schön machen tät, müßte es von selber gehen. Daß es von selber gehen könnte, dies ist ja verscherzt. Hans Karl ist kein reiner Tor, aber Furlani, das Abbild eines solchen, gibt ihm Einblick in die tiefsten Dinge des Daseins. Deshalb ist ein solcher Mensch für ihn »eine wahre Rekreation« (219). Man glaubt durch die abgeblaßte Bedeutung des Wortes – Erholung – den ursprünglichen Sinn zu vernehmen. Furlani bringt Hans Karl auf den Weg der Wiedergeburt. In Helene dagegen stellt sich dar, was Furlani mit seinem komplexen Spiel von Absicht und Absichtslosigkeit nur in der Hohlform sichtbar zu machen vermag: der Überstieg über den Gegensatz Absicht–Absichtslosigkeit hinaus in jene höhere Absichtlichkeit, welche die Notwendigkeit und zugleich die Freiheit ist.

Indem Hofmannsthals Komödie das Eigentliche aus dem Uneigentlichen heraushebt, macht sie deutlich, wie verflacht die Wirklichkeit gewöhnlich in den Worten vorliegt. Die Eigentlichkeit läßt sich nun aber nicht durch bloße Negation des Uneigentlichen gewinnen, denn im Uneigentlichen ist das Eigentliche nicht ausgeschlossen, sondern verdeckt. Wenn Stani die Absicht hat, Helene zu heiraten, ist das Uneigentliche dieses Tuns auf den ersten Blick erkennbar, doch wäre es falsch, solcher Absichtlichkeit das Absichtslose als das Eigentliche entgegenzusetzen und zu sagen, in der Liebe gelte die Absicht nichts und das Unwillkürliche alles[16]. Dies trifft gewiß zu für die Liebe der Verliebtheit, aber das Unwillkürliche ist nicht imstande, diese Liebe in Ehe zu verwandeln, sowenig es die Absicht vermag. Es kann sich auch nicht darum handeln, daß sich das Unwillkürliche mit einer Dosis Absichtlichkeit mische, weil es in dieser absichtsvollen Welt eben nicht anders gehe. Das Eigentliche ist über

---

[16] Emil Staiger, Der Schwierige, a. a. O., S. 242.

den Gegensätzen, es findet sich auf einer höheren Ebene: dort wo im Entschluß Notwendigkeit und Freiheit ihre Einheit haben. In der ständigen Widersprüchlichkeit der Aussagen wird auf dieses Höhere aufmerksam gemacht. Crescence nennt Hans Karl und Helene zwei komplizierte Menschen (155); Hans Karl erhebt dagegen Einspruch: »Ich bin der unkomplizierteste Mensch von der Welt«, kurz darauf erklärt er jedoch: »Aber so einfach sind doch gottlob die Menschen nicht.« (158) Dieses Hin und Her, für welches die eben zitierte Stelle einen Modellfall darstellt, bewegt sich auf der dialektischen Ebene des Uneigentlichen, wo der Mensch ins Einseitige reduziert ist. Hier gilt das Wort Hofmannsthals: »Die Dialektik drängt das Ich aus der Existenz.«[17] Ähnliches meint Hans Karl, wenn er sagt: »Das simple Faktum, daß man etwas ausspricht, ist indezent.« (312) Das will nicht heißen, die Sprache sei ein unwürdiges Medium, man tue gut daran, es zu meiden. Der Mensch ist ja durch und durch auf die Sprache angewiesen[18]. Sie sei alles, erklärt Hofmannsthal, um dann fortzufahren, über die Sprache hinaus sei aber noch etwas: die Wahrheit und das Geheimnis, und nur wenn man dies nicht vergesse, dürfe man sagen: die Sprache ist alles[19]. Sie ist nicht in dem Sinne alles, daß sie die Wahrheit sein könnte, sondern insofern, als sie allein den Bezug zur Wahrheit ermöglicht. Dieser Bezug verwirklicht sich in einer Doppelbewegung: Die Sprache begeht, indem sie darstellt, einen Raub an der Wahrheit; dieser muß ihr rückerstattet werden[20]. Daher ist das Ausgesprochene immer wieder ins Schweigen zurückzunehmen. Hofmannsthals Komödie, durch die Sprachverleugnung hindurch zur wahren Sprachliebe gelangend[21], schafft diesen Raum des Schweigens inmitten des Gesprochenen durch den Zusammenklang der widersprüchlichen Urteile, durch die Paradoxalität der Aussagen. Sie möchte den Zuschauer über die Ebene des Dialektischen hinausführen. In diesem Zusammenhang wäre einem Wort aus dem »Buch der Freunde« nachzudenken: »Jede Darstellung eines Seienden ist schon Indiskretion; dieses primäre *vitium* durch eine Gegenwirkung, die man nicht anders als religiös nennen kann, zu sühnen, ist der Sinn jeder höheren Bemühung in der Kunst.«[22] Carl J. Burckhardt gegenüber hat sich Hofmannsthal

---

[17] P IV 458, vgl. diese Arbeit S. 265.
[18] Vgl. dazu Lothar Wittmann, a. a. O., S. 163 ff.
[19] P IV 142.
[20] Vgl. A 198.
[21] Vgl. A 71.
[22] A 61.

hierzu ausführlicher geäußert: »Wenn man vom Absichtslosen spricht, so ist die Absicht schon eingedrungen; wenn man die Wahrheit mit Worten festzuhalten sucht, so ist sie schon tödlich verändert; Worte müssen leise Zeichen bleiben, um die Wahrheit und, was dasselbe ist, die Gerechtigkeit nicht zu verletzen. Es gibt eine Sprache, die im Schweigen ihren höchsten Ausdruck findet, eine unschuldige Sprache. Es ist die Aufgabe des Dichters, in seinen höchsten Augenblicken dem Wort seine alte Unschuld wiederzugeben.«[23]

---

[23] Carl J. Burckhardt, Begegnungen, Zürich 1958, S. 117.

Der Turm

Im Dezember 1918 sagte Hofmannsthal zu Carl J. Burckhardt: »Kennen Sie das Wort von Novalis: ›Nach verlorenen Kriegen muß man Lustspiele schreiben‹? Das Lustspiel als die schwierigste aller literarischen Kunstformen, die alles in jener völligen Gleichgewichtslage aussprechen kann, das Schwerste, das Unheimlichste, in jener Gleichgewichtslage höchster versammelter Kraft, die immer den Eindruck spielender Leichtigkeit erweckt.«[1] Damals arbeitete Hofmannsthal noch an seiner zur Hauptsache in den beiden letzten Kriegsjahren entstandenen Komödie »Der Schwierige«; nach der Vollendung des Lustspiels galt aber seine Hauptsorge dem Trauerspiel »Der Turm«. Kein zweites Werk Hofmannsthals hat eine derart lange Entstehungsgeschichte. Der Stoff, den der Dichter in Calderons »La vida es sueño« vorgefunden, beschäftigte ihn schon um die Jahrhundertwende; im Sommer 1902 hoffte er eine völlig freie Bearbeitung »des zum Teil sehr tiefen, zum Teil grundschlechten Stückes« von Calderon zustande zu bringen[2]. Aber die Neudichtung blieb Fragment und wurde als solches – ein Zeichen der Resignation – 1910 veröffentlicht[3]. Am 15. Juni 1918 schrieb Hofmannsthal an Hermann Bahr, das Werk sei ihm erst durch die Erkenntnisse des Krieges »ganz faßlich« geworden[4]. Welcher Art diese Erkenntnisse sind, bleibt jedoch ungewiß. Ist ihm das Furchtbare, das der Gegenstand seines Trauerspiels ist, in seinem ganzen Ausmaß und in seinen letzten Auswirkungen erst durch das Geschehen des Weltkrieges klargeworden? Dann hätte er erst jetzt wirklich zu gestalten vermocht, was in den Notizen von 1902 ein Postulat war: der Turm, in welchem der Königssohn auf Befehl des Vaters eingekerkert ist, stelle das »Zentrum des Weltunrechts« dar: »hier gebiert furchtbares Unrecht fortwährend Dämonen,

---

[1] Carl J. Burckhardt, Erinnerungen an Hofmannsthal und Briefe des Dichters, Basel 1943, S. 28 f. – Vgl. dazu P IV 40.
[2] Brief an Theodor Gomperz, Br. II, S. 73.
[3] »Das Leben ein Traum« D III 339.
[4] Vgl. Grete Schaeder, Hugo von Hofmannsthals Weg zur Tragödie, Die drei Stufen der Turm-Dichtung, DVjs. 23, 1949, S. 339.

wie das Aas Maden erzeugt«[5]. Oder soll man eher an Erkenntnisse denken, wie sie Hans Karl Bühl ausspricht? Im Feld draußen sei ihm die heilige Wahrheit erst ganz deutlich geworden: »Es gibt einen Zufall, der macht scheinbar alles mit uns, wie er will – aber mitten in dem Hierhin- und Dorthingeworfenwerden und der Stumpfheit und Todesangst, da spüren wir und wissen es auch, es gibt halt auch eine Notwendigkeit, die wählt uns von Augenblick zu Augenblick.«[6] In diesen Erwägungen zeichnet sich nichts ab, was den Ausschlag geben könnte bei der Beantwortung der Frage, inwiefern der Krieg den Calderon-Stoff für Hofmannsthal ganz faßlich gemacht haben soll. So bleibt man vor der Tür stehen wie bei Hofmannsthals Vorbemerkung zum Teildruck von 1910: »Mit wachsender Vertiefung in den immer höchst merkwürdigen, niemals veraltenden Stoff wuchs die Erkenntnis einer zentralen, kaum überwindlichen Schwierigkeit, mehr geistiger als künstlerisch-technischer Natur, die hier auseinanderzulegen zu weit führen würde. So endet die Niederschrift mit dem vorletzten, vierten Aufzug.«[7] Offenbar ist es vor allem der Schluß der Tragödie, der dem Dichter zu schaffen macht; daß Hofmannsthal gleich nach der Veröffentlichung des »Turms« (1925) die beiden letzten Akte wieder völlig umgearbeitet hat, bestätigt dies. Welcher Art die besonderen Schwierigkeiten sind, wird aus einem Brief an Burckhardt deutlicher: »Worin die ungeheure Schwierigkeit liegt, die mich immer wieder – ich mag ein noch so genaues Scenar, ja Wendung für Wendung, vorher aufgezeichnet haben – den Glauben und damit die Kraft verlieren macht, ist fast leicht zu sagen: es handelt sich in diesem Stück immer darum, daß ein Vorderes, Greifbares da sei, eine Action, faßlicher, concreter Act – und zugleich, daß hinter dieser sich ein Höheres, Geistiges, Allgemeines, schwer Sagbares, gleichermaßen von Schritt zu Schritt enthülle und beglaubige – auch dieses *gestaltet*, nicht rational wahrnehmbar, aber mit der Phantasie. Dies Doppelte ist im ersten und zweiten Act, auch im vierten gelungen – im dritten noch nicht so ganz (doch hoffe ich, auch diesen mit Ihrem Zuspruch zurecht zu bringen, da ich jetzt genau weiß, was Sie störte: es liegt tiefer, als Sie angeben konnten[8]). – Aber im fünften stellt sich jeder neuen Fassung, zu der ich meine Kräfte ansetze, immer

---

[5] D III 426.
[6] L II 245.
[7] D III 503.
[8] Vgl. dazu Burckhardt an Hofmannsthal, 21. September 1922, S. 95, und Hofmannsthals Antwort vom 13. Oktober 1922, S. 97.

neu eine völlig erkannte Schwierigkeit entgegen, die ich aber auch im verzagtesten Moment keine unbesiegbare nennen möchte.«[9]

Was Hofmannsthal mit dem Schluß der Tragödie anstrebte, ist in einem Brief des Jahres 1926 angedeutet; der Dichter schreibt Burckhardt, daß die beiden letzten Aufzüge völlig anders werden sollen, dann erst lasse er das Stück spielen, und fügt bei: »Die Schlußacte des ›Turm‹ in der neuen Fassung werden gut; ich danke Reinhardt viel bei dieser Sache, ohne seinen Zweifel zuerst, seine unbedingte Zustimmung dann wäre ich nicht so schnell zu dem fruchtbaren Entschluß gekommen. – Entsinnen Sie sich jenes Juliabends vor sechs Jahren, da wir zusammen die letzten Aufzüge von ›Egmont‹ lasen? Damals ahnte mir, wie der Schluß des ›Turm‹ werden müsse, dazwischen verlor ich es, überwältigt vom Stoff und den scheinbaren Möglichkeiten, – heute *weiß* ich es wieder.«[10] Mit der Ausgabe von 1927, welche die Gültigkeit einer Fassung letzter Hand beanspruchen darf[11], ist Hofmannsthal nicht sich selber untreu geworden[12], vielmehr hat er das Ursprüngliche wiedergefunden und das schwer Sagbare, von dem er Burckhardt gegenüber spricht, besser sagen können.

Was an jenem Juliabend des Jahres 1920 Hofmannsthal vor Augen stand, ist aus Burckhardts Bericht zu erfahren. Gegenstand des Gesprächs waren die letzten Akte der Dramen; Hofmannsthal sagte dabei vom »Turm«, es gehe in diesem Werk darum, »den Einbruch chaotischer Kräfte in eine vom Geist nicht mehr getragene Ordnung deutlich zu machen«, und fuhr fort: »Was aber dann, der letzte Akt? Aus all dem Furchtbaren muß doch das Versöhnende, die Zukunft herausleuchten, nur dann hat

---

9 9. Oktober 1923, S. 139/140.

10 10. Juli 1926, S. 209/210. Im gleichen Sinn äußert sich Hofmannsthal gegenüber Leopold von Andrian über die Umarbeitung: »An den Gestalten und ihrem Grundverhältnis zueinander verändert sich nichts; wohl aber am Gang der Handlung. Es ist in den beiden letzten Akten ein episches Motiv eingeflossen (der Zeitverlauf) – dieses kann und soll wieder ausgeschieden werden.« (Brief vom 7. September 1926, S. 382).

11 Die Turm-Dichtung liegt in drei Fassungen gedruckt vor. Eine Betrachtung wird sich in erster Linie an die letzte halten müssen. Diese weist, abgesehen von den beiden völlig veränderten Schlußakten, gegenüber der Erstfassung erhebliche Kürzungen auf; da Hofmannsthal schon die Kürzungen der zweiten Ausgabe in einem Brief an Rudolf Alexander Schröder als »vielleicht sogar zu scharf« bezeichnet (29. Juni 1925, Corona 10, 1940, S. 798), ist es erlaubt, zur Verdeutlichung auch die drei ersten Akte der Erstfassung heranzuziehen.

12 Erika Brecht behauptet, die Umarbeitung sei das Resultat eines Druckes von seiten Reinhardts und dadurch sei dem Werk großer Schaden angetan worden (Erinnerungen an Hofmannsthal, Innsbruck 1946, S. 70). Gegen derartige Mißdeutung seines Verhältnisses zu Reinhardt hat sich Hofmannsthal in einem Brief an Burckhardt zur Wehr gesetzt, am 12. Januar 1925, S. 167.

das eigentlich Tragische seinen wahren Grund. So hat Hölderlin den Empedokles gesehen, bei Shakespeare ist die Nacht, das Grauen, das völlig Ausweglose oft zu tief. Goethe hat man mit Unrecht undramatisch genannt, gerade weil er unablässig nach den heilenden Kräften sucht, selbst im Furchtbarsten ist das Verhängnis bei ihm so bedeutungsvoll, nie losgerissen, immer als Funktion eines höheren Planes vorhanden; findet es im Menschlichen keine Lösung mehr, so liegt das Erlösende jenseits des Menschenlebens, immer im Bereich der die Welt über dem Abgrund des Nichts haltenden lebendigen Kräfte.«[13] Dies zeigte Hofmannsthal seinem Gesprächspartner am Beispiel des »Egmont«, und zwar an Hand der Stelle, da Klärchen in der Todesstunde zu Brackenburg sagt: »Laß mich dich Bruder nennen, es ist ein Name, der viele Namen in sich faßt.« Von Rührung fast übermannt, habe Hofmannsthal gesagt: »Gibt es etwas, was darübergeht? Das Letzte, was dem Menschen bleibt dem Mitmenschen gegenüber, das Lösende, das Versöhnende über alle Grenzen, wo das Geschlecht, der laute Tag, das Brennen der Leidenschaften, alles abfällt und nur das Hohe, Reine, Menschliche bleibt, wie Quellwasser mit diesem kühlen Glanz, der alles ankündigt, was zum Ewigen gehört. Ein mißbrauchtes Wort, ›Bruder‹, ›Brüderlichkeit‹, gerade in Goethes Zeit – und wie steht es da, als würde dieses herrliche Wort zum erstenmal geformt von diesen sterbenden Lippen einer Liebenden.«[14]

Es war also Hofmannsthal darum zu tun, aus der Furchtbarkeit eines tragischen Geschehens das Versöhnende hervorgehen zu lassen. In der ersten Fassung des »Turms« steht der Schluß offensichtlich unter der unmittelbaren Einwirkung von Goethes »Egmont«: der Kinderkönig nennt den sterbenden Sigismund seinen Bruder (206). Die »Brüderlichkeit«, »das schnelle völlige wechselweise Verstehen«[15] ist das Versöhnende; im Kinderkönig, der als »ein wiedergeborener Sigismund«[16] das jäh abgebrochene Werk des tragischen Helden fortsetzt[17], leuchtet die Zukunft heraus. Um so erstaunlicher ist es nun, daß Hofmannsthal diesen Schluß verworfen hat. Hat er damit nicht eben gerade das Versöhnende preisgegeben?[18] Dies stünde aber im Widerspruch zu dem erwähnten Brief

---

13 Erinnerungen an Hofmannsthal, S. 40.
14 Ebd. S. 41/2.
15 Brief an Fritz Setz, ohne Datum, Corona 10, 1940, S. 796/7; dazu Hofmannsthal an Burckhardt, 16. Januar 1926, S. 193.
16 Brief an Fritz Setz.
17 Vgl. A 240.
18 Grete Schaeder behauptet, die Bühnenfassung des »Turms« ende in grauer Hoffnungslosigkeit, der Dichter habe um der letzten bitteren Wahrheit willen auf jeden Trost verzichtet (a. a. O., S. 348).

vom 10. Juli 1926, den er während der Umarbeitung an Burckhardt richtete.

Man vermöchte hier wohl klarer zu sehen, falls sich jenes schwer Sagbare hinter dem Vorderen, Greifbaren der faßlichen Aktion etwas erhellen ließe. Worte des Großalmoseniers geben hierzu einen Wink: »Die Wahrheit, die da ist hinter allem Scheine, wohnt bei Gott.« (365)[19] Diese Stelle hat in der Erstfassung ein stärkeres Relief dank den Sätzen, die aus einem Buch Guevaras, des Hofpredigers Karls V., vorgelesen werden: »Fahr hin, Welt, denn auf dich ist kein Verlaß, dir ist nicht zu trauen; in deinem Haus weset das Vergangene nur mehr als ein Gespenst, das Gegenwärtige zergeht uns als ein morscher und giftiger Pilz unter den Händen, das Zukünftige pocht immer an als eine Räuberfaust um Mitternacht, und in hundert Jahren schenkst du uns kaum eine Stunde wahrhaftigen Lebens.« (I 65) Das Zeitliche, wie es uns im Entstehen und Vergehen vor Augen liegt, ist das Scheinhafte, hinter dem die Wahrheit ist: »Aber ich sage dir: Es gibt ein Auge, vor dem ist heute wie gestern und morgen wie heute.« (366) Das Doppelte, um das es nach Hofmannsthals Äußerung im »Turm« geht, läßt sich dahin bestimmen, daß sich mit der Aktion, die sich in der entstehend-vergehenden Zeit abspielt, Schritt für Schritt ein Höheres enthüllt, vor welchem sich die so aufgefaßte Zeit als Schein, als Uneigentlichkeit erweist. Das schwer Sagbare ist die »Welt hinter der Welt«[20].

Die Zeitigungsform, von der Guevara spricht, ist an der Figur des Königs Basilius dargestellt. Der Herrscher Polens lebt in der Furcht vor unversehens hereinbrechendem Unheil, vor Verrat, Verschwörung und Aufruhr. Seine Maxime ist die des sich ständig bedroht wähnenden Regenten: »Überwältige die Bösgesinnten, ehe sie sich vom blassen Schreck zu einer rebellischen Besinnung erholt haben. Treibe Stand gegen Stand, Landschaft gegen Landschaft, die Behausten gegen die Hauslosen, den Bauer gegen den Edelmann« (I 122/3) – eine Maxime, die das Chaos hervorruft. Die Furcht vor unbekannten und ungreifbaren Feinden hat

---

19 »Der Turm« im Band »Dramen IV« S. 321–463 (letzte Fassung) und S. 7–208 (erste Fassung).

20 Hofmannsthal sagte zu Rudolf Kassner, er habe in Paul Claudels »L'échange« (1894 entstanden) das gefunden, worauf es allein ankomme: die Welt hinter der Welt (Fiechtner, 2. Aufl., S. 249). Die entscheidende Frage ist, ob die Welt hinter der Welt im Sinne des Platonismus als Ideenwelt auszulegen ist, oder ob nicht das schwer Sagbare, nämlich der Abgrund hinter dem Seienden (P IV 281), »die wahrhafte Wirklichkeit im Nicht-Da« (P IV 184) gerade deshalb schwer zu sagen ist, weil es nicht im Sinne der platonischen Tradition verstanden werden soll.

sich zur Furcht vor seinem einzigen Sohn konkretisiert: er hat sein Kind
gleich nach der Geburt für tot erklärt und es heimlich wegschaffen und
in Gewahrsam halten lassen, damit sich kein Adelskomplott mit dem
Zweck, den König abzusetzen, je auf den Königssohn stützen könne
(vgl. 366 f.). Diese Unmenschlichkeit glaubt Basilius um so eher rechtfertigen zu können, als ihm, ähnlich wie dem König Laios der Ödipus-
tragödie, vor der Geburt des Kindes prophezeit worden ist, der Sohn
werde den Fuß auf den Nacken des Vaters setzen (366). Wer dies prophezeit hat, wird nicht gesagt; aber den Aufzeichnungen ist zu entnehmen, daß der König in einem Traum dieses Gesicht hatte[21]; die furchtbare Prophezeiung wird dort als Projektion des bösen Gewissens bezeichnet, »aus dem Material seiner Versündigungen gemacht«, aus all
dem bestehend, was »er in den Kerker des Unterbewußtseins geschickt
hatte wie Sträflinge«[22]. Basilius gehört zu jenen Figuren Hofmannsthals,
die über alles hinwegschreiten und, indem sie zu vergessen meinen, stets
leicht weitergehen: er mißachtet, was ihm als König obliegt, und vergeht
sich als Gatte an der »heiligen Ehe« (367, vgl. 359). Im Traum hat sich
das mit Füßen Getretene gegen ihn erhoben, aber es vermochte ihn nicht
aufzuhalten und zum Stehen zu bringen. Seither sind mehr als zwanzig
Jahre vergangen; nun erst ist sein Weg »ins Nichtmehr-Gangbare geraten« (360). Er fühlt sich krank – und wähnte sich doch eben noch im
Besitz unerschöpflicher Kräfte: »Den schönen Weibern lösten sich die
Knie beim Laut Unseres Kommens, und wo Wir beliebten einzutreten,
da beschien der silberne Leuchter oder der rosige Kienspan die Vermäh-
lung Jupiters mit der Nymphe. Und diesem schien kein Ende gesetzt,
denn Unsere Kräfte waren fürstlich.« (359) Er sieht sich von einem ungreifbaren Aufruhr umstellt – und meinte doch, ein für allemal gründ-
liche Vorkehrungen dagegen getroffen zu haben. Die Dinge, die Basilius
in seinem Wahrtraum gesehen hat, fangen an einzutreffen. Es ist, als
steige das Vergangene aus seinem Grab. Die Furcht des Königs vor dem
Kommenden nährt sich aus dem, was er als abgetan hinter sich gebracht
zu haben meint.

Während der König, der ausschließlich dem Momentanen leben
möchte, im Grunde von der Vergangenheit bestimmt ist, liegt der Akzent
bei der Figur des Gouverneurs Julian auf dem Künftigen. Basilius hat
ihm – und dies kam einer Verbannung gleich – vor zweiundzwanzig
Jahren den Auftrag gegeben, den königlichen Prinzen, der seine Ab-

---

[21] D III 431.
[22] D III 432.

stammung nicht erfahren darf, zu bewachen; seither hat Julian den Blick auf das eine Ziel gerichtet: dem Königssohn zu seinem Recht zu verhelfen, ihn aber auch zum gefügigen Werkzeug zu machen, Basilius zu gegebener Zeit zu stürzen und als der allmächtige Berater Sigismunds den entscheidenden Einfluß im Reich auszuüben. Er unterrichtet, an Hand der Bibel, den Knaben und gewinnt damit seine Zuneigung, er läßt ihn aber auch – wozu er sich das Alibi königlicher Instruktionen verschafft hat[23] – in unmenschlicher Härte einkerkern, um ihn desto gewisser in die Empörung zu treiben. Seit einem Jahr ist er nun daran, den weitverzweigten Aufruhr gegen den König zu entfesseln, indem er sich den Haß aller Unterdrückten zunutze macht. »Acheronta movebo. Ich werde die Pforten der Hölle aufriegeln und die Unteren zu meinem Werkzeug machen« (414): diese Worte Vergils[24] sind Julians Signatur.

Julian ist die Gegenfigur zu Basilius. Diesem gilt das Momentane alles, jenem nichts, dieser fürchtet das Kommende, jener setzt seine ganzen Hoffnungen auf das Künftige, dieser kerkert das Vergangene ins Verlies der Vergessenheit, jener läßt dieses Gefängnis aufsperren. Der Gang der Tragödie bringt an den Tag, wie verzweifelt das Leben dieser beiden Männer ist. Julian, von einem Gefreiten überspielt, den er als ein Werkzeug zu gebrauchen meint und der nun die Macht an sich zu reißen versteht, muß erkennen, daß alle seine Pläne und Machenschaften nichts gefruchtet haben (448). »Nichts!«: in diesem einen Wort, seinem letzten, spricht sich seine Verzweiflung ganz aus. Von der Verzweiflung des Königs sagt der Großalmosenier: »Du schreist: es ist hinter deinem Schrei und zwingt dich und heißt dich deinen Schrei hören, deinen Leib spüren [...], dein Zergehen einatmen, deinen Gestank riechen: Ohr hinterm Ohr, Nase hinter der Nase. Es verzweifelt hinter deiner Verzweiflung, durchgraust dich hinter deinem Grausen und entläßt dich nicht dir selber, denn es kennt dich und will dich strafen: das ist Gott.« (369) Der König nennt sich verzweifelt, weil ihn seine Kräfte verlassen haben und weil er sich vom Aufruhr bedroht fühlt. Die eigentliche Verzweiflung besteht aber darin, daß dergleichen ihm überhaupt Anlaß zur Verzweiflung sein kann. Eine Stelle aus Kierkegaards »Krankheit zum Tode« liest sich wie ein Kommentar zu dem, was im »Turm« über die Verzweiflung des Königs gesagt wird: »Verzweifeln heißt das Ewige verlieren – und von diesem Verlust spricht er ja nicht,

---

23 Julian gibt vor, er sei im Besitz von Beweisen, daß der dreizehnjährige Sigismund ein Attentat auf den König geplant habe (349/350). Vgl. dazu 402 und 452.
24 Aeneis VII, 312.

träumt er sich nichts. Das Irdische verlieren als solches ist nicht Verzweifeln, und es ist gleichwohl das davon er spricht, und er nennt es verzweifeln. Was er sagt, ist in gewissem Sinne wahr, nur nicht auf die Art wahr, in der er es versteht; er ist verkehrt gestellt, und was er sagt muß umgekehrt herum verstanden werden: er steht da und zeigt auf das was kein Verzweifeln ist, indem er erklärt er sei verzweifelt, und mittlerweile vollzieht sich ganz richtig die Verzweiflung hinter seinem Rücken, ohne sein Wissen.«[25]

Die Figur des Prinzen Sigismund dagegen ist in ganz anderer Weise durch das Spiel geführt: sie tritt in ein immer helleres Licht. Zu Beginn liegt auf ihr all das Dunkle, das aus dem an ihm verübten ungeheuren Frevel gemacht ist. In engem Käfig, zu schlecht für einen Hundezwinger, jahraus, jahrein an eine Kette gefesselt, bis an die Knöchel im Unrat, von Ungeziefer geplagt, ist Sigismund zu einem verängsteten, gequälten, zerrütteten und auch ausfälligen Menschen geworden, aber Verbitterung und Haß sind kaum in sein Gemüt gedrungen. Freilich nimmt die Zusammenkunft mit seinem Vater, bei der ihm gesagt wird, wessen Sohn er ist, einen unseligen Verlauf: der Sohn erhebt sich gegen den Vater, und wenn diese Tat auch vor allem aus der grenzenlosen Enttäuschung hervorgeht, daß der Vater so gar nichts von einem Vater an sich hat (404), wenn auch der König die Empörung Sigismunds herausfordert mit dem Ansinnen, er solle Julian, dem er sich als seinem Lehrer in Dankbarkeit verbunden fühlt (403, 447), beseitigen und sich mit dieser erschreckenden Tat als der künftige Herrscher einführen, so bricht dabei doch eine triumphale Genugtuung, ja sogar etwas von abgründiger Lust aus Sigismund hervor und entlädt sich in seinem Wüten. Aber der Gang aufs Schafott reinigt ihn von diesen dunklen Leidenschaften. Er ist ein geläuterter Mensch, wie er, im letzten Moment vor der Hinrichtung, von Basilius' Gegnern befreit wird. Mit Julian, der die Herrschaft in gleicher Weise auffaßt wie Basilius, daß nämlich Gewalt mit Gewalt zu bändigen sei, will er nichts mehr zu schaffen haben (438), und ebensowenig steht er dem an die Macht gelangten ehemaligen Gefreiten, der die Menschen nach ihrer Verwendbarkeit einschätzt und Sigismund als Aushängeschild benutzen möchte, zu Diensten. In Sigismunds Weigerung kommt nicht Resignation zum Ausdruck, vielmehr ist sie getragen vom unbedingten Willen, keinen finstern Mächten den Arm zu leihen. Was für Folgen eine

---

[25] Zitiert in der Übersetzung von E. Hirsch, S. 50. Es gibt allerdings keinen Beleg dafür, daß Hofmannsthal dieses Werk Kierkegaards gelesen hat. Vgl. dazu S. 215, Anm. 35.

solche Haltung zeitigen wird, darüber ist sich Sigismund vollständig im klaren. Der Machthaber gibt den Befehl, ein Double zu suchen und Sigismund zu erschießen.

Wenn man diesen Tragödienschluß als Ausdruck der Hoffnungslosigkeit empfindet, läßt man sich von den Kategorien Optimismus und Pessimismus leiten. Die Erstfassung scheint dann mit dem Auftreten des Kinderkönigs die Aussicht zu eröffnen, daß es mit der Zeit auf dieser Welt eben doch besser werde; die dritte Fassung dagegen verwehrt einen solchen Ausblick: sie endet ja mit einem bloßen Umschwung der Machtverhältnisse, bei welchem die Unterdrückten zu Unterdrückern werden und die Welt wie eh und je geschändet bleibt[26]. Mit dieser Betrachtungsweise kann man das, worum es eigentlich geht, nicht ins Blickfeld bekommen. Man würde sich so nämlich mit der Zeitigungsform Julians identifizieren, mit seiner unablässigen Erwartung eines besseren Zukünftigen. Hofmannsthal sieht aber die Dinge weder im Hinblick auf eine utopische Zukunft noch etwa unter dem Aspekt der Vergangenheitssehnsucht. Er will nicht durch Erwartungen oder durch Wehmut über die arge Gegenwart hinweghelfen. Ein Satz in einem Brief an Marie Luise Borchardt zeigt dies besonders klar: »Was sollen mir Klagen über Epoche, Epochen waren immer fürchterlich, wir aber sind da, um das Unsere zu tun, und um es mit Entzücken zu tun.«[27] In Sigismund hat Hofmannsthal einen Menschen dargestellt, der das denkbar Schwerste zu tragen hat und das Seine standhaft und hochgemut vollbringt. Die Äußerungen Sigismunds haben immer wieder einen Ton der Freude. Wie eine Wand des Zimmers vom Widerschein der Morgensonne erhellt wird, sagt er: »Der Bauer hatte ein Schwein geschlachtet, das war aufgehangen neben meiner Kammertür, und die Morgensonne fiel ins Innere, das war dunkel; denn die Seele war abgerufen und anderswo geflogen. Es sind alles freudige Zeichen, aber inwiefern, das kann ich euch nicht erklären.« (460) Zum sterbenden Julian sagt er: »Ich lächle dir zu in deine Einsamkeit.« (448) Auf den Tod verwundet, wird er, da man ihm Hoffnung machen will, antworten: »Mir ist viel zu wohl zum Hoffen.« (462) Man erkennt hier deutlich, daß es Hofmannsthal mit dem Trauerspiel »Der Turm« darum zu tun ist, ein Licht in das tiefste Dunkel, ins Sterben hineindringen zu lassen, aber dieses Licht kommt nicht aus der Hoffnung, es könne der Mensch, nötigenfalls indem er sein Leben hingebe, eine bessere Weltordnung verwirklichen. Vom »Turm«, der »den Einbruch chaotischer

---

[26] Vgl. »Das Salzburger Große Welttheater« D III 313.
[27] 21. März 1923, Briefwechsel mit Rudolf Borchardt, S. 174.

Kräfte«[28] darzustellen unternimmt, gilt, was Hofmannsthal über sein »Salzburger Welttheater« gesagt hat: auf die Drohung des Chaos gebe der Expressionismus eine pessimistische, O'Neill in »The Hairy Ape« eine optimistische Antwort, allerdings mit einer Beimengung gräßlicher Ironie, wogegen sich seine Antwort auf einer andern Ebene finde: »Meine Antwort war nicht optimistisch, aber auch nicht pessimistisch, sondern dichterisch oder religiös.«[29] Auch mit seiner Tragödie »Der Turm« bezeugt Hofmannsthal, »daß es ein Höheres gibt als diesen ganzen Erden-Macht-Streit«[30]. Von diesem Höheren kommt das Licht her, das auch aus dem letzten Akt der dritten »Turm«-Fassung als das Versöhnende herausleuchtet. In diesem Versöhnenden ist auch Zukunft, freilich nicht Zukunft in der Art, wie sie Julian versteht, nicht das Kommende im Horizont der entstehend-vergehenden Zeitlichkeit, sondern »Zukunft und Gegenwart zugleich« (436), womit Sigismund dasselbe meint wie der Großalmosenier, wenn er sagt: »Es gibt ein Auge, vor dem ist heute wie gestern und morgen wie heute.« (366) Von hier aus lassen sich auch die Worte verstehen, die Sigismund zum Gefreiten Olivier spricht: »Ich weiß, das Jetzt und Hier legt viele an die Kette. Aber mich nicht, denn ich bin da und nicht da.« (455) Olivier stellt den »Zustand furchtbarer sinnlicher Gebundenheit« dar, »in welchen das neunzehnte Jahrhundert uns hineingeführt, woraus nun dieses Götzenbild ›Gegenwart‹ hervorsteigt«, »das Scheinbild des Augenblicks, der keine Vergangenheit und keine Zukunft hat«[31]. Olivier ist nur da, nämlich im Momentanen, in dem, was die Augen sehen (vgl. 366), und weil dies etwas Scheinhaftes ist, ist er bloß in uneigentlicher Weise da. Wenn Sigismund hingegen von sich sagt, er sei da und sei zugleich nicht da, heißt dies, daß er nicht im Moment ist, sondern im Augenblick, im Zugleich von Heute und Gestern, von Morgen und Heute, in der wahren Gegenwart; deshalb ist er wirklich da und kann als sein letztes Wort sagen: »Ich war da« (463)[32].

Hinter dem Greifbaren solle sich das Ungreifbare, im Ausgesagten das schwer Sagbare Schritt für Schritt enthüllen, so hat Hofmannsthal die Besonderheit der »Turm«-Dichtung gekennzeichnet. Er sucht dies

---

28 Vgl. S. 316.
29 A 297. – Schon im Vortrag »Der Dichter und diese Zeit« (1907) wird auf das Religiöse ausdrücklich hingewiesen (P II 294 ff.).
30 Brief an Strauss über das »Salzburger Große Welttheater«, 4. September 1922, S. 482.
31 P IV 438.
32 Vgl. dazu Einleitung S. 3: Hofmannsthals Bemerkung über die Figuren bei O'Neill.

durch den ständigen Bezug auf die Heilige Schrift, auf die Heilsgeschichte zu erreichen. In einem dichten Geflecht von Zitaten und Anspielungen ist dieser Hintergrund präsent[33], von der Erschaffung allen Daseins (388, vgl. I 116, 119) bis zum Jüngsten Tag (437) und der Erneuerung der Welt (451/2, vgl. I 208). Es finden sich, um nur einige Beispiele zu nennen, Hindeutungen auf die Erscheinung Gottes im brennenden Dornbusch (373), auf die drei Männer im Feuerofen (382), auf Christi Versuchung durch Satan (347), auf die Verleugnung durch Petrus (I 50). An verschiedenen Stellen hat Hofmannsthal Wegweiser errichtet durch die Wiedergabe von Christusworten wie »Die Haare auf deinem Haupt sind gezählt« (451), »Der Teufel sät sein Unkraut zwischen den Weizen« (432), »Sorget nicht für den Tag, den ihr den morgenden nennt, denn vor dem Herren ist kein solcher, sondern alles steht vor ihm als ein Augenblick, unteilbar« (I 66). Meistens sind aber diese Worte durch die Situation, auf die sie bezogen werden, verfälscht. Die direkte Mitteilung ist also durch die indirekte ersetzt, und zwar in der Weise, daß der Leser durch eine Pervertierung zur Wahrheit hinfinden muß[34]. Diese Verdrehungen und Verkehrtheiten sind für den »Turm« charakteristisch. Wenn Julian behauptet, er habe Sigismund das Leben gerettet, mehr als einmal, ohne ihn wäre er erwürgt (349), er habe heimlich seiner Lebenslampe Öl zugegossen: »durch mich allein ist noch Licht in dir« (378), so ist dies durch eine Bemerkung des Arztes zurechtgerückt: »Er wäre am Leben, so ohne Euch als ohne mich.« (341) Noch deutlicher tritt der blasphemische Zug in der Verachtung hervor, mit der Julian, der intellektuelle Hochmütige, der in die »satanische Trennung« von Herz und Hirn (348) eingewilligt hat, von der Leiblichkeit spricht: »O du mein Sohn«, redet er Sigismund an, »denn von mir bist du, deinem Bildner, nicht von dem, der den Klumpen Erde dazu hergegeben hat, noch von ihr, die dich unter Heulen geboren hat, ehe sie dahinfuhr! Ich habe dich geformt für diese Stunde!« (435) In der ersten Fassung war die Überhebung noch stärker hervorgehoben; Julian sagt dort zu Sigismund: »Ich habe das Wunder der Sprache in deinen Mund gelegt« (93), und den sterbenden Julian ließ Hof-

---

33 In der dritten Fassung ist auch in dieser Hinsicht verschiedenes gestrichen worden; es entspricht dies Hofmannsthals Art, bei Umarbeitungen allzu Direktes abzuschwächen oder ins Indirekte zu verändern. Vgl. dazu Martin Stern, Hofmannsthals verbergendes Enthüllen. Seine Schaffensweise in den vier Fassungen der Florindo/Cristina-Komödie; in: DVjs. 33, 1959.

34 Das Paradigma dafür sind Stanis Worte über den Entschluß, vgl. S. 306. Zur direkten und indirekten Mitteilung vgl. auch S. 264/5. Aufschlußreich ist Hofmannsthals Brief an Burckhardt vom 13. Oktober 1922, S. 97/8.

mannsthal von der Organisation des Aufruhrs mit Worten reden, die an die creatio ex nihilo erinnern: »Ich habe aus einem Nichts ein Etwas gemacht – aber daß ich dies gewollt habe, war das Einzige, das mir angestanden hat!« (157) In ähnlicher Pervertiertheit ist Basilius gezeigt, dessen Name nicht nur an das griechische Wort für König, sondern auch an den drachenähnlichen Basilisken anklingen mag (vgl. 365). Er spielt den Herrn der Welten frevelnd nach, indem er sich als der unerforschliche Herrscher gebärdet, statt danach zu streben, sich selbst und seinem Volk möglichst durchsichtig zu werden. Nachdem die Hinrichtung seines Sohnes verhindert und er selbst abgesetzt worden ist, sagt er: »Es stand bei mir, noch im letzten Moment die Begnadigung vorzunehmen. Wer kann wissen, ob ich nicht entschlossen war, mit einem weißen Tuch zu winken!« (430)[35] Einen Reflex dazu bilden die Worte, mit denen Julian den Prinzen Sigismund auf die Begegnung mit seinem Vater vorbereitet: »Du hast dir gesagt, daß es dein Vater ist, der so über dich gebietet. Du begreifst, daß deines Vaters Wege dir unerforschlich sein mußten.« (397) Hier ist jenes Doppelte, das Hofmannsthal auszudrücken strebt, besonders klar zu erfassen: in uneigentlichem Sinn, so wie es Julian meint, bezieht sich der Satz auf Basilius, in eigentlichem Sinne auf Gott. In Basilius wie in Julian ist die Gottebenbildlichkeit des Menschen in die Vergottung verkehrt, von der die Schlange spricht: Eritis sicut Deus.

Wie es zum Wesen der Tragödie gehört, wird im »Turm« der Mensch in seiner Verschuldung gesehen und dem Gericht unterstellt. Sein Schuldigwerden weist auf das überindividuelle Schuldigsein des Menschen zurück, und im Vollzug der Geschicke dringt der Blick bis zum Jüngsten Gericht vor. Mit wenigen Worten wird die Frage nach der Schuld und Unschuld aufgerissen und in ihrer Abgründigkeit sichtbar. Julian: »Deine Eltern haben dich von sich getan. Du warst schuldig vor ihnen.« – Sigismund: »Grausig ist das Tier. Es frißt die eigenen Jungen noch feucht aus dem Mutterleib. Meine Augen habens gesehen. Und doch ist es unschuldig.« (379) Der Leser hat früher vernommen, daß Sigismunds Mutter bei der Geburt gestorben ist; Basilius hat darin einen ersten Beweis für das gewalttätige Wesen seines Sohnes gesehen (367). Das ungeborene Kind schon ist schuldig, im Unterschied zum Tier, das nicht schuldig wer-

---

35 In diesem Zitat darf man, da Hofmannsthal in den Entwürfen den König einen »verkehrten Abraham« nennt (D III 432), vielleicht auch eine Hindeutung per contrarium auf die Errettung Isaaks sehen. – Eine ähnliche Stelle, in der das Eigentliche durch die Verkehrung und damit die Verkehrung als solche sichtbar gemacht wird: Basilius sagt zu Sigismund: »Wie Gott befahl: es werde Licht! so befehle ich dir: es werde Licht in deinem Haupt!« (I 119).

den kann, auch wenn es noch so Grausiges tut; freilich ist Sigismund nicht schuldig in dem Sinne, wie es Basilius meint, nicht schuldig vor Menschen, so daß er der königlichen Gerichtsbarkeit unterstünde, sondern in jener Art, welche die Ermöglichung des eigentlichen Schuldigwerdens ist: wäre nämlich der Mensch unschuldig wie das Tier, wie könnte er dann je schuldig werden? Dem Wissen Sigismunds um die Erbsünde ist die Verstocktheit und Verblendung des Königs gegenübergestellt, der als Urheber eines zum Himmel schreienden Verbrechens (331) auf seine Unschuld pocht, selbst im Gebet (398), und im Wahn befangen ist: »Wir vermögen nicht mißzuhandeln als König an dem Untertan, als Vater an dem Sohn.« (399/400) Dem Thema des Gerichts wird mit Anklängen an die Apokalypse des Johannes und mit den Worten aus dem Buch Jeremia, gesungen vom Mönchschor, der Hintergrund gegeben, vor dem sich das Geschick an König und Volk erfüllt. »Tu reliquisti me et extendam manum meam et interficiam te!« (359)[36]: in der Verzweiflung des Königs ist das Gericht schon vollzogen, »ganz leise ist die Hölle«, wie der Großalmosenier zu Basilius sagt, »in dich hineingewachsen, die da heißt: Verlassen von Gott.« (I 75) Zugleich aber ist das Gericht das dereinst Kommende. Das schwer Sagbare, um das es Hofmannsthal geht, ist nur in solcher Paradoxie anzuvisieren, denn wohl ist vor Gottes Auge morgen wie heute, vor dem Auge des Menschen aber ist morgen nicht heute, dennoch ist der Mensch über die Unterschiedlichkeit von heute und morgen auch wiederum hinausgehoben, sonst könnte er gar nicht vom Auge Gottes reden.

Auf die Möglichkeit, daß sich Gott vom Menschen abwendet, ist noch an anderer Stelle des »Turms« hingewiesen. Sigismunds Ziehmutter zeigt auf das Kruzifix und sagt: »Verlassen vom Vater im Himmel! Mit Dornen gekrönt, mit Ruten geschlagen, ins Gesicht gespien!« (376) Aber in dieser Anspielung auf das Sterbewort Christi, wie das Matthäusevangelium es überliefert, hat das Wort von der Verlassenheit seinen Gegensinn bekommen: gerade durch die unsäglichste Not hindurch erweist sich der »Born der Gnade« (392) in seiner Unerschöpflichkeit am herrlichsten. Dies wird durch die Szene sichtbar gemacht, die in einer Präfiguration den Tod Sigismunds darstellt. Sigismund wird gezwungen, einen Schlaftrunk zu sich zu nehmen, er ist aber überzeugt, einen Giftbecher leeren zu müssen. Wie es der Arzt angekündigt hat, tritt »für eine unmeßbare

---

36 Jeremia 15, 6: Du hast mich verlassen, spricht der Herr, und bist von mir abgefallen; darum habe ich meine Hand ausgestreckt wider dich, daß ich dich verderben will.

Frist: Minuten, halbe Minuten nach der Uhr«, bevor der Leib in tod-
ähnlichen Schlaf sinkt, »die wahre Glorie der menschlichen Seele« zutage
(I 53); in diesem erhöhten Augenblick sagt er: »Ich habe geklagt, daß
mein Vater verborgen sei. Mein Vater ist ja bei mir. Der Mensch erkennt
schwer, was ihm nahe ist: er sieht die Mauern, aber er sieht nicht, wer mit
im Zimmer ist.« (I 98) Mit dieser Gewißheit wird später Sigismund in
den Tod gehen, und man begreift von dieser Präfiguration her, warum
Hofmannsthal den Schluß mit dem Kinderkönig aufgegeben hat: weder
in der utopischen Hoffnung noch in der Brüderlichkeit ließ sich das Versöhnende gebührend darstellen, sondern einzig in der Gewißheit von
Gottes Nähe[37]. Erst die dritte Fassung spricht gültig aus, was das Wort
des Arztes meint: »aus dem Heillosen die Kräfte der Heilung« (342),
indem sie das Heilende, das den Tod überwindet, nicht durch Schein-
lösungen verdeckt. Die Überwindung des Todes vollzieht sich nur durch
den Tod hindurch. Dem Arzt ist es eine tiefbedeutsame Erscheinung, daß
einige Stunden nach dem Tod, wenn Verwesung ihren ersten Hauch tut,
im Innern der Muskulatur Alkohol auftritt, das Edelste, wie das arabische
Wort besagt. (I 34/5) Was der Arzt und Julian in einem vordergründigen
Sinn gesagt haben: »Nur Wiedergeburt heilt einen so Zerrütteten« (350)
und »Zweimal geboren wird der Auserwählte« (380), enthüllt sich nun
erst in seinem wahren Sinn. Im Sterben Sigismunds ist daher das, was er
in der Präfiguration seines Sterbens gesagt hat, mitzuhören: »Herr Gott,
dich loben wir! Von Angesicht zu Angesicht! Auserlesen!« (382)[38] Dann
wird man auch die Dunkelheit des Todes noch als Licht wahrnehmen, wie

---

[37] Wenn auch in der dritten Fassung die eben zitierten Stellen fehlen, so hat sich
damit nichts Prinzipielles geändert: Sigismunds letzte Worte, bevor er in den
Schlaf fällt, sagen dasselbe immer noch mit genügender Deutlichkeit (vgl. 382). –
Auch Paul Requadt ist, mit anderen Gesichtspunkten, zur Auffassung gekommen,
daß zwischen der ersten und der dritten Fassung des »Turms« kein grundsätzlicher
Unterschied bestehe (vgl. Sprachverleugnung und Mantelsymbolik im Werke Hofmannsthals, in: DVjs. 29, 1955).

[38] In der Erstfassung hat Hofmannsthal das Gotteslob mit den Sterbeworten Georg
Büchners ausführlicher gestaltet. Sigismund sagt dort: »Eines Menschen Mund ist
wie eine Blume, aber unverwelklich! Aus ihm steigt die Lobpreisung. Der Mensch
ist eine einzige Herrlichkeit, und er hat nicht zuviel Leiden und Schmerzen, sondern ihrer zu wenig.« (I 99) Vgl. dazu das »Buch der Freunde« A 33: »Georg
Büchner auf dem Totenbett hatte in seinen Delirien abwechselnd revolutionäre
Gesichte, dazwischen ließ er mit feierlicher Stimme sich so vernehmen: ›Wir haben
[der Schmerzen] nicht zu viel, wir haben ihrer zu wenig, denn durch den Schmerz
gehen wir zu Gott ein. Wir sind Tod, Staub und Asche – wie dürfen wir klagen?‹«
– Daß Hofmannsthal das Büchnerzitat für die dritte Fassung wegläßt, ist vielleicht
darauf zurückzuführen, daß er das Wort »Von Angesicht zu Angesicht« (1. Kor. 13,
12) stärker hervortreten lassen wollte.

es Hofmannsthal in der Erzählung Brentanos sieht: »Das schöne Annerl und der brave Kasperl sterben freilich jäh, aber es ist ein Glanz um ihren Tod, der den Tod selber besiegt.«[39] Die Figur des Sigismund läßt an ein Wort Hofmannsthals über Hölderlin denken: »Was ihn zum Führersymbol für eine tragische Stunde ganz besonders geeignet macht, ist dies: er war eine tragische Gestalt, und dazu von wunderbarer Reinheit; verkannt, ja völlig verschmäht von der Welt seiner Zeitgenossen, geschlagen vom Schicksal auf jedem seiner Wege, völlig einsam und dabei völlig gut bleibend, ja – wie die edle Harfe – jedem Schlag mit immer reineren höheren Klängen erwidernd.«[40]

Der ständige Bezug auf die Heilige Schrift macht den »Turm« zum Welttheaterspiel. Die Abfolge der Geschehnisse wird als ein Stück Geschichte in die Heilsgeschichte eingefügt und damit als Weg aus dem Anfang zu den letzten Dingen sichtbar gemacht, aber in der Weise, daß die Endzeit nicht nur das Ferne, Ausstehende, dereinst Kommende ist, sondern in die Gegenwart hereinragt, und die geschichtlichen Ereignisse der Bibel nicht nur das Zurückliegende sind, sondern das Immergeschehende. Das Werden ist in das Sein hineingehalten. Zukunft geht wie Vergangenheit, nach Hofmannsthals Wort, »in einzige Gegenwart herüber«[41] und läßt jene Gegenwart erahnen, für welche heute wie gestern ist und morgen wie heute. Die Zukunft, die als das Versöhnende aus all dem Furchtbaren herausleuchtet[42], liegt nicht in der Ebene der entstehend-vergehenden Zeit, sie gehört der »großen Zeit« an[43], sie ist jene Zukunft, die am allernächsten liegt und in jedem Augenblick gleich nahe ist: die Ewigkeit[44]. Nicht die Hoffnung, sondern der Glaube hat mit dieser Zukunft zu tun. Hofmannsthal hat sich verschiedentlich gegen das Hoffen im Sinne des bloßen Erwartens gewandt, am schärfsten wohl mit dem Satz »Ich glaube manchmal, es ist noch gräßlicher zu hoffen als zu fürchten.«[45] Dieses Wort, einer Tänzerin in den Mund gelegt, ist aus der Trauer über den Verlust ursprünglicher Unmittelbarkeit gesprochen; Sigismunds »Mir ist viel zu wohl zum Hoffen« (462) bezeugt hingegen das frohe Wiederfinden auf

---

39 P III 112.
40 A 313 (Vierter Brief an »The Dial«).
41 P II 298 (Der Dichter und diese Zeit).
42 Vgl. S. 316.
43 Vgl. S. 250.
44 Nach einer Formulierung Kierkegaards in: Der Gesichtspunkt für meine Wirksamkeit als Schriftsteller, zitiert nach: Die Schriften über sich selbst, übersetzt von E. Hirsch, Düsseldorf 1951, S. 92.
45 P II 365.

höherer Ebene, ein neues Glücklichsein »ohne den Stachel der Hoffnung«[46].
In seiner Übertragung von Calderons »Dame Kobold« hat Hofmannsthal an einer ganz von ihm erdichteten Stelle dem Hoffen den Glauben
entgegengesetzt[47]:

Donna Angela: Wovon soll denn Liebe leben –
Don Manuel (schnell): – als vom Hoffen!
Donna Angela: Als vom Glauben!
Hoffen sieht die Türen offen:
Glaube läßt von finstern Mauern
Lieb und Hoffnung sich nicht rauben.
Don Manuel: Aber wo vergiftend lauern
Argwohn, Furcht, wer scheucht sie?
Donna Angela: Glauben!

Von Hoffnung ist zweimal die Rede: zuerst ist sie der Gegensatz zum
Glauben, in der Wiederholung sodann ist sie vom Glauben umschlossen.
Wenn man von solchen Stellen her auf den Schluß der ersten »Turm«-
Fassung blickt, hat man nicht den Eindruck, es sei Hofmannsthal darum
zu tun gewesen, durch den Ausblick auf ein irgendwann dereinst kommendes Tausendjähriges Reich des Friedens, das weder uns noch Hunderten
von längst verstorbenen Generationen zugedacht ist, über die Schrecken
der gegenwärtigen Epoche irgendwie hinwegzutrösten. Wie dieser Schluß
gemeint war, dafür gibt es in der Beethoven-Rede einen Anhaltspunkt,
und zwar dort, wo Hofmannsthal auf Rousseau hinweist: »Was Beethoven mit dem großen Genfer Rhetor teilt, das ist ein Ewiges, etwas das
außerhalb der historischen Bedingtheiten steht und immer wieder kommt,
immer wieder, und so auch jetzt als eine furchtbare, umstürzende Kraft
in die historischen Bedingtheiten hineingreift: das ist die Vision des
primitiven Menschen als Ideal, die aurea aetas, die Utopie – der Glaube
an die Reinheit aller ursprünglichen Natur.« Dann fährt Hofmannsthal
fort: »Dahinter liegt der Glaube an die Ganzheit des Menschen, und die
Kraft und der Drang, Tiefstes zum Höchsten hin zu sehen, den Menschen
zu Gott hin, nicht niederwärts zum Chaos.«[48] Nicht auf der Utopie als
solcher liegt der Akzent, nicht auf dem Historisch-Fernen, sondern auf
dem Immer-wieder, auf der Kraft, welche Utopien hervorbringt und
in dieser Weise den Menschen gottwärts schaut, auf dem Glauben an das
Ganzseinkönnen. Im Auftreten des Kinderkönigs sollte dieses Dahinter-

---

[46] P II 368.
[47] L IV 236/7.
[48] P IV 17 (1920).

liegende, dieser Glaube und diese Kraft sich enthüllen; aber ein solcher Schluß konnte mißverstanden werden und den Zuschauer in ein vages Hoffen bringen, in eine Scheinversöhnung mit dem Schicksal, wo doch die eigentliche Versöhnung darin besteht, das Schicksal, und sei es noch so dunkel, zu lieben[49]. Deshalb hat Hofmannsthal diese Version verworfen, die chiliastische Hoffnung bloß in Nebenfiguren ausgedrückt und die Tragödie tiefer ins Finstere geführt, damit das Versöhnende um so herrlicher herausleuchte. Im geheimnisvollen Sterbewort Sigismunds müßte der Schauspieler diese ganze Leuchtkraft sichtbar machen können: »Gebet Zeugnis, ich war da.« Der Zugang zu diesem Wort erschließt sich wohl am ehesten von jener andern Stelle her, da Sigismund sagt: »Ich lebe unter den Sternen auch am lichten Tage, und nichts ist da oder nicht da: alles, indem es ist, war schon da.« (I 174)[50] Nichts ist in der Weise, daß es nur da ist und dann nicht da ist. Sigismund sieht, was immer ist[51]. Damit ist nicht ein ständig Daseiendes gemeint, sondern die Vereinigung von »da sein« und »nicht da sein«. Das Licht, das von einem erloschenen Stern bei uns eintrifft, mag dies veranschaulichen: indem es ist, war es—auf dem Stern—schon da. Wenn Sigismund sagt: alles, indem es ist, war schon da, so gilt auch umgekehrt: alles, indem es da war, ist. »Es muß einen Stern geben, auf dem das vor einem Jahr Vergangene Gegenwart ist, auf einem das vor einem Jahrhundert Vergangene, auf einem die Zeit der Kreuzzüge und so fort, alles in einer lückenlosen Kette, so steht dann vor dem Auge der Ewigkeit alles nebeneinander, wie die Blumen in einem Garten.«[52] Das Wort »Ich war da« heißt also zugleich: Vor dem Auge der Ewigkeit bin ich. Dies mit dem Dasein zu bezeugen ist eigentliches Dasein[53].

---

49 Vgl. dazu A 359.
50 Vgl. S. 76.
51 Vgl. S. 279.
52 A 40.
53 William H. Rey dagegen, der das Sein im Sinne der neuplatonisch-idealistischen Ideenlehre auffaßt, sieht in Sigismund den Mystiker, welcher über die an Raum und Zeit verfallene Realität hinausschreite und in das wahre, bleibende Sein der Transzendenz eingehe, und interpretiert diese Rückkehr Hofmannsthals zur Mystik als den tragischen Verzicht auf den Weg ins Leben (Euphorion, 1953, S. 478). Der Unterschied der Auffassungen läßt sich auch an folgendem Beispiel demonstrieren. Rey erklärt (Euphorion, 1953, S. 170): »Das Ewige wird zwar von verschiedenen Gestalten (wie etwa von dem Arzt) bezeugt, aber es ist nicht mehr objektiv gegenwärtig und wird nicht mehr wirksam.« Nach meiner Auffassung müßte es heißen: Das Ewige ist nie objektiv, d. h. als ein Gegenständliches und daher Nicht-Wirksames gegenwärtig; es wird vielmehr als die höchste Wirklichkeit bezeugt.

Die ägyptische Helena

Hofmannsthal nennt die »Ägyptische Helena« eine mythologische Oper und bezeichnet diese Form der Dichtung als die wahrste aller Formen[1]. Mythologisch ist aber diese Oper nicht nur deshalb, weil ihr Stoff aus den Zeiten, von denen Homer erzählt, stammt, weil Poseidon erwähnt wird und von Zaubertränken Gebrauch gemacht ist. Es geht Hofmannsthal nicht darum, eine Oper in einer bestimmten Epoche der Menschheitsgeschichte, in der Frühzeit der Griechen anzusiedeln. Mit kleinen Veränderungen ließe sich, wie er sagt, der Stoff zu einem modernen psychologischen Konversationsstück gestalten; aber daran ist ihm auch nichts gelegen. Die »Ägyptische Helena« will also weder eine Nachahmung der Antike noch eine Abbildung der Moderne sein, sie soll vielmehr etwas zwischen Vergangenheit und Gegenwart Schwebendes haben: sie ist »modern-antik«[2], modern und antik zugleich, neu und alt in einem. Der Begriff »mythologisch«, wie ihn Hofmannsthal braucht, hat mit dieser Gleichzeitigkeit zu tun und bekundet somit eine grundsätzlich andere Einstellung als die historische oder ahistorische. Im Gespräch mit Walther Brecht hat Hofmannsthal auch Sigismund eine mythische Figur genannt und dabei betont, der »Turm« sei kein historisches Drama, und aufs lebhafteste hat er der Äußerung seines Gesprächspartners beigepflichtet, es handle sich um ein überhistorisches Drama und gerade deshalb um ein historisches in tieferem Sinne[3]. Ein Brief an Richard Strauss nimmt diese Formulierung auf: Hofmannsthal spricht davon, er habe im »Turm« ein historisch-überhistorisches Milieu zu imaginieren versucht, und stellt dies in Gegensatz zum bloßen »›Aufnehmen‹ eines ›histo-

---

[1] P IV 460.

[2] Brief an Richard Strauss, 2. April 1928, S. 619.

[3] Walther Brecht, Gespräch über die »Ägyptische Helena«, in: Helmut A. Fiechtner, Hugo von Hofmannsthal, Die Gestalt des Dichters im Spiegel seiner Freunde, Wien 1949, S. 341 (in der 2. Auflage nicht abgedruckt). Das Gespräch wird bestätigt durch einen Brief Hofmannsthals an Erika Brecht vom 17. Dezember 1927 (Erinnerungen an Hugo von Hofmannsthal, Innsbruck 1946, S. 67).

rischen‹ Milieus«[4]. Auch eine Bemerkung über die Art, wie Josef Nadler die Literatur betrachtet, gehört in diesen Zusammenhang: »Er hat die geistigen Leistungen auf ein letztes sie Bewirkendes zurückgeführt, das die Individuen überdauert und während sie historisch werden gegenwärtig bleibt wie das Dasein unserer Berge und Flüsse; man nenne das Mythologie – so ist es die faszinierendste und ermutigendste, die man sich denken kann.«[5]

Das Historische ist das, was sich, einmalig und unwiederholbar, im Nacheinander abspielt und als Geschehnis weiter und weiter zurückbleibt, während die Zeit voranschreitet. Dem Historischen gegenüber ist das Verhalten bestimmt durch Vergessen und Erinnern, Wegwerfen und Behalten, Verfallenlassen und Bewahren. Das Gestern geht mich nichts an – Vom Gestern kommt man nie los: dies bezeichnet hier die äußersten Möglichkeiten. Dem auf das Überhistorische gerichteten Sinn zeigen sich die Dinge in anderer Ordnung: nicht Chronologie, sondern Synopsis ist maßgebend. Was war, verliert sich nicht ins Geschichtlich-Ferne; vielmehr ist alles Gewesene gleich fern und gleich nah, das Heute kann mit jedem Gestern gleichzeitig sein und dank dieser Gleichzeitigkeit mit ihm kommunizieren[6]. Für dieses »Umgebensein mit Jahrtausenden«, für das »Hereinfluten von Orient und Okzident in unser Ich«, für die »ungeheure innere Weite« setzt Hofmannsthal den Ausdruck »mythisch«[7]. In dieser kosmischen Weite sind Gegenwart und Gewesenheit zugleich. Der Mensch ist, was er war. Das will nicht heißen, daß »ist« und »war« das Gleiche seien, daß sich die Verschiedenheit in die Zeitlosigkeit auflöse. Die Synopsis setzt die Unterschiedlichkeit von Heute und Gestern in den Bezug zu dem, worin sie übereinkommen: zum Sein, zur »großen Zeit«[8]. Die »Gabe des Zusammensehens«[9] verwandelt auch nicht etwa das Zeitliche ins Räumliche. Wenn Hofmannsthal sagt, das Vergangene stehe nebeneinander wie die Blumen in einem Garten, wie die Sterne am

---

4 16. Juli 1927, S. 581.
5 P IV 494. – Es ist sogleich anzumerken, daß Hofmannsthal auch einen entscheidenden Einwand gegen Nadlers Literaturbetrachtung vorbringt: »Bedenklich Determinismus – alles Höhere des Menschen aus seinem Niedersten entwickeln – eine Art Freudianismus – dem Bedenklichen der Zeit verwandt« (P IV 495). Was Hofmannsthal zu Nadlers Literaturgeschichte hingezogen hat, ist vor allem, daß sie die Literatur nicht als Historie, als Abfolge der Epochen, Schulen und Gruppen darstellt.
6 Vgl. S. 195, 183.
7 P IV 460, vgl. dazu auch P II 112.
8 Vgl. S. 250.
9 P II 351.

Himmel[10], darf man den Gleichnischarakter der Sprache nicht außer acht lassen. Der Satz, daß alles, indem es ist, schon da war, drückt ein Geschehnis aus: was schon da war und als gewesen ist, wird wiederum von neuem[11]. Dieses wiederholende Werden ist das Geschichtliche in tieferem Sinn. Hofmannsthal deutet auf diese Dinge, wenn er, in einem Wort über Rudolf Alexander Schröder, der Entwicklung die Wiederkehr gegenüberstellt: »Kein Werden, keine Entwicklung verschleiert, was alles, und immer wieder, zur Entscheidung steht, wo es darum geht, ein Mensch zu sein. Unter einem so strengen Blick wird das eigene Dasein mythisch: Sinnbild des menschlichen Lebens. Alles steht klar da: unbedingte Gegenwart, wie vor dem Auge der unterweltlichen Richter. Auf geheime Weise fällt die Schranke zwischen Sein und Nichtsein: alles Menschliche hat in dieser Sphäre den Tod, die eigentliche Lebensprobe, schon überwunden, und kehrt wieder.«[12] Wiederkehr meint aber nicht das in sich eingerollte Kreisen des einförmig Gleichen. Über diesen komplexen Sachverhalt hat sich Hofmannsthal wohl am faßlichsten in einem Brief des Jahres 1903 ausgesprochen: »Es wiederholt sich ja nichts im Leben – außer für den schalen Geist und das blöde Auge – und es verliert sich nichts ganz aus dem Leben. Diese beiden Dinge, wenn sie möglich wären, könnten einen erdrücken und mit Ekel vor dem Dasein erfüllen: wenn man dasselbe, was man erlebt hat, wiederzukäuen könnte gezwungen werden, und wenn einem etwas, das man zu besitzen angefangen, so könnte entrissen werden, daß man wüßte, es kann nicht wiederkommen, und die Organe in mir, die geschaffen waren, es zu erfassen und zu genießen, müssen untätig verwesen. Aber es geht ja nicht so zu, sondern im Gegenteil, eines baut sich auf dem andern auf, wir sind in einem Zaubergarten, dessen Wege ineinander münden und sich dabei doch, ohne daß wir es merken, höher und höher emporwinden; was wir verloren, ist in verwandelter, erhöhter Gestalt auf einmal wieder neben uns und alles wandert mit uns zugleich nach oben.«[13] Die Grundstruktur von Hofmannsthals Denken liegt hier klar zutage. These und Antithese sind einander gegenübergesetzt: Alles verläuft in unaufhörlichem Wechsel – Alles bleibt im ständig Gleichen. Weder das eine noch das andere ist für sich Wahrheit, beide sind etwas Fiktives. Indem das eine Fiktive durch das andere interpretiert wird, ist es möglich, diese Ebene zu übersteigen. These und Antithese

---

10 Vgl. S. 330.
11 Vgl. S. 58.
12 P IV 310/311.
13 An Georg von Franckenstein, 1. August 1903, Br. II, S. 122.

bilden dabei keine Synthese, die ihrerseits wieder zur These werden könnte. Spruch und Widerspruch bleiben bestehen, aber dadurch, daß beide zusammengehalten werden, gelingt der Überstieg. Überaus bezeichnend ist es, wie sich Hofmannsthal über Julian äußert: »Sein Beginnen bleibt vergeblich, wird vereitelt – und doch wieder nicht: auch er wirkt mit an Sigismunds Schicksal.«[14] Wollte man sich hier den ersten Satz durch den zweiten aufgehoben denken, so wäre Julians Tun gerechtfertigt, und was ließe sich dann nicht rechtfertigen? Wer so redet, daß er das eine behauptet und das andere ausschließt, spricht »nicht die rechte Sprache«, höchstens eine, die »nur für die Anfänge« genügt; »die neue Sprache«, heißt es im »Turm«, »die sagt das Obere und Untere zugleich«[15]. Diese Sprache ist nicht Logos, sondern Mythos: »Im Mythischen ist jedes Ding durch einen Doppelsinn, der sein Gegensinn ist, getragen«, »darum ist im Mythischen alles im Gleichgewicht.«[16]

Hofmannsthal braucht die Chiffre »Mythos« für die Versöhnung aller Antinomien. Mythisch ist der Sinn, der in den »Wurzelgrund des Lebens« reicht und im Vergänglichen die Unzerstörbarkeit, im Zufälligen die Notwendigkeit, im Sinnlichen die Geistigkeit ahnt[17]. Das so verstandene Mythische liegt von Anfang an in der Substanz von Hofmannsthals Dichtung; wenn es sich schließlich in der »Ägyptischen Helena« rein herauskristallisiert, dürfte dies damit zusammenhängen, daß hier, wie in den späteren Werken überhaupt, im »Turm« ebenso wie in der »Arabella« und im »Unbestechlichen«, die Versöhnung zum eigentlichen Thema erhoben ist. Die 1928 publizierte Dichtung hält sich ganz in der Nähe dessen, was schon Hofmannsthals Jugendwerke zu sagen unternahmen; alle die damals angeschlagenen Grundthemen sind immer noch und erneut da: daß das Gestern einen nichts angehe und daß man vom Gestern nie loskomme, daß das Leben tot sei und der Tod lebendig mache, daß in der Wiederholung das Leben zum wahren Leben werde. Hofmannsthal hat in seinem Essay über die »Ägyptische Helena«, der das Publikum auf die Oper vorbereiten wollte[18], eigens auf den engen Zusammenhang mit seiner frühen Dichtung hingewiesen: er stimmt der Ansicht Nadlers, schon seine ersten Dramen hätten nach Musik verlangt, zu und stellt die Bezeichnung »Lyrische Dramen« dem französischen

---

14   Brief an Fritz Setz, Corona 10, 1940, S. 797.
15   D IV 186.
16   A 35, vgl. dazu P II 200, E 292.
17   P IV 49.
18   Vgl. den Brief an Strauss vom 2. April 1928, S. 619.

»drame lyrique«, der Oper also, an die Seite[19]. Musik ist dabei keine bloße Dreingabe, nicht nur ein Stimmungselement, sowenig die Dichtung bloßer Anlaß für Musik sein will; in der Oper versöhnt vielmehr die Musik durch den Rhythmus die Entgegensetzungen der Worte[20]. Hofmannsthal sucht jenes Ursprüngliche, in welchem Dichtung und Musik, wie im griechischen Drama, sich noch unzerschieden nahe sind[21].

Was Hofmannsthal zum Helenastoff hingezogen hat, steht in seinem Essay zu lesen. Es ist die Frage, wie es sein konnte, daß Helena und Menelas nach allem, was vorgefallen, wieder das friedliche Eheleben führten, von dem der vierte Gesang der Odyssee erzählt[22]. Während Helenas Heimreise muß es zur Versöhnung zwischen den Gatten gekommen sein. Hofmannsthals Oper will diesen entscheidenden Augenblick erhellen.

Nach der Eroberung Trojas durch die Griechen weiß sich Helena wiederum ganz dem König von Sparta zugehörig. Die zehn Jahre, die sie mit Paris verlebt hat, die Untreue ihrem Gatten gegenüber, der schreckliche Krieg, den der Ehebruch zur Folge hatte, dies alles liegt hinter ihr, ist Vergangenheit, wie sie meint, und kann als solche die Gegenwart nicht mehr angehen und auch nicht in der Art berühren, daß darob das Gegenwärtige als Vergängliches fühlbar würde. Helena hält sich stets im sieghaft Momentanen. Als vor zehn Jahren Menelas auf der Jagd war, fern von ihr, gewann die Anwesenheit des Paris Macht über sie; jetzt ist Paris ihr durch den Tod entrückt – wie auch alle seine Brüder, die ihr ebenfalls angehört haben (231)[23] – und Menelas ist da: er ist »der Beglückte, denn sie alle sind tot« (222). Beglückt aber ist, wer lebt, wer vom Hier und Jetzt getragen ist. Das Glück ist die Gottheit Helenas. Sie ist eine ins Mythische gesteigerte Zerbinettafigur, das weibliche Pendant zum Abenteurer. Als die schönste Frau der Welt ist sie eigentlich Frau Welt selbst. Sie ist die Treulosigkeit, aber jene Treulosigkeit, die noch diesseits von Treue und Untreue steht und daher ebensowohl, freilich im uneigentlichen Sinne, Treue genannt werden könnte; erst am Schluß der Oper wird Helena dahin gelangen, daß sie zwischen Treue und Untreue wirklich wählen kann und sich zur Treue entschließt.

---

[19] P IV 441/2.

[20] Von Versöhnung im Rhythmus spricht Hofmannsthal in seinem Brief an Strauss vom 3. August 1917, S. 388.

[21] Vgl. P IV 442, auch P IV 88.

[22] P IV 444.

[23] »Die ägyptische Helena« im Band »Dramen IV« S. 209–303.

Hofmannsthal schreibt in seinem Essay: »In meinem Notizbuch stand, vor Jahren eingetragen, dieser Satz von Bachofen: ›Nicht dazu ist Helena mit allen Reizen Pandoras ausgestattet, damit sie nur Einem zu ausschließlichem Besitz sich hingebe.‹ Welche Dämonie entströmt einem solchen Satz! Er könnte auf dem ersten Blatt von Wedekinds ›Erdgeist‹ stehen.«[24]

Menelas ist seiner ungetreuen Gattin in diametraler Kontrastierung entgegengestellt. Während Helena eine »unheimlich bezaubernde, nicht zu bindende Göttin« ist, steht er ein »für die Satzung, die Ehe, die Vaterschaft«[25], so daß in Hofmannsthals Oper etwas vom Gegensatz zwischen Mutterrecht und Vaterrecht, zwischen dem Morgenländischen und Abendländischen, wie ihn Bachofen zu erkennen glaubte, hineinspielt[26]. Im Namen der Ehe, des ewig geltenden Rechts, hat er die Stadt Troja mit Krieg überzogen, um die Gattin zurückzuholen. Da die Ehe ihrem Wesen nach unauflöslich ist, gehört er trotz der Untreue seiner Gattin zu Helena; von diesem Zusammengehörigsein könnte Menelas mit Worten des Andrea sagen: »Es ist, solang wir wissen, daß es war.« Wie nun aber nach zehn Jahren das Kriegsziel erreicht und Helena wieder die Seine ist, zeigt sich, daß sie doch nicht die Seine werden kann und das Ziel keineswegs erreicht ist: seit er sie wieder hat, steht für Menelas fest, daß er sie töten muß[27]. Nicht Haßgefühle und Rachegedanken sind es, die ihn zu dieser Tat bestimmen. Er liebt Helena wie eh und je, aber wie könnte er, als ob nichts geschehen wäre, wieder mit ihr zusammenleben, da dieser Wiederbeginn mit dem Tod von Tausenden und Abertausenden erkauft ist? Alle jene, die ihr Leben haben lassen müssen, damit dem König von Sparta wieder zu seiner Frau verholfen werde, stehen zwischen ihm und ihr. Die Toten zu versöhnen, indem er Helena opfert, dies obliegt nun dem König als seine schwerste Pflicht. Helenas Tod wird ein Sühneopfer sein[28]. Menelas wird dahingeben müssen, was ihm das Liebste ist, damit die Schuld der Ungetreuen und die Schuld, in die der Getreue verstrickt worden, gesühnt werde. Nur im Tod wird er

---

24 P IV 447.
25 Ebd.
26 Hofmannsthal besaß von Bachofen das Werk »Der Mythos von Orient und Occident«, hrsg. v. M. Schröter, München 1926, sowie »Das Mutterrecht« in der 2. Auflage, Basel 1897, er hat aber dieses Buch schon als junger Mensch in der Erstausgabe von 1862 gelesen. Vgl. dazu P IV 477 und M. Hamburger, Hofmannsthals Bibliothek, S. 37.
27 P IV 450.
28 Vgl. »Die ägyptische Helena. Die Handlung« D IV 473.

ihr angehören dürfen; die Nacht, da er sie tötet, wird die Liebesnacht sein, welche die gebrochene Ehe wieder herstellt. Nicht nur als König und als Liebender, sondern auch als Vater sieht sich Menelas vor der Notwendigkeit, Helena zu töten: für die tote Mutter braucht die Tochter Hermione, die sonst vor Scham vergehen müßte, nicht zu erröten (226).

Hofmannsthal hebt an Menelas, dieser vielverspotteten Figur, die als Hahnrei in einer französischen Tragödie undenkbar wäre, das Edle, das Tragische hervor[29]. Zehn Jahre ist es ihm auferlegt, sich in Erinnerung an das Gewesene und in Sehnsucht nach dem künftig Möglichen zu verzehren; all diese Zeit ist er einer, der gelebt hat und einstens wieder leben wird, aber nicht wirklich lebt. Und nun, da das Leben wieder anheben könnte, entstürzt es ihm, wie es Elektra widerfuhr, und wie Claudio muß er sagen: »Da tot mein Leben war, sei du mein Leben, Tod.«

Die Geliebte des Poseidon, Aïthra, unternimmt es, von Helena das Verhängnis abzuwenden. Mit Zauberkräften begabt, ruft sie einen Sturm herauf, wie Menelas im Begriffe ist, Helena auf dem Schiff zu töten, und nachdem er sie und sich ans Land gerettet hat, trennt Aïthra die beiden, indem sie Menelas in eine Halluzination lockt: er meint Kriegslärm zu hören, Paris wieder vor sich zu haben; erneut bringt er ihn um und tötet auch in einer Truggestalt Helena. In diesem Zustand der Zerrüttung, erzeugt durch die Kriegserlebnisse, die Übermüdung, das Vorhaben, die Gattin zu töten, ist Menelas auch für Aïthras phantastische Lügenerzählung zugänglich: Die wirkliche Helena sei gar nicht in Troja gewesen, sie sei von den Göttern auf eine ägyptische Insel entrückt worden und habe die zehn Jahre hindurch, ohne zu altern[30], geschlafen, dem Paris aber hätten die Götter, um ihn zu narren, ein Phantom in die Arme gelegt. Während dieser Erzählung hat Menelas vom Lotossaft zu trinken bekommen, von jenem Psychopharmakon, welches jegliches Übel vergessen läßt und das Vergangene zur sanften Erinnerung verklärt.

Hofmannsthals Oper stellt also zunächst, in Anlehnung an die »Helena« des Euripides, zwischen Menelas und Helena die Situation wieder her, wie sie vor zehn Jahren bestanden hat, indem der Ehebruch und der daraus entstandene trojanische Krieg dem Vergessen anheimgegeben werden. Der Lotostrank unterstützt das Vermögen der menschlichen Natur, Bedrückendes aus dem Bewußtsein zu entlassen, sich über jedem und allem schließlich zu beruhigen und wieder frisch aufzuleben wie nach

---

29 P IV 447.

30 Es wird somit das Thema der Alterslosigkeit, das schon im Stück »Der Abenteurer und die Sängerin« eine wichtige Rolle spielt, wieder aufgegriffen. Vgl. S. 90.

erquickendem Schlaf. Es ist eine Lösung des tragischen Konflikts, die nicht von den obern Göttern, den von Menelas angerufenen (227), gefördert wird, sondern von den untern, denen sich Helena anvertraut: »Mond und Meer, Erde und Nacht« (228), eine Lösung, aus dem Wunsch geboren, gedächtnislos und geschichtslos zu leben, die an Hofmannsthals frühes Gedicht »Gedankenspuk« mit dem Nietzschewort als Motto denken läßt: »Könnten wir die Historie loswerden«. Mit Bangen sieht Helena der Rückkehr nach Sparta entgegen, müßten doch sie und Menelas dort Schritt auf Tritt in allen Dingen das Gedächtnis wiederfinden; deshalb will Helena das Vereintsein mit Menelas in Heimlichkeit und Einsamkeit genießen, an einem Ort, wo niemand sie kennt und niemand vom Trojanischen Krieg je vernommen hat (255). Sie sucht ihrer Liebe zu Menelas den ungeschichtlichen Charakter zu geben, den jede ihrer Liebschaften hatte und wodurch eine jede auch immer wieder ihre erste Liebe war. Indem sich Helena mit Menelas von der Zauberin Aïthra in einen Palmenhain am Fuße des Atlas, fern von allen Menschen[31], schaffen läßt, will sie ihre Ehe in Liebschaft zurückverwandeln. Die Nacht, die sie mit Menelas verbringt, fließt ihr mit der ersten Brautnacht zusammen, Menelas wird wieder zum Jüngling, sein Herz bebt ob der Gewalt ihrer Schönheit wie das Herz eines Knaben, und die »Knabenblicke aus Heldenaugen« zaubern Helena wieder »zum Mädchen um« (261).

Die von den beiden Frauen Aïthra und Helena in Szene gesetzte Lösung wird am Schluß des ersten Aktes durch den boshaften Spott der Elfen ironisiert, womit dem Zuschauer bedeutet wird, daß das Spiel noch keineswegs, wie er vielleicht meinen könnte, zu Ende sei. Den Elfen, die Hofmannsthal als »eine Ausdrucksform für die Kritik des Unterbewußtseins«[32] aufgefaßt haben will, ist dieser Ausgang zu leicht. So billig lassen sich die Götter nicht versöhnen (251), dessen sind sie gewiß; das Böse einfach vergessen hieße »auf ewige Zeit das Beste verhehlen« (258), wobei sie offen lassen, was dieses Beste ist. Mit dieser Kritik wird das Fragwürdige jener Weisheit aufgezeigt, die das Heil, wie Pindar es tut, als das Vergessenkönnen im Segen neuer Beglückungen bestimmen möchte, weil ja nicht einmal Chronos, der Vater aller Dinge, das Geschehene ungeschehen machen könne[33]. Der Spott der Elfen drückt die entschie-

---

31 Da Hofmannsthal Kierkegaards »Entweder/Oder« gekannt hat, sei angemerkt, daß im Kapitel »Die ästhetische Giltigkeit der Ehe« sich ein Abschnitt mit der Geschichtslosigkeit der ersten Liebe befaßt, mit ihrer Lieblingsidee, auf eine unbewohnte Insel zu flüchten. Vgl. Bd. II, S. 111.
32 P IV 457.
33 An Theron von Akragas für seinen Sieg im Wagenrennen, 15–22.

dene Ablehnung des Euripidesdramas aus, die Hofmannsthal in seinem Essay so formuliert: »Wenn um eines Phantoms willen der Trojanische Krieg geführt worden und diese, die ägyptische Helena, die einzig wirkliche ist, dann war der Trojanische Krieg ein böser Traum, und das Ganze fällt in zwei Hälften auseinander – eine Gespenstergeschichte und eine Idylle, die beide nichts miteinander zu tun haben – und dies alles ist nicht sehr interessant.«[34] Nicht daß Hofmannsthal die Naturkräfte, das Heilsame des Schlafes, des Vergessens, der Erinnerungsverklärung, der sänftigenden Zeit, einfach verachtete; diese Kräfte der teilnahmslos hilfreichen Natur haben ihren Anteil auch an der echten Lösung, die der zweite Akt bringt[35]: sie vermögen zwar nicht die Versöhnung herbeizuführen, aber sie verschaffen dem zerquälten Menelas stärkende Ruhe.

Wie Menelas anderntags, in der Oase am Fuß des Atlasgebirges, erwacht, hat die Wirkung des Lotostrankes nachgelassen: das Schwert erblickend, meint er sich zu erinnern, daß er Helena umgebracht habe; in der anwesenden Frau sieht er eine Luftsirene, seiner Gattin täuschend ähnlich, aber aus der flirrenden Wüstensonne gesponnen (264). Gleich einer Umspringfigur[36] zeigt sich in der Erhöhung, was eben noch vertieft erschien: die trojanische Helena, vordem ein Scheingebilde, ist ihm nun die wirkliche Helena, während die ägyptische, wiewohl sie ihn mit Armen umschlingt, ein Phantom ist. Die unverändert junge, alterslose, von keiner Schuld und keinem Leid berührte Helena ist ihm nichts, er gehört der andern, mit der »eine Welt von Schuld und von Leiden ihn verbindet«[37]. Menelas ist zerrissen zwischen zwei Helenen. In den zehn Jahren des Krieges hat er Helena, wie sie war, bevor sie ihn mit Paris betrog, in sich getragen und nichts anderes als eben diese zurückhaben wollen. Was geht ihn da die schuldige Helena an? Die, welche war, soll die sein, welche ist: die Seine, die Bleibende, Ständige, selbst wenn er sie nur durch ihren Sühnetod in die frühere, die unschuldige verwandeln kann. Dann aber erfolgt der Umschlag. Was hat er mit der unschuldigen Helena zu schaffen, wenn er der schuldigen wegen in schwerste Schuld und unsägliches Leid geraten ist? Die, welche war, kann gar nicht die sein, welche ist. Der Betrug in der Liebe hat ihn zerspalten: Menelas kann das, was ist, nicht übereinbringen mit dem, was war. Die eine Helena glaubt er töten zu müssen, dann wird er wieder mit ihr vereint sein können; nur als Tote

---

[34] P IV 446.
[35] P IV 447.
[36] Vgl. S. 21.
[37] P IV 456.

ist sie für ihn lebendig: sie ist eine »Lebendig-Tote« (278). Die andere
Helena hingegen ist eine »Tot-Lebendige« (279): sie ist das atmende
Leben in seiner Unwissenheit, das ihn wieder zu sich ziehen möchte;
aber als solcherart Lebendige ist sie nicht wahrhaft lebendig. Welcher
von diesen beiden er sich auch zuwendet, er betrügt Helena mit Helena
(vgl. 279)[38].

Helena, die den Mann, dem sie gehört, ganz haben will[39], muß erkennen, daß sie Menelas durch den Trank des Vergessens nicht bekommen hat. Das Vergessen ist nicht nur ein Vergessen von etwas, von diesem oder jenem, sondern immer auch ein Vergessen seiner selbst[40]. So
hat sie gar nicht den eigentlichen Menelas in den Armen gehabt, sondern
»nur den halben Menelas«, »ja weniger als den halben«[41]. Sie faßt den
Entschluß, zwischen ihm und ihr »genau die Situation von gestern abend
wieder herzustellen«[42], auf die weitere Hilfe des Lotostrankes zu verzichten und, wohl wissend, was das für sie bedeutet, Menelas dahin zu
bringen, daß er in ihr wieder die wirkliche Helena zu sehen vermag.

> Aus flirrender Stille schlage der Blitz!
> Dunkle Gewalt breche herein!
> Was schein-versöhnt, entzweie sich neu!
> Wir ducken uns nicht unter dem Streich,
> entgegen recken wir unser Haupt!　　　　　　　　　　　　(264)

Der Zaubertrank Erinnerung soll die Wirkung des Lethetrankes vollends
aufheben und Menelas sich selber wiedergeben. In diesem Entschluß ist
Helena eine andere geworden: sie weicht den Erinnerungen nicht mehr
aus, sie bekennt sich zum Nicht-Vergessen als dem, was einzig ihr frommt.
Sie will sich nicht mehr in jenem Hier und Jetzt halten, welches jegliches
Dort und Einst außerhalb seiner hat:

> Aufzuckt die Flamme
> alter Qual:
> vor ihr das Hier

---

[38] Vgl. zu diesem Thema, das schon im Spiel »Der Kaiser und die Hexe« angeschlagen ist, S. 272. — Die lebendig-tote und tot-lebendige Helena erinnert auch
an die zerspaltene Maria-Mariquita im Romanfragment »Andreas«. Vgl. E 285,
252.
[39] P IV 455.
[40] Vgl. dazu Ludwig Binswanger, Grundformen und Erkenntnis menschlichen Daseins, Zürich 1942, S. 472.
[41] P IV 455.
[42] P IV 456.

wird öd und fahl.
Doch was dahin,
das tritt hervor
geistmächtig aus
dem dunklen Tor.
Und was von drunten
wiederkommt,
ist einzig, was
dem Helden frommt! (280/1)

Hier spricht nicht mehr die nur weibliche Helena, sondern die heroische;
am Schluß der Oper werden beide eins sein: Helena ist dann zu sich selbst
gekommen[43].

Der Trank der Erinnerung läßt Menelas sogleich in der ägyptischen
Helena die trojanische erkennen, die er immer noch nicht getötet hat,
und zum zweiten Mal erhebt er das Schwert, um die Tat zu vollbringen.
Die Situation des gestrigen Abends ist wiederhergestellt, die Dinge
wiederholen sich – und doch ist die Situation nicht die gleiche. Helena
trägt sich, der Frau Baraks ähnlich, dem tödlichen Schwertstreich entgegen,
wie sie es am Abend zuvor tat; wenn sie aber damals sagte: »Nimm
mich ins Messer! Nimm mich, Liebster!« (229), so hoffte sie, zutiefst geängstigt,
dank ihrer Geistesgegenwart, ihrer »ungeheuren Beherrschung«
(224) Herrin der Situation zu bleiben und so dem Tod zu entgehen; wie
die Gefahr vorüber war, wankte sie todmüde auf den Sessel und fiel dort
mehr zusammen, als daß sie sich setzte (230). Nun aber ist sie zu sterben
willens und geht lächelnd (300) auf den Tod zu; sie hat sich selbst,
Priesterin und Opfer zugleich, zum Sühneopfer bereitet und dem Tod
geweiht. Sie kredenzt ihrem Gatten den Trank mit den gleichen Worten
wie gestern, und doch steht alles in einem andern Zusammenhang; sie
spricht von der Nacht, »die mich aufs neu dir schenkt«: damals (221)
meinte sie die Liebesnacht einer neuen Beglückung, jetzt (299) meint sie
die Nacht des Todes, in der sie Menelas wieder ganz angehören kann.

Hofmannsthal hat diese Wiederholung, in der das Wiederholte unter
einem andern Vorzeichen steht, kontrastierend mit einer zweiten Handlung
verschränkt, welche die bloße Repetition darstellt. Ein Wüstenscheich
mit seinem Sohn, begleitet von Gefolge, stößt auf das einsame
Paar; es ergibt sich die gleiche Situation, wie sie sich eh und je um die

---

[43] Schon von der nur weiblichen Chrysothemis und der heroischen Elektra hat Hofmannsthal
gesagt, sie seien im Grunde genommen eins. Vgl. S. 209.

schönste Frau gebildet hat, in Sparta und in Troja: man begehrt sie und ist bereit, sich um ihretwillen gegenseitig umzubringen. Mit dieser Wiederkehr des Gleichen ist nochmals eine andere Art der Repetition verflochten, die Wiederkehr quälender Erinnerungen: Menelas, in seinen schlimmen Erlebnissen gefangen, meint im Jüngling Da-ud aufs neue Paris vor sich zu haben (271) und dringt todbringend auf ihn ein. Durch diese verschiedenen Formen der Wiederholung hindurch wird der Zuschauer an die eigentliche Wiederholung herangeführt, die als ein wunderbares Geschehen jede Darstellungsmöglichkeit übersteigt: die Wiederholung in der versöhnten Ehe.

Diese eigentliche Wiederholung ist mit dem erhöhten Augenblick verknüpft. Wie sich Helena lächelnd dem tödlichen Schwerthieb ihres Gatten entgegenhält, trägt sich zu, was Hofmannsthal in der »Frau ohne Schatten« wie im »Salzburger Welttheater« als das Entscheidende zeigt: der Todesstreich unterbleibt. Warum läßt Menelas davon ab, Helena zu töten? Im Essay über die Helena-Oper und in der für das Programmheft geschriebenen Zusammenfassung hebt Hofmannsthal hervor, Menelas habe in diesem Augenblick Helena ganz erkannt[44]. Er hat ihr Selbst wahrgenommen. Die Dichtung drückt dieses Erkennen in den Worten aus, mit denen Menelas das Schwert sinken läßt:

> Tot-Lebendige!
> Lebendig-Tote!　　　　　　　　　　　　　　　　　　(300)

Was ihm auseinandergerissen war, vermag er jetzt wieder übereinzubringen: diejenige, die nur im Momentanen das Leben hatte, und jene, die nur als Tote lebendig sein konnte. Werden und Sein, die, entzweit und verabsolutiert, als dämonische Mächte über die Seele verfügen wollten[45], sind zusammengespannt; in dieser Einheit erkennt er Helena ganz, und dadurch vereint er sich mit ihr: er hat – um ein Wort Hofmannsthals über Robert Lieben aufzunehmen – »in einer grenzenlos wandelbaren, aber unzerstörbaren Realität sich selber gefunden«[46]. Die Vereinigung des Unvereinbaren, dieses Zusammenbringen von tot-lebendig und lebendig-tot, von Werden und Sein, von Wandelbarem und Unzerstörbarem, vollzieht sich auch dadurch, daß Menelas Helena die »Ewig-Eine, Ewig-Neue« (300) nennt. Durch ihre Untreue hatte sie sich für ihn in zwei Gestalten zertrennt. Sie war eine Buhlerin, die – wie

---

44　P IV 456, D IV 476.
45　Vgl. S. 137.
46　P III 152.

Mariquita im »Andreas«-Fragment – nur an den Moment, an nichts sonst glaubte[47], die alle mit ihrem Zauber umstrickte und jedem als die stets Neue erschien. Und sie war seine Gattin, die Eine, die in sich Gleiche und Unwandelbare. In diesen Gegensätzen drückt sich ein bestimmtes Zeitverständnis aus. Einerseits wird Zeit aus dem Jetzt-Punkt, andrerseits von der Zeitlosigkeit her verstanden. So oder so wird sie nur in ihrer Verkümmerung sichtbar. Das Leben, aufgefaßt als das im Moment Seiende, ist nichts als fortlaufender Wechsel und verdient nicht, Leben genannt zu werden. Dem Gericht des als Idee ausgelegten Seins unterstellt, ist es nichts als Herabminderung eines volleren Seins, etwas Nachklingendes und Vorläufiges; soll es ein würdiges Leben sein, muß es in den Tod entstürzen. Aus dieser verkümmerten Zeit wird Helena herausgehoben, wenn Menelas sie die Ewig-Eine und Ewig-Neue nennt. Sie wird dabei der Fülle der Zeit entgegengehoben. Sie ist nunmehr die Eine, die Selbe, und doch nicht die Gleiche, sondern die Neue. Sie *ist* und zugleich *wird* sie. Damit ist sie in die Zeit hineingekommen. Jene Helena, die ganz dem Werden zugetan war, so daß sie des Werdens nicht oder beinahe nicht gewahr sein konnte, war nicht wirklich in der Zeit: der mythologische Ausdruck dafür ist der zehnjährige Schlaf. Im Schlaf, in diesem Zustand des Nichtwissens, der Unschuld, der Alterslosigkeit, findet diese verführerische Helena ihre höchste Schönheit, ihr Wesen[48]. Die andere Helena, die zum Erinnerungsbild gewordene, stand außerhalb der Zeit: sie hat ihr gültiges Wesen in der Unveränderlichkeit der Zeitlosigkeit gefunden. Die in die Zeit hineingekommene Helena ist sich im Tod vorweg und lebt als die, die vom Tode her zu sich selbst zurückkommt; sie ist sich hintennach im Gewesenen und lebt als die, die in der Reue die früheren Wege nochmals geht und als die Schuldvolle sich selbst einholt. Hier ist eine andere Welt als die des Pindar. Dort ist im Vergessen durch neue Beglückung das Leid bloß bezwungen und grollt daher auch immer wieder auf[49]. Die Reue aber weiß, daß das Geschehene heil werden kann. Von Helena läßt sich sagen, was Hofmannsthal über Jedermann geschrieben hat: sie »vermag die lebendige Reue zu fühlen, unter der die Seele sich erneuert«[50]. Hier geht es nicht bloß um ein

---

47 Vgl. E 255.
48 Auch in dieser Hinsicht bildet Menelas die Kontrastfigur zu Helena: er ist ein von Schlaflosigkeit Zerrütteter. Auf das Jenseits solcher Gegensätzlichkeit weist jene Stelle in der »Frau ohne Schatten«, da Gott gepriesen wird als der, dessen Auge niemals zufällt; vgl. dazu S. 280.
49 Vgl. die S. 338 erwähnte Ode, Vers 20.
50 P III 130.

Wiederaufleben, sondern um das Neuwerden. Deshalb ist Helena als Reuende auch über die Reue erhoben, »schwebend überm Gefilde der Reue« (301). Das Geschehene ist ihr zugehörig, und doch ist sie daraus gelöst. Sie trägt die Schuld, und die Schuld ist ihr abgenommen.

Nun läßt sich auch erkennen, was mit dem Besten gemeint ist, das Aïthra verhehlen will, wie die Elfen sagen[51]. Aïthra, die Geliebte Poseidons, nennt die Götter selig, weil sie ohne Erinnerungen seien (278), weil sie sich ganz im Momentanen als dem Gegenwärtigen, das keine Vergangenheit hat und keine Zukunft[52], zu halten vermögen. Sie wähnt ihnen nahe zu sein, wenn sie die melancholischen Anwandlungen, die Wehmut in der Erinnerung an ihre Kindheit und die Sehnsucht nach dem ausbleibenden Geliebten, in der Zerstreuung oder in der Betäubung des Lotostrankes zu vergessen sucht (214). In dieser Art da sein heißt also das Beste im Verborgenen lassen; zum Vorschein kommt es dagegen, indem Helena als Reuende zurückgeht und als zum Tod Willige ans Ende vorläuft[53]. Damit wird etwas von der Fülle der Zeit sichtbar, von jenem andern Gegenwärtigen, dem Ewigen, welches ebenfalls kein Vergangenes und kein Künftiges hat, freilich nicht deshalb, weil das Vergangene und Künftige außerhalb der Gegenwart wäre, sondern weil es innerhalb der Gegenwart ist. In diese volle Gegenwart sind die Dinge am Schluß der Oper hineingehoben: Helena ist als die Eine und Neue die Ewig-Eine und die Ewig-Neue, und die vereinten Ehegatten, jetzt erst – in der Wiederholung – »vollvermählt« (300), sind das »ewige Paar« (303). Das Ewige ist das Beste, das Aïthra hat verhehlen wollen. Hofmannsthal läßt über seine Oper das Gefühl von der Gegenwärtigkeit Gottes auf-

---

51 Vgl. S. 338.
52 Vgl. die von Hofmannsthal zitierte Kierkegaardstelle S. 289/90.
53 Es kann hier wiederum die Frage gestellt werden, ob Hofmannsthal Kierkegaards »Krankheit zum Tode« gekannt habe; dort findet sich, in einem Abschnitt über die Verzweiflung des jungen und des älteren Menschen, eine Stelle, die auffallende Ähnlichkeit mit dem in der »Ägyptischen Helena« Dargestellten hat: »Dies Vergangene ist vielleicht sogar etwas, darin die Reue eigentlich hätte Fuß fassen sollen. Aber sollte die Reue an den Tag, so müßte da zuerst dienlich verzweifelt werden, zu Ende verzweifelt werden, so müßte das Leben des Geistes hindurchbrechen von dem Grunde her. Jedoch verzweifelt wie er ist, getraut er sich nicht es zu einer solchen Entscheidung kommen zu lassen. So bleibt er denn stehen, die Zeit geht hin – es sei denn, es glücke ihm, noch mehr verzweifelt, das Vergangene mittels der Vergeßlichkeit heil zu machen, so daß er anstatt ein Reuender zu werden, sein eigner Hehler wird. Wesentlich aber bleibt solch eines Jünglings und solch eines Älteren Verzweiflung die gleiche, es kommt zu keiner Metamorphose, in welcher das Bewußtsein vom Ewigen im Selbst durchbricht« (S. 59).
Auch in der Übersetzung von H. Gottsched, Jena 1911, steht der Ausdruck »Hehler« (S. 58).

gehen: die Verflechtung mit den bedrohlichen Anstalten des Wüstenscheichs gestattet es ihm, Poseidon als deus ex machina hilfreich eingreifen zu lassen. Aïthras Wort »Gefahr ist nahe! Rettung auch!« (296) wird wahr, allerdings in einem andern Sinn, als sie meint, empfiehlt sie doch als Rettung den Lotostrank[54]. Wie der Zeltvorhang zurückgeschlagen wird, steht eine Schar Gepanzerter, von Poseidon geschickt, schützend da in der monderhellten Nacht. Dieses Sichtbarwerden des Himmels erinnert an den Schluß der »Ariadne auf Naxos«, von dem Hofmannsthal geschrieben hat: »Hier müssen mir, wenn wir dies je einmal auf die Bühne bringen, der Maler und der Regisseur alle ihre Kräfte einsetzen, um ein wahrhaftiges Geheimnis – nicht zu offenbaren, aber zu verherrlichen; hier muß die kleine Bühne ins Unbegrenzte wachsen, mit dem Eintritt des Bacchus müssen die puppenhaften Kulissen verschwunden sein, die Decke von Jourdains Saal schwebt auf, Nacht muß um Bacchus und Ariadne sein, in die von oben Sterne hineinfunkeln.«[55]

Verherrlichung: Hofmannsthal braucht diesen Ausdruck immer wieder, um seine Werke zu kennzeichnen. Im »Salzburger Großen Welttheater« geht es ihm um die Verherrlichung der Freiheit[56], in der »Frau ohne Schatten« sind Ehestand und Elternschaft verherrlicht[57]. Wenn ihm Shakespeares Dramen als »Verherrlichung des Lebens«[58] erscheinen, so charakterisiert er mit dieser Auffassung auch sein eigenes Werk.

Verherrlichung ist nicht das gleiche wie Idealisierung. Die Idealisierung blickt auf das zeitlose Wesen und will die Wirklichkeit zu ihm emporbilden. Sie zeigt z. B. in der Ehe die Idee unbedingter Treue und gibt damit dem, was sie als natürliche Anlage zur Treue glaubt ansprechen zu dürfen, Richtung und Ziel. Im Namen der Idee unternimmt es Menelas, alle, die, welche sich an ihr vergangen, vor den Richterstuhl zu fordern. Die Verherrlichung hebt die Zeit aus der Verkümmertheit in ihre eigentliche Gestalt, sie formt die Realität in ein erhöhtes zweites Dasein um[59]. Das Ideal zeigt die Dinge in ihrer allgemeinen Gültigkeit: die

---

[54] Daß Hofmannsthal Hölderlins »Wo aber Gefahr ist, wächst das Rettende auch« Aïthra in den Mund legt und damit verfremdet, ist ein typisches Beispiel indirekter Mitteilung. Vgl. dazu im »Schwierigen« Stanis Worte über den Entschluß: S. 306.

[55] P III 142.

[56] An Richard Strauss, 4. September 1922, S. 482.

[57] D III 481.

[58] P II 166.

[59] Vgl. S. 196/7, 239.

Treue als das für alle und jeden geltende absolute Gesetz[60]. Die Verherrlichung setzt einen andern Akzent. Treue ist ihr nicht die emporgebildete natürliche Anlage zum Treusein, sondern die Entschlossenheit, in der ich mich fortwährend wähle, wie die Notwendigkeit mich von Augenblick zu Augenblick wählt[61]. Das Wesentliche kann nicht vom Persönlichen abgelöst und als das Allgemeine formuliert werden. Verherrlichung ist jenes Rühmen, welches sagen kann: Mir zuliebe gibt es Helena, für mich ist sie da. Menelas ist der Einzige, der dies in eigentlichem Sinne sagen darf[62]. Die Akzentverschiebung vom Allgemeingültigen auf das für den Einzelnen Gültige wird auch in Hinsicht auf Helenas Schönheit offenkundig. Wenn Helena als die schönste aller Frauen erscheint, so wird sie mit Augen gesehen, die ins Wesen der Schönheit eingeweiht sind und daher zu erkennen vermögen, daß diese Frau den Inbegriff weiblicher Schönheit repräsentiert. So wird sie von allen gesehen, deshalb ist sie der Gegenstand allgemeiner Bewunderung. Auch für Menelas ist sie die Schönste, freilich in einem besonderen Sinne: sie ist für ihn und nur für ihn stets die Schönste, auch wenn sie häßlich werden sollte, und dies natürlich nicht etwa so, daß er ihr Wesen in Erinnerung behielte und über die mit der Wesenheit nicht mehr übereinstimmende Erscheinung hinwegsähe, denn dergestalt bliebe sie ja nicht die Schönste, sondern wäre die Schönste bloß gewesen[63].

Nur mit der wahren Gegenwart habe die Sprache zu tun, sagt Hofmannsthal[64]; deshalb versteht er Dichtung als Verherrlichung. Für diese Gegenwart – die Zeit in ihrer eigentlichen Gestalt – setzt er den Ausdruck »das Mythische«. Mit seiner mythologischen Oper sieht er geglückt, worum er sich längst gemüht hat. Walther Brecht gegenüber äußerte er im Gespräch über die »Ägyptische Helena«: »Was vorschwebt in der ›Elektra‹ und im ›Ödipus‹ war dies! Damals war ich noch zu burckhardtisch, historisch-philologisch... Ich mußte *neben* der Bildung mich entwik-

---

60 Vgl. S. 249.
61 Vgl. S. 244, 236, 214/5.
62 Wenn in der Verherrlichung immer der Bezug »mir zuliebe«, »für mich« wesentlich ist, so darf dies natürlich nicht als Subjektivität mißverstanden werden; es wird ja gerade die Subjekt-Objekt-Relation überstiegen. Das als Rühmen aufgefaßte Dichten ist daher keineswegs »von einem ganz ungeheuerlichen subjektiven Anspruch getragen«, wie Verena Häfeli (Werner Zemp, Das Problem einer deutschen »poésie pure«, Zürich 1967, S. 210) im Zusammenhang mit Rilke behauptet.
63 Vgl. »Der Schwierige« L II 244/5.
64 Vgl. S. 290.

keln.«[65] Die nicht historisch, sondern mythisch gesehene Antike ist weder etwas Vergangenes noch etwas Vorläufiges noch etwas Fortwirkendes, sondern dasjenige, mit dem ich – wie mit jedem Gewesenen – gleichzeitig sein kann und das infolgedessen jederzeit wieder zur Entscheidung steht: es ist in seine zweite erhöhte Wirklichkeit umzuformen, indem ich es in die Gleichzeitigkeit erhebe. Die Antike ist dann, wie Hofmannsthal sagt, »ewig: vergangen-zukünftig«[66]. Sie ist zukünftig, indem das Vergangene wiederholt wird, was nicht heißen will, sie sei wiederherzustellen. Sie erscheint nicht perspektivisch als das Geschichtlich-Ferne, sie ist vielmehr in allen ihren Momenten gleich nah und gleich fern[67]. »Wir sind von einem Fleisch mit allem was je war.«[68] In dieser aperspektivischen Auffassung kehrt wieder, was Hofmannsthal als den Kindern, den Griechen, den Schauspielern eigentümlich betrachtet: »Sie besitzen nicht die geringste Perspektive in die Vergangenheit.«[69] Aber dadurch daß das Frühere wiederholt wird, kehrt es doch nicht einfach als das Gleiche wieder. Wenn wir mit allem, was je war, von einem Fleisch sind, so ist die wiederholte Antike zugleich zusammen mit allem, was nach der Antike war. Es ist also eine Antike, die das Christliche nicht außerhalb ihrer hat. Daß die »Ägyptische Helena« von der Kategorie der Wiederholung geprägt erscheint – nach Kierkegaard die christliche Kategorie[70] – ist dafür das deutlichste Zeichen. Wie früh Hofmannsthal dieser Durchdringung des Antiken mit dem Christlichen nachsann, ist daraus zu ersehen, daß er, zwanzigjährig, in den Bildern von Edward Burne-Jones eine Welt vor sich zu haben glaubte, die ihn gleichzeitig antik und doch durch und durch christlich anmutete[71]. Die geheimste Sehnsucht seiner Generation sieht er dann von jenem Dichter schon vorgelebt, den er den geheimnisvollen Führer nennt, »dem Herzen näher und über die Herzen gewaltiger« als selbst Goethe, von Hölderlin, in dessen Welt, geschaut »mit einem mythenschaffenden oder religiösen Auge«, die heidnischen und die christlichen Begriffe zusammenleben, »der Äther und Bacchos

---

65 Fiechtner, 1. Aufl., S. 340. – Hofmannsthal spielt auf den Einfluß an, den Jacob Burckhardt auf ihn ausübte.
66 P III 360, vgl. dazu P III 164: »Jedes Vergangene wirft den dünnen Schleier von sich und zeigt sich als ein ewig Gegenwärtiges.«
67 Vgl. P II 296, G 515.
68 D I 423.
69 P II 370.
70 Der Begriff Angst, S. 14 Anm.
71 P I 194. Vgl. auch diese Arbeit S. 111.

mit Christus«[72]. Das chronologisch Getrennte in seine Einheit bringen, das ist Verherrlichung. Dafür findet Hofmannsthal in der mythologischen Oper die geeignete Darstellungsform. In der Oper läßt sich, weil sie von allen Künsten die festlichste ist, am ehesten ausdrücken, daß das eigentliche Dasein, wie es Ödipus[73] für einen Augenblick erkennt, ein fortwährendes Lobpreisen ist: »Das sind unaufhörliche Feste!«

---

[72] A 314/5.

[73] D II 305. – Vgl. Hofmannsthals Äußerungen zum zweiten Teil des »Faust«: »Er ist, als Ganzes genommen, das Fest aller Feste und, da er auf Schritt und Tritt Musik postuliert, die Oper aller Opern.« (P IV 179)

Schluß

Am Ende des 19. Jahrhunderts unterstehen Sein und Werden gegensätzlichen Wertungen. Für den überkommenen Platonismus, so verschieden er sich auch ausformt, ist das Werden eine Herabminderung des ruhenden Seins. Der neu aufgekommene umgekehrte Platonismus, zum Beispiel die Lebensphilosophie Bergsons, sieht hingegen im Sein die Beengung des schöpferischen Werdens. Herabminderung oder Beengung des einen durch das andere: diese Formulierung erfaßt den Gegensatz sogar noch nicht in seiner ganzen Schärfe. Das Auseinander von Sein und Werden ist nämlich derart ins Äußerste getrieben, daß eine völlige Entzweiung eingetreten ist. Dauer und Wechsel sind nicht mehr vereinbar, sie erscheinen je nach dem Standpunkt als das Starre oder als das Flüchtige und schließen sich damit gegenseitig aus. Einerseits ist das Sein, andrerseits das Werden verabsolutiert, so daß bald dieses als das wahre Sein, bald jenes als die wahre Lebendigkeit ausgelegt wird. In all den Entgegensetzungen wie Idealismus–Realismus, Spiritualismus–Vitalismus, Geist–Seele drückt sich nun Feindseligkeit aus.

Im geschichtlichen Wandel, der vom traditionellen zum umgedrehten Platonismus führt, gibt es den Punkt, da Sein und Werden im Gleichgewicht sind. Bei Goethe bildet der Gegensatz eine Polarität: Sein und Werden gehören einem Ganzen an. Das Sein ist das innere Formprinzip, das sich im Werden entfaltet, bis das Wesen ganz in die Erscheinung tritt, worauf es wieder aus der Erscheinung zurücktritt. Alles kann auf die eine Mitte bezogen werden, in der die Dinge Transparenz gewinnen, so daß im Sinnlichen das Geistige anschaubar ist, im Individuum der Typus, im beständigen Vergangenen das vorauslebendige Künftige, im Zeitlichen das Ewige. Dergestalt konnte sich Goethe im Wechselnden der Dauer versichern und im Dauernden sich wandeln.

Wo die Gegensätze Pole eines runden Ganzen sind, gilt das Wort, das Hofmannsthal in bezug auf Haydn und Mozart sagt: Die Abgründe sind geahnt, aber ohne Grauen, das Dunkel ist noch durchstrahlt von innigem Licht[1]. Hundert Jahre später sind die Abgründe aufgerissen. Aus den Polaritäten sind Antinomien geworden. Die Vermittlungen, in denen die Dualismen ihre Synthese fanden, sind eingestürzt. So vermag der Begriff des Organischen nicht mehr zwischen Natur und Geist zu vermitteln und kann daher auch die Person nicht mehr konstituieren. Die Entfremdung zwischen Leben und Denken ist ein Symptom dafür. Im Denken ist das Leben vorgestellt und damit festgestellt; im Festgestellten aber ist keine Bewegung, kein Leben. Als Denkender *bin* ich somit, indessen kann ich nicht werden; als Lebender *werde* ich, ohne daß ich sein kann. Die Umspringfigur, die bald den einen, bald den andern Aspekt hervorhebt, ist kennzeichnend für die Antinomie.

Der Wandel von der Polarität zur Antinomie hängt mit der fortschreitenden Formalisierung der Zeit zusammen. Wenn die Zeit auf die unumkehrbare Folge von gleichförmigen Jetztpunkten reduziert wird und das Gegenwärtige, das Lebendige nichts als das Momentane ist, wird dem Denken der Bereich des Vergangenen oder des Künftigen zugewiesen: es wird historisch oder berechnend und verfehlt so oder so das Leben. »Nachdenken ist der Tod: im Nichtbedenken liegt das Glück!«[2], dieser Satz bezeichnet dann die eine mögliche Haltung. Auf der andern Seite steht die Alternative: Gefangensein im Gestern oder Unterwerfung des Morgigen. Das Denken ist zur »Hybris des Dienenwollens« oder zur »Hybris des Herrschenwollens« geworden, bald ist der Mensch »gebunden bis zur Qual«, bald »frei bis zur Zerrüttung«[3].

Diese Antinomien, die sich auf Grund des völlig formalisierten Zeitbegriffs ergeben, markieren äußerste Positionen, von denen aus kein Weg weiterführt; sie signalisieren die Weglosigkeit, die Aporie. Hofmannsthal ist es aber gerade um die Lösung der Antinomien zu tun. Wodurch wird sie ermöglicht? Sie stellt sich ein als das Ergebnis einer »gewaltigen geistigen Umwälzung«[4], einer Revolution, die sich im Zeitbegriff vollzieht: es ist dieser Begriff, »der in unserer Zeit eine Wandlung durchmacht, und von dieser Wandlung aus müssen wir erfassen, daß wir ein neues Zeitalter zu betreten im Begriff sind«[5]. Das Problem der Antinomien verschwindet im gewandelten Zeitbegriff, nämlich in den erhöhten Augenblicken, welche die Zeit in ihrem eigentlichen Wesen zeigen. Der

---

1 P IV 7.
2 »Arabella«, L IV 28.
3 P IV 403/4.
4 A 365.
5 Vgl. Einleitung S. 2.

Augenblick ist die Einheit von Sein und Werden, von Denken und Handeln, von Freiheit und Gebundenheit. Er ist die Wirklichkeit über der Wirklichkeit. Grundlegend im Werk Hofmannsthals ist der Unterschied zwischen erhöhtem Augenblick und flachem Augenblick, zwischen der Fülle der Zeit und der schalen Zeit. Der erhöhte Augenblick erschließt das eigentliche Dasein, welches die Sammlung des in der schalen Zeit Zertrennten ist. Dieses Eigentliche muß dem Uneigentlichen fortwährend abgewonnen werden: die Antinomien sind nicht ein für allemal, sondern ständig zu lösen. Ihre Lösung ist nicht etwa eine Denkaufgabe, sie ist nur durch eigentliches Dasein, nur existierend zu vollbringen.

Vom Problem der Zeit her betrachtet, rückt Hofmannsthals Dichtung in die Nähe der Philosophie Heideggers. Das mag zunächst überraschen. Aber warum denn? Bewegen sich etwa Dichtung und Philosophie in derart verschiedenen Bereichen, daß sie miteinander nichts zu tun haben? Reden nicht vielmehr Dichter und Philosoph beide von demselben, der eine mit dem tiefsten Ahnungsvermögen der Einbildungskraft, der andere mit der höchsten Energie des Gedankens? Nicht die Nähe von Dichten und Denken ist überraschend, ihre Ferne wäre es. Hier wie dort geht es um die Wandlung des Zeitbegriffs[6]. Kierkegaard hat sich als erster damit beschäftigt: für Hofmannsthal wie für Heidegger und viele andere[7] wird die Begegnung mit Kierkegaard entscheidend[8]. Die Gemeinschaft der Zeitgenossen kommt darin zum Ausdruck. »Wir laufen alle nach dem gleichen Ziel«, betont Hofmannsthal[9]. So ist es auch sehr wohl

---

6 Es verdient hier angemerkt zu werden, daß Hofmannsthal bei Franz Brentano, dem Lehrer Husserls, Vorlesungen gehört hat (vgl. Gotthart Wunberg, a. a. O., S. 39). Ob und inwiefern dies für Hofmannsthal von Bedeutung war, ist nicht erforscht. – Aus einem Brief an Willy Haas (19. Dezember 1926, S. 71) geht hervor, daß sich Hofmannsthal auch mit Husserl beschäftigt hat.

7 So lernte Rilke Dänisch, »um Jacobsen und manches von Kierkegaard unmittelbar lesen zu können«. An Lou Andreas-Salomé, 12. Mai 1904, Briefwechsel, Zürich 1952, S. 161.

8 Wenn sich für Hofmannsthal das Problem der Antinomie von Sein und Werden stellt, zeigt dies, daß er, wie Kierkegaard, die im Augenblick erschlossene ursprüngliche Zeitlichkeit mit Hilfe des vulgären Zeitverständnisses zu fassen sucht. Heideggers Fundamentalontologie dagegen blickt nicht von der uneigentlichen auf die eigentliche Zeit, sondern in der entgegengesetzten Richtung; daher fällt für sie die Antinomieproblematik dahin.
Hofmannsthal lernte seine Erfahrung des erhöhten Augenblicks nicht nur an Hand von Kierkegaards Schriften besser verstehen, auch Dostojewski, der in seinen Dichtungen immer wieder von solchen Momenten der Erleuchtung spricht, muß ihm in dieser Hinsicht bedeutsam gewesen sein.

9 Diese Bemerkung steht im Aufsatz über Eugene O'Neill, P IV 195.

verständlich, daß Heideggers Titelwort »Sein und Zeit«, wie Eugen Fink sagt, in unserem Jahrhundert zum Losungswort hat werden können[10].

Diese Zusammenhänge verbieten es, Hofmannsthal als einen Epigonen zu sehen, als den letzten Exponenten einer zu Ende gehenden Epoche, als den Erben, der seine ganze Eigenständigkeit bloß darin hat, daß er spielend und verschwenderisch über das von früheren Generationen Geleistete verfügen kann. Ein solches Urteil wird schon dadurch widerlegt, daß Hofmannsthal mit feinstem Sensorium das in der Luft Liegende und künftig Bedeutsame erahnt. So hat er sich nicht nur mit Kierkegaard, sondern auch mit Hölderlin und Bachofen beschäftigt, längst bevor ihre Bedeutung allgemein anerkannt war. Was von dem angeblichen Epigonentum zu halten ist, sagt am deutlichsten das folgende Wort: »Es hat keinen Sinn, zu denen, die klug sind und viele Vergangenheit in sich tragen, zu sagen: ›Ihr seid die Späten, ihr seid ohne Zukunft.‹ Denn dort wo im jungen Gras abgestorbene Blätter vom vorigen Jahre liegen, dort hat sie der Gärtner sorgfältig zusammengetragen, um unter den geheimen Kräften ihrer Verwesung das Kostbarste zu bergen: Samen, aus dem er junge Bäume ziehen will.«[11]

Hofmannsthal bezeichnet die große geistige Umwälzung, in die er sich hineingestellt weiß, als »konservative Revolution«[12]. Entscheidend ist dabei das Kontradiktorische des Ausdrucks. Es handelt sich weder um eine Revolution, die alles Gewesene hinter sich zu lassen vorhat, noch um eine Restauration, die Früheres wiederherzustellen gedenkt. Die Revolution, die sich konservativ nennt, greift ins Frühere zurück, um es in wesentlichem Sinne zu wiederholen, so daß es durch diese Zueignung ursprünglicher erfahren wird und damit etwas Neues ist. Hofmannsthal versteht die konservative Revolution als »Gegenbewegung gegen jene Geistesumwälzung des sechzehnten Jahrhunderts, die wir in ihren zwei Aspekten Renaissance und Reformation zu nennen pflegen[13]. Die Renaissance hat das Wesen der Person als Individualität bestimmt; die Gegenbewegung löst diesen Persönlichkeitsbegriff auf, um das, was Person ist, in einer ursprünglicheren Weise zu konstituieren. Die Reformation wird von Hofmannsthal als »Setzung des Ethos über den Logos«[14] definiert; im Gang, der hinter diese Setzung führt, soll das Anfängliche

---

10 Eugen Fink, Zur ontologischen Frühgeschichte von Raum, Zeit, Bewegung, Den Haag 1957, S. 42.
11 P II 184.
12 P IV 413.
13 Ebd.
14 P IV 314.

erreicht werden, welches das einander Entgegengesetzte eint: »Alle Zwei-
teilungen, in die der Geist das Leben polarisiert hatte, sind im Geiste zu
überwinden und in geistige Einheit überzuführen.«[15] In dieser Umwälzung wandeln sich die Begriffe; der zitierte Satz ist ein Beispiel dafür:
der Logos, der die Dualismen überwindet, ist in umfassenderem Sinne
Geist als der Logos, der dem Ethos entgegengesetzt ist. Die konservative
Revolution greift aber nicht nur hinter Renaissance und Reformation
zurück, sondern auch hinter das Griechentum Platons. Sie will ins Ar-
chaische gelangen. Bachofen und Nietzsche haben hier Wege gewiesen.
Heraklit wird nun wieder eine »seelenbildende Gewalt«[16]. Dieser Rück-
stieg ins Fundamentale ist dem Begriff »Entwicklung« entgegengesetzt.
Der Entwicklungsgedanke hat deshalb für Hofmannsthal etwas »Chi-
märisches«[17], werden doch durch ihn »alle Mysterien des Daseins mehr
verschleiert als erklärt«[18]. Das, worum es Hofmannsthal zu tun ist, kann
nicht »durch eine hungrig ins Unendliche fortrasende Linie versinnlicht
werden«, sondern stellt sich als »rhythmische Wiederkehr« dar[19].

Auf diesem Weg, der zu einer »neuen Wirklichkeit« führt[20], geht
nicht nur ein Wandel im Zeitbegriff vor sich, es ergibt sich auch ein
»neues seelisches Verhalten zum Raum«[21]. Etwas davon zeigt sich darin,
daß Hofmannsthal vom »Mysterium des Raumes« spricht[22]. Mit dieser
Formulierung ist dem Raum eine neue Würde gegeben; offenbar wird
der von Kant behauptete Vorrang der Zeit gegenüber dem Raum – der
Raum diene bloß dazu, die ursprüngliche reine Anschauung zu versinn-
lichen – nunmehr bestritten. Im Kritizismus Kants äußert sich, wie Hofmannsthal erklärt, das »Weltlose der Deutschen«[23]; solcher Weltlosigkeit
tritt er mit seinem dichterischen Werk entgegen. »Was in der Epoche seit
Kant an verändertem Weltgefühl lebt«, spiegle sich in der Figur Sigismunds, lautet eine Notiz in »Ad me ipsum«[24]. Das Mysterium des
Raumes wird überall dort spürbar, wo Hofmannsthal vom Auseinander
redet, so wenn er von den neuen Gärten sagt, daß in ihnen »die Luft
und der freigelassene Raum eine größere Rolle spielen wird als in irgend-

---

15 P IV 411.
16 P IV 317, vgl. P IV 67: »der gewaltigste der griechischen Weisen«.
17 Vgl. A 367.
18 A 310.
19 A 367.
20 A 301.
21 A 300.
22 P IV 157.
23 A 47.
24 A 233.

welchen früheren Zeiten«[25], wenn er von Claudel das Wort aufschreibt: »O mon âme! le poème n'est point fait de ces lettres que je plante comme des clous, mais du blanc qui reste sur le papier« und hinzufügt: »Hier ist jene Vorstellung des Leeren, die mich verfolgt«[26], oder wenn er das Ich als »ungeheure innere Weite«[27] sieht und bemerkt: »Die ganze Mitwelt, alle Vergangenheit in ihr eingeschlossen, ist genau der Raum, den es braucht, um ganz zu existieren.«[28]

Da sich mit dem Zeitbegriff auch der Raumbegriff wandelt, stellt sich die Frage nach ihrer Zusammengehörigkeit von neuem. Darüber finden sich bei Hofmannsthal nur Andeutungen, etwa jenes Wort im »Buch der Freunde«: »Malerei verwandelt den Raum in Zeit, Musik die Zeit in Raum.«[29] Man möchte meinen, ein Druckfehler habe die Wörter »Malerei« und »Musik« vertauscht, scheint es doch, daß Musik den Raum aufhebe, und ist doch nach Lessing der eigentliche Gegenstand der Malerei das Nebeneinander der Körper[30]. Aber wenn Musik ertönt, hört man nicht bloß das im Moment Tönende, man hört eine Komposition, so wie man beim Reden nicht nur beim eben zu Sagenden ist, sondern das bereits Gesagte behält, ansonst man nicht wüßte, worüber man redet, und das zu Sagende vorauslaufend hat, da man sonst den Satz nicht beenden könnte[31]. Das Gewesene und das Künftige stehen also gleichsam nebeneinander »wie die Blumen in einem Garten«[32]. »Man muß über das Gefühl der Gegenwart hinwegkommen, wie in der Musik über das Hören der Klangfarben der Instrumente«, heißt es im »Buch der Freunde«[33] mit deutlicher Spitze gegen jenes Musikschaffen, welches sich im Ausmalen der Klangfarben nicht genugtun konnte. Andrerseits sieht man beim Anblick eines Gemäldes nicht nur ein Nebeneinander von Gegenständen. Es vollzieht sich vielmehr ein Geschehnis. Über die Bilder van Goghs ist in den »Briefen des Zurückgekehrten« zu lesen: »In einem Sturm gebaren sich vor meinen Augen, gebaren sich mir zuliebe diese

---

25 P II 207.
26 A 181.
27 P IV 460.
28 A 37.
29 A 61 (1922) – Eine wichtige Stelle des »Eupalinos« (1923) von Paul Valéry berührt sich mit Hofmannsthals Gedanken: »Je veux entendre le chant des colonnes, et me figurer dans le ciel pur le monument d'une mélodie.« (Oeuvres, II, Bibliothèque de la Pléiade, 1960, p. 101).
30 Laokoon, 16. Kapitel.
31 Vgl. Wilhelm Szilasi, Einführung in die Phänomenologie Edmund Husserls, Tübingen 1959, S. 83.
32 Vgl. S. 330.
33 A 41. – Gegenwart heißt hier natürlich soviel wie das Momentane.

Bäume.«[34] Ähnliches schreibt Hofmannsthal von der Malerei Kokoschkas: »Ein Mensch sinkt wie ein Phantom in die Tiefe des Bildes, ein anderer fährt uns wie ein strohgelber Blitz entgegen.«[35] Man fühlt sich bei solchen Sätzen an das Wort erinnert, jedes Ding sei »durch einen Doppelsinn, der sein Gegensinn ist, getragen«[36]: das Nebeneinander der Malerei durch das Nacheinander, das Nacheinander der Musik durch das Nebeneinander. Hier wie dort ist das intendiert, worin Raum und Zeit geeint sind. Was dem Verstand in zwei völlig verschiedene Anschauungsformen getrennt ist, erweist sich im letzten als Einheit. Diese Einheit ist anvisiert, wenn Hofmannsthal vom Rhythmischen spricht[37]. »Das Rhythmische ist der Versuch, die Zeit so zu fassen und zu gliedern wie den Raum.«[38] In den gleichen Zusammenhängen braucht Hofmannsthal auch den Ausdruck »das Mimische«, das »in einer geheimnisvollen Affinität zu den Tendenzen der modernen Malerei« steht[39] und daher wie folgt definiert werden könnte: Das Mimische ist der Versuch, das Räumliche so zu erfassen und zu bewegen wie die Zeit. Wenn Hofmannsthal sagt, die Musik verwandle die Zeit in Raum, die Malerei den Raum in Zeit, ist darauf zu achten, daß die Begriffe Zeit und Raum je zweimal gebraucht werden und sich dabei in ihrer Bedeutung wandeln, sonst hieße ja der Satz nichts anderes, als daß Musik Malerei sei und umgekehrt. Das in Raum Verwandelte, die Ordnung, das Zugleich der Komposition, ist das volle Phänomen der Zeit, in welchem das momentan Erklingende bloß ein Aspekt ist; das in Zeit Verwandelte, die Bewegtheit, die Folge des Geschehens, ist das volle Phänomen des Raumes, in welchem das Nebeneinander eine Reduktion auf die Dreidimensionalität ist. Hofmannsthal denkt den dreidimensionalen Raum und die eindimensional ablaufende Zeit nicht gesondert, er bringt Zeit und Raum in ihre Einheit, die als vierdimensionale Gesamtheit angesprochen werden müßte[40]. Diese ist im Medium der Künste nicht wiederzugeben, aber mit-

---

34 P II 350.
35 A 301.
36 A 35.
37 Vgl. dazu S. 335.
38 A 300.
39 Ebd.
40 Die Wandlung des Zeit- und Raumbegriffes, mit der ein neues Zeitalter beginnt, greift umgestaltend in die verschiedensten Bereiche des geistigen Lebens, sie ist nicht nur eine Sache der Physik und Mathematik, auch die Künste beschäftigen sich in ihrer eigenen Weise mit ihr. Daß Hofmannsthal auch ins Gebiet der wissenschaftlichen Auseinandersetzung mit diesen Dingen hinüberhorchte (vgl. P IV 317), geht aus einer Bemerkung hervor, welche die nicht-euklidische Geometrie Riemanns zum Hintergrund hat: »Das gesamte Geistesleben zu überblicken – nicht in der literarischen Ebene verharren –, sondern in die gebogene Ebene, die

tels dieses Mediums vermag der Mensch hörend und schauend mit ihr zu kommunizieren.

In dem Ganzen, um welches es Hofmannsthal geht, ist das, was sonst Körper genannt wird, nicht bloß körperhaft; deshalb kann er vom »Geist des Körpers«[41] reden und sagen: »Die Zeremonie ist das geistige Werk des Körpers.«[42] Und andrerseits ist Geist nicht Weltlosigkeit; deshalb spricht Hofmannsthal von der »unaufhörlichen Hochzeit des Geistes mit der Welt«[43]. Das anwesende Körperhafte ist nicht nur das Greifbare, es ist in ihm etwas Unerreichliches: Oberfläche ist nicht einfach als Umriß vorhanden, sie entsteht vielmehr, aus unerschöpflichen Tiefen, durch ein beständiges Kommen zu ihr[44]. Und umgekehrt hat sich das Gewesene nicht ins Ungreifbare entzogen; es ist »gegenwärtig, sogar leiblich in gewissem Sinne«[45]. Nichts preist daher Hofmannsthal so sehr wie das Licht, das er über Griechenland ausgebreitet sieht, denn dieses Licht, »unsäglich scharf und unsäglich mild zugleich«, zeigt die Dinge in einer »sanften Deutlichkeit« und in einer »verklärenden Verschleierung«[46], so daß »das Geistige leiblicher und das Leibliche geistiger als irgend sonst« ist[47]. Von solchem Licht soll auch die Kunst durchwaltet sein, sie soll »Geist und Leib mit *einem* Blick« erfassen[48], denn weder das Sinnliche noch das Entsinnlichte[49] hat sie zu geben, ihr muß es vielmehr um »die mimische Wiedergabe der Existenz«[50] zu tun sein.

Wenn man nun bedenkt, daß all dies schon im Anfang von Hofmannsthals Dichten enthalten ist – die erhöhten Augenblicke beweisen es[51] –,

---

Ebene der Metageometrie zu gelangen, in eine kugelförmige –« (P IV 319). Max Rychner berichtet, Hofmannsthal habe im Gespräch geäußert, die Sphären des Mathematischen, Physikalischen, Philosophischen, Dichterischen sollten einander angenähert werden; Einsteins Genialität solle nicht bloß in einem wissenschaftlich abgezäunten Bereich Folgen zeitigen, sondern das Bewußtsein einer geistigen Gesamtheit produktiv erregen; das dichterische Bewußtsein könne nicht eigenherrlich sich um Einstein nicht kümmern. Fast bedrängt habe Hofmannsthal gesagt: »Wer bringt mir Einstein wieder ins Ganze herein, so wie Schiller Kant ins Ganze hereingenommen hat?« (Neue Rundschau XLII, 9 [1931] S. 413/4).

41 A 50.
42 A 49.
43 P IV 155.
44 P III 41.
45 P IV 56.
46 P IV 153.
47 P IV 159, ähnlich P IV 262 (»Reise im nördlichen Afrika«): »Das Ferne schien sehr nahe – das Nahe ungreifbar vergeistigt.«
48 P IV 233.
49 Vgl. P IV 311.
50 P IV 234.
51 Vgl. S. 174/5.

so stellt sich endlich doch die Frage, worin die Veränderung bestehe, die sein Dichtertum durchmacht. Auffallend ist, daß Hofmannsthal in den ersten Jahren seines Schaffens Gedichte schreibt, wogegen ihm später keine mehr gelingen wollen. Diese Gedichte suchen das im erhöhten Augenblick offenbar Gewordene zu evozieren, sie bringen wieder jene Gegenwart vor die Seele, von welcher Hofmannsthal sagt: »Was niemals zusammen war, jetzt ist es zugleich, ist es beisammen.«[52] Das Wesentliche des Gedichts ist ihm daher das »Ensemble«, »das unzerlegbare, ungreifbare, unwägbare Ganze«[53]. So gibt das Gedicht »Vorfrühling«[54] ein Zusammen von kahlen Alleen und Akazienblüten, von Kühle und Glühen, von Weinen und Lachen, ein Zugleich des Gegensätzlichen, wie es Hofmannsthal später einmal, gewissermaßen sein frühes Gedicht interpretierend, wie folgt umschrieben hat: Das Kahle, das immer öd und traurig scheine, sei voller Wollust, die Finsternis, wenn mitten im Tag schwere dunkle Wolken über den wie von innen leuchtenden erdbraunen Hügeln brüten, drücke nicht, sie mache jauchzen, und die Nähe sei so geheimnisvoll wie die Ferne[55].

Das vorwaltende Element im lyrischen Gedicht ist die Atmosphäre, die Stimmung. Das Wesen der Gestimmtheit aber ist Erinnerung[56]. Im Gedicht ruft der Dichter mit der Macht der Wortmagie das Ursprüngliche wieder herauf und erkennt erinnernd sich selbst. Gedichte sind »ein Gewahrwerden seiner Selbst«[57]. Im »Traum von großer Magie« heißt es von diesem Selbst:

Cherub und hoher Herr ist unser Geist –
Wohnt nicht in uns, und in die obern Sterne
Setzt er den Stuhl und läßt uns viel verwaist.[58]

Das Magische jedoch, das in mir lebt »wie ich in meiner Hand«, – der Traum und, ihm verwandt, das dichterische Wort[59] – vermag alle Weite zu überspringen und mit dem Fernen zu reden. Das Gedicht sucht wiederzugeben, daß »die ganze Welt ein Reden des Unbegreiflichen zu unserer

---

[52] P II 112.
[53] P II 163.
[54] G 7.
[55] P II 163.
[56] Vgl. Emil Staiger, Grundbegriffe der Poetik, Zürich 1946, S. 13 ff., dazu Martin Heidegger, Sein und Zeit, S. 340.
[57] A 233.
[58] G 21.
[59] Vgl. P I 263: »Das Wort als Träger eines Lebensinhaltes und das traumhafte Bruderwort, welches in einem Gedicht stehen kann, streben auseinander.«

Seele, oder ein Reden unserer Seele mit sich selbst« ist[60]. Der Dichter deutscher Sprache dürfte diesem Selbstgespräch im lyrischen Gedicht besonders zugetan sein, nennt doch Hofmannsthal sie »unsere einsame, tiefsinnige monologische mehr als gesellige Sprache«[61].

Die magische Rede des Gedichts bildet das Gegenstück zur Sprachkritik[62], wie sie in den gleichzeitig entstehenden Dramen zum Ausdruck kommt. In den frühen lyrischen Dramen hat das Stimmungsmäßige ebenfalls einen großen Anteil, aber das Lyrische ist mit dem Ironischen vermischt. Die Sprache wird nicht ins Magische gesteigert, sondern durch Kritik in Frage gestellt. Die Grenzen der Sprache sind sichtbar gemacht, und zwar nach zwei Richtungen. Die Aussage »Das Gestern geht mich nichts an« enthält eine Tautologie: Das Gestern ist das Gestern. Die Aussage »Vom Gestern kommt man nie los« enthält eine Kontradiktion: Das Gestern ist das Heute. Die Tautologie behauptet die Identität dergestalt, daß in der Identität die Verschiedenheit verschwindet. Die Kontradiktion dagegen hebt die Identität auf und entfremdet das Wort sich selbst, indem sie die größte Verschiedenheit, nämlich das Gegenteil heraustreten läßt. An diesen Grenzen steht der Zweifel, was die Sprache denn überhaupt zu leisten vermöge. Der eine Satz macht die Sprache zu etwas Nichtssagendem, der andere löst sie ins Nichts auf; das einemal wird Reden unnötig, das anderemal unmöglich. Hofmannsthal stellt diese beiden Grenzfälle durch jene Figurenkonstellation dar, mit welcher seine Dramen von Anfang an nach dem Wesen der Sprache fragen[63]: dem Abenteurer liegt die namenlose Bezauberung im Sinn, deshalb wird sein Reden zum Redeschwall; der Tiefsinnige hingegen verstummt, weil ihm die Worte im Mund zerfallen und ihn dem Unsagbaren preisgeben. Zugleich machen nun aber die beiden Grenzfälle aufmerksam auf das, was sie aussparen: auf den eigentlichen Bereich der Sprache. Komplementär zu dieser via negationis steht, gleichsam als via eminentiae, das magische Wort, welches alles sagen will, das Ganze, Identität und Differenz in einem: Der große Magier spricht ein solches Du zu Tagen, die ganz ver-

---

60 Brief an Karg von Bebenburg, 18. Juni 1895, S. 82.
61 P III 437.
62 Auf die komplementäre Zusammengehörigkeit von Sprachmagie und Sprachkritik weist auch Martin Stern hin, vgl. Zu einem Gedicht Hugo von Hofmannsthals: »Ein Traum von großer Magie«, in: Festschrift Gottfried Weber, Bad Homburg 1967, S. 279.
63 Schon in »Gestern« ist angelegt, was die Komödie »Der Schwierige« in seinem ganzen Reichtum entfaltet. Hofmannsthal bezeichnet denn auch sein erstes Bühnenstück als »Embryo des poetisierten Gesellschaftslustspiels« (A 370, Brief an Max Pirker, 18. April 1921).

gangen schienen, daß sie herankommen, trauervoll und groß; sie sind vergangen und doch nicht vergangen.

Zu diesem magisch-dichterischen Reden hat nun aber Hofmannsthal, eben weil es das Korrelat zur Sprachskepsis ist, ein zwiespältiges Verhältnis. Mitte Juli 1895 – damals schreibt er das Gedicht »Ein Traum von großer Magie« – notiert er sich: »Lebensweg; führt zu immer stärkerer Magie. Magie: Fähigkeit, Verhältnisse mit Zauberblick zu ergreifen, Gabe, das Chaos durch Liebe zu beleben. Chaos als totes dumpfes Hinlungern der Dinge im Halblicht.«[64] Soll diese zunehmende Fähigkeit belebenden Schauens Sprache werden, verlangt dies eine »magische Herrschaft über das Wort«[65], die sich immer vollkommener ausprägen müßte. In einem Brief desselben Sommers 1895 ist jedoch zu lesen: »Man kann alles, was es gibt, sagen; und man kann alles, was es gibt, musicieren. *Aber man kann nie etwas ganz so sagen wie es ist.* Darum erregen Gedichte eine eben solche unfruchtbare Sehnsucht wie Töne. Das wissen sehr viele Menschen nicht und gehen fast darüber zu Grunde, daß sie das Leben reden wollen. Das Leben redet aber sich selbst.«[66] Der Sinn des dichterischen Redens wird hier grundsätzlich bezweifelt: nicht nur daß die Sprache in ihrer Unzulänglichkeit das Eigentliche nicht zu erreichen vermag und daher die Sehnsucht weckt – Gedichte erregen eine unfruchtbare Sehnsucht. Sie wenden den Menschen rückwärts, zur Kindheit, zur verlorenen Naivität, zum Unwiederbringlichen. Ihr monologisches Wesen läßt an Narziß denken: Wenn man beim Anblick des Spiegelbildes ins Wasser fällt und ertrinkt, schreibt Hofmannsthal am Schluß seines Briefes, »so ist man glaub ich den besten Weg gefallen, wie kleine Kinder, die träumen sie fallen durch den Ärmel im Paletot ihres Vaters in das Märchenland hinein.«[67] Dieses Sich-fallen-Lassen wäre die Rückkehr zu sich selbst, zur Ganzheit, zum Einssein in sich selber[68]. Nur im Traum kann es geschehen, daß der Mensch wieder dahin gelangt. Die Gedichte Hofmannsthals wollen eine solche Traumwelt sein, in der »das Zu-sich-selber kommen (zu der höhern Existenz zurückkommen) auf direktem Wege«[69] – für Augenblicke wenigstens – möglich wäre. Daß aber der erwähnte Brief, der diese Art der Rückkehr zum Höhern den besten

---

[64] A 124. – 14. Juli.

[65] A 215.

[66] An Edgar Karg von Bebenburg, 18. Juni 1895, S. 82.

[67] Ebd. S. 83.

[68] Vgl. dazu S. 171.

[69] A 216.

Weg nennt, in die Aufforderung zu widersprechen mündet, zeigt, wie sehr sich Hofmannsthal selbst in Frage stellt.

Es öffnet sich neben dem »direkten Weg« ein anderer, was zu einer bedeutsamen Akzentverschiebung in Hofmannsthals Dichtertum führt. Das Atmosphärische tritt zurück. Diese Gewichtsverlagerung spiegelt sich auch im Vortrag über »Shakespeares Könige und große Herren«: Hofmannsthal braucht zuerst, um die Ganzheit zu benennen, das Wort »Atmosphäre« und ersetzt es dann durch »ein größeres und geheimnisvolleres Wort«, nämlich durch »Mythos«[70]. Das heißt nichts anderes, als daß von der Rückgewandtheit der Erinnerung eine Wende zur Wiederholung stattfindet. In der Erinnerung redet die Seele mit sich selbst, in der Wiederholung kommt der Mensch ins Leben hinein. Eine Tagebuchnotiz mit dem Vermerk, sie beziehe sich auf den Winter 1894/95, drückt dies so aus: »Die Menschen suchen ihre Seele und finden dafür das Leben.«[71] Nun erst kann die »wahrhaftige Bedeutung auch des früher Besessenen«[72] zum Vorschein kommen. Hofmannsthal bezeichnet in »Ad me ipsum« diese »Verknüpfung mit dem Leben« als ein »Durchdringen aus der Präexistenz zur Existenz«[73]. In der Fassung dieser Begriffe ist Hofmannsthal von Kierkegaard bestimmt. In den »Philosophischen Brocken« las er: »Sokratisch verstanden ist das Individuum gewesen, ehe es wurde, und erinnert sich seiner selbst, so daß die Erinnerung die Präexistenz ist (nicht eine Erinnerung an die Präexistenz).«[74] Und im »Buch des Richters« fand er die Tagebuchstelle: »... als sollte ich mich so im Gedanken stud. theol. zu sein zugleich an jene glückliche Periode der Möglichkeit erinnern (was man seine Präexistenz nennen könnte) und an mein Stehenbleiben darin.«[75] Wie genau Hofmannsthals Gebrauch des Wortes Präexistenz mit dem Kierkegaardschen Begriff übereinstimmt, erhellt daraus, daß er den Homunculus, dieses »fast unbegrenzte Wesen – das umherspäht, seine ihm bestimmte Enge zu finden«, das aber zerschellt und ins Unendliche zerrinnt, als ein Gleichnis der Präexistenz sieht[76]. Die Chiffre »Existenz« dagegen steht für das Ziel,

---

[70] P II 173.
[71] A 117.
[72] A 232.
[73] A 214.
[74] Zit. nach der Übersetzung von Chr. Schrempf, a. a. O., S. 260/1; vgl. dazu die Ausgabe von E. Hirsch, a. a. O., S. 93.
[75] Zit. nach der Übersetzung von H. Gottsched, a. a. O., S. 75; vgl. Tagebücher, übers. v. H. Gerdes, Düsseldorf 1962, Bd. I, S. 222.
[76] A 241/2.

das ebensogut das »Selbst« wie das »Soziale«[77] genannt werden kann, das gleicherweise im »Durchdringen zum Sein«[78], in der Umwandlung von der bloßen Erinnerung zur wiederholenden Gleichzeitigkeit, erreicht wird wie in der »richtigen Schicksalserfüllung«[79], in der Wahl, mit der einer sich wählt, wie er gewählt ist.

Die als Erinnerung verstandene Präexistenz ist durch den Platonismus bestimmt. Der junge Hofmannsthal legt denn auch das in den erhöhten Augenblicken Geschaute im Sinne der Ideenlehre aus: »hinter den Erscheinungen« offenbart sich die »überwältigende Größe der Ideen«[80]. Und im Rückblick auf seine Jugend, auf die Zeit zwischen dem 16. und 22. Jahr[81], charakterisiert er sich mit einem Wort des Neuplatonikers Gregor von Nyssa: »Er, der Liebhaber der höchsten Schönheit, hielt was er schon gesehen hatte nur für ein Abbild dessen, was er noch nicht gesehen hatte und begehrte dieses selbst, das Urbild, zu genießen.«[82] Um 1895 aber rückt er von den platonischen Anschauungen ab. Im September 1894 schreibt er ein Gedicht, welches der sich erinnernden Ideenschau etwas anderes gegenüberstellt: die Einigkeit von allem im Sein[83], wobei nun eben Sein nicht als Idee auszulegen ist. Der im selben Jahr veröffentlichte Aufsatz über Gabriele d'Annunzio enthält eine Kritik am Platonismus: Hofmannsthal ist befremdet, daß einer in etwas Starrem und Künstlichem das Bild seiner Vision der Welt finden könne, da doch im Dasein alles gleite und vorüberrinne[84]. Etwas mehr als ein Jahr später kommt er auf diesen Aufsatz zurück: »Ich habe inzwischen in den mannigfaltigen Erfahrungen eines Jahres eine komplexe, wortlose Lehre empfangen, welche sich auf das Sittliche in jener Sache bezieht, und andererseits unscheinbare, weise Formeln in den Schriften des Aristoteles gefunden, welche das Ästhetische davon völlig klarstellen, wofern man sie zu lesen versteht.« Und er formuliert nun seine Kritik nicht mehr mit »unsichern und wenig präzisen Worten«, sondern in äußerster Schärfe: »Die sämtlichen merkwürdigen Bücher von d'Annunzio hatten ihr Befremdliches, ja wenn man will ihr Entsetzliches und Grauenhaftes darin,

77 A 216, A 217. – Vgl. dazu »Entweder/Oder« Bd. II, S. 280 (übers. von E. Hirsch): »Das Selbst, welches das Ziel ist, ist nicht bloß ein persönliches Selbst, sondern ein soziales, ein bürgerliches Selbst.«
78 A 225.
79 A 225.
80 An Felix Oppenheimer, 26. Juli 1895, Br. I, S. 155.
81 A 227.
82 A 214.
83 Vgl. S. 172 das Gedicht auf einen ertrunkenen Hund.
84 P I 210/211.

daß sie von einem geschrieben waren, *der nicht im Leben stand.*«[85] Hofmannsthal hat aber schon 1893 in der Figur des Claudio einen Menschen dargestellt, der nicht im Leben steht; die Wendung gegen den Platonismus ist schon lange vorbereitet, sie wird ihm ums Jahr 1895 klarer bewußt. In diesem Prozeß der Umgestaltung kommt der Kierkegaardlektüre, die wohl schon damals einsetzt[86], besondere Bedeutung zu.

Im Übergang von der Präexistenz zur Existenz wandelt sich das Verhältnis zur Sprache. Einblick in diesen Wandel gibt die Widersprüchlichkeit zweier Tagebucheintragungen: »Die wirklichen Vorgänge des *transzendenten* Weltlaufes sind über unsere Phantasie hinausgehend und werden durch die kühnsten Bilder in ein unzulänglich banales Medium hinuntergezogen.«[87] – »Die Welt der Worte eine Scheinwelt, in sich geschlossen, wie die der Farben, und der Welt der Phänomene *koordiniert.* Daher keine ›Unzulänglichkeit‹ des Ausdrucks denkbar, es handelt sich um ein Transponieren.«[88] Gemeinsam ist beiden Äußerungen der Gedanke, daß die Sprache eine Welt des Scheins bildet, die vom Eigentlichen getrennt ist. Verschieden ist die Auslegung dieser Scheinwelt. Als banales Medium verstanden, zeigt sie alles in der Herabminderung oder gar in völliger Entstellung. Das Eigentliche ist unerreichbar. Für den Dichter ergibt sich daraus jene eigentümlich schwankende Haltung, die bald das banale Medium in der magischen Rede zu übersteigen versucht, bald es verstummend meidet. »Um die Sprache ringt er zuzeiten wirklich – aber nicht mitzuwirken an der Schöpfung der Sprachnorm, in der die Nation zur wahren Einheit sich bindet, sondern als die magische Gewalt, die sie ist, will er sich sie dienstbar machen ... Zuzeiten wieder wird er die Herablassung des Sprechens verschmähen, wird er durch Krisen einer Sprachbezweiflung durchgehen, die ihre furchtbaren Spuren bis in die flackernden Züge seines Gesichtes zurücklassen wird.«[89] Wenn aber Hofmannsthal von Koordination der in sich geschlossenen Scheinwelt der Worte spricht, kann die Sprache nicht ein banales Medium sein. Ihr Bezug

---

85 P I 233.
86 Vgl. S. 123 Anm. 38. – Daß Kierkegaard für Hofmannsthal eine solche Bedeutung gewinnen konnte, weist auf ihre innere Verwandtschaft hin: beide sagen von sich, daß ihnen die Unmittelbarkeit gefehlt habe. Kierkegaard: »Mein Leben begann ohne Unmittelbarkeit.« (Buch des Richters, a. a. O., S. 81.) Hofmannsthal: »Mir fehlt die Unmittelbarkeit des Erlebens; ich sehe mir selbst leben zu und was ich erlebe ist mir wie aus einem Buch gelesen.« (An Karg von Bebenburg, 6. September 1892, S. 19.)
87 A 120.
88 A 119.
89 P IV 402.

zur Wahrheit läßt sich in keiner Weise nach Unzulänglichkeit und Zulänglichkeit abschätzen. Die Sprache kann und will nicht »das Leben reden«, sie stellt dar, sie ist ein Bild des Lebens. Als solches trennt sie nicht nur vom Leben, sondern indem sie trennt und damit Raum freigibt, ermöglicht sie Bezug und Verbundenheit. Die so verstandene Sprache braucht nicht verschmäht zu werden. Im Durchgang durch die Krisen der Sprachbezweiflung ist der Dichter zur »wahren Sprachliebe« gelangt[90]. Die Sprache braucht auch nicht zur magischen Redegewalt gesteigert zu werden, zur »Sprache, die alles sagt«[91]. »Die magische Herrschaft über das Wort«, erklärt Hofmannsthal in »Ad me ipsum«, dürfe nicht »aus der Prae-existenz in die Existenz hinübergenommen werden«[92]. Die wahre Sprachliebe weiß, daß das Wort die Wahrheit nicht sagen kann[93], daß aber gerade diese Beschränkung die Größe des Wortes ist: könnte nämlich die Wahrheit in der Sprache vorliegen, so wäre das Höchste, die Wahrheit zu wissen; es geht aber um etwas Größeres: »Nicht die Wahrheit wissen, sondern die Wahrheit sein.«[94] Die Sprache ist die Ermöglichung dazu.

Indem Hofmannsthal die Sprache in neuer Weise versteht, wandelt sich auch seine Auffassung vom Wesen der Dichtung. War es ihm zunächst darum zu tun, jene Ganzheit, in welcher der Mensch seines Selbst gewahr wird, im Verschwiegenen ahnen zu lassen oder in magisch gesteigerter Sprache zu sagen, so will er später den Leser oder Theaterbesucher dahin bringen, daß er diese Einheit sein kann. Dichtung ist dann nicht mehr der Monolog der Seele mit sich selbst, sie will den Menschen nicht in ihre Traumwelt hinüberziehen, sondern ihn so aus der Dichtung entlassen, daß sie ihm im Leben weiterhilft[95]. Ein Wort aus der »Ägyptischen Helena« liest sich wie ein Epigramm auf diesen Wandel:

Zaubergerät zieht uns hinüber –
zurückzukehren – das ist die Kunst![96]

Wenn Hofmannsthal im »Schwierigen« Furlani dem Jongleur gegenüberstellt, so spiegelt sich darin ebenfalls etwas von diesem Wandel. In sei-

---

90 A 71: »Wahre Sprachliebe ist nicht möglich ohne Sprachverleugnung.«
91 P IV 22.
92 A 215/6.
93 Vgl. P IV 142.
94 P III 351. – Vgl. dazu das Wort »Wissen, nicht Handeln ist die eigenste Daseinsform des Bösen.« (Aufzeichnungen zu einem »Xenodoxus«, in: Die Neue Rundschau, 1954, S. 402.)
95 Vgl. P II 201.
96 D IV 276.

nem Brief an Karg von Bebenburg, geschrieben Mitte Juni 1895, findet er, der Jongleur bringe in seinem Medium – »dem Medium von Schwere und Bewegung« – etwas ganz Gleiches zuwege wie der Dichter im Medium der Sprache, etwas, was »uns mit aller Sehnsucht, Rührung und tausendfacher Erregung« erfülle[97]. Vom Jongleur kann gesagt werden was vom Magier des Gedichts: »An ihm sah ich die Macht der Schwere enden.«[98] Von Furlani dagegen, an dem die Macht der Schwere gerade in Erscheinung tritt, aber so, daß sie nichts Beschwerendes hat, geht eine andere Wirkung aus: er bedeutet für Hans Karl »eine wahre Rekreation«[99], er bringt ihn auf den Weg zu jener »Ermöglichung« und »Zusammenfassung«[100], die er, im Unterschied zum vergeblich suchenden Neuhoff, in Helene finden wird: »Du machst einen so ruhig in einem selber.«[101] Nicht in Erregung, nicht in unfruchtbare Sehnsucht soll der Mensch versetzt werden, er soll zur Gelassenheit geführt werden, einem Zustand gereinigter Seelenverfassung, den der Lateiner mit »compos mentis« bezeichnet[102] und den Grillparzer »Sammlung« nennt[103].

Es sind nun auch die Zweifel am Beruf des Dichters überwunden. Hofmannsthal hat sie am deutlichsten im »Bergwerk zu Falun« ausgesprochen, sie damit aber zugleich von sich gewiesen. Was er im Hinblick auf den »Tasso« von Goethe sagt, gilt erst recht vom Dichter des »Bergwerks«: er habe sich »seines ganzen dichterischen Traumlebens als einer Sünde gegen den Geist der Wirklichkeit« angeklagt[104]. Die Anklänge, die in dieser Formulierung mitschwingen, bekunden die Furcht, es sei die schwerste, die unverzeihliche Sünde. Eine solche Anklage gegen das Traumleben des Dichters zeigt aber, daß Hofmannsthal schon von jener andern Auffassung her urteilt, die »jede literarische Betätigung als eine soziale Handlung« sieht, nämlich als ein »Ermutigen« und »Besänftigen«, als ein »Verbinden« und »Auseinanderhalten« »der menschlichen Willenskräfte durch das Medium des Geistes«[105]. Der Ausdruck »dichterisch« wird nun sogar gleichbedeutend mit »religiös«, und Hofmannsthal kann sagen, die Dichter seien die einzig Religiösen seiner Epoche[106].

---

[97] Briefwechsel S. 83.
[98] G 20.
[99] L II 219.
[100] L II 254.
[101] L II 301.
[102] P IV 36.
[103] P IV 117.
[104] P III 361.
[105] A 179/180. – Als junger Dichter hat sich Hofmannsthal, wie er Max Pirker schreibt, subjektiv betätigt (A 369).
[106] A 297, A 141.

Register

Personenregister

Sachregister

MANFRED HOPPE

Literatentum, Magie und Mystik
im Frühwerk Hugo von Hofmannsthals

Groß-Oktav. VIII, 140 Seiten. 1968. Ganzleinen DM 32,–
(Quellen und Forschungen zur Sprach- und Kulturgeschichte
der germanischen Völker, Neue Folge Band 28 [152])

Hugo von Hofmannsthal hat in seinen Aufzeichnungen zu „Ad me ipsum" versucht, sein Werk im Hinblick auf die Begriffe Mystik und Magie zu interpretieren, und die Forschung ist ihm weitgehend in diesem Bestreben gefolgt. Es bleibt aber immer undeutlich, was diese in sich schon unbestimmten Begriffe bedeuten sollen, wenn sie auf das Werk eines Dichters von der Eigenart Hofmannsthals angewandt werden, das durch das Nebeneinander von Produktionen mystisch-magischen und ästhetisch-artistischen Charakters ausgezeichnet ist.

Die Untersuchung von Manfred Hoppe vermeidet es darum, traditionelle Bestimmungen von Mystik oder Magie an das Werk Hofmannsthals heranzutragen, und versucht, diese bereits im Frühwerk Hofmannsthals deutlichen Phänomene auf das alles bestimmende Moment des Literatentums zurückzuführen, das als Grund der dichterischen Existenz Hofmannsthals erkannt wird. Der nicht wertend, sondern als Ausdruck einer menschlichen Seinsart gefaßte Begriff des Literatentums wird aus dem Leben und Werk Hofmannsthals entwickelt und auf seine Strukturen hin untersucht. Eine solche Betrachtung ermöglicht es schließlich, die mystischen und magischen Phänomene bei Hofmannsthal als extreme, „coercitive" und „inducirende" Pole seines Literatentums zu fassen, und erklärt zugleich die ständig anwesende Gefahr des Nihilismus im Werk Hofmannsthals als eine Mystik und Magie in dieser speziellen Ausprägung zugeordnete, nicht entgegengesetzte Erscheinungsform der Seinsweise des Literaten.

Walter de Gruyter & Co · Berlin 30

Hugo von Hofmannsthal

Bibliographie des Schrifttums 1892–1963

Bearbeitet von Horst Weber

Groß-Oktav. VIII, 254 Seiten. 1966. Ganzleinen DM 74,–

Gerd Wolandt

Philosophie der Dichtung

Weltstellung und Gegenständlichkeit des poetischen Gedankens

Groß-Oktav. X, 210 Seiten. 1965. Ganzleinen DM 32,–

Alfred Liede

Dichtung als Spiel

Studien zur Unsinnspoesie an den Grenzen der Sprache

2 Bände. Groß-Oktav.
Band I: X, 436 Seiten. – Band II: X, 314 Seiten.
1963. Ganzleinen DM 142,–

Josef Simon

Sprache und Raum

Philosophische Untersuchungen zum Verhältnis zwischen Wahrheit
und Bestimmtheit von Sätzen

Groß-Oktav. XVI, 327 Seiten. 1969. Broschiert DM 38,–; Ganzleinen DM 48,–

Ernst Konrad Specht

Sprache und Sein

Untersuchungen zur sprachanalytischen Grundlegung der Ontologie

Groß-Oktav. VIII, 155 Seiten. 1967. Ganzleinen DM 38,–

Felix Mayer

Schöpferische Sprache und Rhythmus

Herausgegeben und mit einem Nachwort versehen

von Erich Simenauer

Groß-Oktav. 115 Seiten. 1959. Ganzleinen DM 12,–

Walter de Gruyter & Co · Berlin 30

QUELLEN UND FORSCHUNGEN ZUR SPRACH- UND KULTUR-
GESCHICHTE DER GERMANISCHEN VÖLKER
Neue Folge
Groß-Oktav · Ganzleinen

Zuletzt erschienen

Studien zu den starken Verbalabstrakta des Germanischen
Von ROBERT HINDERLING
VIII, 181 Seiten. 1967. DM 48,–. Band 24

Johann Wilhelm von Stubenberg (1619–1663) und sein Freundeskreis
Studien zur österreichischen Barockliteratur protestantischer Edelleute
Von MARTIN BIRCHER
XIV, 340 Seiten. 4 Tafeln. 1968. DM 64,–. Band 25

Hölderlins Elegie „Brod und Wein"
Die Entwicklung des hymnischen Stils in der elegischen Dichtung
Von JOCHEN SCHMIDT
VIII, 229 Seiten. 1968. DM 42,–. Band 26

Studien zum historischen Essay und zur historischen Porträtkunst an ausgewählten Beispielen
Von ANDREAS FISCHER
XII, 229 Seiten. 1968. DM 36,–. Band 27

Der junge Hebbel
Zur Entstehung und zum Wesen der Tragödie Hebbels
Von WOLFGANG WITTKOWSKI
XII, 309 Seiten. 1969. DM 48,–. Band 29

Joseph Berglinger
Eine Studie zu Wackenroders Musiker-Dichtung
Von ELMAR HERTRICH
XII, 238 Seiten. 1969. DM 42,–. Band 30

Die Sprache Max Frischs in der Spannung zwischen Mundart und Schriftsprache
Von WALTER SCHENKER
VIII, 142 Seiten. 1969. DM 28,–. Band 31

Walter de Gruyter & Co · Berlin 30